4版

劉亞秋　薛立言　著

國際財務管理與金融

東華書局

國家圖書館出版品預行編目資料

國際財務管理與金融 / 劉亞秋, 薛立言合著. -- 4 版.
 -- 臺北市 : 臺灣東華, 2017.07

616 面 ; 19x26 公分

ISBN 978-957-483-901-8 (平裝)

1. 財務管理 2. 國際企業

494.7　　　　　　　　　　　　　　106011243

國際財務管理與金融

著　　者	劉亞秋　薛立言
發 行 人	陳錦煌
出 版 者	臺灣東華書局股份有限公司
地　　址	臺北市重慶南路一段一四七號三樓
電　　話	(02) 2311-4027
傳　　眞	(02) 2311-6615
劃撥帳號	00064813
網　　址	www.tunghua.com.tw
讀者服務	service@tunghua.com.tw
門　　市	臺北市重慶南路一段一四七號一樓
電　　話	(02) 2371-9320

2026 25 24 23 22　BH　7 6 5 4 3

ISBN　　978-957-483-901-8

版權所有 ‧ 翻印必究

四版序

「流光容易把人拋」，過去25年是人生值得回憶的一段寶貴歲月！1992年的夏天，為了能多陪伴病後的父親，我們辭去了在美的教學與研究工作，攜著兩個幼子來到嘉義縣民雄鄉，開啟了在鄉下教書的生涯。2017年的今天，家中最後一位長者也告別塵世去了天國，我們則來到「鬢髮各已霜」的耳順之年，而懵懂的孩童早已搭乘時光機器飛快地長大。

不管「物換星移幾度秋」，不管我們安身立命在世界的哪一個角落，今日人類的生活很難自絕於金融市場之外，而金融市場也很難不受國際因素的影響；單純的經濟因素或是地緣政治的緊張情勢，都可能讓具敏感神經的各國金融市場，掀起衝擊大眾生活的波瀾。

2008年全球金融海嘯之後，九年來看似平靜的市場，其實也經歷過多次茶壺裡的風暴，只是蓄積的壓力尚未大到需要一個宣洩的出口；但這不代表我們可以不關心國際情勢，可以不理會時而穿梭天際的黑天鵝，因為認清情勢才能成為有準備的人，而有準備的人在危機來時才有機會由逆轉勝、締造新猷，開創生命的新頁！

過去一年世界仍如往昔發生了許多大小事，大事如英國公投脫歐派勝出、人民幣納入SDR後更加向國際化之路邁進、美國退出TPP和巴黎協定，小事如歐盟裁定蘋果電腦在愛爾蘭的稅賦優惠無效而應補稅13億歐元還加上利息；凡此種種及其後續發展，都是金融市場人士密切關注且明瞭只有未雨綢繆才能降低傷害，贏得先機。

本書四版所作的修正如下：

1. 增加一個新專欄：「開啟國際視窗」，其中各篇分別探討諸如「全球貿易的空前危機」、「英國脫歐之後」、「跨國大銀行交易室裡的勾結行為」、「大到不能倒的銀行」、「歐盟成為其會員國的稅收警察」等金融相關之國際萬象。

2. 有關「樂學新知」專欄的內容，除將原有各篇資料更新至最近期，亦新增「外債佔 GDP 的比例 vs. 政府負債佔 GDP 的比例」、「實質有效匯率 vs. 實質匯率」、「稅基侵蝕與利潤移轉」等篇幅。

3. 「觀微知著」專欄方面，除作各篇資料更新之外，又特為解答近年來一些市場人士心中對 TRF 的疑惑，而增加「目標可贖回遠期契約 (TRF) 的解析」。

4. 若干章節內文也作了大幅更新。譬如，第二章針對國際貨幣基金組織 (IMF) 所推出之國際收支表的編製新規範 (BPM6)，就我國自 2016 年起改按 BPM6 重編之國際收支表內各帳戶的定義及淨額正負號，仔細重作解讀。第四章針對目前在全球每日外匯交易中占最大比重的「換匯交易」，有新增長達六頁的說明。

5. 為防本書在新增各項內容之後變得更加厚重，特將本書第三版若干內容以及各類專欄中的若干篇幅移至東華書局網站，有興趣的讀者可自行前往閱讀之。

6. 各章習題與題庫，亦根據內文所作之更新，作了相對應之修正。另亦將第三版的 Typo 作了訂正。

最後，謹以此書獻給生命中想要感謝的人！

感謝在天國的父母對兒女無盡的愛！

感謝東華書局的卓媽媽 (卓劉慶弟女士)，以及所有出版界的領航者，為嘉惠學子而為如今隸屬艱困產業的出版志業所盡的一切努力！

感謝東華書局同仁的協助及讀者的肯定，讓我們得以在教科書園地裡繼續耕耘！

感謝師長前輩、手足、好友與諸多學生的一路相持！

還有，很欣慰也很感恩孩子長大後各自在工作崗位上勤奮努力，讓我們無後顧之憂！

劉亞秋、薛立言 謹識

2017 年 7 月

三版序

　　2011 年的八月天，全球金融情勢看起來並沒有比 2008 年的同期間明朗很多。歐美國家的經濟長期陷入疲態，債務危機四伏，失業率居高不下，而政府似乎也無法雷厲風行地提出具體的解決方案。亞太地區的經濟表現則相對讓人受到一些鼓舞。已擁有最多外匯存底的中國，拜金融海嘯之賜提前拿下全球出口冠軍寶座，更晉身為世界第二大經濟體。小而美的新加坡，除了是亞洲最具全球競爭力的國家，在清廉度方面更是世界無敵。全球化跑得最快的是香港特別行政區，而日本、台灣、澳洲等國在競爭力的表現上也都擠進了全球前 20 名。

　　儘管新興市場正在崛起，但全球經濟環境的好壞，在舉世重新調整對美元、歐元及英鎊的依賴或是在人民幣變成自由流通貨幣之前，還是要看歐美已開發國家的臉色。2008 年第四季至今將近三年，國際經濟舞台上可以看到各國政府為提振景氣所盡的努力——維持低利率政策、降低公司所得稅率等，只不過引起上次災難的源頭問題 (房地產與金融機構完全失控地進行擴張與舞弄槓桿) 在風暴核心國家留下的後遺症—餘屋待消、房價下跌而銀行體質孱弱，目前尚無法經由政府的治理得到快速解決。

　　顯然在目前的國際金融情勢之下，想要在東方的天空看到彩霞滿天，還要問西方是否已走過風雨。透過對國際金融資訊的長期觀測，可以增添我們分解市場即時傳來訊息的能力；本次改版除了把所有相關的金融數據都更新至最近期，並繼續藉「樂學新知」及「觀微知著」單元提供本書內文以外的其他財金重要訊息。無論全球市場的表現如何打擊士氣，學習本身定會增添我們克服障礙與度過難關的信心。

劉亞秋、薛立言
2011 年 8 月
於國立中正大學管理學院

二版序

　　過去幾年，包括美國在內的許多政府持續走管制鬆綁的自由化路線，不但助長了金融產業的併購與擴張風潮，也讓財務槓桿的運用更加如火如荼。孰料在繁榮與傲人的業績背後，一場鋪天蓋地而來的全球性金融浩劫已經悄然成形。

　　2007 年重創美國經濟的次級房貸風暴，並沒有隨法國興業銀行的交易員違規事件而落幕，而全球金融機構似乎也未能知所警惕，仍不改其恣意擴張的行徑。潛藏在國際金融市場裡的危機終於隨著 2008 年 9 月 15 日雷曼兄弟的宣告破產而逐一引爆，不但全美四大投資銀行（雷曼、美林、高盛、摩根史坦利）在一週之內因破產或變身而共同終結了投資銀行紀元，連全球第四富有的冰島居民也陷入國之將亡的難堪與險境。事實上，幾乎沒有一個國家或企業不被波及，官員與公司 CEO 同為景氣與金錢缺口的深不見底而疲於奔命，百姓與股民也在飯碗與股價雙重不保的壓力下扣緊心弦。國際金融情勢以此番迅雷不及掩耳的方式逆轉，竟是比政治情勢更難令人理解！

　　經過 2008 年第四季金融海嘯的洗禮之後，市場至今仍未能恢復過往的信心與平靜。但震撼過後，至少我們領悟到全球金融市場暗藏的問題，特別是因追逐報酬率而引發的重重危機，其實遠超出一般人原已理解的範圍。鑒往知來，我們每個人都在金融市場裡扮演了某個角色，對市場的安定或不安定多少貢獻了一份力道；不論是佔有立法者、企業決策高層或單純個人投資者的席位，若能及早對國際市場的各類金融資訊與工具充分理解並審慎行事，則任何風險性商品的供給與需求應不會如脫韁的野馬，而風暴的規模與骨牌效應也不致於如此之大。

　　「國際財務管理與金融」的再版書在 2009 年元月完稿，此時政府的消費券已在發放之中。才幾個月前全球政府還在為高通膨率競相升息來打消企業與個人的投資及消費熱度，一場風暴宛若一條濕毯罩頂澆滅

了所有的心情。產業前景竟不敵國際金融環境驟變至此！如今各國政府都轉為力拼降息並推出各類刺激經濟的方案以期幫助企業度過難關。而莘莘學子面對危機與風暴得到的最佳啟示，應是加強認清金融工具的本質，持續關注國際金融市場的動向，並提振維繫金融秩序的勇氣與建立正確的價值觀。

　　他山之石可以攻錯，2008 年灰暗的 10 月平添了許多即席的教材。作者特別在此版本中新增了「樂學新知」和「觀微知著」單元，希冀能在知識傳承的園地裡，播灑一些育出正確金融觀念的種子。「樂學新知」提供有關世界金融市場發展的各類最新資訊；「觀微知著」則詳細解說重要金融議題與現象並作重點提示。作者在二版書的各章習題中，除納入初版已有的問答題外，也新增選擇題來啟發讀者進一步的觀念思考。選擇題與問答題的答案、教學動畫 PPT 投影片以及新增的 WORD 檔題庫都附於教師手冊之中。

　　時代不斷加諸新的世代更多的考驗與試煉，而每一次的困境都是締造新局的另一次機會！窗外的疾風吹著勁草，寒冬裡的樹梢不斷冒出新綠。當萬般都期待這是「牛」轉乾坤的一年，我們也相信認真固本職、熱情過一生的人自會得到最多的祝福！生命裡要感謝的人很多，師長、家人、好友、學生的一路相持，且把最深的感謝獻給我倆皆已逾八秩高齡的母親，也難忘在天國的父親對兒女最是化作春泥仍護花。

劉亞秋、薛立言

2009 年 1 月
於國立中正大學管理學院
金融創新與債券研究中心

初版序

　　一九八六年的春、夏兩季,我倆先後取得博士學位並開始在美國大學任教,當時美國的「提升大學商學教育協會」(AACSB) 為順應國際化潮流,已將國際財務管理、國際金融等課程納為審核之必要科目;因此,為取得象徵商學及管理教育卓越指標的 AACSB 認證,美國各大學院校都積極延聘能開授此等課程的師資。

　　「林花謝了春紅太匆匆」,人事時物不停地在變換,而我們的教學與研究生涯也在十二年前從西半球移回東半球。這期間未見逆轉的,是國際化的潮流與趨勢。尤其在台灣的土地上,各種國際財管、國際金融、國際企業等課程的傳授愈來愈為普及,反映出時代賦予這些課程的重任。

　　邁進二十一世紀,現實社會所有資訊管道傳來的訊息,皆是「與國際接軌的重要性」。不只是大型企業念茲在茲追求國際化以表彰或提升競爭力,中小型企業甚至個人也都意識到進步與自身能力的拔擢,靠的是全球性思維帶來的激勵效果與實質助益。縱使現狀的安逸讓許多人對全球競爭的挑戰仍未能予以正視,但不可擋的國際化潮流終究只會讓順勢而為的個人或企業,續享生命的活水源頭。

　　無數個振筆疾書的日子難捨晝夜,帶走了年華,換得智識與經驗留住在字裡行間。在這本書即將問世之際,最感念的是父母養育與栽培的辛勞,特別是與我們同住的母親丁慧女士,一雙巧手總是不停地忙碌,除了照顧兒孫也在飲食方面為我們的健康把關,使我們得以無後顧之憂專注於知識的承先啟後。

　　本書主要適用於大專「國際財務管理」的課程。「國際金融」的課程若以本書為教材,則重點應是置於第二、三、四、五、六、七、八、十二、十三等章節。感謝東華書局及新月圖書公司諸多同仁的傾力相

助，讓這本書能順利出版；尤其感謝本書的發行人卓鑫淼先生及夫人的溫馨相待。祝福全天下的學子都能秉持誠信正直的原則努力實踐理想，快樂向前行。

劉亞秋、薛立言
2005 年 1 月
於國立中正大學管理學院

目錄

四版序	III
三版序	V
二版序	VII
初版序	IX

PART 1　國際金融環境與市場發展　　1

Chapter 1　企業邁向全球化　　3

第一節	國際化的趨勢及發展過程	4
第二節	企業國際化的理論	12
第三節	國際化企業的經營目的與代理問題	19
第四節	國際化企業的機會與風險	28
第五節	本書內容架構	31
樂學新知：各國全球化程度排名		6
開啟國際視窗：全球貿易的空前危機		8

Chapter 2　國際收支與金融危機　　37

第一節	國際收支的各種帳戶介紹	38
第二節	國際收支變動的重要決定因素	53
第三節	金融危機	61
觀微知著：台灣國際收支金融帳連續七年出現淨流出		48
樂學新知：外匯存底知多少？		49
樂學新知：全球國家競爭力排名		69
樂學新知：外債占 GDP 的比例 vs. 政府負債占 GDP 的比例		70

XI

Chapter 3　國際貨幣制度的演進與改革　77

第一節　金本位制度　78
第二節　布雷頓伍茲與管理浮動匯率制度　91
第三節　歐洲貨幣制度與歐洲經濟暨貨幣聯盟　106
第四節　國際貨幣金融體系下的改革　115
樂學新知：OECD 有哪些會員國？　95
樂學新知：何謂十大工業國 (G10)？何謂 G20 國家？　105
樂學新知：2016 年全球十大經濟體　106
樂學新知：2015 年個人年平均所得全球排名前二十名　114
開啟國際視窗：英國脫歐之後　118

PART 2　外匯市場、國際平價條件　127

Chapter 4　外匯市場　129

第一節　外匯市場的功能和參與者　130
第二節　各種形式的外匯交易　137
第三節　匯率的報價與套利　148
開啟國際視窗：跨國大銀行交易室裡的勾結行為　133
樂學新知：全球前十大外匯交易商　135
樂學新知：全球交易最活絡的貨幣前 20 名　147

Chapter 5　國際平價關係與匯率預測　169

第一節　購買力平價條件　170
第二節　一般化與國際費雪效應條件　180

第三節	利率平價條件	184
第四節	不偏遠期匯率條件	186
第五節	各種匯率預測的方式與模型	191

開啟國際視窗：歷史上通貨膨脹率最嚴重的國家vs.當前全球悲慘十國　177

樂學新知：實質有效匯率 vs. 實質匯率　179

PART 3　外匯衍生商品　211

Chapter 6　外匯期貨合約　213

第一節	IMM外匯期貨合約的基本規格與特性	214
第二節	外匯期貨合約的應用	225
第三節	歐洲美元期貨合約的應用	236

樂學新知：E-mini 與 E-micro 外匯期貨合約　217

觀微知著：低風險的投資失利更難令人承受　234

Chapter 7　交換合約　249

第一節	外匯交換	250
第二節	利率交換	263
第三節	外匯利率交換	275

樂學新知：基點交換或基差交換　274

樂學新知：利率交換選擇權　274

觀微知著：交換合約的價值與殖利率曲線　281

Chapter 8　外匯選擇權合約　289

第一節　外匯選擇權合約相關的基本概念　290
第二節　外匯選擇權的基本損益圖與各式操作策略　297
第三節　外匯選擇權的評價與價格敏感度分析　312
第四節　外匯現貨選擇權與期貨選擇權的應用　326
觀微知著：目標可贖回遠期契約 (TRF) 的解析　304
樂學新知：賣權－買權平價條件　316

PART 4　匯率曝險程度的衡量與管理　343

Chapter 9　交易曝險程度的衡量與管理　345

第一節　管理交易曝險程度的各類型金融工具及應用　346
第二節　管理交易曝險程度的各種操作式策略　357
第三節　交易曝險程度的衡量　363
開啟國際視窗：美元升值讓全球化企業更須加強匯率風險管理　356
觀微知著：交易曝險程度表的限制與不足　369

Chapter 10　營運曝險程度的衡量與管理　377

第一節　實質匯率變動與產品訂價、市場配額　379
第二節　如何衡量企業的營運曝險程度　385
第三節　管理營運曝險程度的各種策略　393
樂學新知：非預期的匯率變化導致虧損　384
觀微知著：國際投資是企業管理其營運曝險的主要工具之一　396

Chapter 11　換算曝險程度的衡量與管理　403

第一節　現階段的兩種換算方法　405
第二節　換算曝險程度的衡量　415
第三節　管理換算曝險程度的各種方法　425
樂學新知：實務上企業會選擇管理換算曝險嗎？　430
觀微知著：企業倚賴自然避險來規避換算風險　431

PART 5　國際金融市場與海外融資　439

Chapter 12　國際銀行業務與海外負債融資　441

第一節　國際銀行業務　442
第二節　國際貨幣市場　457
第三節　國際債券市場　473
樂學新知：2017 年 3 月全球金融中心競爭力前二十強　446
開啟國際視窗：全球大到不能倒的銀行！　454

Chapter 13　海外權益融資　491

第一節　世界重要股票市場現況綜覽　492
第二節　股票的跨國掛牌交易　500
第三節　投資人角度的國際股市分析　507
開啟國際視窗：全球主要交易所吹併購風　496
樂學新知：MSCI 各重要指數所包含的經濟體　499

▶ 國際財務管理與金融

PART 6 國際化營運管理 519

Chapter 14 國際化現金管理 521

第一節	中心化的現金管理系統	522
第二節	付款淨額化策略	530
第三節	移轉訂價策略	540
開啟國際視窗：赫斯特風險與 CLS 銀行		530
樂學新知：稅基侵蝕與利潤移轉		546

Chapter 15 跨國資本預算 553

第一節	跨國資本預算的評量方法及考量重點	554
第二節	國外投資計畫的基本評估步驟	568
第三節	考慮匯率變動及資金受困風險的國外投資計畫評估	574
第四節	跨國資本預算應注意的國家風險	580
開啟國際視窗：歐盟成為其會員國的稅收警察？		567
觀微知著：亞太地區最廉潔與貪污最嚴重的經濟體		584

附表一	590
中文索引	591

PART 1
國際金融環境與市場發展

　　今日「國際財務管理」的重要課題,在於分析企業的管理階層如何在全球化的趨勢之下運籌帷幄,克盡其管理者的職責;這包括如何面對新的挑戰與風險,如何抓住機會並策略運用以保持競爭優勢。企業在全球化的經營架構下,首先應試圖透視國際金融環境,才能掌握相關的發展情勢,洞燭機先。本篇包括一至三章;第一章剖析企業何以前仆後繼地邁向國際化(全球化);第二章介紹國際收支的概念及近年來東、西方所發生的重大金融危機;第三章說明從過去到現在,國際貨幣制度各階段的演進及未來的改革方向。

PART 1 ▶ 國際金融環境與市場發展

Chapter 1
企業邁向全球化

近數十年來,各國企業不論規模大小都在加速進行國際化,力圖在全球市場上爭得一席之地。許多主觀及客觀的因素,成就了企業邁向全球化的先決條件,也讓眾多企業置身於空前未有的競爭態勢之中。企業全球化的布局與競爭效應,讓公司經理人勢必要以更宏觀的態度接納資訊,且須以更有效率的方式完成決策過程。本章第一節描述企業國際化 (全球化) 的趨勢及發展過程;第二節探討企業國際化的理論;第三節說明國際化企業的經營目的與代理問題;第四節剖析國際化企業的機會與風險;第五節提供本書內容架構。

PART 1 ▶ 國際金融環境與市場發展

第一節　國際化的趨勢及發展過程

重要名詞

純國內廠商　　　　Purely Domestic Firms, PDFs
授權代理　　　　　Licensing
授權加盟　　　　　Franchising
完全擁有型子公司　　　Wholly-Owned Subsidiary
國外直接投資　　　　Foreign Direct Investment, FDI
合資　　　Joint Venture

○ 國際化的趨勢

　　許多廠商在剛起步時都是以小規模、純國內的型態出現，但都懷抱著能在市場上長久保持競爭優勢的理想。然而，受限於規模小又是純國內，想要以較低成本取得原料或資金，幾乎不太可能。為了要尋找更加有利的投資及融資管道，且眼見較強競爭者國際化後所造就的形勢，廠商對於邁向全球化自是心嚮往之而終致絡繹於途。

　　固定匯率時代結束後的四十年間，因國際貿易順暢，世界各國彼此間的經濟依存度大幅提升，進一步吸引企業到海外作更多投資。同期間，各國政府法令與管制的日益鬆綁，也令企業國際化的官方障礙祛除，而電腦及電訊設備的一日千里，更使企業在

邁向全球化的路途上如虎添翼。在另一方面，開拓國際版圖必然需要有更寬廣的資金來源相配合，許多企業遂逐漸由私人募集的形式轉變為公開發行的公司。一旦成為公開發行公司，企業就肩負著替股東創造更高股票價值的重任。國際化程度愈深的公司其能見度愈高；因此不論是為資金需求或為抬高股價，全球化布局的企業都遠較純國內廠商 (Purely Domestic Firms, PDFs) 或剛開始涉足海外市場的公司，具備更多的管道與機會。

即使有些企業堅持不邁向海外市場，國外來的競爭也如洪流般地難以阻擋。數十年來，顯而易見地，幾乎只剩下極少數的廠商在今日世界裡無須面對國際競爭；對企業而言，國際化 (全球化) 註定就是潮流與趨勢！不過，近年來各國經濟成長趨緩、勞工失業、貧富差距擴大以及民粹加持的保護主義上升，導致全球化被若干人視為一股邪惡的力量，也使企業在全球商品貿易與投資的道途上遇見額外阻撓。以下會在【開啟國際視窗】專欄，談論全球貿易的空前危機。

企業國際化的發展過程

純國內企業為了拓展版圖，如何能將自己推向國際市場並逐步發展成為全球化的公司？一般而言，企業在國際化的過程中最常採用的商務推展方式如下：

- 國際貿易 (International Trade)
- 成立銷售子公司 (Sales Subsidiary)、授權代理 (Licensing)、授權加盟 (Franchising)

樂學新知：各國全球化程度排名

由金融服務公司安永 (Ernst & Young, EY) 與經濟學人智庫 (Economist Intelligence Unit, EIU) 合作編製的全球化指標，揭示 2012 年全球化程度排名前三名是香港、新加坡、愛爾蘭 (2010 年及 2011 年排名前三名則為香港、愛爾蘭、新加坡)。此排名是根據五大指標 (貿易開放程度、資金流動開放程度、科技、文化整合、勞動力移動) 決定，評估的是全球 60 個最大經濟體 (根據 GDP) 在全球化方面的表現。前 10 名中，亞洲地區僅包括香港及新加坡。另外，台灣排名 17，美國排名 25，南韓排名 33，日本排名 43，而中國大陸則排名 44。

2012 年全球化程度排名前十名*：

排名	國家/地區	2012年分數	貿易開放程度	資金流動開放程度	技術交流	文化整合	勞動力移動
1	香港	7.81	8.27	8.46	8.54	8.89	4.81
2	新加坡	6.31	8.57	6.04	5.56	6.31	4.80
3	愛爾蘭	5.63	6.32	6.04	3.68	6.35	5.60
4	比利時	5.49	6.39	6.64	4.27	4.29	5.60
5	瑞士	5.30	5.32	5.64	4.33	5.06	6.15
6	荷蘭	5.19	6.24	5.59	4.49	4.21	5.19
7	瑞典	4.96	6.27	5.29	4.07	4.12	4.82
8	丹麥	4.94	5.88	5.33	4.26	4.12	4.88
9	匈牙利	4.75	6.63	4.15	3.82	3.92	5.03
10	英國	4.74	5.89	4.81	3.94	4.06	4.83

資料來源：Ernst & Young/Economist Intelligence Unit, 2013.

*在 EY 公布其所編製之 2012 年全球化指標之後，尚未見有更新年度的全球化指標之公開提供。讀者如欲參閱最新年度之各國全球化程度排名，也可參考瑞士經濟學院 (Swiss Economic Institute) 出版之 **KOF Index of Globalization**。

- 成立完全擁有型生產子公司 (Wholly-Owned Production Subsidiary)、合資 (Joint Venture)

國際貿易

企業從純國內廠商轉型為國際化 (全球化) 公司，所跨出的第一步通常是國際貿易 (International Trade)[1]。當企業有能力將產品由國內市場外銷至國際市場時，必定也會設法將國外較廉價的生產要素輸入國內市場。輸出與輸入 (Exporting and Importing) 的活動造成企業經常需要以外幣報價並以外幣付款或收款，因此必須面對匯率風險管理 (Exchange Risk Management) 的課題。在此同時，企業也要開始評估其國際貿易夥伴的信用風險，例如評估國外進口商是否會如期付款或供應商是否會如期交貨等，因此跨國界的信用風險管理 (Cross-Border Credit Risk Management) 同樣也成為營運中不可或缺的一環。雖然輸出與輸入讓企業勢必面對額外的風險，但國際貿易仍是企業試探全球市場較為保守的一種方式。

成立銷售子公司、授權代理、授權加盟

企業將國內市場生產的產品成功賣向國際市場之後，自然而然就走向國際化的第二階段。此時企業有兩種選擇：一是自行在國外設立**銷售子公司** (Sales Subsidiary)；另一是授與國外廠商代理權或加盟權。在此階段，企業若選擇在國外設立自家的銷售子公司，並購置不動產供作辦公及倉儲之用，則被視為已開始從事

---

[1] 此處所述企業國際化的過程，主要適用於製造業廠商。

PART 1 ▶ 國際金融環境與市場發展

開啟國際視窗　全球貿易的空前危機

在 2016 年進入第四季之前，市場上許多訊息已透露出全球貿易正遭逢空前的危機！首先，經濟合作暨發展組織 (Organization for Economic Cooperation and Development, OECD) 秘書長古瑞亞 (Angel Gurria) 在九月初指出，當前全球貿易成長率太低，還不到 3%，應該要有 6% 至 7% 的水準才是。緊接著世界貿易組織 (World Trade Organization, WTO) 秘書長阿茲維多 (Roberto Azevêdo) 也在九月底宣布，2016 年商品貿易成長率的全年預測值，將會從原先估計的 2.8% 下修至 1.7%，是 2008 年金融海嘯以來成長最龜速的一年。

阿茲維多也指出，從長期來看，全球貿易成長率應是 GDP 成長率的 1.5 倍，在 1990 年代甚至高達 2 倍，但近年來此比率已滑落到 1：1，若繼續照目前的趨勢走下去，全球貿易成長率有可能會低於 GDP 成長率。然而，全球貿易成長率是全球經濟成長率的領先指標，沒有強的貿易成長，未來怎麼可能會有強的經濟成長呢？

當此全球貿易成長率嚴峻下滑之際，幾個重要的自由貿易協定又瀕臨破局，令全球貿易成長前景雪上加霜。除了美國與歐盟之間的跨大西洋貿易及投資夥伴協議 (Transatlantic Trade and Investment Partnership, TTIP) 進展遲緩，美國與 11 個環太平洋國家之間的跨太平洋夥伴協定 (Trans-Pacific Partnership, TPP) 也因美國在 2017 年 1 月 23 日的退出而陷入停滯。另外，加拿大與歐盟談判多年的「全面經濟與貿易協定」(The Comprehensive Economic and Trade Agreement, CETA)，更在簽署前夕因比利時瓦隆省議會的反對而命運多舛。

主要工業國家及開發中國家的勞工階級也都發出反全球化的聲浪，且情緒節節高漲。丕優研究中心 (Pew Research Center) 指出，有將近一半的美國選民相信，和其他國家進行貿易根本是弊多於利。開發中國家的勞工則認為，工業強國戮力打破貿易壁

第 1 章　企業邁向全球化

壘成為全球化的贏家，卻造成開發中國家巨大的就業損失。事實上，不論居處強國或弱國，生活不如意的勞工都會傾向認為，他們並未從全球化或自由貿易得到什麼好處，反倒是經歷了大企業挾競爭優勢進行併購或轉型所導致的失業之苦，因此認為全球化是強者全拿。而消費者也擔心各種跨國及跨區域的貿易協定，會開放對消費者健康有威脅的牛肉、豬肉進口。

全球化與自由貿易協定的列車，真的應該要逆向行駛了嗎？喬治梅森大學經濟學家狄魯姬 (Veronique de Rugy) 指出，其實全球化會讓更多人成為贏家，在美國也不例外。阿茲維多對此提出更明確的建議，依他所言，全球貿易的利益是非常清楚的，但這份利益需要被廣泛地分享。當前所該做的，是建立一套更廣納的貿易系統，足以去支援較貧窮的國家一同參與並受益，也支援所有經濟體內的小公司、小企業主以及那些被邊緣化的族群。此刻我們應是要注意歷史的教訓，並再度承諾保持一個開放的貿易體系，才能刺激全球經濟的成長而讓大家都蒙其利！

唐納・川普 (Donald Trump) 當選美國第 45 任總統後，其在競選期間宣稱的貿易保護主義路線在上任後並未調整，而其所主張的諸多施政項目 [包括重啟北美自由貿易協定 (North American Free Trade Agreement, NAFTA) 談判、退出跨太平洋夥伴協定、課徵中國產品 45% 的關稅、要求美國製造業將生產線移回美國]，即便只是局部落實，也將對全球經濟成長造成極大的傷害！

全球化確實讓各國都有贏家和輸家，有能力的政府應遵循阿茲維多的建議，建立一套更廣納的貿易系統並協助產業轉型，讓弱勢族群也能分享全球化的利益。藉著大搞保護主義並否定自由貿易協定來伸張過去貿易利益不平等的正義難稱明智，不但傷害了自由貿易與全球經濟成長，更可能讓貿易爭端如野火四竄而犧牲了區域安定，實非全球人民之福！

國外直接投資 (Foreign Direct Investment, FDI)。所謂國外直接投資，是指固定資產的投資 (Fixed Assets Investment)；把設立銷售子公司與授權代理、授權加盟作一比較，可知前者須有若干程度的固定資產投資而後者則不必。

授權代理 (Licensing) 是代理授權者 (Licensor) 把所擁有的技術內涵，包括專利權、智財權、名號、商標、行銷技術等，授權給海外的代理商 (Licensee) 合法使用一段期間，以交換權利金、費用或其他一些約定的利益。舉例來說，一些歐、美著名的大藥廠為了在東歐或亞洲生產及銷售藥品，因暫時不願投入大額的資金，就在當地找一藥廠合法代理藥品的生產與銷售 (也可能僅限於銷售)。又譬如某些國際知名的大型超商會在世界各地，授權當地的代理商用該超商的名號營業。授權代理讓企業得以運用自己的技術或名聲在海外拓展市場、提高獲利，卻不必進行風險較高之生產設備的投資。在授權代理生產的情況下，企業可享受免除運輸成本及關稅成本的優點，不過卻可能因不易做到產品品質的控管而增加了監督成本。另外潛在的一項風險是代理商領會了經營的秘訣，有可能發展成為公司未來的競爭對手。

授權加盟 (Franchising) 是加盟授權者 (Franchisor) 把自己所擁有的專業化銷售及服務策略，授權給加盟商 (Franchisee) 使用，後者遂得以在所指定的地區合法開張營業。透過簽加盟合同，企業得以利用自己的名號吸引到全球有興趣參與經營的加盟者，而把自己的產品或服務推廣到世界各地。企業會提供整套的行銷策略與技術指導，而加盟店則須付出權利金及費用。通常已在市場上建立了商譽或打響品牌的企業，譬如一些知名的不動產

仲介公司，較擅長藉授權加盟的方式來作全球化的布局，譬如美商易而安 (ERA) 不動產等。

對企業而言，授權加盟的優、缺點與授權代理類似，明顯的好處是可以拓展國外市場而不必從事生產設備的重大投資，風險則是企業勢必得將自己的經營訣竅向加盟者透露，因此難保加盟者在合約結束後不會自行創業而轉為企業的競爭對手。加盟與代理的明顯不同，是加盟合同授權的期間較長。

成立完全擁有型生產子公司、合資

對於一個製造業廠商而言，國際化的第三步是在海外成立生產子公司 (Production Subsidiary)。企業擁有海外子公司的方式有兩種；一是百分之百由自己擁有，此種子公司稱之為完全擁有型子公司 (Wholly-Owned Subsidiary)；另一是部分擁有，乃是與其他企業以合資 (Joint Venture) 型態來共同經營子公司。

完全擁有型子公司的取得也有兩種方式：一是依照自己生產面的需求而量身打造新的廠房設備；另一則是直接在國外市場透過併購 (Merger & Acquistion, M&A) 其他企業而得。兩種方式都是大金額的投資。直接併購相較於建造全新的廠房設備，好處是得以利用現成的通路及顧客基礎，缺點則是既有廠房設備未必完全切合所需，而且取得成本也可能較高。

前面提到，企業也可用合資方式來進軍海外市場。所謂合資，指的是兩家或多家企業共同擁有一子公司，在經營過程中提供其各自的技術專長與市場優勢。合資的好處是企業可以受惠於合作夥伴所具備的比較利益，同時也不必獨自承擔經營成敗的風

險；在一些對特定產品有貿易設限的國家，境外企業可以利用與當地企業合資的方式來突破貿易障礙。合資的缺點是企業對旗下子公司的經營方向與方式無法有絕對的控制權。

綜上所述，一個製造業廠商的國際化過程，大致可歸納為下列三部曲：

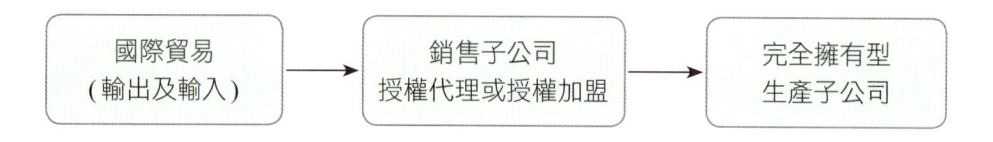

國際貿易(輸出及輸入) → 銷售子公司 授權代理或授權加盟 → 完全擁有型生產子公司

第二節　企業國際化的理論

重要名詞

比較利益	Comparative Advantage
專業分工	Specialization
資訊不對稱	Information Asymmetry
訊號發送	Signaling

製造業廠商在邁向全球化的路途上，多是依循本章第一節所言之國際化三部曲。學者試著將此種實務上的作法理論化，而提出所謂的產品生命週期理論 (Product Cycle Theory)。除了產品生命週期理論，還有另外兩大著名理論也闡述企業為何從事國際化的活動，分別是比較利益理論 (Theory of Comparative Advantage)

及不完全市場理論 (Imperfect Markets Theory)。茲將此三大理論詳述如下：

產品生命週期理論

產品生命週期理論主張，企業在成立之初，必定會選擇自己最瞭解且不確定性 (或風險) 也是最低的本國市場從事生產與銷售。久之，國內市場對產品的吸納趨於飽和狀態；為了維持或刺激銷售成長，涉足海外市場就成為思考的重點方向。一旦企業決定走出國內市場，其國際化路線所遵循的原則，多半是經由低風險、低報酬的階段 (輸出及輸入) 而漸進至高風險、高報酬的階段 (國外直接投資)。此即是說，國際化的第一步，是將運用國內廠房設備製成的產品輸出到海外市場；下一步則是在地主國成立銷售子公司，建立自己的銷售網路及倉儲設備來開拓市場配額 (或是與地主國當地廠商簽訂授權代理或加盟合同，委託生產及銷售事宜)；最後，為增加邊際利潤 (Profit Margin)、節省運輸成本 (Transportation Cost)，並避免跨洋運輸所可能造成的耽擱，以及售後服務的考量，企業會在地主國設立製造子公司。

產品生命週期理論為一般製造業廠商國際化的發展過程提供了理論的解釋。不過，企業在各階段從事的國際商務活動除了包括國際貿易、國外直接投資等生產面的活動，還包括國際融資 (International Financing) 等財務面的活動。產品生命週期理論只說明了企業為何從事國際貿易及國外直接投資，並未能針對企業國外融資的部分提供理論的解釋。

比較利益理論

古典政治經濟學家李嘉圖 (David Ricardo, 1772-1823) 所提出的比較利益理論，闡明國際貿易為何會給企業與國家帶來好處；此理論不但成為國際貿易理論上最重要的概念，也是當今衍生商品 [例如，交換合約 (Swap Contract)] 初期發展的重要理論根據。比較利益 (Comparative Advantage) 與絕對利益 (Absolute Advantage) 乃是兩個不同的概念，但常容易被一般人混淆與誤用；李嘉圖的主要貢獻在於用一個實際數字的例子，對此兩概念的不同作了清楚的闡釋。

李嘉圖所舉的例子是一個簡化的模型，其中的世界只有兩個國家 (A 國與 B 國) 及兩項產品 (布與酒)；在既定的技術狀態下勞動是唯一投入的生產要素。李嘉圖指出，A、B 兩國可能會因天然秉賦 (Endowments) 的不同，或因生產效率 (Efficiency) 的問題，而使勞動生產力 (工人在一定時間內所生產的產品數量) 有明顯差異。李嘉圖假設兩國中的其中一國 (A 國) 在生產布與酒兩項產品上都比另一國 (B 國) 更具生產力；也就是說，A 國不論是生產布或酒都比 B 國有絕對利益 (參考圖 1-1，可知 A 國的生產可能曲線落在 B 國的生產可能曲線之外)。但李嘉圖認為絕對利益並不是國際貿易的基礎，倘若是的話，則兩國中只有 A 國可以輸出產品而從貿易中賺得利益，B 國自然不會願意從事國際貿易。李嘉圖進一步說明促成國際貿易發生並為世界帶來好處的是比較利益而非絕對利益。

到底什麼是比較利益呢？我們可以說，若一個國家在生產某

項產品時所招致的機會成本 (Opportunity Cost) 較其他國家為低，則該國在生產此項產品時具有比較利益。什麼是機會成本？以李嘉圖的例子而言，生產布的機會成本是：為多生產 1 單位的布所須放棄的酒的產量，而生產酒的機會成本則是：為多生產 1 單位的酒所須放棄的布的產量。根據李嘉圖的說法，每一個國家都應從事專業分工 (Specialization)，也就是專注於生產自己具有比較利益的產品；然後經由適當貿易條件 (Terms of Trade) 的安排，國際貿易就會發生且雙方都會從貿易獲益而增加福利。

根據李嘉圖所舉的實際數字的例子，此處我們也以相仿的例子，說明何以比較利益是國際貿易發生及福利創造的基礎。假設在 A 國生產 1 單位的布需要 6 單位的人力小時 (Man-hour, Mh)，而生產 1 單位的酒需要 3 單位的人力小時；在 B 國生產 1 單位的布需要 12 單位的人力小時，而生產 1 單位的酒需要 4 單位的人力小時；兩國相對生產力的情形，如表 1-1 所示。

表 1-1 兩國勞動生產力的比較

國名	生產 1 單位布所需的人力小時	生產 1 單位酒所需的人力小時
A 國	6 Mh	3 Mh
B 國	12 Mh	4 Mh

再假設 A、B 兩國有著相同數量的生產要素，例如，A 國有 6,000 單位的人力小時，而 B 國也有 6,000 單位的人力小時。根據前述資料得知，在 A 國若將 6,000 單位的人力小時都用來生產布，可以生產 1,000 單位的布；若將 6,000 單位的人力小時都用來生產酒，可以生產 2,000 單位的酒。同樣地，在 B

國若將 6,000 單位的人力小時都用來生產布,可以生產 500 單位的布;若將 6,000 單位的人力小時都用來生產酒,可以生產 1,500 單位的酒。

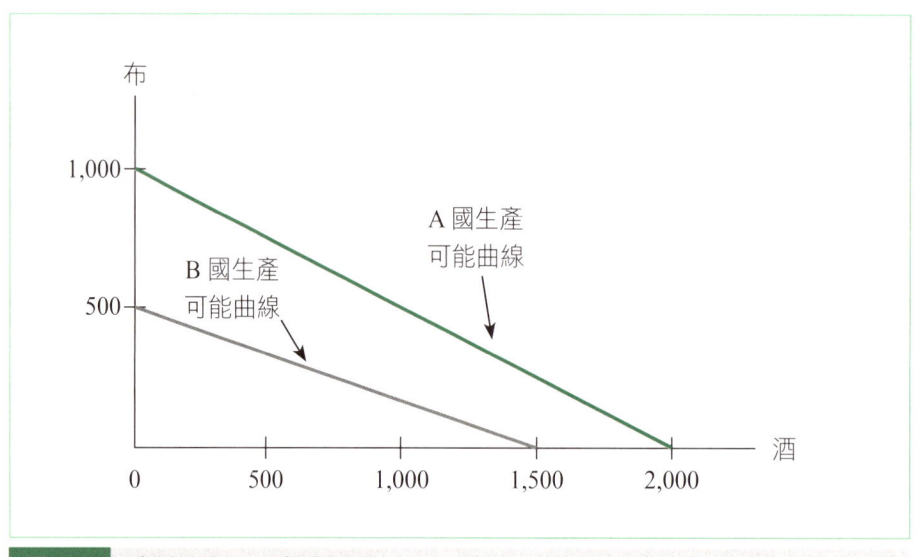

圖 1-1　比較利益 vs. 絕對利益

圖 1-1 顯示,A 國的生產可能曲線落在 B 國的外圍,代表 A 國不論是生產布或酒都比 B 國有絕對利益。至於比較利益呢?A 國多生產 1 單位的布必須放棄 2 單位的酒,因此生產 1 單位布的機會成本為 2 單位的酒;而 B 國生產 1 單位布的機會成本為 3 單位的酒。另一方面,A 國多生產 1 單位的酒必須放棄 1/2 單位的布,因此生產 1 單位酒的機會成本為 1/2 單位的布;而 B 國生產 1 單位酒的機會成本為 1/3 單位的布。我們將這些數字整理如表 1-2 所示:

表 1-2　A、B 兩國生產布與酒的機會成本

國名	生產 1 單位布所需的人力小時	生產 1 單位酒所需的人力小時
A 國	2 單位酒	1/2 單位布
B 國	3 單位酒	1/3 單位布

由上述得知，A 國生產布的機會成本比 B 國小，因此 A 國在生產布的方面有比較利益，而 B 國生產酒的機會成本比 A 國小，因此 B 國在生產酒的方面有比較利益。在國際貿易發生之前，A 國與 B 國皆須生產兩種產品以求自給自足，假設兩國產出 (Output) 結果如表 1-3 所示：

表 1-3　貿易前的產出結果

	布	酒
A 國產出	750 單位	500 單位
B 國產出	200 單位	900 單位
世界總產出	950 單位	1,400 單位

若從事專業分工，則 A 國只專注生產其具比較利益的產品 (亦即布)，B 國也只專注生產其具比較利益的產品 (亦即酒)，則專業分工後的產出情況如表 1-4 所示：

表 1-4　專業分工 (貿易) 後的產出結果

	布	酒
A 國產出	1,000 單位	0 單位
B 國產出	0 單位	1,500 單位
世界總產出	1,000 單位	1,500 單位

比較表 1-3 與表 1-4 的產出結果，可知專業分工會使布與酒的世界總產量增加；透過適當的貿易條件，兩國人民進行貿易而可同時享受到布與酒兩種產品，且不論是布或酒，世界可消費總量都是較貿易前增加的。

比較利益理論說明了企業為什麼要進行專業分工並從事國際貿易，但卻無法解釋其他類型的國際商務活動，例如國外直接投資及國際融資 (International Financing)。

◎ 不完全市場理論

不完全市場理論的基本假設是市場上有許多不完全性，因此產生了眾多的障礙與成本；這些不完全性來自於制度本身的缺失，天然與人為因素形成的限制 (例如，自然資源的地理配置和移民的法令限制)，以及運輸、交易功能方面的摩擦性 (Friction) 和**資訊不對稱** (Information Asymmetry) 等等。**市場不完全性** (Market Imperfection) 導致的限制及成本，迫使或吸引廠商思及用國際化來解決難題；例如，透過輸出或輸入以克服產品或要素市場上的不完全性；到國外設立製造子公司以節省運輸成本或克服移民限制；到國外融資以克服資金移動的限制等。不完全市場理論對於企業為何會從事國際貿易、國外直接投資、國際融資等國際化活動皆可以說得通，因此是本節所討論的三大企業國際化的理論中，最能提供完整說明的一套理論。

不完全市場理論暗示市場是沒有效率的 (Inefficient)，而且有些既存的現象並無法自我調整 (Self-Adjusting)；例如，因資訊

不對稱而造成的問題常常是難以解決的,因此企業有時候要依靠**訊號發送** (Signaling) 來減輕資訊傳達方面的缺失。企業靠國際化活動對市場發送訊息,表明企業不論是在規模、視野、能力及版圖方面,均較純國內企業更為積極且有前瞻性;因此,當市場是繼續處在「不完全」的狀況下,「國際化」不失為一項表達企業能力與企圖心的**有效訊號指標** (Valid Signal)。

第三節　國際化企業的經營目的與代理問題

重要名詞

跨國企業	Multinational Enterprise, MNE
超國籍企業	Transnational Enterprise
股票價格極大化	Stock Price Maximization
公司財富極大化	Corporate Wealth Maximization
公司治理	Corporate Governance
利害關係人	Stakeholder

全球市場上公司的類型

依據前兩節所言,企業在全球市場上依其國際活動的涉入程度或國際化的階段,應可區分為下列三種不同的類型:

PART 1 ▶ 國際金融環境與市場發展

- 純國內廠商
- 國際貿易公司
- 跨國企業

純國內廠商

純國內廠商是指完全不與「國際化活動」作任何連結的公司。這些企業僅在自己本國境內從事生產與銷售，僱用本地勞工，在當地融資，也不從事輸出與輸入。

國際貿易公司

一般而言，國際貿易公司是指專門從事進口及出口業務的公司。此處所言之國際貿易公司，是指生產據點全在國內的製造業廠商，其國際化活動僅限於產品的輸出及原料的輸入。

跨國企業

跨國企業 (Multinational Enterprise, MNE)，也可稱之為多國籍企業，是指企業在兩個或兩個以上國家有固定資產的投資及營運；通常都是總部設在本國，而原料的購買、產品的製造、成品的銷售、資金的取得則會善用不同國家的資源及市場，而各地的營運狀況乃由總部統一指揮控管。

若干跨國企業成長至今，其商務活動及營運觸角已遍及全球各地；對這些公司而言，**本國** (Home Country) 與**地主國** (Host Country) 之間的分野，似乎已漸成一模糊的概念。這一類的大型跨國公司，包括雀巢 (Nestlé)、可口可樂 (Coca-Cola) 等，其營

運與銷售遍及全球市場,或可稱之為超國籍企業 (Transnational Enterprise)。

跨國企業的經營目的

多國籍企業在訂定經營目標時所要考量的因素,相較於純國內廠商或國際貿易公司應是複雜得多。一般財務管理教科書上都告知我們,股東財富極大化 (Shareholder Wealth Maximization) 或股票價格極大化 (Stock Price Maximization) 是公司經營之目的,此乃是依據英、美、加拿大等安格魯美系 (Anglo-American) 國家企業傳統而闡述的概念。然而,跨國企業地處複雜的全球環境,面對不同的文化背景及道德標準,我們很難以偏概全地指稱「股東財富極大化」即是跨國企業經營的目標。

為瞭解跨國企業在東、西方社會如何訂定其經營目標,我們可以從兩方面來進行剖析。首先來分析與企業組織相關的成員。通常,一家公司會有很多的利害關係人 (Stakeholder),包括員工、顧客、供應商、債權人、特別股股東及普通股股東等;他們各自的福利與公司的各項決策有著或多或少的關聯。而公司所作的決定,若對其中一些利害關係人有利,有可能就會對另一些利害關係人不利;基此,公司在擬定經營目標時,一定會考量並評估不同利害關係人的相對權益,進而作出決策。

其次,企業在訂定經營目標時,會考量股票市場上投資人對投票權掌控情形的既有傳統。在英、美國家,投資人購買股票可以參與投票,其法則是一股一票 (One Share, One Vote),因此表現

不好的管理階層，很有可能被外來者靠收購投資人的投票權而接管公司，並遭到撤換。在大陸歐洲 (Continental Europe) 及亞洲國家，投票權的常態並非一股一票，有些類型的股票是不授予投票權的，而公司又常訂有反接管的防禦措施，這些現象使得企業被接管的壓力減少許多，因此管理者不必奮力在股票價格上展現實力，也就是說，並不一定要將股票價格極大化當作經營目的。

股票價格極大化

英、美、加拿大等國家的企業認為股東財富極大化是企業的經營目的。這些安格魯美系國家的企業把普通股股東當作最重要的利害關係人，因為他們對於公司的資產及現金流所保有的主張權 (Claim)，是落在所有其他的利害關係人之後；因此，普通股股東只能對公司的剩餘現金流 (Residual Cash Flow) 行使主張權，或可說他們是公司剩餘現金流的所有權人。而公司的一切策略，都是希望在付清所有因承諾而必須支付的款項之後，能使剩餘現金流極大化。若股票市場是有效率的，則公司決策對剩餘現金流造成的影響，必然會反映在普通股股票的價格上；決策愈正確，恆常的剩餘現金流就會看增，股票價格也就會愈高。另外，表現不好的管理階層很容易因為下跌的股價而遭汰換或面臨公司被接管的風險，因此安格魯美系國家的企業會格外重視股價的走勢。總而言之，安格魯美系國家企業經營之目的，就是要極大化股票價格，也就是要極大化股東財富。

公司財富極大化

將「股票價格極大化」當作經營之目的，雖是安格魯美系國家企業的共同看法與作法，但卻未必是大陸歐洲及亞洲市場奉行的圭臬。在大陸歐洲及日本等國家，企業傾向於不以普通股股票價格的走向為決策依歸，而是以公司財富極大化 (Corporate Wealth Maximization) 為經營目的。此乃因這些國家的企業，除了重視普通股股東的權益之外，也將其他利害關係人的利益納入決策過程中作考量因素；再者，這些國家的企業即使股價表現不好，但因制度面因素及股市既有的機制而面臨較少被接管的壓力。因此，大陸歐洲及亞洲地區企業經營之目的偏向於公司財富極大化。

「公司財富極大化」與「股票價格極大化」兩目的有時是相互牴觸的，此乃因公司財富的定義不似股票價格的定義這般明確，前者包括公司的規模、市場配額、技術、員工忠誠度及一些社會層面的考量因素。倘若公司因市場不景氣而須裁員，但顧及員工對公司的忠誠度及面臨的失業問題而放棄如此做，其可能結果是效率不彰而傷及股價。因此，企業在追求公司財富極大化的同時，確有可能無法再顧及公司的效率、生產力及股票價格的極大化。

何以企業在經營目的方面會有「股票價格極大化」及「公司財富極大化」的分野？不論是從企業組織內成員相對的重要性來看，或是從投資人在投票權上施展的影響力來考量，都可知既存的現象是不同文化背景之下形成的公司慣例。東、西方文化的傳

統差異造成企業對人、事的看法不盡然相同；例如英、美企業若認為員工已無剩餘價值，可能就不再僱用而不會考量員工過去對公司投入的貢獻；又如東方企業與銀行 (債權人) 關係之密切甚於西方，因此對東方企業而言，債權人的重要性並不一定會次於股東。

跨國企業在國際舞台上必須認清其所面對的市場狀況及投資人心態；因此，英、美國家的大企業若將營運範圍延伸至大陸歐洲及亞洲市場，則應從善如流而將「股票價格極大化」的經營目的，朝向「公司財富極大化」的方向作適度修正；同樣地，大陸歐洲及亞洲國家的企業若到英、美等國家擴增版圖，也須入境問俗而將「公司財富極大化」的經營目的，朝向「股票價格極大化」的方向作適度調整。兩種經營目的到底何者較能為市場接受？以跨國企業今日的發展趨勢而言，似乎「股票價格極大化」的經營目標較能吸引到全球性的投資人，畢竟此目標定義的範圍較為明確，而且各產業中表現傑出的企業，大多也是以「股票價格極大化」為目標及依歸。

公司治理與代理問題

公司治理 (Corporate Governance) 的概念在企業全球化的發展趨勢之下，愈來愈受到市場的重視。所謂公司治理，是指組織內考量利害關係人彼此間的關係而後訂定的一套建立秩序的機制，用來確保決策的執行及所衍生的利益與組織之目標合一。公司治理的目的，狹義的說是要確保公司永續經營並致力於股東利

益的增進；廣義而言則是要藉公司持續的成功經營而使眾多利害關係人獲益並促進經濟的穩定成長。

所謂利害關係人 (Stakeholder)，是指與企業有利害關係的所有群體，包括普通股股東 (Common Stockholder)、特別股股東 (Preferred Stockholder)、債權人 (Creditor)、員工 (Employee)、供應商 (Supplier)、消費者 (Consumer)，甚至公司所在地的社區 (Community) 以及政府，他們的利益會因公司是否能良性經營而受到直接或間接的影響。

現代企業應該在什麼樣的公司治理原則之下從事經營管理？經濟合作暨發展組織在 2015 年 9 月出版的「公司治理」報告中，將最新修正的治理原則放在六大章中作了詳細描述，此處只取重點說明如下：

一、確保主管機關執行監管的品質
二、保障股東權利，並使其被公平對待
三、發揮機構投資人與股票市場之公平、有效的功能
四、讓利害關係人之權利獲得法律保障
五、讓公司之財務和營運結果及其他有必要揭露資訊能充分揭露與透明化
六、董事會盡其該盡之責任，特別是要確保公司財務及會計訊息發布系統的誠信

由以上可知，從六大章中可以摘要出的重要原則包括公平 (Fairness)、透明 (Transparency)、責任 (Responsibility)、誠信 (Integrity) 等。

不論公司經營之目的為何，企業都應在既定的目標之下遵循上述所說的四大原則，建立一套機制來進行有效的經營管理。財務文獻上大家早已耳熟能詳的「代理問題」，也是「公司治理」所涵蓋的範圍。代理問題的產生，主要是因為大企業的管理權 (Management) 與所有權 (Ownership) 分開，導致獲得代理人 (Agent) 身分的管理團隊未能善盡其作管理者的職責，而替雇主－主理人 (Owner-Principal) 謀求財富極大化，反倒是利用職權消耗公司的資產來增加自身的酬庸與福利，造成公司必須承擔高額的代理成本 (Agency Cost)。另一個層面的代理問題，是出現在股東與債權人之間；負債比率偏高的公司，其股東較有意圖授權管理者從事於高風險的投資，而使獲取固定收益的債權人落於較不利的境地[2]。

代理問題對國際化企業而言，理論上應是較為嚴重。首先，跨國公司與純國內企業相較，前者規模龐大而組織複雜，規模愈大自然會增加管理上的難度。其次，子公司散布世界各地，鞭長莫及，母公司想要對遠地經理人的決策行為進行充分監督自有其實質上的困難。另外，子公司經理人有可能是由地主國當地的人才勝任，受其本身文化背景的影響，很可能在決策執行時未能遵循母公司的統一律令。還有，海外子公司的經理人有可能為了個人績效的呈現而重視決策的短期效果，進而牴觸到公司整體的長期經營目標。不過，隨著網際網路 (Internet) 的快速發展與普遍

---

[2] 有關股東與管理者以及股東與債權人之間各種形式代理問題的詳細說明，請參考劉亞秋、薛立言合著之《財務管理》二版第一章，華泰文化出版。

使用，過去因地域隔閡而無法有效傳遞的訊息，如今瞬間即可抵達全球各地；因此，資訊的無遠弗屆並即時更新，已讓跨國企業因語言及地域的阻隔而引發的代理問題有了相當程度的改善。

跨國企業因規模龐大而導致管理上易有疏漏，因此公司治理機制的建立與運行更有其必要性。良好的公司治理必須靠公司內、外部各種機制共同發揮作用；內部依靠公司本身之自律，外部則有賴政府法令的規範，專業機構的嚴正監督以及市場本身競爭機制的發揮。良好的公司治理應使管理者保有用心經營的誘因，以幫助防堵代理問題的發生及降低代理成本。對跨國企業而言，政府法令的規範尤應加強落實。若干公司會利用「國際化」所創造的機會，在國外虛設子公司，製造假訂單來膨脹財報獲利，藉此拉抬股價而中飽私囊。譬如一些新興市場的跨國企業就常因缺乏完善的公司治理機制及法令規範，而使董事、監察人、經理人等未能克盡其功能與職責，最後造成公司被掏空或弊端被揭穿而股價一瀉千里的案例，不但使所有的利害關係人受損，也耗費社會資源並擾亂金融秩序。

由上述分析得知，國際化企業確實更容易出現管理方面的瑕疵，因此需要制訂一套有效的機制來防微杜漸。如今在全球競爭的壓力之下，大多數企業的營運皆已跨越國界而邁向海外市場，主管機關因此有必要加緊訂定法則，強制企業在經營管理上符合「公司治理」的基本原則與精神，以保障投資人及其他利害關係人的權益，並維繫經濟社會的長治久安。

PART 1 ▶ 國際金融環境與市場發展

第四節　國際化企業的機會與風險

重要名詞

匯率風險　　　Exchange Rate Risk
政治風險　　　Political Risk

◎ 國際化蘊含的機會

　　市場不完全性阻礙了原料、資金及勞力的自由移動，而國際化則可讓全球資源作更有效的配置。當廉價的勞動力與低成本的資金無法源源不斷地來到企業的母國以滿足其營運所需時，企業卻可透過國際化在全球各地追著資源跑。因此，跨國企業相較於純國內廠商，勢必有更多、更好的投資及融資機會，而營收及盈餘亦較有機會作大幅度的成長。圖 1-2 顯示，跨國企業因比純國內企業面對更多、更優的投資機會，故在每一特定的資本額水準，都會比後者易於獲得相對較高的邊際投資報酬率 (Marginal Rate of Return, MRR)；同樣地，跨國企業也比純國內企業面對更廣、更好的融資機會，故在每一特定的資本額水準，都會比後者易於取得相對較低的邊際資金成本 (Marginal Cost of Capital, MCC)。由圖 1-2 也可看出，跨國企業因為更有機會獲得較高的投資報酬率及較低的資金成本，故企業規模可以擴展到 G 的水準 (資本額 G)；相對而言，純國內企業因為機會受限，故規模

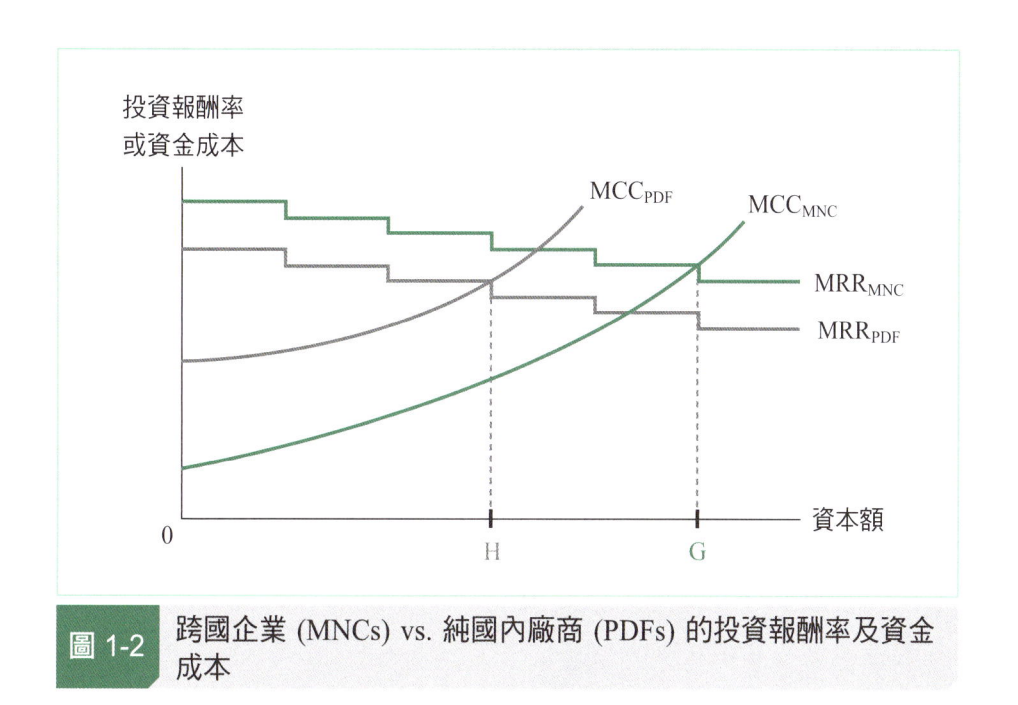

[图 1-2] 跨國企業 (MNCs) vs. 純國內廠商 (PDFs) 的投資報酬率及資金成本

也受限，只能達到 H 的水準 (資本額 H)。

除了投資及融資的考量，全球化布局還散發出其他讓企業趨之若鶩的光芒，譬如可發揮風險分散的效果，可利用各國不同的稅率將企業全面稅負降至最低，以及可擴大投資人基底增加股價上揚的機會等。回顧二十一世紀的第一個十年，各國企業都卯足全勁，力求在世界舞台上拼出一塊屬於自己的版圖。即使是目前仍位居全球第一大經濟體的美國，其各產業的龍頭企業也不敢輕忽全球化潮流所帶來的機會與挑戰。如何抓住機會並從挑戰中勝出，是大時代對企業領導團隊的智慧與果決能力不斷拋出的考驗與試煉。

國際化招致的風險

「天下沒有白吃的午餐」，國際化蘊含的機會背後其實暗藏著諸多風險。最顯而易見的是匯率風險 (Exchange Rate Risk) 及政治風險 (Political Risk)。對一個在國外設有生產據點的跨國企業而言，匯率的波動不但會導致外幣應收 (付) 帳款之實收 (付) 本國貨幣金額的變動，更嚴重的是會影響到產品未來在國際市場的競爭情勢，進而對營收及利潤帶來衝擊；因此，跨國企業會暴露於各種型態的匯率風險之中。國際化企業在海外的子公司有眾多的資產及盈餘在地主國的管轄範圍之內，地主國若突然宣布禁止資金出口，則子公司將無法順利將資金匯送給母公司或其他的子公司；尤有甚者，是資產遭到地主國的無償接管；因此，國際化也讓企業曝露於各種型態的政治風險之下。

第五節　本書內容架構

本書共計六篇十五章，架構如下：

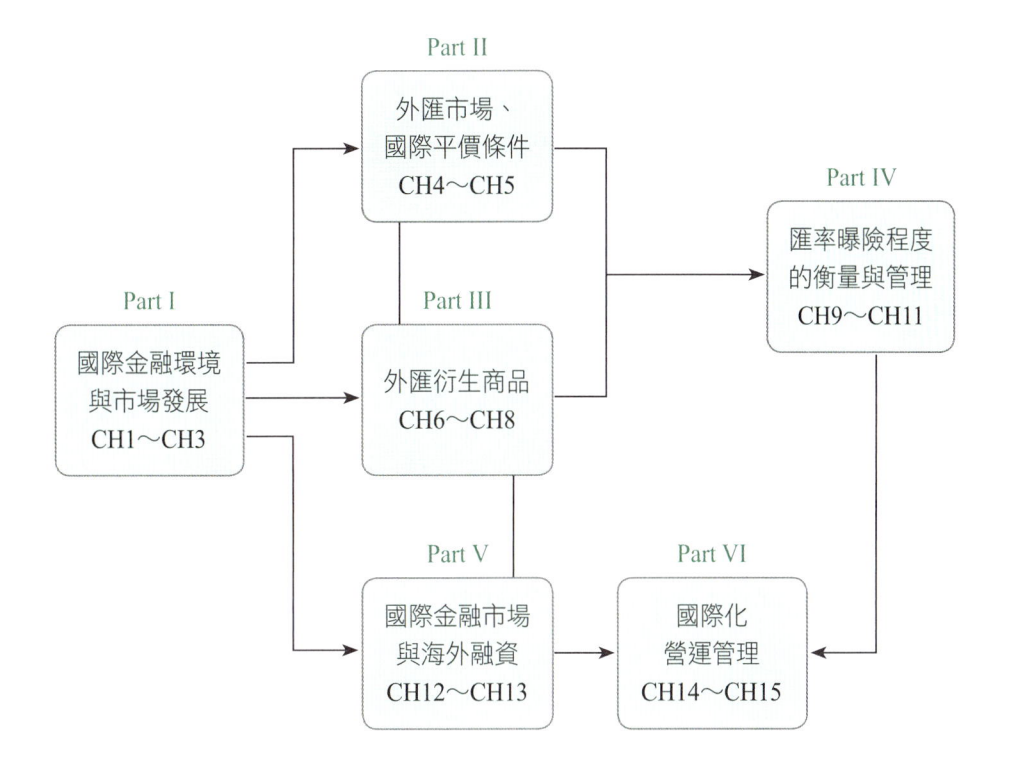

```
                        Part II
                    ┌──────────────┐
                    │  外匯市場、   │
                    │ 國際平價條件  │
                    │   CH4～CH5   │
                    └──────┬───────┘
                           │                    Part IV
                           │                ┌──────────────┐
                           │                │  匯率曝險程度 │
                           │                │  的衡量與管理 │
       Part I              │                │   CH9～CH11  │
   ┌──────────────┐   Part III             └──────────────┘
   │  國際金融環境 │  ┌──────────────┐          ▲
   │   與市場發展  │─▶│ 外匯衍生商品 │──────────┘
   │   CH1～CH3   │  │   CH6～CH8   │
   └──────┬───────┘  └──────┬───────┘
          │                 │
          ▼                 ▼
       Part V            Part VI
   ┌──────────────┐  ┌──────────────┐
   │  國際金融市場 │  │    國際化    │
   │  與海外融資  │─▶│   營運管理   │◀
   │  CH12～CH13  │  │  CH14～CH15  │
   └──────────────┘  └──────────────┘
```

本章摘要

- 製造業廠商的國際化三部曲：(1) 國際貿易 (輸出及輸入)；(2) 成立銷售子公司、授權代理、授權加盟；及 (3) 成立完全擁有型生產子公司。
- 授權代理是企業把所擁有的技術內涵，譬如專利權、智財權、名號、商標、行銷技術等，授權給海外的代理商合法使用一段期間，以交換權利金、費用或其他一些約定的利益。
- 授權加盟是企業把自己所擁有的專業化銷售及服務策略授權給加盟商使用，後者遂得以在所指定的地區合法開張營業。
- 企業國際化的三大理論：(1) 產品生命週期理論；(2) 比較利益理論；及 (3) 不完全市場理論。
- 若一國在生產某項產品時所招致的機會成本較其他國家為低，則該國在生產此項產品時具有比較利益。
- 企業在全球市場上依其國際活動的涉入程度，可以區分為三種不同的類型：(1) 純國內廠商；(2) 國際貿易公司；及 (3) 跨國企業。
- 跨國企業是指企業在兩個或兩個以上國家有固定資產的投資及營運；通常都是總部設在本國，而原料的購買、產品的製造、成品的銷售、資金的取得則會善用不同國家的資源及市場，而各地的營運狀況乃由總部統一指揮控管。
- 跨國企業的經營目的在美國、英國及加拿大等國家是「普通股股東財富極大化」或「股票價格極大化」，但在大陸歐洲及亞洲國家則是「公司財富極大化」。
- 所謂公司治理，是指組織內考量利害關係人彼此間的關係而後訂定的一套建立秩序的機制，用來確保決策的執行及所衍生的利益與組織之目標合一。
- 依照 OECD 在 2015 年 9 月出版的「公司治理」報告，可以從六大章中摘要出的重要治理原則，包括公平、透明、責任、誠信。
- 相較於純國內企業，跨國企業面臨的額外風險是匯率風險與政治風險。

本章習題

一、選擇題 (請選出最適當的一個答案)

1. 下列何者是製造業廠商的國際化三部曲？
   a. 輸出及輸入 → 成立銷售子公司、授權代理、授權加盟 → 成立完全擁有型生產子公司
   b. 輸出及輸入 → 成立完全擁有型生產子公司 → 成立銷售子公司、授權代理、授權加盟
   c. 成立銷售子公司、授權代理、授權加盟 → 輸出及輸入 → 成立完全擁有型生產子公司
   d. 成立完全擁有型生產子公司 → 輸出及輸入 → 成立銷售子公司、授權代理、授權加盟

2. 「合資」指的是：
   a. 企業把其擁有的技術內涵提供給他人合法使用，以交換權利金、費用或其他一些約定的利益
   b. 企業把專業化的銷售及服務策略授權給他人使用，後者遂得以合法在所指定的地區從事生產與銷售
   c. 兩家或多家企業共同擁有一子公司，在經營過程中提供其各自的技術專長與市場優勢
   d. 以上皆非

3. 下列何者最可能是「授權加盟」的代表？
   a. 美商易而安 (ERA) 不動產公司和其位於台北市的各門市
   b. 美國的通用汽車 (General Motors, GM) 公司和日本的三菱汽車 (Mitsubishi) 公司
   c. 美國的高露潔牙膏公司和台灣的黑人牙膏公司
   d. 美國的某大出版社和台灣的某一文化事業公司

4. 下列哪一理論，最能解釋企業所從事的各類型國際商務活動？
   a. 產品生命週期理論
   b. 比較利益理論
   c. 不完全市場理論

d. 代理理論

5. 下表列出在巴西及中國生產 1 單位綠茶或紅茶所需的人力小時 (Mh)：

國家	1 單位綠茶	1 單位紅茶
巴西	4 Mh	6 Mh
中國	6 Mh	12 Mh

請問下列哪一項陳述是正確的？

a. 中國對於生產綠茶有絕對利益

b. 中國對於生產紅茶有絕對利益

c. 中國對於生產綠茶有比較利益

d. 中國對於生產紅茶有比較利益

6. 下列哪一個公司經營目標較能吸引到全球性的投資人？

a. 公司財富極大化

b. 股票價格極大化

c. 營收極大化

d. 市占率極大化

7. 下列何者是公司的「利害關係人」？

a. 債權人

b. 員工

c. 供應商

d. 以上皆是

8. 依據 OECD 在 2015 年 9 月出版的「公司治理」報告，可以從六大章中摘要出的重要治理原則，包括：

a. 公平、樸實、誠信、負責

b. 樸實、透明、誠信、負責

c. 公平、透明、勤奮、責任

d. 公平、透明、責任、誠信

9. 相較於純國內企業，跨國企業面臨的額外風險是：

a. 政治風險與財務風險

b. 匯率風險與政治風險

c. 企業風險與匯率風險

d. 企業風險與財務風險

10. 授權代理 (Licensing) 指的是企業把自己所擁有的 ＿＿＿＿＿＿ 提供給他人合法使用；授權加盟 (Franchising) 是指企業把自己所擁有的 ＿＿＿＿＿＿ 提供給他人合法使用。
    a. 技術內涵 (包括專利權、智財權、名號、商標等)；專業化銷售及服務策略
    b. 專業化銷售及服務策略；技術內涵 (包括專利權、智財權、名號、商標等)
    c. 生產設備；銷售網路
    d. 專業化銷售及服務策略；生產設備

二、問答題

1. 製造業廠商的國際化過程基本上包含哪三部曲？
2. 何謂授權代理 (Licensing)？何謂授權加盟 (Franchising)？
3. 何謂「合資」？相較於成立完全擁有型生產子公司，合資有什麼優缺點？
4. 產品生命週期理論如何解釋企業國際化的活動，請闡述之。
5. 比較利益理論如何解釋國際貿易的發生及所帶來的福利？
6. 不完全市場理論對企業國際化活動所提供的理論依據為何？
7. 全球市場上公司可分為哪三種類型？
8. 請給「跨國企業」一個適當的定義。
9. 跨國企業可能有哪兩類經營目的？何種原因造成這樣的分野？
10. 何謂「公司治理」？其目的為何？
11. 請就「利害關係人」定義之。
12. 企業在公司治理的機制之下應遵循哪些原則？
13. 相較於純國內企業，為什麼代理問題對國際化企業而言會是一個比較嚴重的問題？隨著網際網路的快速發展，跨國企業的代理問題在哪一方面可以獲得有效的改善？
14. 國際化蘊含什麼機會？招致哪些風險？

Chapter 2
國際收支與金融危機

　　一個國家的國際經濟活動水準,不僅反映該國本身經濟與政治的健康狀況,連帶也可能對周邊國家甚至全球經濟帶來衝擊。事實上,從金本位制度開始,國際貨幣制度的發展與改進都是以維持國際金融秩序為目標;而金融秩序的維繫有賴於國際收支的平衡與匯率的穩定。國際收支水準與匯率之間有著不可分割的關係;長期陷於國際收支赤字的國家,其貨幣會有貶值壓力,外匯存底也會逐漸罄空,甚至還有爆發金融危機的可能。本章第一節描述國際收支的各種帳戶;第二節探討影響國際收支帳戶的重要因素;第三節剖析近年來全球各地重大的金融危機。

第一節　國際收支的各種帳戶介紹

重要名詞

國際收支　　Balance of Payments

　　一個國家在一段期間內的國際經濟交易活動，可以透過**國際收支** (Balance of Payments) 表中的帳戶餘額呈現出來。所謂國際收支表，就是記載一國與世界其他國家在一段期間 (通常為一年或一季) 內各類經濟交易往來的統計表。各國為接軌國際，其國際收支表的編製大多是依**國際貨幣基金組織** (International Monetary Fund, IMF) 的規範。IMF 於 2009 年 12 月推出第六版國際收支與國際投資部位手冊 (BPM6)，但我國仍採用第五版 (BPM5)，直自 2016 年第 1 季起，才改按新版 BPM6 的基礎及格式，重新公布 1984 年以來的國際收支表[1]。

　　比較新舊版的差別，要特別注意**正負號表達方式的改變**。依新版 BPM6，經常帳與資本帳的收入及支出皆是以正號表示。金融帳資產或負債的增加是以正號表示；金融帳資產或負債的減少是以負號表示。在經常帳淨額及資本帳淨額方面，正號表示順差，負號表示逆差。在金融帳淨額方面，正號表示資金淨流出，

---

[1] 有關新版手冊 BPM6 與舊版 BPM5 變革之對照，請參考央行「有關國際收支統計改版之說明」。另外，BPM6 的英文全名是 The sixth edition of the IMF's Balance of Payments and International Investment Position Manual。

負號表示資金淨流入。在準備資產方面，正號表示增加，負號表示減少[2]。

以下介紹各個帳戶[3]：

一、經常帳

經常帳 (Current Account) 下分為四個支項：

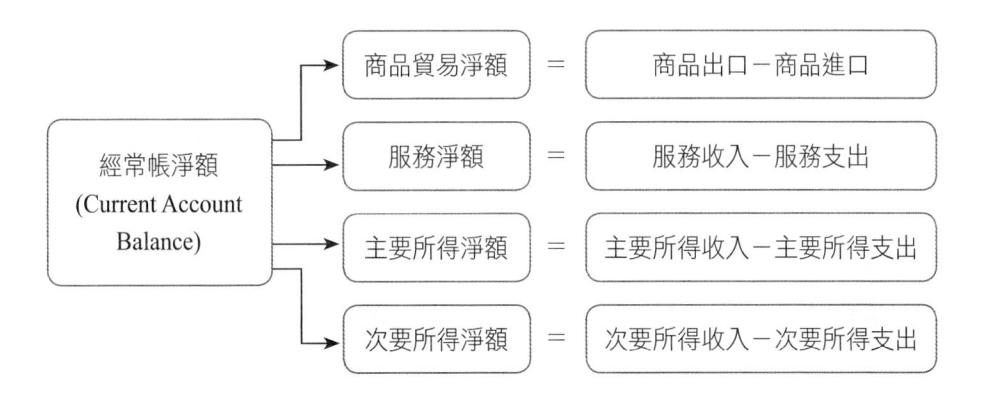

```
                    ┌─→ 商品貿易淨額  =  商品出口－商品進口
                    │
經常帳淨額          ├─→ 服務淨額      =  服務收入－服務支出
(Current Account)   │
Balance)            ├─→ 主要所得淨額  =  主要所得收入－主要所得支出
                    │
                    └─→ 次要所得淨額  =  次要所得收入－次要所得支出
```

經常帳中的**商品** (Goods) 是指製造業中各行各業所生產的原料，半成品及成品；商品的出口總額減去進口總額，稱之為**商品貿易淨額** (Balance of Trade or Balance on Goods)，此為經常帳中的最主要成員。

服務 (Services) 是指服務業所提供的不同性質服務，分為運輸、旅行及其他服務。以運輸為例，包括客運、貨運及其他；

---

[2] 依舊版 BPM5，經常帳及資本帳的收入是以正號表示，支出則是以負號表示。金融帳資產的減少或負債的增加是以正號表示；金融帳資產的增加或負債的減少是以負號表示。在經常帳淨額、資本帳淨額及金融帳淨額方面，正號表示順差，負號表示逆差。在準備資產方面，正號表示減少，負號表示增加。

[3] 可參考我國央行網頁 (www.cbc.gov.tw) 對國際收支各帳戶所含標準科目之說明。

客、貨運又各分海運及空運。再以旅行為例，分為商務、個人及其他。其他服務包括營建、保險、金融……等等。服務淨額 (Balance on Services) 等於服務收入總額減去服務支出總額，此為經常帳中的第二項重要成員。

主要所得 (Primary Income) 包括薪資、投資所得及其他。投資所得又區分為直接投資所得 (股利、利息、再投資盈餘等)、證券投資所得 (股利、利息) 及其他。若是本國居民投資國外股票、債券所賺得的股利、利息，會納入主要所得收入項下；若是本國法人支付非居民的股利、利息，則是納入主要所得支出項下。主要所得收入減去主要所得支出，稱之為主要所得淨額 (Balance on Primary Income)。

次要所得 (Secondary Income) 過去稱作經常移轉，主要分為政府及其他部門，細項科目包括政府移轉收入、贍家匯款、工作者匯款、捐贈匯款、其他移轉收入。經常移轉是單方移轉 (Unilateral Transfers)，是一廂情願的贈與或捐款行為；譬如外國政府及民間單方面對本國的贈與或捐款屬於次要所得收入；而本國政府及民間單方面給予外國的金錢援助或贈送則是次要所得支出。

二、資本帳

資本帳 (Capital Account) 下只有一個項目，即是：

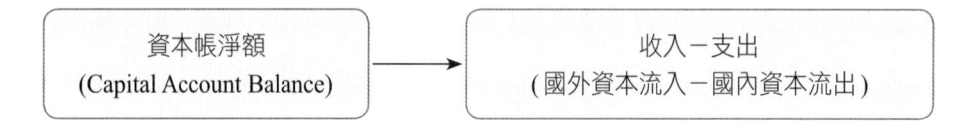

資本帳淨額 (Capital Account Balance) → 收入－支出 (國外資本流入－國內資本流出)

資本帳的科目包括非生產性 (Nonproduced)、非金融性 (Nonfinancial) 資產的取得與處理、資本移轉兩項。譬如，某國外機構將其不具生產性的房地產無償移轉給我國政府，是列為國外資本流入 (收入)；反之，若我國將不具生產性的房地產無償移轉給外國政府，則列為國內資本流出 (支出)。

三、金融帳

金融帳 (Financial Account) 下有三個或四個支項：

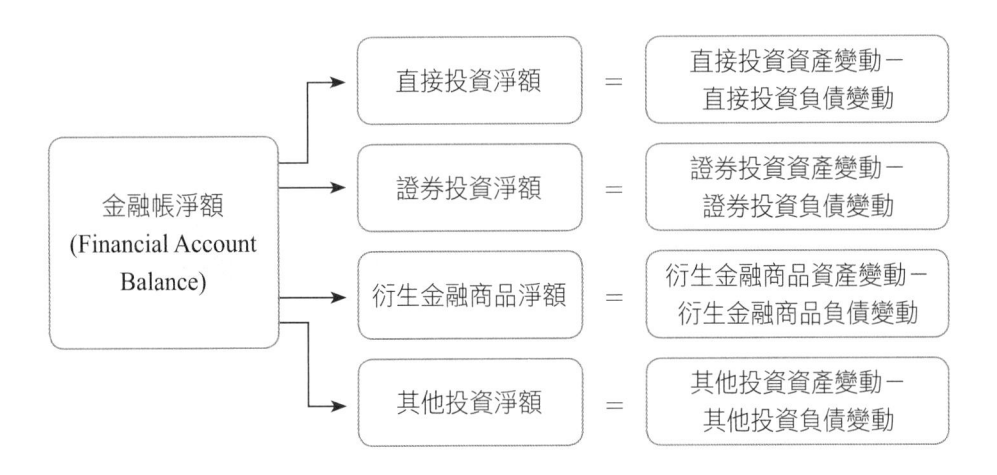

```
                        ┌─ 直接投資淨額     =  直接投資資產變動 － 直接投資負債變動
                        │
金融帳淨額              ├─ 證券投資淨額     =  證券投資資產變動 － 證券投資負債變動
(Financial Account      │
 Balance)               ├─ 衍生金融商品淨額 =  衍生金融商品資產變動 － 衍生金融商品負債變動
                        │
                        └─ 其他投資淨額     =  其他投資資產變動 － 其他投資負債變動
```

直接投資淨額是指當年度國外直接投資 (此為資產) 變動減去外資來本國直接投資 (此為負債) 變動；此淨額若為正值 (負值)，代表資金淨流出 (淨流入)。**國外直接投資**反映當年度企業在海外所從事固定資產 (有控制權) 投資的增減，正值代表投資增加而有資金匯出，負值代表投資減少而有資金匯回。**外資來本國直接投資**反映當年度外國企業在本國所從事固定資產投資的增減，正值代表投資增加而有資金匯入，負值代表投資減少而有資金匯出。

證券投資是指比較長期的金融性資產投資，例如股票、債券等的投資，而**證券投資淨額**是指當年度證券投資資產變動減去證券投資負債變動。**證券投資資產**是指本國居民因當年度買、賣外國股票或債券而有資金匯出、入情形，正值代表淨買進而有資金匯出，負值代表淨賣出而有資金匯回。**證券投資負債**是指非居民因當年度買、賣本國股票或債券而有資金匯入、出情形，正值代表淨買進而有資金匯入，負值代表淨賣出而有資金匯出。

須注意的是，購買一家公司的股票若不改變控制權，此為純粹的證券投資；若用併購的方式將公司股票全都買下，則這樣的投資為直接投資。其他投資則是指較為短期的金融性資產投資，例如外匯、銀行存款及貸款、貿易信貸等；同樣也是資產正值 (負值) 代表資金流出 (流入)，而負債正值 (負值) 代表資金流入 (流出)。

衍生金融商品資產是指本國居民因當年度買、賣外國發行的衍生金融商品而有資金匯出、入情形，正值代表淨買進而有資金匯出，負值代表淨賣出而有資金匯回。**衍生金融商品負債**是指非居民因當年度投資本國的衍生金融商品而有資金匯入、出情形，正值代表淨買進而有資金匯入，負值代表淨賣出而有資金匯出。

金融帳淨額對於國際間利率的相對變化及預期的匯率走勢頗為敏感。在其他條件不變的情況下，一國利率的上升極可能引起資金由國外流入而導致金融帳淨額增加；反之，本國利率的下降也必然引起資本由國內流出而導致金融帳淨額減少。依新版 BPM6，經常帳淨額為負值 (資金淨流出) 的國家，金融帳淨額多半也是負值 (資金淨流入)，這是因為經常帳的赤字除了會

造成外匯準備的下降,有時還會導致必須向國外借款來融資;反之,經常帳淨額為正值的國家,則多半會在國外進行直接投資或金融資產的投資,導致金融帳淨額亦為正值(資金淨流出)。

四、誤差與遺漏淨額

國際收支表中也包括誤差與遺漏淨額 (Net Errors and Omissions) 帳戶,此帳戶的存在是為了要讓經常帳與資本帳/金融帳能達到平衡。這是因為經常帳與資本帳/金融帳的交易項目及資料浩繁,而且是分別各自登錄,因此誤差與遺漏在所難免。

根據新版 BPM6,若不考慮誤差與遺漏淨額 (以 D 表示),則經常帳淨額 (以 A 表示) 與資本帳淨額 (以 B 表示) 之和再減去金融帳淨額 (以 C 表示),稱之為基本餘額 (Basic Balance),或總國際收支餘額 (Overall Balance of Payments),如下所示[4]:

$$基本餘額 = A + B - C$$

基本餘額為赤字的國家,顯示出在外匯市場上,該國對其他國家貨幣的需求超過其他國家對該國貨幣的需求。若一國持續在基本餘額上出現赤字,則該國的外匯準備就會不斷流失而貨幣也持續有貶值的壓力。反之,若一國的基本餘額持續顯現盈餘,則該國的外匯準備就會不斷增加,而貨幣也會有持續升值的壓力。

---

4 根據舊版 BPM5,基本餘額是指經常帳淨額、資本帳淨額、金融帳淨額三者之加總,亦即:基本餘額=A+B+C。

五、準備資產

在國際收支表中的準備資產 (或稱儲備資產)，反映出一國官方準備帳戶 (Official Reserves Account) 中金額的增減。所謂「官方準備帳戶」是指一國貨幣當局所持有的全部準備資產，包括黃金、主要國家的通貨 (譬如美元、歐元、英鎊、日圓、人民幣等)、特別提款權，及在國際貨幣基金的準備部位。基本餘額發生赤字的國家，準備資產 (以 E 表示) 會傾向於減少，導致官方準備帳戶的餘額下降；基本餘額出現盈餘的國家，準備資產則傾向於增加，導致官方準備帳戶的餘額上升。

另外，中央銀行在外匯市場進行干預，也會造成官方準備帳戶餘額的變動。若我國中央銀行欲阻擋新台幣升值而進行干預，就會在外匯市場釋出新台幣而回收某種準備資產 (例如美元)，造成官方準備帳戶的餘額增加；反之，若欲以干預來阻擋新台幣貶值，則會在外匯市場釋出某種準備資產而回收新台幣，造成官方準備帳戶的餘額減少。

依新版 BPM6，國際收支恆等式可表示如下：

$$E = A + B - C + D$$
$$= 基本餘額 + D$$

由於誤差與遺漏淨額 (D) 的數字相對較小，因此我們可以說，當基本餘額 ＞0 時，一國的準備資產會增加；反之，當基本餘額 ＜0 時，一國的準備資產會減少[5]。表 2-1 所示為我

---

[5] 過去依據舊版手冊 BPM5，國際收支恆等式為：A＋B＋C＋D＋E＝0，亦即當基本餘額為正值時，一國的準備資產會增加，但 E 卻是以負值呈現在國際收支表上；反之，當基本餘額為負值時，一國的準備資產會減少，但 E 卻是以正值呈現在國際收支表上。

表 2-1　我國國際收支簡表，2003～2009 年　　　　　　　　　　　單位：百萬美元

	2003	2004	2005	2006	2007	2008	2009
一、經常帳	**28,288**	**17,296**	**14,949**	**23,151**	**32,044**	**24,821**	**40,650**
商品：收入(出口)	160,836	192,715	206,379	234,770	258,425	269,641	215,469
商品：支出(進口)	126,695	167,794	181,847	203,326	219,943	240,470	176,098
商品貿易淨額	34,141	24,921	24,532	31,444	38,482	29,171	39,371
服務：收入(輸出)	13,056	15,948	18,137	18,780	22,031	23,340	20,504
服務：支出(輸入)	25,638	30,732	32,457	32,719	34,818	34,870	29,604
商品與服務收支淨額	21,559	10,137	10,212	17,505	25,695	17,641	30,271
主要所得：收入	12,878	15,337	17,356	19,338	23,500	23,277	20,351
主要所得：支出	3,430	4,353	8,355	9,757	13,368	13,299	7,827
商品、服務與主要所得收支淨額	31,007	21,121	19,213	27,086	35,827	27,619	42,795
次要所得：收入	2,673	3,170	3,463	3,837	4,690	5,519	4,945
次要所得：支出	5,392	6,995	7,727	7,772	8,473	8,317	7,090
二、資本帳	**−18**	**−2**	**−46**	**−63**	**−25**	**−270**	**−50**
資本帳：收入	1	6	1	4	3	3	2
資本帳：支出	19	8	47	67	28	273	52
經常帳與資本帳合計	28,270	17,294	14,903	23,088	32,019	24,551	40,600
三、金融帳	**−7,735**	**−7,317**	**−2,340**	**19,601**	**38,932**	**1,641**	**−13,488**
直接投資：資產	5,682	7,145	6,028	7,399	11,107	10,287	5,877
股權和投資基金	5,635	7,102	5,971	6,863	11,157	10,320	5,901
債務工具	47	43	57	536	−50	−33	−24
直接投資：負債	453	1,898	1,625	7,424	7,769	5,432	2,805
股權和投資基金	395	1,943	1,493	7,034	6,738	4,874	3,685
債務工具	58	−45	132	390	1,031	558	−880
證券投資：資產	34,763	21,823	33,902	40,779	44,966	−3,527	31,699
股權和投資基金	9,850	8,167	12,464	18,467	35,697	4,573	21,197
債務證券	24,913	13,656	21,438	22,312	9,269	−8,100	10,502

	2003	2004	2005	2006	2007	2008	2009
證券投資：負債	29,566	17,154	31,045	21,814	4,904	−15,777	21,372
股權和投資基金	25,197	14,092	34,826	22,662	5,599	−15,418	19,427
債務證券	4,369	3,062	−3,781	−848	−695	−359	1,945
衍生金融商品	108	695	965	965	289	−1,589	-852
衍生金融商品：資產	−632	−1,036	−947	−1,930	−3,691	−7,938	−5,344
衍生金融商品：負債	−740	−1,731	−1,912	−2,895	−3,980	−6,349	−4,492
其他投資：資產	−3,939	−408	6,254	1,266	6,847	−10,621	−25,663
其他股本	—	—	—	—	—	—	—
債務工具	−3,939	−408	6,254	1,266	6,847	−10,621	−25,663
其他投資：負債	14,330	17,520	16,819	1,570	11,604	3,254	372
其他股本	—	—	—	—	—	—	—
債務工具	14,330	17,520	16,819	1,570	11,604	3,254	372
經常帳＋資本帳－金融帳	36,005	24,611	17,243	3,487	−6,913	22,910	54,088
四、誤差與遺漏淨額	1,087	1,985	2,813	2,599	2,893	3,364	38
五、準備與相關項目	37,092	26,596	20,056	6,086	−4,020	26,274	54,126
準備資產	37,092	26,596	20,056	6,086	−4,020	26,274	54,126

表 2-1（續）　我國國際收支簡表，2010～2016 年　　　　　　　　　　單位：百萬美元

	2010	2011	2012	2013	2014	2015	2016
一、經常帳	**36,833**	**37,888**	**44,348**	**51,284**	**61,849**	**75,180**	**70,938**
商品：收入（出口）	289,383	325,772	388,356	382,106	378,980	336,899	312,303
商品：支出（進口）	252,368	286,120	338,773	327,539	318,771	264,064	242,893
商品貿易淨額	37,015	39,652	49,583	54,567	60,209	72,835	69,410
服務：收入（輸出）	26,663	30,643	34,546	36,461	41,491	41,127	41,443
服務：支出（輸入）	37,711	41,895	51,759	50,261	51,515	51,259	52,407
商品與服務收支淨額	25,967	28,400	32,370	40,767	50,185	62,703	58,446
主要所得：收入	23,265	24,833	25,022	24,609	29,211	28,886	29,459

	2010	2011	2012	2013	2014	2015	2016
主要所得：支出	9,689	11,654	10,429	11,089	14,754	13,032	13,810
商品、服務與主要所得收支淨額	39,543	41,579	46,963	54,287	64,642	78,557	74,095
次要所得：收入	5,278	5,566	5,509	6,179	6,661	6,618	6,944
次要所得：支出	7,988	9,257	8,124	9,182	9,454	9,995	10,101
二、資本帳	−49	−36	−24	67	−8	−5	−9
資本帳：收入	5	3	4	103	29	15	17
資本帳：支出	54	39	28	36	37	20	26
經常帳與資本帳合計	36,784	37,852	44,324	51,351	61,841	75,175	70,929
三、金融帳	339	32,027	32,669	42,489	52,082	66,116	65,037
直接投資：資產	11,574	12,766	13,137	14,285	12,711	14,709	17,843
股權和投資基金	11,634	12,669	13,153	14,282	12,690	13,649	16,810
債務工具	−60	97	−16	3	21	1,060	1,033
直接投資：負債	2,492	−1,957	3,207	3,598	2,839	2,413	8,333
股權和投資基金	2,779	−2,012	3,341	3,643	2,933	2,478	7,311
債務工具	−287	55	−134	−45	−94	−65	1,022
證券投資：資產	33,487	19,503	45,710	37,082	57,096	56,341	81,062
股權和投資基金	12,274	2,078	16,933	6,095	20,328	6,930	6,547
債務證券	21,213	17,425	28,777	30,987	36,768	49,411	74,515
證券投資：負債	12,823	−16,188	3,214	7,953	13,055	−858	2,643
股權和投資基金	9,986	−14,924	2,908	9,591	13,792	1,658	5,325
債務證券	2,837	−1,264	306	−1,638	−737	−2,516	−2,682
衍生金融商品	−577	−1,038	−391	−838	−546	1,184	−2,228
衍生金融商品：資產	−4,497	−5,777	−4,771	−6,055	−5,977	−11,227	−11,153
衍生金融商品：負債	−3,920	−4,739	−4,380	−5,217	−5,431	−12,411	−8,925
其他投資：資產	−12,317	7,988	−4,144	48,905	13,490	−16,498	−3,094
其他股本	−	−	3	7	8	8	9
債務工具	−12,317	7,988	−4,147	48,898	13,482	−16,506	−3,103

	2010	2011	2012	2013	2014	2015	2016
其他投資：負債	16,513	25,337	15,222	45,394	14,775	−11,935	17,570
其他股本	—	—	—	—	—	—	—
債務工具	16,513	25,337	15,222	45,394	14,775	−11,935	−17,570
經常帳＋資本帳－金融帳	36,445	5,825	11,655	8,862	9,759	9,059	5,892
四、誤差與遺漏淨額	3,728	414	3,829	2,456	3,256	5,952	4,771
五、準備與相關項目	40,173	6,239	15,484	11,318	13,015	15,011	10,663
準備資產	40,173	6,239	15,484	11,318	13,015	15,011	10,663

資料來源：www.cbc.gov.tw.

觀微知著　台灣國際收支金融帳連續七年出現淨流出

我國國際收支金融帳淨額從 2010 年起，連續七年都是正值，也就是資金持續七年為淨流出，而且淨流出數字逐年上升，在 2015 年達到 661.16 億美元，七年共流出 2,907.6 億美元，約合新台幣 8.8 兆元。

在直接投資部分，過去七年除了 2014 年，其餘都是資產（我國居民對外直接投資）逐年增加；而負債（外資來台直接投資）雖有起落，趨勢則是呈現逐年減少，2015 年僅為 24 億美元，2016 年雖有增加，但仍僅是數十億美元。

在證券投資方面，每年流出資金遠比流入資金多了數百億美元，單是 2016 年這一年，淨流出資金約為 800 億美元。

資金持續外流，顯示台灣投資環境無法吸引外資，而本國資金亦不願留在國內，若資金流失情況更進一步惡化，則有可能重演 2007 年的歷史，亦即基本餘額轉為赤字而準備資產變成負值。

第 ❷ 章　國際收支與金融危機

樂學新知：外匯存底知多少？

全球外匯存底穩坐龍頭地位的是中國大陸，截至 2017 年初為 3.005 兆美元；排名第二的是日本，我國雖位居全球第五，但在亞洲國家中排名第三。

排名	國家或地區	兆美元 (更新日)
1	中國	3.005 (2017/2)
2	日本	1.243 (2016/10)
3	瑞士	0.686 (2016/10)
4	沙烏地阿拉伯	0.536 (2016/10)
5	台灣	0.435 (2016/10)
—	香港 SAR	0.391 (2017/1)
6	俄羅斯	0.385 (2016/12)
7	南韓	0.375 (2016/10)
8	印度	0.368 (2017/3)
9	巴西	0.365 (2016/12)
10	新加坡	0.253 (2017/1)

註：香港 SAR 是指香港特別行政區 (Special Administrative Region)。

國從 2003 年至 2016 年的國際收支簡表，此表當然已是依據新版 BPM6 所編。觀察表 2-1 得知，過去十四年，我國的誤差與遺漏淨額 (D) 每年皆呈現正值，而基本餘額 (A＋B－C) 只有 2007 年出現負值，因此準備資產 (E) 也出現負值。事實上，自 1997 年亞洲金融風暴之後，2007 年是台灣再度見到基本餘額及準備資產出現赤字的一年。

◯ 我國對主要地區之商品貿易出、入超趨勢

我國對主要地區之貿易出、入超趨勢，可以參考表 2-2。所謂主要地區，是指北美地區、亞洲地區、東協國家 (Association of Southeast Asian Nations, ASEAN)、歐洲地區、中東及近東地區，以及大洋洲。由表 2-2 可知，近十年來我國對北美地區兩國；亞洲地區的中國大陸、香港；東協的新加坡、泰國、菲律賓、越南；歐洲地區的英國維持穩定的出超情形，但對亞洲地區的日本、南韓；東協的印尼；歐洲地區的德國、法國；中東地區的阿拉伯聯合大公國、沙烏地阿拉伯；以及大洋洲的澳洲等國則是維持穩定的入超關係。

另外，根據國貿局的統計資料 (www.trade.gov.tw)，過去二十年，我國商品貿易出口及進口排名前三名的國家或地區如下所示：

出口排名前三名：
1997～2000：美國、香港、日本
2001～2002：香港、美國、日本
　　　2003：香港、美國、中國
2004～2016：中國、香港、美國

進口排名前三名：
1997～2001：日本、美國、韓國
2002～2005：日本、美國、中國
2006～2013：日本、中國、美國
2014～2016：中國、日本、美國

表 2-2　我國對主要地區的商品貿易出、入超趨勢，2006～2010 年

單位：億美元

	2006	2007	2008	2009	2010
北美地區					
美國	97.0	55.7	44.6	54	60.9
加拿大	4.0	1.6	0.7	3.2	4.3
亞洲地區					
中國大陸	270.3	344.6	354.9	298.3	409.9
日本	−299.8	−300.1	−289.5	−217.2	−339.1
香港	355.0	361.6	312	283.2	361.8
南韓	−78.5	−73.6	−44.6	−32	−53.8
東協國家					
新加坡	41.7	57.1	68.5	38	44.6
泰國	12.6	15.9	16.5	11.5	14.6
馬來西亞	−11.1	−8.1	−12.5	−4.9	−17.5
印尼	−27.0	−28.7	−37.2	−19.6	−15.1
菲律賓	17.1	26.4	25.4	28.2	36.6
越南	40.2	58.2	67.3	50.7	62.5
歐洲地區					
德國	−11.3	−19.0	−17.4	−9.8	−17.5
英國	17.3	17.0	17.1	17.5	19.5
荷蘭	20.7	16.3	22.1	23.7	0.6
法國	−6.5	−6.8	−5.6	−4.2	−5.5
中東、近東地區					
阿拉伯聯合大公國	−19.9	−19.9	−30.6	−14.6	−20.2
沙烏地阿拉伯	−92.3	−96.8	−141.8	−79.8	−108.6
印度	2.3	−2	6.7	9.1	7.9
大洋洲					
澳洲	−26.3	−28.9	−47.8	−36.1	−57.9
紐西蘭	−1.2	−0.2	0.655	−1.61	−1.37

表 2-2（續） 我國對主要地區的商品貿易出、入超趨勢，2011～2015 年

單位：億美元

	2011	2012	2013	2014	2015
北美地區					
美國	106.1	93.7	73.63	74.44	78.39
加拿大	5.6	8.96	9.35	9.19	10.34
亞洲地區					
中國大陸	403.6	398.1	391.99	340.8	270.26
日本	−339.7	−285.8	−239.39	−217.89	−194.26
香港	384.1	352.7	377.74	408.48	366.08
南韓	−54.8	−32.3	−36.91	−21.04	−4.64
東協國家					
新加坡	89.3	119.8	109.8	121.59	101.46
泰國	17.5	28.7	25.84	17.9	17.26
馬來西亞	−17.1	−12.8	0.61	−1.73	6.18
印尼	−25.9	−21.3	−20.02	−35.52	−28.9
菲律賓	45.5	67.8	75.75	74.57	56.1
越南	71.8	61.4	63.03	74.18	69.58
歐洲地區					
德國	−25.6	−21.1	−26.28	−32.45	−26.81
英國	26.9	32.2	25.5	23.84	19.79
荷蘭	16.4	7.9	−2.18	17.21	12.46
法國	−9.82	−14	−11.7	−11.93	−12.96
中東、近東地區					
阿拉伯聯合大公國	−27	−29.9	−28.63	−38.49	−19.63
沙烏地阿拉伯	−121.6	−129.4	−137.82	−116.58	−55.99
印度	12.9	7.6	6.7	9.4	10.56
大洋洲					
澳洲	−72.5	−56.3	−41.31	−37.67	−25.08
紐西蘭	−2.96	−1.69	−1.82	−4.54	−4.13

資料來源：整理自國貿局統計資料，www.trade.gov.tw。

第二節　國際收支變動的重要決定因素

重要名詞

資本奔流　　　　Capital Flight

一國的國際收支趨勢反映其貨幣及經濟的健康狀況；欲瞭解一國的國際收支趨勢，可以從探討引起經常帳及資本帳／金融帳變動的決定因素著手。

引起經常帳變動的重要因素

根據本章上一節的討論，我們已知經常帳中最主要的成員是商品貿易淨額。商品貿易淨額等於商品出口減去商品進口；其變動主要受到下列五項因素的影響：

- 景氣變動狀況
- 通貨膨脹率消長情形
- 通貨的升貶
- 產品競爭力
- 政府貿易政策

景氣變動狀況

一國的商品出口會受到其貿易夥伴景氣狀況的影響，而商品

進口則會受到自身景氣現象的影響。當一國景氣復甦而導致國民所得上揚時，除了消費者對成品的購買力增加，企業對半成品或原料的需求也會暢旺，而這些需求的增加不但反映在本國市場，也會反映在進口品上。因此，在其他條件不變的情況下，貿易夥伴的經濟景氣狀況相對而言比本國的好，就會使本國的淨輸出增加而使經常帳淨額變好；反之，若本國的經濟景氣狀況相對而言比貿易夥伴的好，則本國的淨輸出就傾向於減少而使經常帳淨額變差。

通貨膨脹率消長情形

通貨膨脹率的上升會使一國的物價普遍較高，若同期間貿易夥伴的通膨率並未改變，則本國的商品在國際市場上就會因缺乏價格競爭優勢而銷售不易。因此，在其他條件不變的情況下，通貨膨脹率快速上升的國家，因出口減少、進口增加，其經常帳淨額會變差。

通貨的升貶

若一國與其貿易夥伴的景氣狀況並未出現相對上的改變，通貨膨脹率也未出現相對上的消長，但本國通貨卻貶值了；在此情況下，該國的出口會增加，進口會減少，而使經常帳淨額變好。這是因為本國貨幣貶值使得本國物品在國際市場上 (換成外幣價格後) 變得較為便宜，因而造成淨輸出增加。反過來說，在其他條件不變的情況下，一國的貨幣升值則會造成出口減少、進口增加，而使經常帳淨額變壞。

產品競爭力

一國產品在國際市場上欲取得價格競爭優勢而造成經常帳淨額變佳，除了靠通貨膨脹率的降低及本國貨幣的貶值之外，另一個根本的辦法就是促成技術進步來降低成本。還有一個降低成本的辦法，是僱用廉價的人力資源，因為人力資源在產品製造過程中是極重要的投入，若能大幅縮減技能或非技能勞工的薪資，則可使企業有能力將產品的訂價降低。目前在中國大陸或東南亞一些國家製造的商品，之所以在國際市場上具價格競爭優勢，就是因為成本結構裡價廉的人力資源。

政府貿易政策

一國的貿易政策會影響其商品貿易淨額，進而影響其經常帳淨額。有些國家為扶持幼稚工業，會對一些進口商品課徵關稅 (Tariff) 或設定配額 (Quota) 來限制進口數量。但貿易是雙向的，若一國對其貿易夥伴祭出許多進口上的限制，貿易夥伴自然也會不甘示弱；兩國互相牽制的結果會造成雙方互蒙其害。本書第一章討論過古典經濟學家李嘉圖的比較利益理論，其主要涵義是說國際貿易並非**零和遊戲** (Zero-Sum Game)[6]，而是貿易的兩國皆會從中獲利。

李嘉圖的理論無疑是提倡自由貿易的智慧錦囊；如今世界各國不論在全球或地區性的基礎上都盡量朝著自由貿易的目標努力。在全球的基礎上，1947 年成立的**關稅暨貿易總協定**

---

[6] 零和遊戲是指一方獲利，另一方必有損失，兩方的獲利與損失加總等於零。

(General Agreement on Tariffs and Trade, GATT)，目的就是要拆除參與國之間的貿易障礙，GATT 在 1995 年為世界貿易組織 (World Trade Organization, WTO) 所取代，後者比前者對於自由貿易的推動更具執行力。

在地區性的基礎上，世界各地已有幾個推動自由貿易相當成功的組織，例如在 1994 年簽訂的北美自由貿易協定，目的在於逐年消除美國、加拿大及墨西哥之間的貿易障礙。在歐洲地區，除了歐盟會員國正積極取消彼此之間的貿易障礙[7]，更多的歐洲國家繼續加入歐盟 (European Union, EU) 及歐洲經濟暨貨幣聯盟 (European Economic and Monetary Union, EMU)，進一步推動歐洲地區的經濟整合。

◎ 影響資本帳 / 金融帳淨額的重要因素

資本帳 / 金融帳淨額是國外資本流入與國內資本流出兩者的差額，其變動主要受到下列四大因素的影響：

- 實質利率改變
- 預期經濟成長率改變
- 預期匯率變動
- 外匯及資本管制政策

實質利率改變

國際間投資於金融資產或投資組合的短期資金，俗稱熱錢

---

[7] 有關歐盟國家的經濟整合發展過程，本書第三章第三節有更詳細的描述。

(Hot Money)，所追求的是高實質利率；因此，當一國調高利率而其他總體變數都未改變時，相對較高的實質利率有可能會吸引國外資金的流入而造成金融帳淨額變佳。同樣道理，實質利率的下降則有可能造成金融帳淨額變差。

預期經濟成長率改變

未來經濟成長率看好的國家容易吸引到國外企業前來從事直接投資，造成金融帳淨額轉佳。有些國家的經濟成長率雖非排名世界前幾名，但政治安定、社會制度及秩序良好，因此還是能不斷吸引到國際企業前來投資。另有一些國家雖然預期經濟成長率並不差，但因有政治安定的疑慮，因此國外企業仍會對於在該國從事直接投資持保留態度，甚至有可能會把已投入的資金撤走。因此，預期經濟成長率轉好雖可改善一國的金融帳淨額，但還是以政治安定為前提。

預期匯率變動

在其他條件不變的情況下，市場若預期某一國的貨幣有升值空間，有可能會將部分資金匯入該國，以等待該國貨幣真正升值後賺取匯差，因此該國的金融帳淨額在短期內可能會獲得改善；反之，市場若預期某一國的貨幣將要貶值，也有可能將資金暫時移走，而使該國的金融帳淨額在短期內加速變壞。

外匯及資本管制政策

一國若施行外匯及資本管制政策，會使國外資金在匯入之前

有所顧忌,因為資金一旦匯入就會受到管制而難以匯出。因此,經濟體質不錯或呈現成長的國家在剛開始鬆綁管制政策之時,其金融帳淨額通常會變好。但金融帳淨額的持續變好或呈現逆轉,還要看該國總體經濟的狀況;體質不健全的經濟在解除資本管制之前若未能備妥安定匯率的籌碼(例如有足夠的外匯準備),則取消資本管制未必會引起金融帳淨額的變好,而只是引起其波動加大而已。

中國大陸十多年來經常帳/金融帳雙帳戶資金淨流入以及外匯存底居全球之冠

自 1997 年香港回歸中國大陸以來,大陸地區的經濟成長與國際收支狀況特別為舉世矚目。本章第一節曾提及,依新版 BPM6,經常帳淨額顯現資金淨流入的國家,金融帳淨額多半會顯現資金淨流出。但中國自 1997 年以來,每年經常帳/金融帳雙帳戶皆是資金淨流入,只有 2016 年除外。長期雙帳戶資金淨流入讓中國大陸的外匯存底(即外匯儲備餘額)快速累積,穩穩成為全球外匯存底最多的國家,截至目前最高峰(為 3.84 兆美元)出現在 2014 年 (表 2-3 提供 2005 年至 2016 年的資料)。

資本奔向中國大陸的原因及影響

一些經濟學家認為,近十多年來中國大陸貿易盈餘成長力道的強勁,主要並非源於中國本土企業競爭力的增強,而是因為

表 2-3　中國大陸國際收支簡表摘錄，2005～2016 年

	2005	2006	2007	2008	2009	2010
1. 經常帳戶	1,324	2,318	3,532	4,206	2,433	2,378
2. 資本和金融帳戶	−1,553	−2,355	−3,665	−4,394	−2,019	−1,849
2.1 資本帳戶	41	40	31	31	39	46
2.2 金融帳戶	−1,594	−2,395	−3,696	−4,425	−2,058	−1,895
外匯儲備餘額	8,189	10,663	15,282	19,460	23,991	28,473
	2011	2012	2013	2014	2015	2016
1. 經常帳戶	1,361	2,154	1,482	2,360	3,042	1,964
2. 資本和金融帳戶	−1,223	−1,283	−853	−1,692	−912	263
2.1 資本帳戶	54	43	31	0	3	−3
2.2 金融帳戶	−1,278	−1,326	−883	−1,691	−915	267
外匯儲備餘額	31,811	33,116	38,213	38,430	33,304	30,105

註：1. 此表按新版 BPM6 的基礎編製。
資料來源：整理自 http://www.safe.gov.cn

中國以外的多國籍企業到大陸尋找廉價勞工所導致的結果。許多國際大企業如從 1802 年創立至今、已有兩百多年歷史、子公司分布於全球五十多個國家的杜邦公司 (DuPont)，以及自 1980 年成立、有九十多年歷史、產品與服務遍布於全球六十多個國家的通用汽車公司 (General Motors, GM)，近年來都因積極在中國設廠製造與研發而享受到工資低廉的好處，進而使獲利大幅增加。事實上，不管企業的原始版圖是在東方或西方，為使產品在全球市場保持競爭力，企業隨時須面對降低成本的壓力。而降低成本最迅速的方法，就是直接把製造過程或銷售基地移至工資低廉的國家，也就是必須將資本匯入中國或其他一些也是低工資成本的國家，然後在當地擴建廠房設備。

十多年來，資本持續奔流至中國的現象已讓中國及東、西方工業國家的工資差距呈現相互消長的趨勢。在中國，廣大又無特殊技能的農村人口，因外來企業提供的工作機會而得以移往城市賺取較高的工資，知識份子則更因擁有為企業所需的知識及技能而得以享有遠較過去優渥的薪資。反之，工業國家因將產品製程或銷售中心由本國移出至國外，導致國內製造業不斷裁員，不但藍領階級的失業率提高，工資也被壓低；即使是白領階級，也感受到來自東方世界的吸金洪流有可能讓未來工作不保。二十一世紀資本奔流至中國大陸的現象，不但對中國的崛起有其貢獻，更在中國及前來投資國家的勞動人口之間，塑造了強大的財富重分配效果。

美國近年來的經常帳與資本帳/金融帳趨勢

美國近十年來的經常帳赤字在 2006 年達到高峰，之後逐漸呈現縮減的趨勢；金融帳則每年都是呈現負值 (資金淨流入)。總國際收支餘額 (基本餘額) 則有時呈現負值 (資金淨流出)，有時是正值 (資金淨流入)。表 2-4 列出美國過去十四年的國際收支情形，其中總國際收支餘額 (＝經常帳淨額＋資本帳淨額－金融帳淨額) 在十四年中，有六年 (2003、2006、2008、2011、2012、2013) 是正值。

表 2-4　美國的經常帳、資本帳、金融帳趨勢，2003～2016 年　　　　單位：百萬美元

	2003	2004	2005	2006	2007
經常帳淨額	−521,342	−633,768	−745,435	−806,726	−718,643
資本帳淨額	−1,821	3,049	13,116	−1,788	384
金融帳淨額	−532,883	−532,334	−700,721	−809,148	−617,251
基本餘額	9,720	−98,385	−31,598	634	−101,008
	2008	2009	2010	2011	2012
經常帳淨額	−690,789	−384,023	−441,961	−460,354	−446,527
資本帳淨額	6,010	−140	−157	−1,186	6,904
金融帳淨額	−730,572	−230,962	−436,972	−515,759	−440,540
基本餘額	45,793	−153,201	−5,146	54,219	917
	2013	2014	2015	2016	
經常帳淨額	−366,421	−392,060	−462,965	−481,206	
資本帳淨額	−412	−45	−42	−59	
金融帳淨額	−390,987	−287,378	−195,227	−406,463	
基本餘額	24,154	−104,727	−267,780	−74,802	

註：此表依照 BPM6 的原則編製，其中資本帳淨額＝收入－支出；金融帳淨額＝資產變動－負債變動。
資料來源：*Economic Research*, Federal Reserve Bank of St. Louis.

第三節　金融危機

重要名詞

特葵拉效應假說	Tequila Effect Hypothesis
托賓稅	Tobin Tax
三難困局	Trilemma

過去十年間，世界經歷了多次因當地通貨幣值大幅滑落而引起的金融危機，例如墨西哥金融危機 (The Mexican Crisis，1994年 12 月)、亞洲金融危機 (The Asian Crisis，1997 年 7 月)、俄羅斯金融危機 (The Russian Crisis，1998 年 8 月)，以及巴西金融危機 (The Brazillian Crisis，1999 年 1 月)。其中尤以發生於北美洲的墨西哥金融危機，及爆發自泰國的亞洲金融危機最引人關切與注目。兩風暴剛開始時均僅是地方或地區性的問題，但卻都迅速波及鄰近及全球其他的金融市場，耗費鉅額的經濟及社會成本。仔細分析起來，此兩大金融危機雖然分別發生在西方及東方，但其實是具有頗為相似的成因及醞釀背景，因此本節特別針對此兩大金融風暴作剖析，以期對貨幣重貶所引起的金融風暴有進一步的理解。

墨西哥金融危機

墨西哥金融危機始於 1994 年 12 月 20 日，因墨國政府當局正式宣告披索對美元貶值 12% 而引爆。原本已經因貿易赤字持續惡化及其他總體面因素而潛藏貶值壓力的披索，在政府明確宣布對披索棄守之後，立刻遭到市場不手軟的狂賣；同時變成棄兒的，還有墨國資本市場上股票及債券等的金融工具。從 1994 年 12 月 20 日至 1995 年 3 月中旬，披索又對美元貶值了 45%，從 Mex$1＝US$0.2538 跌至 Mex$1＝US$0.1385。

披索在短期內如此巨幅的貶值，除了重創墨西哥本身及其貿易夥伴的市場及金融秩序外，也讓將資金投注在其他新興市場的

投資人有如驚弓之鳥,紛紛力求快速出清其投資工具而將資金從這些市場撤走。因此,墨西哥金融危機所引發的效應,絕不僅限於影響墨國本身的市場安定,而是有如秋風掃落葉般襲捲拉丁美洲及亞洲國家的金融市場,造成這些國家的貨幣重貶及市場一片渾沌。

美國為防止金融失序的現象持續擴大造成更多的傷害及更大的危機,決定聯合其他主要工業國家對墨國紓困 (Bailout),其間雖遭受美國國會及友邦的反對聲浪,認為紓困只會造成這些開發中國家的政府有恃無恐,不自己找尋安定市場的方針卻只會等待救援,但最後眾方還是接受了柯林頓政府對情勢的判斷,促成了一筆大約 50 億美元的金錢救援,由國際貨幣基金組織負責監管。此紓困計畫一經正式對外宣告,墨西哥金融危機遂逐漸沉澱落幕。

墨西哥金融危機特別值得探討之處,在於此危機可說是第一個因國際間資本奔逃所引起的金融風暴。不過,此資本奔逃與本章上一節所描述之資本奔向中國大陸的情況頗不一樣;投注在墨國金融市場的資本多是用來購買有價證券 (例如股票及債券) 的短期資金,而匯往中國大陸的國際資金則多是用於購置固定資產的長期資本。針對墨西哥金融危機發生的背景及迅速創傷其他拉丁美洲國家的現象,財務文獻上提出特葵拉效應假說 (Tequila Effect Hypothesis) 來解釋。所謂「特葵拉效應」[8],是指金融危機的發生有外溢 (Spillover) 及擴散 (Contagion) 效果;意思是說

---

8 Tequila 是龍舌蘭,其莖可釀酒,主要產於墨西哥。

外來資金一旦對地主國市場喪失了信心而點燃向境外奔逃的火苗，此種資本奔逃的現象就會迅速延燒至其他經濟體質相似的市場。一般認為墨西哥金融危機及亞洲金融危機，都是因特葵拉效應而使危機規模變成始料未及。

每一個國家的執政黨都希望能塑造良好的投資環境，不但本國企業樂於留在國內投資，外國企業或資金也能被吸引前來。然而，若外資進到國內市場，不走直接投資（即固定資產投資）的路線，而是流入金融市場買賣有價證券，則此一類的資本流入對於地主國造成的影響可能是弊多於利，特別是政府當局並未有安定市場的方案與籌碼，則市場秩序一旦失控，金融危機就會接踵而至。

外來資金不斷前進本國市場購買有價證券，為什麼可能是禍而非福？首先，資金行情會炒高國內的股票及債券價格，讓投資人普遍感覺自己變得較先前富有，於是增加消費而減少儲蓄，造成國內的通貨膨脹率上升。其次，因股市及債市的熱絡，使得企業易於在金融市場上融得資金；市場資金愈寬鬆，企業就竭力借錢投資，導致經濟過熱而易泡沫化。另外，市場資金充沛導致通膨率上升之時，若名目匯率不改變（特別是當政府採行固定或釘住匯率的情況），則本國貨幣就等於實質升值，其影響效果是國內產品出口不易，貿易赤字增加。通貨膨脹率上升及貿易赤字惡化暗藏本國貨幣貶值的壓力，一旦找到機會發酵，則敏感的外來資金就會迅速由市場撤離，於是股市及債市崩盤，本國貨幣重貶，企業營運所需的融資管道瓦解；一連串的市場失序現象如骨牌效應般地觸發開來，最後就形成難以收拾的風暴及危機局面。

亞洲金融危機

亞洲金融危機於 1997 年 7 月 2 日因泰銖 (Thai Baht) 突然大幅度對美元貶值而拉開序幕。此金融風暴影響的範圍及幅度跌破當時許多人的眼鏡，也讓亞洲若干國家的經濟至今仍未能完全復甦。學者專家試著在震撼過後找出風暴發生及失控的原因以求能記取教訓，雖是事後諸葛的看法，但也不失為一面防堵類似危機再度發生的明鏡。

亞洲金融危機出現的前數十年，一般咸認為東亞及南亞國家是成長最為快速且體質較好的新興市場，不似拉丁美洲國家經常有高度通貨膨脹及貨幣巨幅貶值的問題。孰料幾個原因已經在暗中侵蝕東方市場的寧靜，最後蓄積的損害力量在泰國市場找到缺口宣洩而出，並發展成二十世紀末葉最始料未及的一場金融浩劫。

風暴形成的原因

亞洲金融風暴始於泰國，並迅速延燒到其他經濟體質相近的東南亞國家，包括菲律賓、印尼、馬來西亞、南韓等，最後且一併掃蕩俄羅斯及拉丁美洲國家 (特別是巴西) 的市場。相對上所受波及較不嚴重的新興市場則包括台灣、中國大陸及印度等。仔細分析起來，我們可以歸納出四大因素來說明風暴形成的原因，並進而理解各個市場受創的差異性；此四大因素為：(1) 國外資本自由進出本國市場；(2) 短期對外負債占外匯準備的比率過高；(3) 金融體系的不健全；(4) 採行固定或釘住匯率制度。

在亞洲金融風暴發生的前幾年，世界各地的資金不斷湧入東方的市場，此現象是因這些新興市場為順應金融自由化的潮流而相繼將資本管制鬆綁，而其過去創造的良好經濟成長紀錄也確實能吸引到國外資金前來投資。在 1994 年至 1996 年之間，流入印尼、南韓、馬來西亞、菲律賓及泰國 (這些受創最重的國家) 的資金共計 2,100 億美元，而單是 1996 年這一年，流入這些國家的資金就有 930 億美元。

資金看好東方市場固然是一件好事，但這些國外資金進入東方市場可能有兩種用途：一是從事直接投資；二是替當地政府及民間企業融資。我們分析在亞洲金融風暴中受創最重的幾個國家，發現它們的短期對外負債占外匯準備的比率都相當高，泰國、印尼及南韓都超過 150%。此數字除告知國外資金前來主要是走短期路線以外，也暗指這些東南亞國家的政府在資金流向發生逆轉時，並未有足夠的外匯準備作為安定匯率及經濟秩序的籌碼。

大多數的新興市場都有共同的缺點，就是金融體系的不健全。這些市場一方面想要步先進國家的後塵，盡量做到自由化與不干預市場機制，但另一方面卻又缺乏健全的基礎設施 (Infrastructure)，譬如完善的法規及可信賴的會計與審計標準來防堵自由化引發的弊端。舉例來說，許多國家解除資本管制讓外來資金得以自由進出市場，於是企業在資金寬鬆的市場條件下大舉借款；但是由於市場機制的不健全，一些企業遂利用財報資訊不夠透明化作屏障，將所借款項用來投資於風險性資產。眾多類似的問題像地雷一般地被隱藏起來，而一旦其中一個被引爆，骨牌

效應就會讓整個市場兵敗如山倒。

亞洲金融風暴中受創最嚴重的幾個國家，除了有資金可自由進出、短期負債占外匯準備的比率過高及金融體系不健全等現象與問題外，還多半採行固定或釘住美元匯率制度。前面曾提及，市場資金充沛易導致通貨膨脹率上升，進而造成本國貨幣貶值；然而，政府若採固定或釘住美元匯率制度，當通膨率上升卻讓名目匯率維持在既定的水準，則本國貨幣就等於實質升值，其影響效果是國內產品出口不易，貿易赤字增加，並對本國通貨創造更多的貶值壓力。另一方面，從歷史上觀之，我們看到許多政府在穩住名目匯率的過程中，一方面藉著動用外匯準備來進行干預而導致外匯準備急速下降；一方面又必須向市場信心喊話絕不使本國貨幣貶值來穩住陣腳，但最後都是不敵排山倒海而來的本國貨幣賣壓而突然宣布讓本國貨幣貶值。此種一開始誓言堅守而最終放棄的不一致行徑，其實就是讓市場信心潰散、資本加速撤離的引線；換句話說，正是壓垮駱駝的最後一根稻草。

從歷史記取教訓

他山之石可以攻錯；要避免像墨西哥或亞洲金融危機這一類的風暴再度發生，任何政府都應先做好強化其國內金融體系的工作，再考慮開放其金融市場變得更為自由化。另外，一旦資本管制解除而使國內與世界的金融市場整合在一起，則政府就不該再採行固定或釘住匯率制度，因為如此做有可能讓潛在的問題變得更為嚴重。

政府在強化國內金融體系方面可執行的項目很多，特別要注

意的是對金融部門的監督與控管；不但須注意銀行的資本適足問題 [銀行的資本／資產比率須符合巴塞爾協定 (Basel Accord) 的規定]，還要銀行體系在信貸的決策上確實以經濟條件而非政治考量或人情作前提。同時，政府應注意國內金融機構過多的問題，並要求銀行不應有過高的逾放款比率。不論是政府、金融機構或私人企業，在金融市場融資就必須提供給投資大眾公開、即時、透明的資訊，盡量避免讓市場因缺乏可靠的資訊來源而造成假象與混亂。

政府一旦決定讓外來資金自由進出本國市場，最好能有配套措施設法讓外資前來是為從事直接投資，而非以熱錢型態進入國內市場進行短期炒作。一些國家為了要鼓勵外資作長期而非短期投資，已開始採用一些類似托賓稅 (Tobin Tax) 的辦法。托賓稅是托賓 (James Tobin，1918～2002，1981 年諾貝爾經濟學獎的得主) 在 1978 年所建議的外匯交易稅，凡購買外匯或賣出外匯都須支付交易稅，目的就是要增加短期資金進出外匯市場的成本，藉此降低短期投資的誘因。智利在 1991 年即要求銀行對於接受短期外資存款需提撥 20% 的準備 (隔年增加為 30%)。馬來西亞在 1998 年也宣告一套阻止外資將資金從市場移走的管制政策。這些辦法都是在於發揮托賓稅的精神，就是不鼓勵外來資本自由進入國內市場只是為短期投資。

資本市場一旦對外開放，而政府卻仍守住原有的固定或釘住匯率政策是相當不智的。經濟學家認為，固定的匯率制度、自由開放的資本市場及獨立的貨幣政策三者很難同時存在，此為所謂的三難困局 (Trilemma)。一個國家若採行固定的匯率制度，又

追求經濟政策自主,則絕不能讓資本市場自由開放,也就是說必須施行資本管制。中國大陸與印度就是因厲行資本管制而未被亞洲金融風暴掃到。另一方面,若政府已取消資本管制,且追求獨立的貨幣政策,就不應再採行固定或釘住匯率政策,否則只會讓投機客有機可乘,在經濟逐漸失序、貨幣承受過度貶值壓力之時反而落井下石。第三種情形則是政府一面允許自由開放的資本市場,一面又採固定或釘住美元政策,在此情況下則不應擁有經濟政策的自主權;香港就是這樣的例子。香港在亞洲金融風暴中受到較少的波及,乃因香港讓外來資本自由進出,且港幣在外匯局 (Currency Board) 的管理下長期釘住美元,而香港也放棄了其貨幣政策的自主權。

樂學新知:全球國家競爭力排名

世界經濟論壇 (World Economic Forum, WEF) 在 2016 年 9 月公布了 2016～2017 全球競爭力指標 (Global Competitiveness Index, GCI)。此指標是根據 12 個支柱 (12 Pillars) 作評分。在 138 個國家或地區中,排名前二十名的國家或地區是:

1. 瑞士　　　　　　2. 新加坡
3. 美國　　　　　　4. 荷蘭
5. 德國　　　　　　6. 瑞典
7. 英國　　　　　　8. 日本
9. 香港 SAR　　　　10. 芬蘭
11. 挪威　　　　　　12. 丹麥

PART 1 ▶ 國際金融環境與市場發展

13. 紐西蘭	14. 台灣
15. 加拿大	16. 阿拉伯聯合大公國
17. 比利時	18. 卡達
19. 奧地利	20. 盧森堡

近三年亞洲主要國家或地區在 WEF 全球競爭力排名如下：

國家或地區	2016～2017	2015～2016	2014～2015
新加坡	2	2	2
香港 SAR	9	7	7
日本	8	6	6
台灣	14	15	14
南韓	26	26	26
中國大陸	28	28	28

樂學新知：外債占 GDP 的比例 vs. 政府負債占 GDP 的比例

一個國家的**外債** (External Debt 或 Foreign Debt) 反映的是該國政府與民間之全部外幣計價負債，外債多的國家在本國貨幣重貶時會造成嚴重的經濟問題。舉例來說，1997 年亞洲金融風暴造成印尼盾的重貶，由於眾多企業都背負著鉅額的美元債務，而企業的資產及營收則是以印尼盾計價，導致企業面臨償債成本攀高的壓力，無法再擴張投資，造成嚴重的經濟萎縮。新興市場若大量仰賴進口商品滿足政府與民間之需求，就可能會有較多的外債，若國際收支的經常帳又長年都是赤字，外匯存底又偏低，則一旦貨幣重貶，問題會更趨嚴重。

也有些國家譬如盧森堡、新加坡等，雖然外債占 GDP 的比重很高，但其政府或企業所持有的外幣資產亦多。以盧森堡為例，其目前外債是 GDP 的 34.43 倍，但盧森堡是全球數一數二富足的國家 [以個人年均所得 (GDP Per Capita) 來論]，因此外債多未必會讓其遭受如新興市場國家所可能面臨的潛在問題。

政府負債 (Government Debt 或 Public Debt) 是一國政府的債務，有些是本國貨幣計價，也有些是外幣計價。過高的政府負債會削弱政府繼續投資來拉動經濟的能力，對經濟發展產生負面的影響，甚至可能會爆發債務危機。

國家或地區	外債 / GDP (%)	政府負債 / GDP (%)
美國	114	104.2
英國	569	89.2
法國	222	96.1
德國	145	71.2
盧森堡	3,443	21.4
日本	60	229.2
義大利	124	132.7
荷蘭	316	65.1
西班牙	167	99.2
新加坡	408	104.7
中國	16.2	43.9
瑞士	229	9.04
加拿大	92	91.5
澳洲	95	36.8
比利時	266	106.0
香港 SAR	334	32
瑞典	34	43.4

PART 1 ▶ 國際金融環境與市場發展

國家或地區	外債 / GDP (%)	政府負債 / GDP (%)
奧地利	200	86.2
南韓	37	35.1
台灣	37.4	31.7
印度	6	67.2

本章摘要

- 國際收支表是指記載一國與世界其他國家在一段期間 (通常為一年或一季) 內各類經濟交易往來的統計表。
- IMF 於 2009 年 12 月推出第六版國際收支與國際投資部位手冊 (BPM6)，但我國仍採用舊版 (BPM5)，直至 2016 年第 1 季起，才改按新版 BPM6 的基礎及格式，重新公布 1984 年以來的國際收支表。
- 比較新舊版的差別，要特別注意**正負號表達方式的改變**。依新版 BPM6，經常帳及資本帳的收入及支出皆是以正號表示。金融帳資產或負債的增加是以正號表示；金融帳資產或負債的減少是以負號表示。
- 在經常帳淨額及資本帳淨額方面，正號表示順差，負號表示逆差。在金融帳淨額方面，正號表示資金淨流出，負號表示資金淨流入。在準備資產方面，正號表示增加，負號表示減少。
- 標準的國際收支表包括五個主要帳戶：經常帳、資本帳、金融帳、誤差與遺漏淨額、準備資產。
- 一國的基本餘額若持續出現赤字，則該國的外匯準備就會不斷流失，而貨幣也持續有貶值的壓力；反之，若持續顯現盈餘，則該國的外匯準備就會不斷增加，而貨幣也會有持續升值的壓力。
- 經常帳淨額的變動主要受到下列五項因素的影響：景氣變動狀況、通貨膨脹率消長情形、通貨的升貶、產品競爭力、政府貿易政策。
- 資本帳／金融帳淨額的變動主要受到下列四大因素的影響：實質利率改變、預期經濟成長率改變、預期匯率變動、外匯及資本管制政策。
- 墨西哥金融危機特別值得探討之處，在於此危機可說是第一個因國際間資本奔逃所引起的金融風暴。
- 亞洲金融風暴形成的四大因素：(1) 國外資本自由進出本國市場；(2) 短期對外負債占外匯準備的比率過高；(3) 金融體系的不健全；(4) 採行固定或釘住匯率制度。
- 經濟學家認為，固定的匯率制度、自由開放的資本市場及獨立的貨幣政策三者很難同時存在，此為所謂的「三難困局」。

本章習題

一、選擇題

1. 其他條件不變，我國國際收支表中的「經常帳淨額」會因下列何者而增加？
   a. 我國的商品出口增加
   b. 我國的國外直接投資金額增加
   c. 我國人民對外國股票及債券的投資金額增加
   d. 我國人民匯贈給中國大陸親友的金額增加

2. 其他條件不變，根據新版 BPM6，下列何者會使我國在某年度國際收支表中的「直接投資淨額」為負值(亦即資金淨流入)？
   a. 該年度我國金融業者在海外提供的服務金額超過外國金融業者在我國提供的服務金額
   b. 該年度外資來台直接投資金額高於我國的國外直接投資金額
   c. 該年度我國人民對外國股票及債券的投資金額高於外國人對我國股票及債券的投資金額
   d. 該年度我國購買 A 國國庫券的金額高於 A 國購買我國國庫券的金額

3. 其他條件不變，下列何者會使我國在某年度國際收支表中的「所得收支淨額」為負值？
   a. 該年度我國公司發放給國外投資人的現金股利超過外國公司發放給我國投資人的現金股利
   b. 該年度我國人民匯贈給中國大陸親友的金額高於中國大陸人民匯贈給台灣親友的金額
   c. 該年度我國人民對外國股票及債券的投資金額高於外國人對我國股票及債券的投資金額
   d. 該年度我國購買 A 國國庫券的金額高於 A 國購買我國國庫券的金額

4. 其他條件不變，根據新版 BPM6，下列何者會使我國在某年度國際收支表中的「證券投資淨額」為負值(亦即資金淨流入)？
   a. 該年度我國購買 A 國國庫券的金額低於 A 國購買我國國庫券的金額

b. 該年度外資來台直接投資金額高於我國的國外直接投資金額

c. 該年度我國人民對外國股票及債券的投資金額低於外國人對我國股票及債券的投資金額

d. 該年度我國公司發放給國外投資人的現金股利超過外國公司發放給我國投資人的現金股利

5. 其他條件不變，根據新版 BPM6，下列何者會使我國國際收支表中的「其他投資淨額」為正值 (亦即資金淨流出) ？

a. 我國人民匯贈給中國大陸親友的金額增加

b. 我國購買 A 國國庫券的金額增加

c. 我國的國外直接投資金額增加

d. 我國人民對外國股票及債券的投資金額增加

6. 其他條件不變，下列何者可以改善我國國際收支表中的「經常帳淨額」？

a. 國內物價上漲率超過其他國家的物價上漲率

b. 新台幣對美元大幅升值

c. 國內實質利率上升

d. 以上皆非

7. 2008 年全球金融海嘯之後，美國每一年的國際收支情形都是：

a. 經常帳顯現資金淨流出，而金融帳顯現資金淨流入

b. 經常帳顯現資金淨流入，而金融帳顯現資金淨流出

c. 經常帳顯現資金淨流出，而金融帳顯現資金淨流出

d. 經常帳顯現資金淨流入，而金融帳顯現資金淨流入

8. 過去十多年來，我國的基本餘額唯一小於 0 的一年是：

a. 2007 年

b. 2008 年

c. 2012 年

d. 2016 年

9. 其他條件不變，下列何者會導致美國商品貿易的出口增加？

a. 其他國家的經濟成長率下降

b. 其他國家的貨幣升值

c. 美國的通貨膨脹率上升

d. 美國的名目利率上揚

10. 下列敘述何者不正確？
    a. 經常帳中最主要的成員是商品貿易
    b. 目前各國的金融帳皆比資本帳重要
    c. 根據 BPM6 所編的國際收支表，基本餘額＝經常帳淨額＋資本帳淨額＋金融帳淨額
    d. 根據 BPM6 所編的國際收支表，基本餘額＝經常帳淨額＋資本帳淨額－金融帳淨額
11. 根據 BPM6 所編的我國國際收支表，下列敘述何者正確？
    a. 一國某年度的基本餘額＞0，代表該國在當年度的準備資產會增加
    b. 一國某年度的基本餘額＞0，代表該國在當年度的準備資產會減少
12. 根據 BPM6 所編的我國國際收支表所示，2015 年的衍生金融商品淨額為 1,184,000,000 美元，可知當年度：
    a. 衍生金融商品資產的減少＞衍生金融商品負債的減少
    b. 衍生金融商品資產的減少＞衍生金融商品負債的增加
    c. 衍生金融商品資產的增加＜衍生金融商品負債的增加
    d. 衍生金融商品資產的減少＜衍生金融商品負債的減少

二、問答題

1. 標準的國際收支表包含哪五個主要帳戶，請概述各帳戶定義。
2. 何謂「官方準備帳戶」？
3. 引起經常帳淨額變動的重要因素有哪些？
4. 影響資本帳/金融帳淨額的重要因素有哪些？
5. 你認為近十多年來中國經濟的快速成長，除了可歸因於資本奔流至中國大陸的現象，還有什麼其他可能的原因？
6. 何謂「特葵拉效應」？
7. 請解析為何外來資金不斷前進本國市場購買有價證券可能是禍而非福？
8. 亞洲金融風暴中受創最嚴重的幾個國家曾出現哪些共同的現象及問題？
9. 經濟學家托賓建議課徵「托賓稅」之目的為何？
10. 何謂「三難困局」？

Chapter 3
國際貨幣制度的演進與改革

近一百多年來國際貨幣制度的發展,主要經歷了下列三階段匯率制度的演變:

- 金本位制度 (Gold Standard System)
- 布雷頓伍茲固定匯率制度 (Bretton Woods Fixed Exchange Rate System)
- 管理浮動匯率制度 (Managed Floating Exchange Rate System)

同時期,歐洲方面除了與世界的腳步同行,還另有一套自律的匯率制度在該地區運作,此套匯率制度的演進過程包含兩個重點階段:

- 歐洲貨幣制度 (European Monetary System, EMS) 時期,

PART 1 ▶ 國際金融環境與市場發展

1979～1992

- 歐洲經濟暨貨幣聯盟 (EMU) 時期，1999 迄今

國際貨幣制度不論發展到什麼階段，其最初與最終的目的都是要維繫國際間金融與貨幣秩序的穩定，促進資本的流動及貿易的推展。然而，在現有的制度下，金融危機的發生似乎總是在所難免。因此，有關國際貨幣制度改革的討論與努力在現階段仍是方興未艾。本章首先探討國際貨幣制度的演進史，第一節詳述金本位制度；第二節討論布雷頓伍茲與管理浮動匯率制度；而第三節描述歐洲貨幣制度與歐洲經濟暨貨幣聯盟；第四節則說明目前國際貨幣金融體系下的可能改革方向與措施。

第一節　金本位制度

重要名詞

遊戲規則　　　　　Rules of the Game
國際金本位制度　　International Gold Standard

近代史上出現的第一個重要國際貨幣制度當非金本位制度 (Gold Standard, 1880～1931) 莫屬。在十九世紀末葉之前，黃金已經是各國在貿易時所倚重的支付工具；一些走過重商主義年代的國家 (例如英國)，感受到貿易與黃金的不可分離，於是開始將黃金當作價值認定的標準，久之各國相繼養成一種遵守固定遊戲

規則 (Rules of the Game) 的共識,而使金本位制度逐漸成形。

歐洲最早採行金本位制度的國家是英國,其施行期間為 1821~1914 年;到 1870 年左右,其他歐洲國家也多半跟進,例如,德國始自 1875 年,而法國則始自 1878 年。美國加入金本位制度的時間,是在南北戰爭 (the Civil War, 1861~1865) 結束之後十四年,也就是在 1879 年。美國加入金本位制度之後,世界進入一種國際金本位制度 (International Gold Standard, 1880~1914) 的狀態,這段期間堪稱是金本位制度的全盛時期;此時期大約維持了三十多年,直到第一次世界大戰爆發,主要貿易國家相繼脫離金本位制度,才使國際金本位時期劃下句點。

金本位制度的遊戲規則

採行金本位制度的國家,基本上遵守如下三項遊戲規則:

一、明訂通貨與一定數量黃金之間的轉換率;例如,1 美元可轉換成 23.22 喱 (Grains) 的純金、1 英鎊可轉換成 113 喱的純金。又因 1 盎司 (Troy Ounce) = 480 喱,因此 1 盎司黃金與 20.672 美元或 4.248 英鎊可以互換。

二、政府無限量地准許人民將通貨換成黃金,或將黃金換成通貨。為了要確保通貨可以無限量地依照法定比率轉換成黃金,政府的貨幣存量必須受到黃金準備 (Gold Reserves) 的限制,不得任意增加或減少貨幣供給。

三、准許黃金自由進出國界;也就是說,黃金的輸出或輸入完全不受限制。

金本位制度的優點

金本位制度的主要優點，在於這個制度所帶來的金融穩定性。首先，只要各國通貨與黃金之間的轉換率不變，匯率就會保持相當穩定。譬如，當時 1 美元可轉換成 23.22 喱的純金、1 英鎊可轉換成 113 喱的純金，因此英鎊兌美元的法定匯率為 £1 = US$4.866。在金本位制度之下，匯率的失調很快就會透過黃金在國際間的移動而恢復均衡；也就是說，市場匯率不會偏離法定匯率太久，其運作過程可以舉例說明如下。

假若在紐約的外匯市場，報價匯率為：£1 = US$4.836；由於英鎊的價值被低估了，市場上有不同外匯交易需求的人會順勢而為，其各自因應的過程說明如下：

一、需要購買英鎊 (賣出美元) 者

有此類需求的人看見市場上英鎊價值被低估，自然很樂意直接在紐約外匯市場賣出美元而取得英鎊，其通貨換得過程如下所示：

$$US\$ \rightarrow £$$
(紐約)

二、需要買進美元 (賣出英鎊) 者

有此類需求的人看見市場上英鎊價值被低估 (即美元價值被高估)，遂不願直接在紐約外匯市場買進美元而遭受損失；較聰明的方法是將英鎊先換成黃金，再將黃金由倫敦輸入到紐約。此方法如何能殊途同歸且降低成本？其通貨換得過程及說明如下：

第❸章　國際貨幣制度的演進與改革

$$\pounds \rightarrow 黃金 \rightarrow US\$$$
$$(倫敦) \quad (紐約)$$

上述流程是說：需要買美元 (賣英鎊) 的人，會先在位於倫敦的英國中央銀行 (英格蘭銀行) 將英鎊換成黃金，然後將黃金輸入到美國紐約，並向當地之美國中央銀行 (聯準會) 申請將黃金轉換成美元。譬如說，某人需要買進 10,000 美元；在倫敦向英格蘭銀行欲購得的黃金盎司數為：

$$US\$10,000 \div US\$20.672/盎司 = 483.75\ 盎司$$

按照黃金與英鎊的轉換率 (1 盎司＝£4.248)，可知須付出之英鎊數目為：

$$483.75\ 盎司 \times \pounds4.248/盎司 = \pounds2,054.97$$

接著再將 483.75 盎司的黃金運回美國，並向紐約聯準會按照黃金與美元的轉換率 (1 盎司＝US\$20.672) 換得 10,000 美元：

$$483.75\ 盎司 \times US\$20.672/盎司 = US\$10,000$$

然而，某人若直接在外匯市場購買美元，其須付出的英鎊金額為：

$$US\$10,000 \div US\$4.836/\pounds = \pounds2,067.82$$

比較之下，運用黃金輸入的方法可省下的英鎊數目為：

$$\pounds2,067.82 - \pounds2,054.97 = \pounds12.85$$

PART 1 ▶ 國際金融環境與市場發展

> **例 3-1**
>
> 　　假設在 1910 年的紐約外匯市場，報價匯率為：£1＝US$4.836。某人想要賣出 2,000 英鎊，請問她該如何操作，才能換得最多的美元？
>
> 1. 若直接在外匯市場依報價匯率賣出英鎊，所得美元數目為：
>
> $$£2,000 \times US\$4.836/£ = US\$9,672$$
>
> 2. 若先將英鎊在英格蘭銀行換成黃金，再將黃金由倫敦輸入到紐約，然後在美國聯準會將黃金換成美元，則所得美元數目為：
>
> $$£2,000 \times 113 \text{ 喱}/£ = 226,000 \text{ 喱 (黃金)}$$
> $$226,000 \text{ 喱} \div 23.22 \text{ 喱}/US\$ = US\$9,732.99$$
>
> 3. US$9,732.99 － US$9,672 ＝ US$60.99
>
> 由以上計算得知，透過將黃金由倫敦輸入到紐約，會比直接在紐約外匯市場兌換，可多得 60.99 美元。

二、想要套利者

　　市場上永遠都會有一群想要抓住機會套利的人。當英鎊價值被低估時，套利者手中若有英鎊，可遵循下列的通貨換取過程來獲利：

第❸章　國際貨幣制度的演進與改革

£　　→　　黃金　　→　　US$　　→　　£
(倫敦)　　　(紐約)　　　　　(紐約)

此過程是說，套利者在倫敦向英格蘭銀行申請將英鎊轉換成黃金，然後將黃金輸入至紐約，向美國聯準會申請將黃金轉換成美元，再至紐約外匯市場賣出美元買進英鎊。倘若套利者手中有 5,000 英鎊，其獲利情形如下：

£5,000　→　黃金 1,177.02 盎司（＝£5,000÷£4.248/盎司）
　　　　→　US$24,331.45（＝1,177.02 盎司×US$ 20.672/盎司）
　　　　→　£5,031.32（＝US$24,331.45÷US$4.836/£）

　　　　套利者獲利＝£5,031.32－£5,000
　　　　　　　　　＝£31.32

反之，若套利者手中持有的是美元，則可遵循下列的路徑來獲利：

US$　　→　　£　　→　　黃金　　→　　US$
(紐約)　　　(倫敦)　　　(紐約)

此過程是說，套利者在紐約外匯市場賣出美元買進英鎊，然後將英鎊匯至倫敦向英格蘭銀行申請將英鎊轉換成黃金，再將黃金輸入至紐約，向聯準會申請將黃金轉換成美元。倘若套利者手中有 10,000 美元，其獲利情形如下：

US$10,000　→　£2,067.82（＝US$10,000÷US$4.836/£）
　　　　　　→　黃金 486.77 盎司（＝£2,067.82÷£4.248/盎司）

83

→ $10,062.51（＝486.77 盎司×$ 20.672/盎司）

套利者獲利＝US$10,062.51－US$10,000＝US$62.51

由上述分析得知，當紐約外匯市場上英鎊價值被低估時，該市場上想買英鎊（賣美元）的人，會遠多於想買美元（賣英鎊）的人；一些有買美元（賣英鎊）需求的人會選擇避開外匯市場，而採取將黃金由倫敦輸入至紐約的方法。此種情況會使紐約外匯市場上的英鎊有上漲的壓力（美元有下跌的壓力），於是英鎊兌美元的匯率很快就會回升到其應有之水準（即 £1＝US$4.866）。

前述所提的這種套利方法，有一點須注意的是：跨大西洋運送黃金是需要成本的。因此，考慮運送成本之後，市場匯率並不一定總是回復到法定匯率的水準，而是在黃金輸出點 (Gold Export Point) 與黃金輸入點 (Gold Import Point) 之間波動。所謂黃金輸出點，就是法定匯率加上單位黃金運送成本；當紐約外匯市場上英鎊價值高估並高過黃金輸出點時，套利的行為會導致黃金由紐約輸出至倫敦，此種輸出會進行到英鎊的價值跌回黃金輸出點之內為止。而所謂黃金輸入點，就是法定匯率減去單位黃金運送成本；當紐約外匯市場上英鎊價值低估並低於黃金輸入點時，套利的行為就會使黃金由倫敦輸入至紐約，此種輸入也會進行到英鎊的價值回升至黃金輸入點之上為止。無論如何，金本位制度之下的市場匯率只會在狹窄的範圍內波動，由於匯率相當穩定，因此本質上此制度乃是一種固定匯率制度。

金本位制度的另一項優點，是它具有古典經濟學家休姆 (David Hume, 1711～1776) 所主張的物價與黃金流量自動調整機能 (Price-Specie-Flow Mechanism)。這是因為在此制度之下，通貨可以無限量地轉換成黃金，且貨幣存量又受到黃金準備的限制，因此參與國家的國際收支與物價水準都會保持相當的穩定。舉例來說，若一國輸出大於輸入而造成國際收支盈餘，於是黃金會流入國內而使本國貨幣供給增加，貨幣供給增加的效果是國內物價上漲；上漲的物價使得國內產品在國際市場上的競爭力下降，於是輸出減少而輸入增加，平衡了原先國際收支盈餘的狀況；同時，物價上漲導致淨輸出減少而招致黃金流出的現象，也會使本國貨幣供給趨於減少而平抑了物價。

金本位制度的缺點

金本位制度的主要缺點，乃是貨幣存量受黃金準備的限制，而黃金準備又受到黃金開採量的限制；由於黃金的開採量並不是政府可以掌控的，因此，這個先天上的缺點使得各國無法有充足的貨幣數量來支撐貿易及投資的擴展。另外，各國無法控制黃金存量的問題，也會使金本位制度難以長期地保有其吸引力，因為沒有一個政府願意放棄其對貨幣供給的控制能力；當黃金存量的增加追不上政府的貨幣供給成長率時，違反金本位制度的遊戲規則似乎是必然的途徑，也就是說，金本位制度最後的崩潰終究是在所難免。

金幣、金塊及金匯三種制度

金幣本位制

1914 年以前的金本位制度，也可稱之為古典的金本位制度 (Classical Gold Standard) 時期；這段期間各國流通的銀行券 (或紙幣) 可以自由兌換成金幣，而在銀行券與黃金可以互相轉換的遊戲規則下，人民有完全的自由要求政府將黃金鑄成金幣或將金幣鎔毀而成為黃金。因此，古典的金本位制度主要是一種金幣本位制 (Gold Coin Standard, 1880～1914)。

第一次世界大戰的爆發結束了國際金本位時期，也使古典的金幣本位制劃下句點。原因是戰爭本身引起的動亂與龐大的軍需費用，造成黃金短缺，使得各國政府難以再繼續遵守金本位制度的遊戲規則，他們既不願意讓黃金自由輸出，更無法將貨幣供給量控制在黃金準備的範圍之內；有些國家明知黃金存量不足，卻大量印行紙鈔，更是嚴重破壞貨幣與黃金之間的可兌換性。當各國陸續宣告不再允許人民在貨幣與黃金之間作自由轉換且禁止黃金出口之時，金幣本位制度實質上已經瓦解。

戰後大多數國家雖然面臨黃金流失嚴重，以及因貨幣供給未善加控制而造成的通貨膨脹問題，但仍亟思恢復金本位制度，主要是因國際金本位時期的貨幣與經濟安定狀態實在令人緬懷。美國在第一次大戰後取代英國成為世界最主要的金融勢力，由於只有非常輕微的通貨膨脹，因此得以很快地取消對黃金出口的限制，而在 1919 年率先恢復了金本位制度。

戰後美國所恢復的金本位制度，本質上可以歸屬於金幣本位制，因為美元仍可按固定比例轉換成金幣，而且黃金輸出也未受到任何限制。然而，不同於戰前的是，美國此時是把穩定國內經濟當作政策的首要目標，以致於相關的一些政策免不了還是違背了金本位制度的精神。當時為了調節黃金的流出及流入對國內貨幣與信用狀況造成的衝擊，聯邦準備理事會開創了在公開市場操縱黃金流量的慣例，這應該就是日後世界各國中央銀行運用公開市場操作 (Open Market Operation) 調節貨幣供給量的由來。美國在當時的作法，是由央行發行一些黃金券 (Gold Certificates)；當國際收支盈餘造成黃金流入時，央行就在公開市場賣出黃金券換取黃金，也就是把市場上過多的黃金收回；而當國際收支赤字造成黃金流出時，央行就在公開市場買回黃金券拋出黃金，也就是把黃金釋出以平衡市場上黃金不足的現象。這種對黃金輸出、入採取消毒政策 (Sterilization Policy) 的作法，自然干擾到金本位制度的自動調整機能。

金塊本位制

戰後的英國最急欲恢復金本位制度；不過最後所恢復的並不是金幣本位制，而是金塊本位制 (Gold Bullion Standard)。由於英國在戰爭期間喪失了許多海外資產，黃金流失情形相當嚴重，因此在 1925 年恢復金本位制度時，不再鑄造金幣，而純粹是發行銀行券 (或紙幣) 作為流通貨幣。人民若要將英鎊轉換成黃金，只能在大金額的情況下向發行銀行兌換成金塊；也就是說，此制度是用金塊來支撐通貨的發行。法國在 1928 年恢復的貨幣

制度，也是金塊本位制，同樣規定在持有大金額法郎的情況下，才可將貨幣轉換成金塊。金塊本位制在英國只施行了六年，於 1931 年宣告結束；其失敗的原因是戰後英鎊的價值實質上已大幅滑落（當時在自由外匯市場，£1 = US$3.50)，但英國卻仍把英鎊兌美元的官方匯率訂在戰前的水準（£1 = US$4.866)，其目的是想藉英鎊價值的維持來表徵大英帝國威望的不墜。但是過度高估英鎊的實力，只是造成貿易赤字惡化、通貨膨脹率上升及失業率居高不下，而最後的結果是金塊本位制度的徹底瓦解。

金匯本位制

戰後除了美國、英國、法國都相繼回到金本位制度，其他國家也都有強烈的意願要回到戰前的金本位制度。但是多數國家因為黃金短絀、貨幣需求又擴張，實際上無法再遵循金幣本位時期通貨的發行完全以黃金作支撐的規則。1922 年 34 個國家的代表在義大利熱那亞 (Genoa) 舉行高峰會議，此會議之目的是要重新整頓世界的商業與金融；會議中的若干決議都推薦各國採用金匯本位制 (Gold Exchange Standard) 以節省黃金的使用。事實上，在此會議之前，金匯本位制已經在一些國家（例如：俄羅斯及印度）運作的相當成功。熱那亞會議之後，也就是在 1924 年至 1930 年之間，金匯本位制度快速地被各國採用，特別是在歐洲地區。

所謂金匯本位制，就是中央銀行所發行的通貨是以黃金加上外幣資產作準備，而作為準備的外幣資產，乃是那些可以直接兌換成黃金的通貨，例如，當時的美元、英鎊及法郎。在金匯本位

制之下,一國設定其貨幣與某一重要通貨 (例如,美元、英鎊及法郎) 之間的固定轉換率,而該重要通貨又與黃金之間有固定的轉換率;因此,實行金匯本位制的國家,其通貨只能間接而不能直接兌換成黃金。在另一方面,美國、英國及法國等國家,由於施行金幣或金塊本位制,因此只能以黃金作為外匯準備,而採行金匯本位制的國家,也都相信美元、英鎊及法郎即等於黃金。

德國因為是戰敗國,依據 1919 年在巴黎凡爾賽宮所簽訂的凡爾賽合約 (The Treaty of Versailles),德國必須接受無條件投降 (Unconditional Surrender) 而負擔鉅額的戰爭損害賠償。由於凡爾賽合約的嚴厲賠償條件,導致德國後來發生惡性通貨膨脹,至 1923 年年底其物價指數已升至前所未有的超高水準 (可參考第五章第一節的 [開啟國際視窗])。但德國仍然在 1924 年讓其貨幣制度恢復為金匯本位制;除了德國之外,其他許多歐洲國家也都採行此制度。這些歐洲國家之所以採行金匯本位制與英國有很大的關聯。英國在戰後讓英鎊價值高估,在國內又因政治考量而不願採通貨緊縮政策,以致於物價居高不下;英國當然也瞭解物價高、貨幣又過度升值的結果是其國際市場競爭實力大大削弱,於是勸誘其他歐洲國家不必太顧慮國內通貨膨脹而應力圖恢復金本位制度,並且最好也是將匯率恢復到戰前的水準。英國這樣做當然是希望其他國家也有幣值高估的問題,進而減輕英國在貿易上的競爭壓力,而這些歐洲國家大致上也都很配合英國的呼籲;不過為了節省黃金,大多數國家最後所能恢復的貨幣制度也只是金匯本位制。

金匯本位制度的第一次結束

第一次世界大戰後整體貨幣制度檢討起來，由於大多數國家均採金匯本位制，因此這段期間可以稱作是金匯本位制度時期。然而，這個制度並沒有持續太久，事實上金匯本位制度在歷史上總共崩潰了兩次，第一次是在 1931 年，第二次則是在 1973 年 (第二次的崩潰詳述在後)。

金匯本位制第一次崩潰的主因可以歸納為下列三點：

一、英國讓英鎊過度升值。英國在 1925 年讓英鎊價值恢復到戰前的水準，種下此制度必然失敗的惡因。前述提及，英鎊價值高估造成英國輸出不易、產出減少、失業問題嚴重，經濟連年困頓，雪上加霜；而黃金與資本繼續流失，至 1931 年 9 月，英國的黃金與資本更因當時的國際情勢而加速流失[1]，迫使政府不得不宣告停止英鎊兌換黃金，並讓英鎊價值浮動。由於大多數國家都是以美元、英鎊或法郎作外匯準備，而且這些採金匯本位制的國家一直以為美元、英鎊或法郎即等於黃金，因此英鎊突然被禁止兌換黃金，導致眾多國家的貨幣制度跟著瓦解。

二、美國在貨幣政策方面的態度過於保守。美國從 1926 年起股市進入多頭，至 1928 年年初，聯準會開始擔憂銀行過於寬鬆的放款狀況會助長股市的投機行為，於是開始採取緊縮型貨幣政策；美國的經濟遂從 1929 年 8 月開始衰退，

---

[1] 德國在 1931 年實施外匯管制，造成英國在德國的黃金無法匯回，對英國國際收支逆差的情況無異雪上加霜。

緊接著股市崩盤[2]、銀行倒閉、大量黃金外流，迫使羅斯福總統 (Franklin Delano Roosevelt，1882～1945，美國第 32 任總統，任期：1933～1945 年) 在 1933 年宣告停止美元兌換黃金。經濟學家傅利德曼 (Milton Friedman，1912～2006，1976 年諾貝爾經濟學獎得主) 與史瓦茲 (Anna Schwartz) 認為 1929 年爆發的世界經濟大恐慌，完全是聯準會採取緊縮型貨幣政策造成的悲劇。

三、各國都傾向於重視國內貨幣秩序的穩定，而忽略國際金融失序的後果。前述提及，美國在戰後把穩定國內經濟當作政策的首要目標，並運用公開市場操作來實質干預黃金的流動；英國事實上也仿效美國的作風。這些主要國家自掃門前雪的心態與作法，在重要關頭甚至以鄰為壑 (例如：禁止兌換黃金)，終於造成此階段的國際貨幣制度劃下句點。

第二節　布雷頓伍茲與管理浮動匯率制度

重要名詞

布雷頓伍茲協約　　　Bretton Woods Treaty
管理浮動　　　Managed Float

---

[2] 世界經濟大恐慌 (The Great Depression) 於 1929 年 10 月 24 日 (黑色的星期四) 從美國股市引爆，到 1933 年達到最嚴重階段。

PART 1 ▶ 國際金融環境與市場發展

　　第二次世界大戰結束之際 (1944 年)，44 個國家的代表在美國新罕布夏州的布雷頓伍茲 (Bretton Woods) 參與盛會，意圖重建戰後的國際貨幣制度。會中簽署布雷頓伍茲協約 (Bretton Woods Treaty)，主要目標是重返固定匯率制度，並促使各國減少貿易及資本流障礙，努力恢復通貨的可兌換性。此協約事實上是把世界推向黃金－美元準備制 (Gold-Dollar Standard, 1945～1973)，就是說美元可直接兌換黃金，而其他貨幣欲兌換成黃金，則須先兌換成作為準備的美元；因此除了黃金之外，美元是唯一夠資格的準備貨幣 (Reserve Currency)。在布雷頓伍茲協約之下，美元為何得以成為唯一可直接兌換成黃金的通貨？這是因為美國此時已累積了幾可供全世界用來作為通貨發行準備的黃金，而其他國家可用來作準備的黃金則所剩無幾。由於此制度要求美國通貨的發行完全以黃金作準備，而其他國家貨幣的創造則是以黃金或美元作準備，因此布雷頓伍茲協約之下的匯率制度，其實就是金匯本位制的再度現身。

　　在布雷頓伍茲制度之下，參與國實質上受到三項規範：

一、美元與黃金之間有直接的平價關係，即 1 美元等於 1/35 盎司的黃金，或 1 盎司黃金等於 35 美元。而其他國家的貨幣則與美元有直接的平價關係，但與黃金卻只有間接的平價關係，例如：1 英鎊等於 2.80 美元，間接等於 0.08 盎司的黃金；又如：1 日圓等於 1/360 美元，間接等於 0.00008 盎司的黃金。

二、各國政府僅能讓匯率在狹窄的範圍內波動，其波動幅度為法

第❸章 國際貨幣制度的演進與改革

定面值匯率 ±1%；若超出則雙方政府有義務進行干預。

三、各國為維持匯率的穩定，必須協商彼此的總體經濟政策；也就是說，各國無法有獨立自主的總體經濟政策。

在這樣的黃金 - 美元準備制之下，美國政府及美元扮演著舉足輕重的角色。首先，美國政府必須信守承諾，按照 1 美元等於 1/35 盎司黃金的比率，讓參與國無限量以美元向美國財政部購買黃金；其次，美國必須要保持充足的黃金存量，以免在美元 - 黃金的兌換上產生問題，同時黃金存量不足也會影響到美國本身通貨的發行。但是自 1950 年以來，美國開始經歷國際收支赤字而逐漸面對黃金流失的問題，事實上此問題一直延續到布雷頓伍茲制度結束。美國在戰後為何會從一國際收支順差之經濟強國逐漸轉變為有鉅額逆差之經濟弱國？其間經歷了何樣的政策轉折？

主要原因是戰後二十年來美國對友邦的策略及國內的總體政策都有失當 (或可說是不得已) 之處。二次大戰後，美國與當時的蘇聯逐漸形成兩股政治上的對立勢力，情勢使得美國急欲扶持歐洲國家成為友邦來對抗共產政權的擴張。美國的想法是歐洲國家可先藉由經濟的合作，再發展到政治立場的一致，並與美國共同對抗共產極權。至於歐洲國家方面，因為戰爭期間黃金與資本大量流失，故亟需快速累積美元用以便捷貿易，並積聚資本來修復經濟。美國自然是採取非常配合的態度，除了保持開放的市場歡迎外國商品自由輸入以外，又慷慨提供金援與補助。

對於歐洲國家的援助，美國首先在 1947 年通過馬歇爾計

畫 (Marshall Plan)，用意是在幫忙提供歐洲國家戰後重建所需的經費。由於美國一直要歐洲國家展現合作的誠意，於是歐洲國家成立了歐洲經濟合作組織 (Organization for European Economic Cooperation, OEEC)，一方面回應美國金援的善意，另一方面也有了正式的組織用來管理馬歇爾計畫所帶來的美國、加拿大貢獻的資金。歐洲經濟合作組織在 1961 年更名為今日大家耳熟能詳的經濟合作暨發展組織 (Organization for Economic Cooperation and Development, OECD)。1948 年到 1950 年之間，東、西方世界都有共產政權擴張的行動[3]，美國於是更加拉攏歐洲國家，積極推動歐洲國家的經濟整合與對外貿易，以及鼓勵歐洲國家盡量將產品銷往美國。在美國大力鼓吹貿易之下，世界貿易快速的成長，從 1950 年的 1,300 億美元上升到 1970 年的 3,100 億美元。當歐洲國家由貿易中賺得愈來愈多的外匯準備 (美元) 時，美國自身的國際收支赤字及黃金不足問題則愈來愈嚴重。

1960 年代初期，美國開始採取一些防止資本外流的措施，這些措施包括 1963 年施行的利息平等稅法 (Interest Equalization Tax, IET) 及 1965 年的外信限制方案 (Foreign Credit Restraint Program, FCRP)。根據利息平等稅法，凡美國人購買外國公司來美發行的債券，政府會針對其利息所得課徵預扣稅，就像外國人購買美國公司發行的債券，政府也會針對其利息所得課徵預扣稅一樣。IET 法案的目的，是增加外國企業或機構到美國資本市場融資的成本，因此可以減緩資本外流。外信限制方案的用意，

---

[3] 蘇聯在 1948 年封鎖德國柏林、中國共產黨在 1949 年接管中國大陸，以及 1950 年南韓與北韓共產黨戰爭爆發。

第 ❸ 章　國際貨幣制度的演進與改革

樂學新知：OECD 有哪些會員國？

　　經濟合作暨發展組織 (OECD) 總部設在巴黎，1960 年底剛成立時共有 20 個會員國 (美國、加拿大及歐洲 18 國)，目前已增至 35 個會員國，包括：

1. 七大工業國 (G7)：美國、英國、德國、法國、日本、加拿大及義大利。
2. 大洋洲兩國：澳洲、紐西蘭。
3. 歐盟會員國：奧地利、比利時、荷蘭、芬蘭、希臘、愛爾蘭、盧森堡、葡萄牙、西班牙、丹麥、瑞典、捷克、匈牙利、波蘭、斯洛伐克 (Slovak Republic)、愛沙尼亞 (Estonia)、斯洛維尼亞 (Slovenia)、拉脫維亞 (Latvia)。
4. 歐洲自由貿易協會 (European Free Trade Association, EFTA) 國家：挪威、冰島、瑞士。
5. 其他國家：土耳其、墨西哥、南韓、智利、以色列。

其中，2010 年加入的四個國家是愛沙尼亞、斯洛維尼亞、智利及以色列。拉脫維亞則是在 2016 年 7 月 1 日加入。

資料來源：www.oecd.org.

則是在禁止美國的銀行將資金借給本國的跨國企業去從事海外投資。在 1965 年 FCRP 剛開始實施之時，美國聯準會是採道德勸說，讓銀行自我約束，勿將資金作如是貸放；1968 年開始，道德勸說改為強制執行，違者觸法。美國在 1960 年代一連串防止資本外流的辦法，並無法阻擋美元的跌勢；不過，倒是因此注入了一些活水，讓歐洲美元市場 (Eurodollar Market) 得以快速成長。

美國國內的總體經濟政策也助長了美元幣值的跌落及黃金的外流。自 1960 年代中期開始，美國因越戰及內需而改採擴張型的貨幣與財政政策，導致通貨膨脹率不斷上升；美元此時已累積相當大的貶值壓力。1967 年英鎊突然大幅貶值 (由 £1 = $2.80 貶至 £1 = $2.40，貶值幅度達 14.3%)，此事件更是推波助瀾而使市場普遍認為美元貶值已是箭在弦上，於是投機客更加穿梭於外匯市場進一步摜壓美元。美國此時 (1967 年底) 的黃金存量，只剩下在 1949 年的一半。

1967 年底到 1968 年 3 月之間，美國持續失去更多的黃金，這段期間內失去的黃金數量等於當時黃金存量的 20%。投機客摜壓美元的行為持續到 1969 年春天，德國央行被迫買回 41 億美元等值的外幣 (包括美元)，並宣示不讓馬克升值；同年夏天，德國卻還是不得已讓馬克升值了 9.3%。1970 年 5 月，加拿大讓加幣浮動。而對美元不利的投機行為在 1971 年又再度展開，這一次的原因是美國聯準會政策逆轉，由調高利率轉成降低利率，於是熱錢流出美國而匯入德國和日本。1971 年 4 月及 5 月，德國央行不時需要被迫應付約 10 億到 30 億美元等值熱錢的流入；到了 5 月 10 日，德國終於選擇讓馬克浮動。

1971 年 8 月中旬，美國全部的黃金準備只剩下 101 億美元的等值，此時英國向美國提出欲將 30 億美元兌換成黃金的要求；美國若答應，則除了失去現有黃金存量的 1/3 外，其他國家也會跟著前來兌換黃金；若不答應，則等於對全世界宣示：美國已不再有足夠的黃金可供兌換。1971 年 8 月 15 日，尼克森總統 (Richard M. Nixon，1913～1994，美國第 37 任總統，任

期：1969 年至 1974 年) 在完全未預警其他工業國家領袖的情況下，於星期天晚上在對全國人民的電視演說之中，突然宣布停止以美元兌換黃金；此項宣告無疑是給布雷頓伍茲制度搗下致命的一擊。

金匯本位制度的第二次結束

布雷頓伍茲制度在 1973 年 3 月正式結束之前，還是苟延殘喘了幾年。首先是十大工業國 (G10 國家) 為了力挽狂瀾，在 1971 年 12 月 17 日於美國華盛頓特區 (Washington, D. C.) 開會，共同簽下斯密森協定 (Smithsonian Agreement)，決定讓美元對黃金貶值 7.89%，即 1 美元的價值從 1/35 盎司的黃金降到 1/38 盎司的黃金；另外，馬克對黃金則升值 13.57%，而日圓對黃金也升值 16.9%。斯密森協定也允許市場匯率在面值匯率上下較寬的範圍內波動 (±2.25% 相較於先前的 ±1%)。斯密森協定之後，美元貶值的壓力並沒有消除；1973 年 2 月 12 日，歐洲及日本的外匯市場關閉，美國又再讓美元對黃金貶值百分之十，即 1 美元的價值從 1/38 盎司的黃金降到 1/42.22 盎司的黃金。到了 1973 年 3 月，美國及其他主要國家的外匯市場都紛紛關閉，幾個禮拜以後雖然再度開放，但大多數都開始採浮動匯率制度，讓匯率由市場力量自由決定。美元既已浮動，市場力量也不可能讓國際貨幣制度再有機會走回頭路，布雷頓伍茲固定匯率時代終於劃下句點。

◎ 布雷頓伍茲制度失敗的主因

布雷頓伍茲制度為何沒能避免失敗的結局？其崩潰的主因可說是此制度有先天及後天方面的障礙。先天的缺陷是此制度為固定匯率制度；任何固定匯率制度的成功運作都要求參與國放棄國內總體經濟政策的自主權，而此點卻是各國政府所難以做到的。後天的問題則是此制度完全依賴美元，而美元的價值卻無法穩住底部。美國在布雷頓伍茲制度之下擔任**主要通貨國家** (the Key Currency Country) 的角色，使得它一開始就必須採行赤字外交，讓其他國家容易賺取美元而替國際金融體系創造足夠的流動性。而美國一直以來就在國際收支赤字與流動性之間躊躇；若更正國際收支赤字路線，則可能引發流動性危機；若繼續讓國際收支惡化而失去黃金，則美元兌換黃金就愈來愈有問題。最後是現實情況引領美國繼續維持國際收支赤字路線；1950 年代因對歐洲及亞洲國家的金錢與外銷援助，1960 年代又因越戰及通膨型總體政策，美元繼續加速流向其他國家。而其他國家累積了愈來愈多的美元，也必須想辦法解決手中美元過多的問題。

解決之道基本上有兩種作法。其一是持美元向美國政府兌換黃金；但如此做會造成美國的黃金存量減少，貨幣供給也跟著減少；而美國在當時迫於情勢是不可能由擴張型總體政策轉變為緊縮型，因此美國的應對之道是勸其他國家不要前來兌換黃金。其二則是由各國央行將市場上過多的美元買回；如此做當然是因美元有貶值的壓力，而為了維持匯率穩定，勢必創造對美元的需求以拉抬美元價值。此舉的缺點是其他國家因購買美元而釋出的本

國貨幣，會造成國內貨幣供給增加而導致通貨膨脹率上升；為了維繫匯率穩定而必須犧牲自我的利益，此乃是其他國家所不樂見也不願為。美國不能也無力信守承諾讓其他國家自由前來兌換黃金，其他國家又不願意忍受更高的通貨膨脹率來換取匯率穩定，其結果是固定匯率制度的宣告瓦解。

戰後的國際貨幣及金融機構

1944 年的布雷頓伍茲會議創造了兩個全新的國際機構：一是**國際貨幣基金組織** (International Monetary Fund, IMF)，其目的是要幫助金融穩定 (主要是國際收支與匯率兩方面) 有問題的國家度過難關；二是**國際重建與發展銀行** (International Bank for Reconstruction and Development, IBRD)，即今日的**世界銀行** (the World Bank)，其目的則是要協助戰爭期間受創嚴重的國家重建及發展。

國際貨幣基金組織與特別提款權

國際貨幣基金組織是布雷頓伍茲制度下最主要的機構，此組織原先成立的用意，是要提供暫時性的援助給國際收支或通貨穩定有問題但自己也承諾要竭力進行改善的國家；至於持續性遭受金融問題困擾的政府，則不是 IMF 所願意協助的對象。凡是國際貨幣基金組織的參與國，若其通貨有強大的貶值壓力，以致於無法維繫市場匯率在法定匯率 ±1% 的範圍內波動時，即可不必取得 IMF 的核准，而自行將其貨幣貶值，但貶值幅度不得超

過 10%；大於 10% 幅度的調整則仍須事先經由 IMF 同意。國際貨幣基金組織自成立以來，已提供無數的貸款協助眾多國家解決困難，直到今天該組織仍在全球金融秩序的穩定上扮演著極重要的角色；譬如近年來幫助了許多國家度過金融危機，包括墨西哥、泰國、印尼、南韓、俄羅斯、巴西等國。

但國際貨幣基金組織的資金畢竟有限，難以同時滿足眾多國家的借款需求。另外，在布雷頓伍茲制度之下，各國的外匯準備是以黃金及美元為主；黃金的產量趕不及貿易的擴展，而要讓各國有足夠的美元作準備，則美國的赤字問題將會更嚴重。於是 IMF 在 1970 年 1 月創造了一種新的國際支付單位，稱為特別提款權 (Special Drawing Right, SDR)，可用來作為黃金及美元以外的國際準備資產。SDR 主要是供各國中央銀行在從事國際交易時使用，也可與黃金、美元一起被用來當作國際準備資產。SDR 並非是真正的貨幣，而只是一種記帳單位 (Unit of Account) 而已。最初 SDR 的價值為 16 種通貨的加權平均；此 16 種通貨的每一國家輸出總額均占世界輸出總額的 1% 以上，而各通貨的權數大約即等於該國輸出占世界輸出總額之比。自 1981 年起，SDR 的價值被簡化為由五種通貨組成，即美元、馬克、日圓、英鎊及法郎；此五種通貨的權數會定期更新，以反映各該國在世界貿易上所占的相對重要性，以及其通貨被 IMF 會員國當作準備資產的比重。而歐元區採用單一貨幣之後，SDR 改由四種主要通貨組成，相對權數如下：美元 (41.9%)、歐元 (37.4%)、日圓 (9.4%) 及英鎊 (11.3%)。自 2016 年 10 月 1 日開始，SDR 將人民幣納入，改由五種主要通貨組成，

新的相對權數如下：美元 (41.73%)、歐元 (30.93%)、人民幣 (10.92%)、日圓 (8.33%)、英鎊 (8.09%)。

國際重建與發展銀行

國際重建與發展銀行在 1945 年 12 月 27 日成立，並在 1946 年 6 月 25 日正式開始運作，之後更名為「世界銀行」，並繼續執行其任務至今。主要功能在於幫助貧窮的會員國家，協助其發展及解決貧窮問題。目前世界銀行集團 (The World Bank Group, WBG) 旗下有五大組織：

一、國際重建與發展銀行：職責為透過提供貸款、擔保及顧問服務來協助貧窮但值得信賴的政府發展。
二、國際發展協會 (International Development Association, IDA)：負責提供零利率貸款或信用給最貧窮的國家。
三、多邊投資保證機構 (Multilateral Investment Guarantee Agency, MIGA)：提供政治風險保險給投資人及放款機構，以激勵各國至開發中國家投資。
四、國際投資爭議解決中心 (International Centre for Settlement of Investment Disputes, ICSID)：協助解決地主國與國外投資人之間的投資爭議。
五、國際財務公司 (International Finance Corporation, IFC)：幫助開發中國家的私人企業升級。

國際清算銀行

　　國際清算銀行 (Bank for International Settlements, BIS) 也是布雷頓伍茲制度時代所扶植的機構，此銀行可說是世界上最早的國際金融機構，成立於 1930 年 5 月 17 日，總部設在瑞士的巴塞爾 (Basel)，目前並有兩個代表人辦事處：一在香港；另一在墨西哥。國際清算銀行的功能是要培養各國中央銀行之間的合作，以追求國際貨幣及金融穩定。國際清算銀行本質上是各國中央銀行的中央銀行，除了負責清算它們之間的國際交易活動以外，也是各會員國達成各項國際銀行協議的推手。舉一例來說，各國中央銀行因為關切到銀行資本適足率 (Bank Capital Adequacy) 的問題[4]，於是由國際清算銀行在 1988 年於瑞士的巴塞爾召開會議，簽訂了一份管理國際銀行資本適足率的協定，稱之為巴塞爾協定 (The Basel Accord)。此協定要求國際銀行的資本適足率須至少等於 8%，不足 8% 的銀行必須提高自有資金或降低風險性資產。巴塞爾協定雖已廣為世界各國的銀行管理當局採用，不過因爭議仍多，故歷經多次修訂。首次修訂 (稱作 Basel II) 在 2004 年 6 月定案，第二次修訂 (稱作 Basel III) 在 2010 年底定案，兩次修訂都是為了強化全球金融體系，而對銀行有更嚴格的自有資本及流動性要求。不過，在 Basel III 尚未完全落實之前，對自有資本及揭露之要求更為嚴格的 Basel IV 似已在醞釀出爐之中。

---

[4] 所謂銀行資本適足率，是指銀行自有權益資金占風險性資產的比率；此比率的訂定是為了防堵銀行因持有過多的風險性資產或過少的自有資金，而讓存款戶曝露於過高的信用風險之下。

管理浮動匯率制度

　　固定匯率制度在 1973 年劃下句點的前幾年，許多國家早已讓匯率隨市場力量自由浮動，但各國普遍認同浮動匯率制度，則是在 1976 年 1 月 IMF 會員國所簽署的牙買加協定 (Jamaica Agreement) 之後。牙買加協定的重要聲明之一是：浮動匯率對 IMF 會員國而言是可接受的，且中央銀行被允許在匯率有非常波動時進行干預。

　　由於中央銀行仍可對匯率進行干預，因此從 1973 年到現在，多數國家所採行的浮動匯率制度本質上是一種管理浮動 (Managed Float)，也就是一般所指的不潔浮動 (Dirty Float)。至於完全沒有政府插手的純浮動匯率制度 (Freely Floating Exchange Rate System)，一般稱之為潔淨浮動 (Clean Float)。

　　1980 年代開始，美元持續走強，讓主要工業國家在管理浮動匯率制度之下經歷了聯合的干預。美元的走強在 1985 年第一季達到最高峰；美元在這段期間 (1980 年到 1985 年) 的強勢，除了是因為政治經濟安定外，間接也與政府預算赤字 (Government Budget Deficit) 及國際收支赤字 (Balance of Payments Deficit) 有關。為了替赤字融資，國內實質利率向上攀升而變得出奇的高，想賺高利率的外來資金遂不斷湧入，造成美元的持續升值。美元太強的後果是美國的貿易赤字更加惡化，企業對國會議員抱怨美元太強造成輸出不易，而美國政府也認為有必要採取聯合干預行動以扭轉美元的升值趨勢。

1985 年 9 月，五大工業國[5] (Group of Five, G5) 的代表在美國紐約的廣場飯店 (Plaza Hotel) 簽下了廣場協定 (Plaza Accord)，各國代表均同意合力讓美元貶值來解決美國的貿易赤字問題。廣場協定之後，美元確實開始一路緩緩下滑。到了 1987 年，主要工業國家又開始擔心美元是否已貶值太多，於是各國覺得有必要重新檢視匯率的議題。1987 年 2 月，七大工業國[6] (Group of Seven, G7) 在巴黎的羅浮宮簽訂羅浮協定 (Louvre Accord)，主要內容包括：(一) 七國將更加努力促成匯率穩定，及 (二) 七國同意更密切地協商彼此的總體經濟政策。

羅浮協定之後，各國之間並未如其所承諾，做到為匯率穩定而調整彼此的總體政策；美國仍是無法減少預算赤字，而德、日兩國也都不願讓貨幣政策走擴張型路線。於是美元的跌勢無法穩住，而白宮又進一步在 1987 年 10 月 15 日宣稱，德、日兩國再不真正增加貨幣供給，美元恐將再度下滑。四天之後 (1987 年 10 月 19 日星期一)，美國經歷了股市大崩盤，當時兩千多點 (2,247 點) 的股價指數，一天就下跌了五百多點 (508 點)，跌幅高達 22.6%。股市大崩盤的真正原因，學者專家有不同的解釋，但多少也反映了 1987 年前後美國經濟的欲振乏力與美元的跌跌不休。

---

[5] 五大工業國 (G5) 是指美國、英國、德國、法國、日本。
[6] 七大工業國 (G7) 是指美國、加拿大、英國、德國、法國、日本、義大利。

第 ❸ 章　國際貨幣制度的演進與改革

樂學新知：何謂十大工業國 (G10)？何謂 G20 國家？

　　十大工業國 (G10) 是指參與一般借款協定 (General Agreements to Borrow, GAB) 的 11 個 IMF 重要會員國。這 11 個國家包括 G7 國家 (亦即美國、英國、德國、法國、日本、加拿大、義大利)，以及比利時、荷蘭、瑞典、瑞士。它們 (瑞士除外) 在 1962 年簽署了 GAB，同意為 IMF 籌措資源來幫助有資金需求的會員國，甚至非會員國。瑞士在 1964 年加入 GAB，但 G10 名稱仍舊續用而未更名為 G11。G10 國家共同在經濟、貨幣、金融議題上進行協商及合作。這些國家的財長及央行總裁通常每年都會配合 IMF 的秋季會議而開一次會，另外每兩個月一次也會在瑞士巴塞爾的國際清算銀行開會。

　　G20 國家包括 G7 國家以及墨西哥、澳洲、巴西、阿根廷、中國、南韓、俄羅斯、印度、印尼、土耳其、沙烏地阿拉伯、南非、歐盟 (算是一個國家)。G20 國家代表全球 GDP 的 90%、全球國際貿易的 80%，以及全球人口的 2/3。1997 年至 1998 年亞洲及俄羅斯金融風暴之後，主要工業國家瞭解到全球金融體系的強化，有賴重要的開發中國家也來參與會議並共商解決之道。於是二十國的財長及央行總裁於 1999 年開始每年舉行一次會議，為全球經濟的穩定與成長進行政策協商。2008 年全球金融海嘯之後，法國總統及英國首相促使二十國領袖召開特別會議，於是在 2008 年 11 月 14 日至 15 日針對金融市場及世界經濟召開了第一屆高峰會議，之後每年都有一至二次的領袖高峰會議，致力於穩定世界經濟及防堵危機發生。

> **樂學新知：2016 年全球十大經濟體**

根據國際貨幣基金組織對 2016 年預估之名目 GDP 資料，全球排名前十大經濟體為：

1. 美國 (18.562 兆美元)　　2. 中國大陸 (11.392 兆美元)
3. 日本 (4.730 兆美元)　　　4. 德國 (3.495 兆美元)
5. 英國 (2.650 兆美元)　　　6. 法國 (2.488 兆美元)
7. 印度 (2.251 兆美元)　　　8. 義大利 (1.852 兆美元)
9. 巴西 (1.770 兆美元)　　　10. 加拿大 (1.532 兆美元)

台灣排名第 22 名 (0.519 兆美元)，南韓排名第 11 名 (1.404 兆美元)，歐元區 (17.110 兆美元) 則僅次於美國。

第三節　歐洲貨幣制度與歐洲經濟暨貨幣聯盟

重要名詞

歐洲貨幣制度　　　　European Monetary System, EMS
歐洲經濟暨貨幣聯盟　European Economic and Monetary Union, EMU

第二次世界大戰之後，美國因與蘇聯之間的**冷戰** (The Cold War) 情勢形成，因此積極拉攏西歐各國，欲協助歐洲地區從經

第❸章 國際貨幣制度的演進與改革

濟統一推展到政治合一,而成為美國的經濟及政治忠實友邦。歐洲各國當然也希望快速恢復貿易及資本在各國之間的通暢無阻,且儘早恢復通貨之間的相互轉換。在美國的財力援助之下,歐洲經濟同盟 (European Economic Community, EEC),或稱歐洲共同市場 (European Common Market, ECM),在 1958 年誕生,其宗旨就在於促成歐洲地區的金融穩定成長與經濟整合;其時會員國只有六國 (德國、法國、義大利、比利時、荷蘭、盧森堡),此六國即是今日歐盟的創始會員國。有人說歐洲經濟同盟是除了打敗希特勒及阻擋共產政權在西歐擴張之外,當時發生在西歐最美好的事情。歐洲經濟同盟成立後的第二年 (1959 年),歐洲國家因已從貿易累積了足夠的美元,於是重新開放外匯的自由兌換,此時距主要歐洲國家的外匯市場在 1931 年關閉,已是二十餘年逝去。歐洲經濟同盟在 1967 年首次更名為歐洲同盟 (European Community, EC)。

1973 年布雷頓伍茲制度瓦解的前夕,歐洲同盟國家再度感受到穩定的匯率,是促進歐洲地區貿易及經濟整合的必要條件,因此當其他國家依據斯密森協定 (1971 年) 讓匯率在面值匯率 ±2.25% 的範圍內波動時,EC 會員國 (1972 年) 卻讓匯率在更窄 (±1.125%) 的範圍內波動。這種歐洲自律版的匯率制度在當時被稱為隧道中的蛇 (the Snake in the Tunnel),意思是說歐洲各國匯率波動的範圍像一條細蛇,而歐洲以外地區各國匯率的波動範圍則像隧道,因為隧道比蛇寬得多。蛇制訂定的匯率波動範圍,後來歷經一些修正而放寬至 ±2.25%。到了 1978 年,只有少數幾個國家的貨幣 [德國馬克、荷蘭基爾德 (Guilder)、比

利時法郎、丹麥克隆 (Krone)] 還在接受 ±2.25% 的限制。於是歐洲國家為確實達成金融穩定與整合，又重新發動新的努力而在 1979 年 3 月建立了歐洲貨幣制度 (European Monetary System, EMS)。

EC 會員國建立歐洲貨幣制度取代原來的蛇制，其目的有三：

1. 將歐洲建立成一金融穩定的區域。
2. 協調與非 EMS 會員國之間的匯率政策。
3. 替最終目的之歐洲金融整合鋪路。

EMS 制度有兩項用來推動金融穩定與整合的利器：其一是匯率機制 (Exchange Rate Mechanism, ERM)；其二是歐洲通貨單位 (European Currency Unit, ECU)。匯率機制是指 EMS 會員國集體管理匯率的過程。每一參與國都訂有一個 ECU 中心匯率 (ECU Central Rate)，是以一單位 ECU 等於若干單位某參與國通貨來表示，譬如 ECU1＝DM1.94964 或 ECU1＝FF6.53883 等。從一對 ECU 中心匯率就可算出兩國通貨的平價匯率 (Parity Rate)，以前述的馬克 (DM) 及法郎 (FF) 的中心匯率為例，所算出的 DM/FF 平價匯率為 DM1＝FF3.3539 或 FF1＝DM0.2982。EMS 規定市場匯率只能在平價匯率 ±2.25% 的範圍內波動，不過也有例外的情形 (例如，對義大利里拉而言，波動範圍是 ±6%)。

歐洲通貨單位與前述提及的 SDR 一樣，都只是記帳的單位而非真正的通貨。ECU 的價值是由所有會員國的通貨加權平均而得，因此是一籃子通貨。在 ECU 成員中，馬克及法郎所占的

權數分居第一及第二，此點反映出德、法兩國在促成歐洲金融整合方面一直是居領導地位。在 ERM 制度之下，ECU 扮演著重要的角色，除了是計算平價匯率的依據以外，也由於其價值較單一通貨的價值穩定，而常被歐洲各國政府與民間用作貸款的計價貨幣。

歐洲貨幣制度在 1992 年出現危機。主要原因是德國中央銀行不斷調高利率，而將資金從歐洲其他的資本市場抽走造成馬克升值。德國因為東、西德整合 (1990 年 10 月) 的關係，財政支出大幅增加；為了防堵整合帶來的通貨膨脹並融得重建所需資金，德國選擇讓實質利率上升而不願增加貨幣供給，於是馬克持續升值。1992 年 9 月開始，馬克升值的問題愈演愈烈，9 月 1 日美元兌馬克貶到前所未有的低點 (US$1 = DM1.39)。接下來的數日，歐洲各國紛紛試著調高利率以求將通貨的價值守住在 ERM 規定的範圍內，而外匯市場有關德國會調降利率的謠言充斥，導致投機客穿梭其間，致使匯率更加大幅波動。最後德國還是持高姿態拒絕降低利率讓馬克貶值，因此惹惱了許多國家，先是英國在 9 月 16 日退出 ERM，次日義大利也宣告退出。到了 1993 年 9 月，大多數會員國已將匯率波動的範圍擴增為 ±15%；EMS 當初成立是為了要讓匯率在歐洲地區得以維持特別的穩定，此時看來，理想已與現實脫軌。

歐洲經濟暨貨幣聯盟與歐元的誕生

二十世紀結束之前最引人注目的國際貨幣制度發展，就

是歐洲經濟暨貨幣聯盟 (European Economic and Monetary Union, EMU) 與歐元 (EURO) 的誕生。EMU 成立的目的，仍是延續當初 EMS 的精神，就是推動歐洲地區經濟及貨幣的整合。為貫徹此一終極目的，EMU 會員國全都放棄原本在國內流通之貨幣，而改以歐元為會員國共用之唯一貨幣。

EMU 及歐元誕生的時間表，是根據 1991 年 12 月歐盟會員國在荷蘭馬斯垂克開會的決定及於隔年 2 月所簽署的馬斯垂克協約 (Treaty of Maastricht)。馬斯垂克協約由歐洲同盟 12 個會員國簽署通過，各國均同意要把歐洲同盟推向政治聯盟，並協定將歐洲貨幣制度改革為歐洲經濟暨貨幣聯盟，且以歐元取代所有歐盟國家的通貨。馬斯垂克協約同時決定將歐洲中央銀行 (European Central Bank, ECB) 設在德國的法蘭克福 (Frankfurt)，由其負責歐元的發行及執行穩定物價的貨幣政策。馬斯垂克協約訂出三個重要的日子：

一、1999 年 1 月 1 日

歐元正式取代在匯率機制中扮演重要角色的歐洲通貨單位；在 2001 年 1 月 1 日之前，歐元只是記帳單位而非實體通貨，參與國家的商品標籤在這段期間同時顯示本國通貨及歐元價格，但新發行的金融工具則只採歐元計價。

二、2002 年 1 月 1 日

歐元的紙鈔及硬幣進入市場流通，而各參與國原有的通貨則開始回收，至 2002 年 7 月 1 日前全部回收完畢。

三、2002 年 7 月 1 日

所有參與國原有的通貨完全廢止使用，歐元正式成為 12 個參與國的唯一法定貨幣。

馬斯垂克協約也訂定了 EMU 會員國的加入條件，這些條件設定的目的是為了讓會員國能密切地協調其匯率政策、財政政策與貨幣政策，以確保會員國有大致齊一的經濟及金融狀況，這些條件共有五點：

1. 通貨膨脹率不得高於歐盟通膨率最低前三國平均值的 1.5%。
2. 長期利率不得高於歐盟最低前三國平均值的 2%。
3. 匯率須穩在 ERM 規定的範圍內至少兩年。
4. 政府預算赤字不得超過國內生產毛額的 3%。
5. 政府負債必須低於國內生產毛額的 60%。

歐洲同盟於 1994 年更名為**歐洲聯盟** (European Union, EU)。在此之前，除了六個創始國之外，陸續也有丹麥、愛爾蘭、英國、希臘、西班牙、葡萄牙等國的加入；1995 年奧地利、芬蘭及瑞典亦加入歐洲聯盟，使得歐盟會員國擴增為 15 國[7]。1998 年 5 月，歐盟領袖團先確認會員國中夠資格參與 EMU 的名單，結果有 11 國進入參與名單，共同構成了所謂的**歐元區** (the Euro-Zone)。未加入 EMU (或歐元區) 的歐盟會員國包括丹麥、瑞典、英國及希臘；前三國是選擇不參與，而希臘則是未符合

---

[7] 截至 1995 年止，歐盟 15 個會員國為德國、法國、義大利、比利時、荷蘭、盧森堡、丹麥、愛爾蘭、英國、希臘、西班牙、葡萄牙、奧地利、芬蘭、瑞典。

加入資格。1998 年 12 月 31 日,歐洲中央銀行宣布歐元與歐元區十一國貨幣的兌換率、歐元兌美元的參考匯率,以及歐元與歐洲通貨單位的兌換率 (如表 3-1 所示)。1999 年 1 月 1 日 EMU 正式成立,共有 11 個創始會員國。

2004 年,歐洲聯盟又增加了十位新成員,包括塞浦路斯、馬爾他、波蘭、匈牙利、捷克、斯洛伐克、斯洛維尼亞、愛沙尼亞、拉脫維亞、立陶宛。2007 年羅馬尼亞及保加利亞也加入歐盟,而克羅埃西亞則是在 2013 年加入,使得歐盟會員國共

表 3-1　歐元官方兌換率

1 歐元可兌換	
奧地利先令 (Schilling)	13.7603
比利時法郎 (Franc)	40.3399
荷蘭基爾德 (Guilder)	2.20371
芬蘭馬克 (Mark)	5.94573
法國法郎 (Franc)	6.55957
德國馬克 (Mark)	1.95583
希臘德拉克瑪 (Drachma)*	340.750
愛爾蘭鎊 (Pound)	0.78756
義大利里拉 (Lira)	1936.27
盧森堡法郎 (Franc)	40.3399
葡萄牙埃斯庫多 (Escudo)	200.482
西班牙比塞塔 (Peseta)	166.386
ECU	1.0
美元 (Dollar)[†]	1.16675

註:＊希臘於 2001 年 1 月 1 日加入。
　　[†] 美元兌歐元的匯率為 EMU 成立時的參考匯率。

為 28 國。不過，英國於 2016 年 6 月舉辦脫歐公投而驚見脫歐派勝出，使得歐盟會員國在未來英國正式脫歐之後，將會回到 2007 年至 2012 年時期的 27 國。

在歐盟會員國之中，至 2011 年為止，已加入歐元區的國家，除了 11 個創始會員國外，另外又有 6 個國家陸續加入。希臘在 2001 年 1 月 1 日加入，斯洛維尼亞在 2007 年 1 月 1 日加入，塞浦路斯及馬爾他在 2008 年 1 月 1 日加入，斯洛伐克在 2009 年 1 月 1 日加入，愛沙尼亞則在 2011 年 1 月 1 日加入，拉脫維亞在 2014 年 1 月 1 日加入，立陶宛在 2015 年 1 月 1 日加入，因此歐元區目前共有 19 個會員國，這些國家的貨幣都已改為歐元。

歐元自 2002 年 7 月 1 日起正式成為歐元區的唯一法定貨幣，而歐洲中央銀行 (ECB) 也成為歐元區執導貨幣政策，並維持物價穩定的唯一央行。但 EMU 會員國各自原有的央行並未消失，它們共同形成歐洲中央銀行系統 (European System of Central Banks, ESCB)；ESCB 與 ECB 連結在一起，其功能的互動就如同美國聯邦準備制度 (Federal Reserve System of Central Banks) 的運作。各國原有的中央銀行一方面必須追隨 ECB 的政策；一方面也須負責完成在自己行政區的工作。基本上，ESCB 成員的工作項目有三：(1) 執行 EMU 共同的貨幣政策；(2) 負責外匯操作；及 (3) 管理外匯準備。

歐元的到來，雖然讓歐洲國家之間的匯率趨於穩定，但是與美元之間的兌換卻展現了大幅的波動。在 1999 年 1 月 1 日，歐元兌美元大約是 €1 = US$1.17，到 2000 年 10 月，1 歐

PART 1 ▶ 國際金融環境與市場發展

樂學新知：2015 年個人年平均所得全球排名前二十名

　　由國際貨幣基金組織提供之 2015 年全球個人年均所得 (GDP Per Capita) 排名資料，不論是用何種標準 (PPP 或名目)，都可知人民生活較為富足的國家大多位於北歐及中歐，當然美國、若干產油國及亞太地區的新加坡、香港、澳洲也是穩定躋身前二十名之內。台灣若依名目人均所得是排在日本及南韓之後，但若依 PPP 人均所得，則超越日本及南韓。中國則在 2008 年金融海嘯之後逐年向前躍進，目前已升至百名之內。

2015 年 GDP (PPP) Per Capita 排名前 20 名	2015 年 GDP (名目) Per Capita 排名前 20 名
1. 卡達 (132,870 美元)	1. 盧森堡 (101,994 美元)
2. 盧森堡 (99,506 美元)	2. 瑞士 (80,603 美元)
3. 新加坡 (85,382 美元)	3. 挪威 (74,598 美元)
4. 汶萊 (79,508 美元)	4. 卡達 (68,940 美元)
5. 科威特 (70,542 美元)	5. 愛爾蘭 (61,206 美元)
6. 挪威 (68,591 美元)	6. 美國 (56,084 美元)
7. 阿拉伯聯合大公國 (67,217 美元)	7. 新加坡 (52,888 美元)
8. 愛爾蘭 (65,806 美元)	8. 丹麥 (52,139 美元)
9. 聖馬利諾 (62,938 美元)	9. 澳洲 (51,181 美元)
10. 瑞士 (58,647 美元)	10. 冰島 (50,277 美元)
10.~11. 香港 (56,878 美元)	11. 瑞典 (50,050 美元)
11. 美國 (56,084 美元)	12. 聖馬利諾 (49,615 美元)
12. 沙烏地阿拉伯 (53,802 美元)	13. 英國 (43,902 美元)
13. 荷蘭 (49,624 美元)	14. 奧地利 (43,724 美元)
14. 巴林 (49,601 美元)	15. 荷蘭 (43,603 美元)

15. 瑞典 (48,199 美元)	16. 加拿大 (43,413 美元)
16. 澳洲 (47,644 美元)	16.～17. 香港 (42,295 美元)
17. 奧地利 (46,986 美元)	17. 芬蘭 (42,413 美元)
18. 德國 (46,974 美元)	18. 德國 (40,952 美元)
18.～19. 台灣 (46,833 美元)	19. 比利時 (40,529 美元)
19. 丹麥 (45,723 美元)	20. 阿拉伯聯合大公國 (38,650 美元)
20. 冰島 (45,666 美元)	21. 法國 (37,653 美元)
28. 日本 (38,142 美元)	24. 日本 (32,479 美元)
29. 南韓 (36,612 美元)	28. 南韓 (27,222 美元)
⋮	34. 台灣 (22,263 美元)
84. 中國 (14,340 美元)	⋮
	74. 中國 (8,141 美元)

*以上資料是 2016 年 10 月更新。

元已兌換不到 1 美元,而從 2002 年 1 月開始,歐元又一路升值,至 2008 年 3 月歐元兌美元匯率高達 €1＝US$1.55。但目前 (2017 年 5 月) 歐元兌美元匯率又降至 €1＝US$1.11 左右。

第四節　國際貨幣金融體系下的改革

重要名詞

波動性　　　Volatility
擴散性　　　Contagion

國際金融體系需要改革的見地,在二十世紀末葉一連串的危機發生之後,更是獲得經濟學家及市場人士一致的認同;改革的聲浪主要是認為現有的制度養成下列兩個問題:

一、流向新興市場的國際資金**波動性** (Volatility) 太大,此狀況容易對新興國家市場帶來衝擊並暗藏危機。

二、在現有的國際金融體系裡,波動與衝擊的**擴散性** (Contagion) 太高;一旦波動與衝擊發生,就會迅速傳及其他市場 (特別是那些經濟體質較弱的市場),而使危機的範圍與程度難於掌控。

曾經擔任國際貨幣基金組織首席執行董事的經濟學家費雪教授 (Stanley Fischer) 指出,國際貨幣體系的改革需要三組參與者共同的努力,此三組參與者為:

- 新興國家的政府與私人部門
- 主要工業國家的政府與私人部門
- 國際級機構

◎ 新興國家的政府與私人部門

新興國家努力的方向至少應包括下列各項:

一、要有完善的總體政策及選擇正確的匯率制度。事實上,總體政策與匯率制度應是要放在一起考量,譬如一國通貨膨脹的歷史,可以作為採用何種匯率制度的參考依據。固定或浮動

匯率制度兩者,很難說哪一種是絕對地好;本書第二章第三節中提到的「三難困局」,即透露出匯率制度的選擇必須與其他的政策一併考量。

二、強化銀行及金融體系。許多不堪一擊的新興市場都是因為銀行體系裡有許多不符合效率原則或浮濫的作風,譬如信貸不考慮經濟因素而是囿於人情或其他利害關係,或是過度投資於風險性資產。當風暴發生時,這些問題就會陸續浮現,使得危機局面更難以收拾。政府除了要對銀行體系加強監督與管理 (譬如以巴塞爾協定規範銀行,要求降低逾放款比率等),也應開放外來銀行公平競爭,有競爭才能讓金融體系健全而有效率,並自然淘汰國內體質不良的金融機構。除了銀行部門,股票市場及債券市場的流弊,例如,內線交易及買賣勾結哄抬價格的情形,也要盡力肅清。

三、將表明國家政策與經濟狀態的資料與報告按期公布。在墨西哥金融危機與亞洲金融危機爆發之後,市場才驚覺若干開發中國家外債及外匯準備這一類能反映政策及經濟狀態的資料,其實並非垂手可得。

四、強化公司財務治理。確保公司未過度使用財務槓桿或過度從事衍生金融商品的投資;尤其要注意健全破產法,使得企業在破產後有一套完善的程序處理後續作業,而不致讓局面無法收拾且問題累積延宕。

五、備妥處理潛在資本逆流問題的對策,例如,要有足夠的外匯準備以作因應。

PART 1 ▶ 國際金融環境與市場發展

開啟國際視窗　英國脫歐之後

走過 2008 年的全球金融海嘯及 2011 年的歐債危機 (歐豬五國債務到期無力償還)，歐洲國家的企業與人民早已引領期盼能帶來安定與繁榮的各項發展。然而，即使到了 2015 年，這些國家 (不論是列名歐盟 28 國或歐元區 19 國) 就美元計算的人均所得而論，還是比其各自在 2008 年的表現要差勁。雪上加霜的是，2016 年 6 月底英國舉行了是否脫離歐盟的公投，而結果竟是脫歐派勝出！

全球對於英國脫歐 (Brexit) 有些什麼擔憂？預期會受到什麼樣的不利牽連與影響呢？首先，根據英國董事學會 (Institute of Directors, IoD) 的調查報告，自公投決定脫歐以來，英國多數企業主對未來經濟感到悲觀，而投資態度也轉趨保守。另外，脫歐也讓英國一向為全球最重要金融中心的地位開始產生動搖；舉例來說，《泰晤士報》報導花旗集團為了因應英國脫歐的後續效應，已準備好將九百個工作職位從英國倫敦轉移至愛爾蘭的首都都柏林。事實上，全球市場普遍認為，英國決定脫離最大的貿易夥伴歐盟，未來勢必重新調整其在全球扮演的角色，而過程中將無可避免會讓經濟步入衰退。

◎ 主要工業國家的政府與私人部門

主要工業國家對於世界經濟的安定與秩序的維持，似乎一向就肩負著無可推卸的重責大任。由於新興市場經濟的繁榮與消長，相當依賴主要工業國家的景氣狀況，因此這些工業國家的金融市場與銀行體系的健全與穩定，就關乎著整個世界金融與貨幣

第 ❸ 章　國際貨幣制度的演進與改革

　　英國由公投決定的脫歐，也助長了歐洲地區的民粹聲勢；適巧從現在到 2017 年底期間，諸多會員國又將舉行選舉或公投，市場擔憂民粹政治當道恐將更加拖累歐盟、歐元區及全球的經濟成長。

　　英國決定脫歐引發的國內政治風暴是讓特瑞莎‧梅伊 (Theresa May) 當上首相，而梅伊上任後毫不留情地在許多重要的公開場合告訴英國人民真相：「脫歐就是脫歐」、「英國終將因脫歐而嚐到苦果」、「艱苦的日子還在前面」。至今英國公投決定脫歐已超過 300 天，但到底最後會是「硬脫歐」(Hard Brexit)，還是「軟脫歐」(Soft Brexit)，首相梅伊似乎未打算揭露其與歐盟的談判底牌。從減少對全球市場衝擊的角度來看，大家比較期待「軟脫歐」，也就是希望英國脫離歐盟後仍能繼續留在歐洲單一市場。不過，這絕對不是可以憑空得來的，而是可能須在多方面放棄原本的堅持(譬如在移民政策方面) 來當交換條件。英國脫歐的談判過程需時甚久，在完成之前，不確定性對企業的投資展望及聘僱持續造成壓力，此種烏雲罩頂的「黑天鵝效應」，極可能使歐洲及全球原已不振的景氣復甦更加難以從陰霾中開展。

秩序的維繫與發展。因此，工業國家在金融法、銀行法、公司法及破產法方面，更是應力求百密而無一疏，防微而杜漸；特別是要注意防堵易引起市場不安定的企業過度借貸與投機行為，譬如對於避險基金 (Hedge Fund) 須加強管理。只有當主要工業國家的市場健全發展，才能穩住新興市場努力的陣腳。

PART 1 ▶ 國際金融環境與市場發展

◎ 國際級機構

　　國際級機構努力的方向是要加強對新興市場的監管；監管的項目包括短期資金的流動、銀行及一般企業規範準則的設計及執行等，並將所得之訊息普遍提供給市場及投資大眾。另外，也要設法改善對新興市場貸款的慣例，譬如要求較高的資金成本或給予某些保證承諾等。國際貨幣基金組織的幕僚人員會定期針對會員國家的經濟狀況作報告，但這些報告過去並不對一般社會大眾公布；目前國際貨幣基金組織已逐漸讓更多的資訊成為公開的資料，並且試圖增加資訊發布的頻率[8]，目的就是要讓更多人能隨時掌握國際金融市場的現況，以期使市場更為透明化而有效率。

---

8 例如定期公布的 Country Information、World Economic Outlook、Global Financial Stability Report 等等。詳細資料請見 IMF 網站，www.imf.org。

本章摘要

- 近代史上出現的第一個重要國際貨幣制度當非金本位制度莫屬。
- 採行金本位制度的國家,基本上遵守三項遊戲規則:(一) 明訂通貨與一定數量黃金之間的轉換率;(二) 政府無限量地准許人民將通貨換成純金,或將純金換成通貨,為了要確保通貨可以無限量地依照法定比率轉換成黃金,政府的貨幣存量必須受到黃金準備的限制;(三) 准許黃金自由進出國家;也就是說,黃金的輸出或輸入完全不受限制。
- 金本位制度的主要優點,在於這個制度所帶來的金融穩定性。另一項優點是它具有古典經濟學家休姆所主張的「物價與黃金流量自動調整機能」。
- 金本位制度的主要缺點,乃是貨幣存量受黃金準備的限制,而黃金準備又受到黃金開採量的限制;這個先天上的缺點使得各國無法有充足的貨幣數量來支撐貿易及投資的擴展。而各國無法控制黃金存量的問題,也會使金本位制度難以再長期地保有其吸引力。
- 1880 年至 1914 年的金本位制度,也可稱之為古典的金本位制度時期,是一種金幣本位制。
- 第一次世界大戰後美國所恢復的金本位制度,本質上可以歸屬於金幣本位制。不同於戰前的是,美國此時把穩定國內經濟當作政策的首要目標,以致於相關的一些政策免不了還是違背了金本位制度的精神。
- 所謂金匯本位制,就是中央銀行所發行的通貨是以黃金加上外幣資產作準備,而作為準備的外幣資產,乃是那些可以直接兌換成黃金的通貨,例如美元、英鎊及法郎。
- 金匯本位制第一次崩潰有三個主要原因:(一) 英國讓英鎊過度升值;(二) 美國在貨幣政策方面的態度過於保守;(三) 各國都傾向於重視國內貨幣秩序的穩定而忽略國際金融失序的後果。
- 布雷頓伍茲制度要求美國通貨的發行完全以黃金作準備,而其他國家貨幣的創造則是以黃金或美元作準備,因此布雷頓伍茲匯率制度其實就是金匯本位制的再度現身。

- 十大工業國在 1971 年 12 月 17 日共同簽下斯密森協定 (Smithsonian Agreement)，決定讓美元對黃金貶值 7.89%，同時也允許市場匯率在面值匯率上下較寬的範圍內波動 (±2.25% 相較於先前的 ±1%)。
- 布雷頓伍茲制度崩潰的主因可說是此制度有先天及後天方面的障礙。先天的缺陷是此制度為固定匯率制度；任何固定匯率制度的成功運作都要求參與國放棄國內總體經濟政策的自主權，而此點卻是各國政府所難以做到的。後天的問題則是此制度完全依賴美元，而美元的價值卻無法穩住底部。
- 1944 年的布雷頓伍茲會議創造了兩個新的國際機構：一是國際貨幣基金組織；二是國際重建與發展銀行，即今日的「世界銀行」。
- IMF 在 1970 年 1 月創造了一種新的國際支付單位，稱為「特別提款權」(SDR)，可用來作為黃金及美元以外的國際準備資產。
- 國際清算銀行本質上是各國中央銀行的中央銀行，除了負責清算它們之間的國際交易活動以外，也是各會員國達成各項國際銀行協議的推手。
- EC 會員國建立歐洲貨幣制度取代原來的蛇制，其目的有三：(1) 將歐洲建立成一金融穩定的區域；(2) 協調與非 EMS 會員國之間的匯率政策；及 (3) 替最終目的之歐洲金融整合鋪路。
- 二十世紀結束之前最引人注目的國際貨幣制度發展，就是歐洲經濟暨貨幣聯盟 (EMU) 與歐元 (EURO) 的誕生。
- 馬斯垂克協約訂定 EMU 會員國的五大加入條件：(1) 通貨膨脹率不得高於歐盟通膨率最低前三國平均值的 1.5%；(2) 長期利率不得高於歐盟最低前三國平均值的 2%；(3) 匯率須穩在 ERM 規定的範圍內至少兩年；(4) 政府預算赤字不得超過國內生產毛額的 3%；(5) 政府負債必須低於國內生產毛額的 60%。
- 歐元自 2002 年 7 月 1 日起正式成為歐元區的唯一法定貨幣，而歐洲中央銀行 (ECB) 也成為歐元區執導貨幣政策，並維持物價穩定的唯一央行。

本章習題

一、選擇題

1. 下列何者讓參與國的匯率僅能在法定匯率 ±2.25% 的範圍內波動？
   a. 布雷頓伍茲協定
   b. 斯密森協定
   c. 牙買加協定
   d. 馬斯垂克協約

2. 在管理浮動匯率之下，若聯準會想要提升美國的經濟成長率，則應讓美元 _____，如此可以 _____ 美國對進口品的需求。
   a. 升值；減少
   b. 貶值；減少
   c. 升值；增加
   d. 貶值；增加

3. 大多數國家普遍認同並接受浮動匯率制度是在 _____ 之後。
   a. 布雷頓伍茲協定
   b. 斯密森協定
   c. 牙買加協定
   d. 馬斯垂克協約

4. 在下列哪一種匯率制度之下，一國無法有獨立自主的貨幣政策？
   a. 固定匯率制度
   b. 潔淨浮動制度
   c. 管理浮動制度
   d. 純浮動制度

5. 在固定匯率制度之下，若英鎊過度升值，則：
   a. 聯準會 (美國央行) 應該賣英鎊買美元，而英格蘭銀行 (英國央行) 應該賣美元買英鎊
   b. 聯準會應該賣英鎊買美元，而英格蘭銀行應該賣英鎊買美元
   c. 聯準會應該賣美元買英鎊，而英格蘭銀行應該賣美元買英鎊

d. 聯準會應該賣美元買英鎊，而英格蘭銀行應該賣英鎊買美元
6. 下列敘述何者正確？
   a. 其他情況不變，本國貨幣貶值會造成國內通貨膨脹率上升
   b. 其他情況不變，國內通貨膨脹率上升會造成本國貨幣貶值
   c. 其他情況不變，本國貨幣貶值會造成國內失業率下降
   d. 以上皆正確
7. A 國的貨幣是釘住美元，若美元對歐元貶值，則下列何者是最可能發生的情況？
   a. A 國對歐元區的出口增加而進口減少
   b. A 國對美國的出口增加而進口減少
   c. A 國對歐元區的出口減少而進口增加
   d. A 國對美國的出口減少而進口增加
8. 歐元 (Euro) 取代了下列哪一種準備資產？
   a. Bancor
   b. ECU
   c. SDR
   d. 以上皆被取代
9. 加入歐盟並以歐元為其貨幣的國家必須符合一些條件，請問下列何者不包括在歐盟要求的限制條件內？
   a. 經濟成長率
   b. 通貨膨脹率
   c. 政府預算赤字
   d. 匯率
10. 歐洲通貨單位 (ECU) 是在下列哪一個匯率制度之下誕生的？
    a. 布雷頓伍茲固定匯率制度
    b. 匯率機制
    c. 蛇制
    d. 金本位制度
11. 歐洲貨幣制度 (EMS) 在 1992 年的危機與下列何種因素有關？
    a. 德國利率走高但因重視通貨膨脹率甚於失業率而不願降低利率
    b. 英國及義大利等國因重視失業率甚於通貨膨脹率而不願調高利率

c. 英國及義大利等國呼籲德國調高利率不成，憤而退出匯率機制
d. 以上皆是

12. 下列敘述何者不正確？
    a. 1999 年 1 月 1 日 EMU 正式成立時共有 11 個創始會員國，希臘不是創始會員國乃因資格不符
    b. 歐洲中央銀行 (ECB) 負責執導歐元區的貨幣政策
    c. 歐洲中央銀行 (ECB) 負責管理歐元區各國的外匯準備
    d. 英鎊未被歐元取代，但愛爾蘭鎊已被歐元取代

二、問答題

1. 金本位制度有哪三項遊戲規則？
2. 金本位制度有哪些優點及缺點？
3. 美國在第一次及第二次世界大戰後，對於穩定國內經濟與維繫國際金融秩序在優先順序上態度有何不同？
4. 金匯本位制度第一次崩潰的主因可以歸納為哪三點？
5. 布雷頓伍茲制度為何又被稱作「黃金 - 美元準備制」？
6. 在布雷頓伍茲制度之下，參與國實質上受到哪三項規範？
7. 美國在 1960 年代所採取的一些防止資本外流的措施，對歐洲美元市場有些什麼影響？
8. 布雷頓伍茲制度失敗的主要原因為何？
9. 布雷頓伍茲制度創造了哪兩個全新的國際組織，各有什麼功能？
10. 在布雷頓伍茲制度之下，為什麼會有 SDR 的誕生？SDR 目前由哪些貨幣組成？
11. 何謂「巴塞爾協定」？
12. 「廣場協定」與「羅浮協定」各自之目的為何？
13. 歐洲同盟 (EC) 國家在 1979 年 3 月建立了歐洲貨幣制度 (EMS) 取代原來的蛇制，其目的為何？
14. 歐洲貨幣制度 (EMS) 有哪兩件用來推動金融穩定與整合的利器？
15. 馬斯垂克協約訂定成為 EMU 會員國的五大條件為何？

PART 2
外匯市場、國際平價條件

　　國際化企業不論是為正常營運或為避險考量，都需經常運用到外匯市場所提供的服務，因此有必要對於外匯市場的功能、各種形式的外匯交易都有所瞭解。匯率預測更是國際化企業每日營運所無可避免的要務，熟悉國際平價條件及各種匯率預測的方式、模型，有助於企業建構精準的匯率預測模型並據以作出正確的決策。本篇第四章介紹外匯市場的各種交易、報價及活動；第五章剖析國際平價條件及相關議題。

PART 2 ▶ 外匯市場、國際平價條件

Chapter 4

外匯市場

全球外匯交易總額逐年創新高,雖因 1999 年歐元啟動後而有顯著下降[1],不過在 2004 年又重新開始繼續往上攀高。根據國際清算銀行 (Bank for International Settlements, BIS) 所作的調查[2],全球外匯市場在 2016 年 4 月每日平均成交量約為 5.1 兆美元[3];相較於世界最大經濟體的美國在 2016 年的全年 GDP (18.56 兆美元),即可知外匯市場每日交易量之龐大!事實上,外匯市場不但是全球每日交易金額最大、最具流動性的市場,而且天天 24 小時 (除非碰到週末及假日),在世界的某處 (倫敦、紐約、東京、蘇黎世、法蘭克福、香港、新加坡、巴黎、雪梨) 總有外匯在交易。

---

[1] 歐元的啟動讓 EMU 國家之間的通貨不必再進行轉換。
[2] 國際清算銀行協調各國央行及貨幣當局每三年一次於四月份針對外匯交易資料進行調查,最近三次的調查時間為 2010 年、2013 年、2016 年。
[3] 2010 年 4 月每日平均成交量為 4 兆美元,2013 年 4 月為 5.4 兆美元。

PART 2 ▶ 外匯市場、國際平價條件

根據國際清算銀行 2016 年 4 月的調查，目前全球外匯交易成交量最大的仍是英國，占每日總成交量的 37%；美國排名第二，占 19%；日本、香港特別行政區、新加坡合計占 21%；其餘重要的市場還包括澳洲、法國、德國及瑞士。本章第一節描述外匯市場的功能和參與者；第二節介紹各種形式的外匯交易；第三節說明匯率的報價方式與套利。

第一節　外匯市場的功能和參與者

重要名詞

銀行同業市場	Interbank Market
零售市場	Retail Market
自營商	Dealer
經紀商	Broker

外匯市場的功能

國際貿易不能沒有外匯市場，因為國與國之間通貨的轉換是在外匯市場達成的。外匯市場的存在，最早可能只是為了便捷國際貿易，然而交易活動逐步發展至今，此市場的功能已不再侷限於購買力移轉 (Transfer of Purchasing Power)，所提供的其他功能還包括避險 (Hedging)、擴展信用 (Extending Credit)、投機

(Speculation) 及投資 (Investment) 等，茲將這些功能描述如下。

購買力移轉的功能

　　兩國居民進行國際貿易，多半希望所支付或收取的貨幣是自己國家的通貨，但貿易僅能以一種通貨成交，因此必有一方須至外匯市場將本國貨幣轉換成外幣用來支付貨款，或是將所賺得的外幣轉換成本國貨幣以便在本國消費。外匯市場的存在讓貿易與投資跨越國界仍得以順利進行，也就是說通貨跨越國界仍具有購買力。

避險的功能

　　外匯市場的遠期合約交易，提供企業或個人一個規避匯率風險的管道；避險者善加運用這類型金融工具就可減少或消除非預期匯率變化帶來的衝擊，進而維持其現金流量的穩定性。外匯市場的存在因為提供避險的功能，而使國際貿易與投資更為順暢。

擴展信用的功能

　　企業間商品的買進賣出，雖可用現金支付，但多數的交易還是以賒銷 (Credit Sale) 或賒購 (Credit Purchase) 為主；也就是說，企業的財務報表上免不了會有應收帳款與應付帳款等項目。國際化企業之應收帳款與應付帳款項目有許多是以外幣計價，此類資產或負債讓企業曝露於匯率風險之中。外匯市場因有各類型避險工具 (例如遠期合約) 的存在，使得企業不必為擔憂匯率風險而無法延伸信用給貿易對手，因此有擴展信用的功能。

投機與投資

近年來市場上玩金錢遊戲的行家愈來愈多,這些頻繁進出外匯市場的人士或機構,不是為了從事國際貿易或跨國界的實質資產投資,而是純粹想在國際間套匯兼套利;有些投資人已把外匯當成投資組合中的成分資產。炒作外匯及投資外匯的活動不但讓外匯市場的交易量加速上升,也讓今日外匯市場的功能不再保有昔日的單純。

外匯市場的參與者

外匯市場依交易規模的大小及主要參與者可區分為兩個層次:其一為批發市場 (Wholesale Market);其二為零售市場 (Retail Market)。在批發市場仍然可以按交易金額再分出層次,其中最高層的當然是銀行同業市場 (Interbank Market),參與者主要是國際大銀行 (包括商業銀行及投資銀行),其共同交易金額占整體外匯市場的一半以上。在批發市場買賣外匯,因交易頻繁且金額龐大,故買賣價差 (Bid-Ask Spread) 較低。批發市場的積極參與者除了國際大銀行負責外匯交易的自營商部門 (Dealer) 之外,還包括獨立作業的經紀商 (Broker)、機構投資人及跨國企業;至於其他參與者 (包括各國中央銀行、一般企業與個人、投機者和套利者等) 若想在批發市場交易,其每筆交易金額必須至少是一百萬美元或其等值。以下就來逐一介紹外匯市場的各類型參與者。

第 4 章　外匯市場

開啟國際視窗｜跨國大銀行交易室裡的勾結行為

外匯市場屬店頭市場性質，價格非如集中市場那般透明，因此或許給了跨國銀行交易員勾結並欺騙客戶、圖利自己的機會。根據美國司法部宣稱，在 2007 年 12 月至 2013 年 1 月間，四家已認罪銀行 [花旗集團 (Citigroup)、摩根大通 (JP Morgan)、巴克萊資本銀行 (Barclays Capital)、蘇格蘭皇家銀行 (Royal Bank of Scotland)] 的交易員，有利用隱密的聊天室及加密語言，勾結起來操縱指標匯率，進行欺騙客戶以增加自身獲利的行為，因而重罰這四家銀行共計 25 億美元。

國際大銀行交易員私下自嘲是「卡特爾」(The Cartel) 的大規模勾結行為，似乎一直都是交易室裡的文化。諷刺的是，這些大銀行不久前才因操縱利率 [倫敦銀行同業拆放利率 (LIBOR)] 而損失鉅額罰款，並宣示要大修公司文化且遵守承諾不再違規，如今卻又爆發操縱匯率事件！總計美國及歐洲的管理當局已嚴懲了七家跨國銀行的匯率操縱行為，全部罰金高達一百億美元。

外匯市場一天交易金額就有 5 兆多美元，是全球每日交易量最大的金融市場，但顯然管制不夠嚴謹，導致交易室裡的勾結行為一波未平，一波又起，對客戶的傷害極大！交易員是令人欽羨的高薪職位，但國際大銀行塑造的獎酬文化讓交易員不惜鋌而走險，雖然事發後被管理當局要求解僱，但若公司文化不改，解僱也只是治標不治本。因此，必須依靠嚴訂法令與整頓公司文化雙管齊下，才能杜絕國際大銀行交易室裡破壞金融公平正義的不當得利作風！

自營商

　　各個銀行的外匯部門 (Foreign Exchange Department) 在外匯市場上擔綱自營商的角色並發揮其功能。不過，嚴格說來，只有國際大銀行的外匯部門才稱得上是批發市場的自營商，地區性或地方性銀行服務的範圍只能歸屬為零售市場。批發市場的自營商挑起創造市場 (Market-Making) 的責任，他們在市場上對主要貨幣作雙向報價，隨時買賣外匯並調整存貨部位。這些市場創造者所報出的**買價** (Bid Price) 是他們買進外匯的價格，而報出的**賣價** (Ask Price) 則是他們賣出外匯的價格；兩者的差異稱之為**買賣價差**，此即為自營商利潤的來源。零售市場的自營商雖然也對顧客報出買價與賣價，但他們並非是決定價格的市場創造者；這些規模比較小的銀行是依據批發市場的價格來隨時調整自家報出的買價與賣價。

經紀商

　　外匯市場的經紀商替自營商及其他客戶服務，他們不保有外匯存貨，而是靠撮合自營商的買賣單來賺得**佣金** (Commission)。經紀商在外匯市場至少成就兩項功能。首先，經紀商隨時透過電腦報價系統 [例如路透社 (Reuters)] 來掌握各家銀行對各種外匯的報價，因此能很快地替任一需要買賣外匯的自營商找到交易對手，加速了交易的進行。其次，經紀商居中撮合交易，讓自營商在買賣外匯時得以隱藏其身分，避免因特定自營商的買進或賣出動作造成市場產生聯想而影響到外匯的報價。近年來市場上**傳統經紀商** (Traditional Broker) 的業務，已逐漸被更有效率的**電子交**

樂學新知：全球前十大外匯交易商

排名	銀行	占總成交量比例
1	花旗集團 (Citigroup)	12.9%
2	摩根大通 (JP Morgan)	8.8%
3	瑞銀集團 (UBS AG)	8.8%
4	德意志銀行 (Deutsche Bank)	7.9%
5	美銀美林 (Bank of America Merrill Lynch)	6.4%
6	巴克萊資本銀行 (Barclays Capital)	5.7%
7	高盛集團 (Goldman Sachs)	4.7%
8	匯豐銀行 (HSBC)	4.6%
9	電子交易商 (XTX Markets)	3.9%
10	摩根史坦利 (Morgan Stanley)	3.2%

資料來源：2016 Triennial Central Bank Survey, coordinated by BIS.

易系統 (Electronic Trading System) 取代。

機構投資人與跨國企業

機構投資人為了提高報酬率而在全世界找尋投資標的，因此經常會作跨國界的證券投資或是進行套利套匯而成為外匯市場的常客，包括各國的退休基金、保險公司、共同基金、避險基金等都是外匯批發市場的參與者。而跨國企業在海外的投資金額，動輒以數百萬美元計，因此也常是外匯批發市場的參與者。

各國中央銀行

　　各國中央銀行參與外匯交易的動機和其他的市場參與者頗為不同，他們多半是為了穩定匯率或是為了信守在一些匯率協定所作的承諾，因此交易的動機不似其他參與者是為了獲利，而是為了要達到某種干預的目的。央行在外匯市場的干預行為可以分為有消毒及無消毒兩種。有消毒的干預 (Sterilized Intervention) 是指央行一面執行其匯率政策，一面針對匯率政策導致的國內貨幣供給變化而利用公開市場操作 (Open Market Operation) 進行調整。相對而言，無消毒的干預 (Unsterilized Intervention) 則是指單純的買賣外匯操作而不附帶公開市場操作。舉例來說，若我國中央銀行決定要讓新台幣貶值 (或阻止新台幣升值)，有消毒的干預是央行一面釋出新台幣而回收美元，同時又在公開市場賣出國庫券而回收新台幣；無消毒的干預則只是賣新台幣買美元，而不附加公開市場操作。

一般企業與個人

　　有買賣外匯需求的企業及個人，自然也是外匯市場的參與者。以企業而言，進口商、出口商及跨國公司為了營運而需要經常買進或處分外幣，同時也可能在外匯市場進行避險的操作。至於個人，不論是到國外旅遊或投資，也經常會有外幣的需求而涉足外匯市場。

投機者與套利者

　　投機者與套利者在外匯市場活動都是為了尋找利潤，前者

是希望藉著對匯率變化所作的預期而獲利,後者則是企圖發掘跨市場匯率報價的差異而獲利。投機與套利根本上的不同,是投機仍有風險而套利則無;投機的風險來自於對匯率變化所作的預期有可能是錯誤的。外匯市場中的投機與套利行為,一大部分都是由國際大銀行所僱的交易員 (Trader) 為之;這些交易員享受豐厚的待遇,因為他們有能力從交易中獲利。不過,已有研究報告指出,國際大銀行從投機或套利所獲得的利潤,還是不若從創造市場所獲得的為多。

第二節　各種形式的外匯交易

重要名詞

即期交易	Spot Transaction
遠期交易	Forward Transaction
換匯交易	Foreign Exchange Swap Transaction
即期匯率	Spot Rate
遠期匯率	Forward Rate
無本金交割遠期合約	Nondeliverable Forward, NDF

　　國際清算銀行在 2016 年 4 月的調查報告揭示,每日外匯交易中約有 33% 屬即期交易 (Spot Transaction)、14% 是遠期交易 (Forward Transaction),而 47% 則是換匯交易 (Foreign

Exchange Swap Transaction)；另有 5% 為選擇權及其他產品 (Options and Other Products)、2% 是外匯交換 (Currency Swap)。由此可知外匯市場的交易種類甚多[4]，茲針對其中最活絡的三類交易 (即期、遠期及換匯交易) 說明如下：

即期交易

即期交易要求立即交割 (Immediate Delivery)；所謂立即交割，在銀行同業市場一般是指在交易日 (Transaction Date 或 Trade Date) 後的第二個營業日 (T＋2) 交割。即期交易合約訂定的匯率稱之為即期匯率 (Spot Rate)。舉例來說，若摩根大通銀行與德意志銀行在 2016 年 11 月 11 日 (星期五) 簽了一只即期合約，由摩根大通賣出五千萬歐元 (€50,000,000)，即期匯率為 US$1.0861/€。此合約之交割日 (Settlement Date 或 Spot Date) 應為 11 月 15 日 (星期二)，該日摩根大通會將 €50,000,000 匯入德意志銀行的帳戶，而德意志銀行也會將 US$54,305,000 匯入摩根大通銀行的帳戶。

遠期交易

傳統的遠期交易又可稱之為完全遠期交易 (Outright Forward Transaction)，其到期日是在一年以內的未來某個時點；比較常見的到期日是交易日後的 30 天、60 天、90 天、180 天或一年。

---

[4] 廣義的外匯交易還包括在集中市場進行的外匯期貨與外匯選擇權交易，此兩種交易將分別在第六章及第八章中詳細討論。

不過,真正合約期限的訂定仍是頗富彈性,可由客戶和銀行商量而後決定。雖然交割日是在未來,但匯率及交易金額則是在簽約日鎖定,鎖定之匯率稱之為遠期匯率 (Forward Rate)。

無本金交割遠期合約

1990 年代初期,市場上推出了無本金交割遠期合約 (Nondeliverable Forward, NDF);此種創新的遠期合約與傳統遠期合約在概念上大致相同,都有一個本金金額,以及預先約定的遠期匯率和到期日。但 NDF 的特別之處,是本金金額只是名目的 (Notional),因此並無實體本金金額的移轉發生;在到期日時,交易雙方依據預先約定的遠期匯率與市場真正匯率之差作出現金結算,然後由一方以「美元」支付給另一方。

由於銀行一般都只願對可兌換貨幣[5] (Convertible Currency) 提供遠期合約,因此無本金交割遠期合約的誕生,讓市場人士對於不可兌換貨幣或流通性差的貨幣也有了規避匯率風險的管道。特別是海外人士過去對持有新興市場的貨幣,幾乎都缺乏避險的管道,此乃因法令對於非本地人士買賣當地通貨有較嚴格的限制,而 NDF 讓這些海外人士或企業得以迴避法令的管制而達到避險之目的。

舉例來說,某海外企業在台灣股市投資了五百萬美元等值的股票,投資期間為六個月;因擔心新台幣會在半年後貶

---

[5] 可兌換貨幣 (Convertible Currency) 是指可在世界主要外匯市場依據市場現行匯率進行自由兌換的貨幣,例如,美元、英鎊、歐元、日圓等。許多新興市場的通貨仍是不可兌換貨幣 (Nonconvertible Currency)。

值,因此與某銀行簽訂了一只 NDF 合約,名目本金金額為 US$5,000,000,約定之遠期匯率與簽約之時的即期匯率相同,為 NT$33.5/US$。倘若六個月後,新台幣果真貶值而其時即期匯率為 NT$34.0/US$,則銀行應付給該企業 US$73,529.41[6];反之,若六個月後新台幣不貶反升,而當時即期匯率為 NT$32.9/US$,則該企業應付給銀行 US$91,185.41。

由以上可知,與銀行簽訂 NDF 的投資人,在合約到期時作現金結算所產生的美元獲利或損失,可經由下列公式算出:

$$\pi = \frac{N \cdot e - N \cdot f}{e}$$
$$= N\left(1 - \frac{f}{e}\right) \qquad (4\text{-}1)$$

其中,π 代表美元獲利或損失,N 代表名目本金金額,e 代表到期時即期匯率,f 代表約定之遠期匯率。

換匯交易

換匯交易 [Foreign Exchange (FX) Swap Transaction] 在目前全球每日外匯交易中占最大的比重,因此有必要詳加說明。基本上,換匯交易是指合約中的兩交易對手 (譬如,A 和 B),在交易日互借通貨,並在到期日互相償還通貨。假設 A 代表客戶端,B 代表銀行端,在交易日 (Transaction Date) 時,由 A 客戶

---

[6] US$5,000,000 × (NT$34/US$ − NT$33.5/US$) = NT$2,500,000;NT$2,500,000 ÷ NT$34/US$ = US$73,529.41。

向 B 銀行借得一定數量的某種通貨 (譬如，通貨 U)，並同時貸給 B 銀行某數量的另一種通貨 (譬如，通貨 N)，兩種通貨的交換數量是依照交易日的即期匯率決定；而 A 和 B 都是以到期償還義務作為抵押品，亦即 A 承諾在到期日會償還通貨 U 給 B，而 B 承諾在到期日會償還通貨 N 給 A，雙方在到期日互相償還的通貨數量則是由在交易日已鎖住的遠期匯率決定[7]。

由以上描述可知，換匯交易可看作是無風險的外匯抵押借貸，相較於一般利率頗高的企業信貸，前者可讓客戶節省資金成本。事實上，跨國企業通常會持有不只一種幣別的存款，也經常會產生對某種幣別的短期需求；若不想為短期資金需求額外舉債，也不想承擔匯率風險，就可利用其他幣別的存款來跟銀行進行換匯交易，一來達到節省資金成本的目的，二來又可規避匯率風險。因此，換匯交易可讓擁有不同幣別的企業在資金運用上更有效率！

換匯交易也可以看作是兩交易對手之相互買賣通貨行為。我們可以把前述 A 客戶、B 銀行的例子想成在交易日時，A 客戶向 B 銀行購買一定數量的通貨 U，並同時賣出通貨 N 給 B，而在到期日時，A 將相同數量的通貨 U 賣回給 B，並同時買回通貨 N。在換匯交易中，其中一個通貨的數量在交易日及到期日是相同的，在交易日鎖住的即期匯率和遠期匯率則是用來決定另一個通貨的數量。比方說通貨 U 是美元，而通貨 N 是新台幣，若 A 客戶在交易日向 B 銀行買入 100 萬美元，並在到期日賣

---

[7] 交易日鎖住的遠期匯率是依交易日的即期匯率及換匯點數算出。

出 100 萬美元給 B 銀行，則由客戶觀點此換匯交易是**先買後賣** (Buy/Sell) **美元**。反過來說，若 A 客戶在交易日賣出 100 萬美元給 B 銀行，並在到期日向 B 銀行買入 100 萬美元，則此換匯交易是**先賣後買** (Sell/Buy) **美元**。

客戶欲與銀行承作換匯交易，須與銀行簽訂契約，契約中自須訂明是先買後賣 (Buy/Sell) 抑或先賣後買 (Sell/Buy)，另外銀行會算出換匯點數 (Swap Point)[8]。銀行一般只會與在該行有從事存、放款業務之國內、外法人或國外自然人進行換匯交易，而且每筆交易金額不能少於數十萬美元或其等值，有可能還須收取保證金。

茲舉一例來說明換匯交易。假設 Y 公司目前需 US$1,000,000 到海外作短期投資三個月，雖有足夠的新台幣存款可在即期市場買美元匯出，但三個月投資期滿後又須將美元換回新台幣，如此作法讓 Y 公司須承擔此期間之匯率風險。於是 Y 公司與 W 銀行簽訂一只換匯交易契約，內容為：先買後賣 (Buy/Sell) 美元，到期期限三個月，金額為 US$1,000,000，即期匯率訂在 US$1＝NT$31.80，三個月換匯點數＝－0.04。

此換匯契約實質交易內容為：Y 公司於交易日按照即期匯率 31.80 向 W 銀行買入 US$1,000,000，因此付給 W 銀行 NT$31,800,000。三個月後再以遠期匯率 31.76 (＝31.80－0.04) 賣出 US$ 1,000,000，收回 NT$31,760,000。其現金流之圖示如下：

---

8 本章第三節對換匯點數有更詳細的說明。

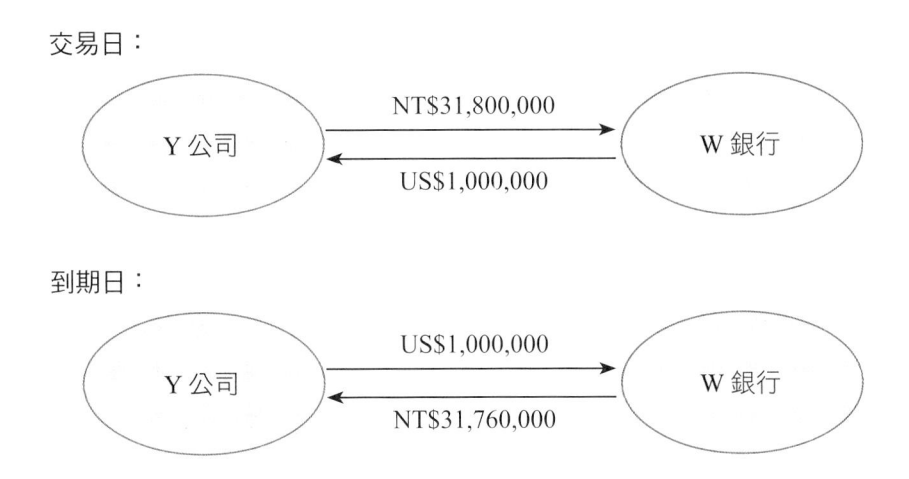

交易日：

```
  Y公司  ──NT$31,800,000──▶  W銀行
         ◀──US$1,000,000──
```

到期日：

```
  Y公司  ──US$1,000,000──▶  W銀行
         ◀──NT$31,760,000──
```

　　銀行承作換匯交易，也會准許客戶在契約到期之前更改交割日，亦即會准許提前或延後交割。以先買後賣 (Buy/Sell) 美元契約為例，若客戶在契約到期前兩天通知銀行，需展期一個月 (亦即延後交割)，則須在通知日 (t) 重新訂約，依當日即期匯率重訂先買後賣 (buy/sell) 美元契約，到期期限一個月。此通知日後第二天 ($t+2$)，即為原始到期日，銀行將原始契約的賣出 (sell) 遠期匯率與展期契約的買入 (buy) 即期匯率相抵之後，算出客戶應收或應付之金額，然後，在一個月後的新到期日 (亦即展期後的到期日)，依展期契約的即期匯率及換匯點數，作出賣出 (sell) 部分的最後結算。

　　繼續用上例作進一步的說明。若在契約到期前兩天，Y 公司與 W 銀行簽訂一個月展期合約，重訂即期匯率為 US$1＝NT$31.82，一個月換匯點數為 －0.01。則展期後之現金流圖示如下：

先在原始到期日作結算：

```
Y 公司  ──US$60,000──▶  W 銀行
```

再在展期到期日作最後結算：

```
         ──US$1,000,000──▶
Y 公司                      W 銀行
         ◀──NT$31,810,000──
```

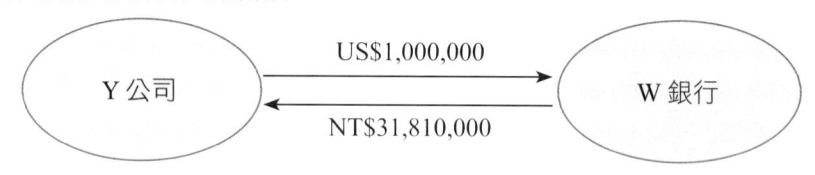

上圖說明須先在原始到期日作結算；由於原始合約的賣出 (sell) 遠期匯率 31.76 低於展期合約的買入 (buy) 即期匯率 31.82，Y 公司須付給 W 銀行的單位美元匯差為 0.06（＝31.82－31.76），共計 NT$60,000。一個月後再在展期到期日作最後結算，由 Y 公司賣出美元@31.81（＝31.82－0.01），共計收到 NT$31,810,000。

>> 例 4-1

甲公司手中持有美元，但有新台幣三個月需求，遂在 9 月 5 日 (星期一) 與 G 銀行簽訂先賣後買 (sell/buy) 美元 FX Swap 契約，到期期限三個月，金額為 US$2,000,000，即期匯率為 US$1＝NT$31.06，換匯點數訂為－0.03。(a) 請將此換匯交易的現金流以圖示之；(b) 若在契約到期前兩天 (t＝12 月 5 日)，客戶與銀行簽訂一個月展期契約，重訂即期匯率為 US$1＝NT$31.26，一個月換匯點數為

−0.01。請將展期後之現金流以圖示之。

(a) 依慣例,即期合約的交割日是交易日 (9/5) 後第二個工作天 ($t+2$),因此換匯交易之兩筆交易 (即期交易及三個月到期之遠期交易),分別是在 9 月 7 日和 12 月 7 日完成,圖示如下:

9 月 7 日:即期交易由客戶賣出美元@31.06

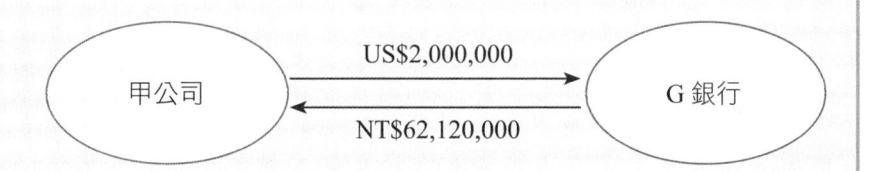

```
          US$2,000,000
甲公司 ───────────────→ G 銀行
       ←───────────────
          NT$62,120,000
```

12 月 7 日:三個月遠期交易由客戶買入美元@31.03 ($=31.06-0.03$)

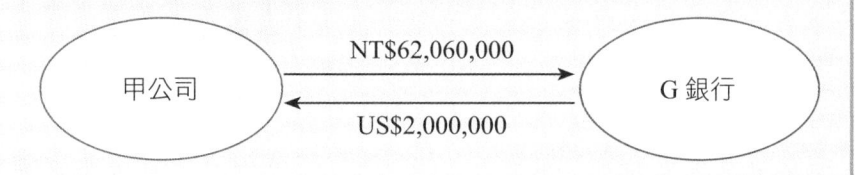

```
          NT$62,060,000
甲公司 ───────────────→ G 銀行
       ←───────────────
          US$2,000,000
```

(b) 在 (展期) 通知日 ($t=12$ 月 5 日) 當天:重新簽訂一個先賣後買 (sell/buy) 美元之展期契約,到期期限一個月,即期匯率為 US$1＝NT$31.26。

1. 先在原始到期日作結算:

   在 12 月 7 日 ($t+2$ 日):由於原始合約的買入 (buy) 遠期匯率 (@31.03) 低於展期契約的賣出 (sell) 即期匯率 (@31.26),因此銀行須付給客戶美元

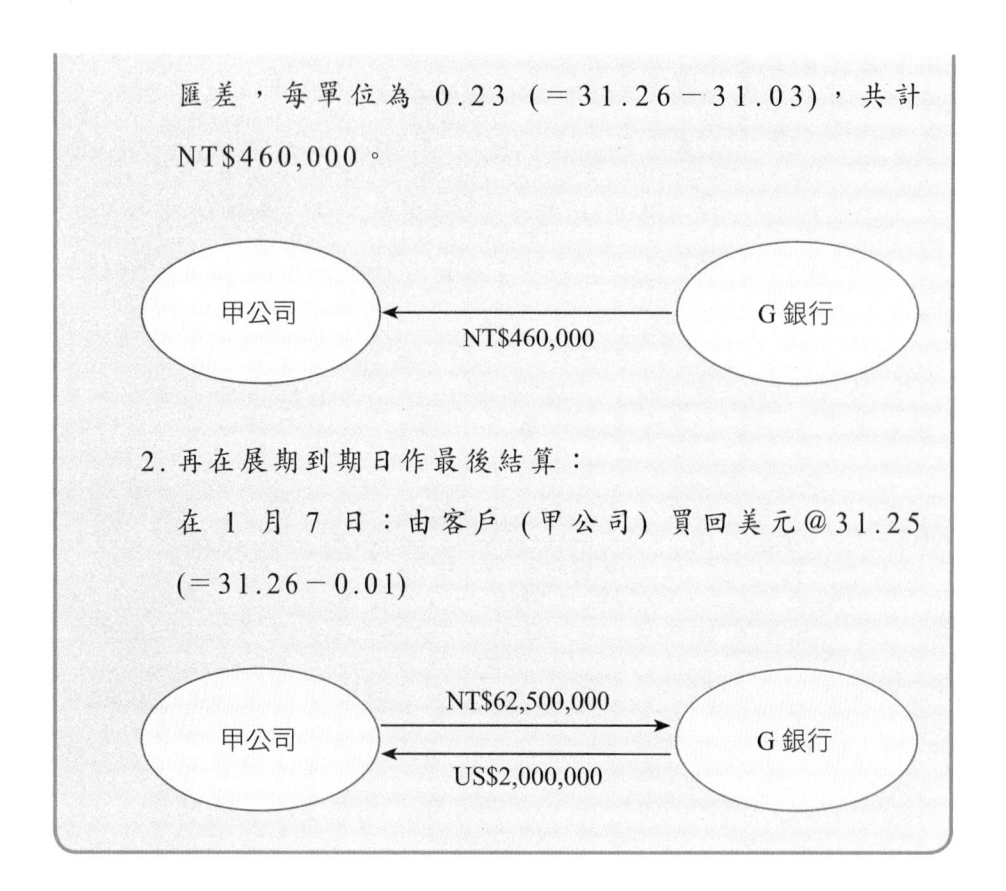

匯差,每單位為 0.23 (＝31.26－31.03),共計 NT$460,000。

```
   甲公司  ←──NT$460,000──  G銀行
```

2. 再在展期到期日作最後結算:

在 1 月 7 日:由客戶 (甲公司) 買回美元＠31.25 (＝31.26－0.01)

```
           ──NT$62,500,000──→
   甲公司                      G銀行
           ←──US$2,000,000──
```

樂學新知：全球交易最活絡的貨幣前 20 名

排名	貨幣	符號	每日成交量百分比
1	美元 Dollar	USD 或 US$	87.6%
2	歐元 Euro	EUR 或 €	31.3%
3	日圓 Yen	JPY 或 ¥	21.6%
4	英鎊 Pound Sterling	GBP 或 £	12.8%
5	澳幣 Dollar	AUD 或 A$	6.9%
6	加幣 Dollar	CAD 或 C$	5.1%
7	瑞士法郎 Franc	CHF 或 SFr	4.8%
8	人民幣 Yuan	CNY 或 ¥	4.0%
9	瑞典克羅納 Krona	SEK 或 Kr	2.2%
10	墨西哥披索 Peso	MXN 或 Mex$	2.2%
11	紐元 Dollar	NZD 或 NZ$	2.1%
12	新加坡幣 Dollar	SGD 或 S$	1.8%
13	港幣 Dollar	HKD 或 HK$	1.7%
14	挪威克羅納 Krone	NOK 或 Kr	1.7%
15	韓圜 Won	KRW 或 ₩	1.6%
16	土耳其里拉 Lira	TRY 或 ₺	1.4%
17	印度盧比 Rupee	INR 或 ₹	1.1%
18	俄羅斯盧布 Ruble	RUB 或 ₽	1.1%
19	巴西雷亞爾 Real	BRL 或 R$	1.0%
20	南非蘭特 Rand	ZAR 或 R	1.0%
其他			7.1%
合計			200%

註：總成交量為 200%，其中賣方貢獻 100%，而買方也貢獻 100%。
資料來源：2016 Triennial Central Bank Survey, coordinated by BIS.

PART 2 ▶ 外匯市場、國際平價條件

第三節　匯率的報價與套利

重要名詞

美式報價	American Quote
歐式報價	European Quote
直接報價	Direct Quote
間接報價	Indirect Quote
買賣價差	Bid-Ask Spread
完全報價	Outright Quote
點數報價	Points Quote
遠期溢酬或貼水	Forward Premium or Discount

◎ 匯率的定義與批發市場報價

匯率的定義是：「一國通貨的價格以另一國的通貨數量來表示」；其報價有各種不同的方式，可能依傳統而定，也可能因市場而異。在批發市場，匯率的報價相當標準化，基本上是採美式或歐式報價中的一種，此兩者都必然牽涉到美元。明確說來，**美式報價** (American Quote) 是指一單位外幣的美元價格，而**歐式報價** (European Quote) 則是指一單位美元的外幣價格。美式與歐式報價兩者互為對方的倒數；也就是說，歐式報價＝1/美式報價，而美式報價＝1/歐式報價。舉一例來說，若美元兌歐元匯率的美

式報價為 US$1.2345/€，則其歐式報價為 €0.8100/US$。

傳統以來，在銀行同業市場大多數的匯率是採歐式報價，只有少數如英鎊 (GBP或£)、澳幣 (AUD 或 A$)、紐元 (NZD 或 NZ$) 等是採美式報價，而歐元自 1999 年 1 月啟用以來也是採美式報價。在批發市場，交易員對於主要通貨或匯率慣以別名 (Nickname) 稱之，譬如 Loonie 代表加幣 (CAD 或 C$)、Swissie 代表瑞士法郎 (CHF 或 SFr)、Kiwi 代表紐元，Aussie 代表澳幣、Sing Dollar 代表新加坡幣 (SGD 或 S$)，而 Cable 則代表美元兌英鎊的匯率。另外，有一點值得注意的是，外匯交易員習慣把十億單位稱之為 Yard。這是因為美國、法國對於 Billion 的解讀和英國不同。對美國人及法國人而言，One Billion 是指十億單位，即 1,000,000,000；但對英國人而言，One Billion 是指一兆單位，即 1,000,000,000,000。為避免交易時產生混淆而鑄下大錯，一般就以 Yard 來代表十億單位。

零售市場與直接報價

外匯零售市場是以服務小額買匯及賣匯的個人、企業、旅遊者為主；對於匯率的報價慣用自認便利的方式。一般而言，報價都是採用一單位外幣等於多少本國貨幣的形式，也就是所謂的直接報價方式；以台灣為例，銀行或機場的匯率報價，甚至媒體與報紙對匯率的報導，用的都是 US$1＝NT$33.2、£1＝NT$46.8、¥1＝NT$0.25 等的直接報價 (Direct Quote)。與直接報價相對應的稱之為間接報價 (Indirect Quote)，其定義是一單

位本國貨幣等於多少外幣。直接報價與間接報價互為倒數，亦即直接報價＝1/間接報價，或間接報價＝1/直接報價。從台灣的觀點，US$1＝NT$33.2 是直接報價，NT$1＝US$0.0301 是間接報價；但從美國的觀點，US$1＝NT$33.2 是間接報價，而 NT$1＝US$0.0301 則是直接報價。

買價、賣價與價差

不論是批發市場透過電話或電腦螢幕買賣外匯，或是零售市場透過銀行看板對顧客揭示匯率價格，銀行在作匯率報價時，必定是同時報出**買價** (Bid) 與**賣價** (Ask)。由於任一匯率都牽涉到兩種通貨 (例如 A 與 B)，以致於 A 通貨的買價即是 B 通貨賣價的倒數，或說 A 通貨的賣價即是 B 通貨買價的倒數。更明確的說，A 通貨的買價是指自營商為買「一單位」A 通貨所願意付的 B 通貨之價格，而 A 通貨的賣價則是自營商為賣出「一單位」A 通貨所收取的 B 通貨之價格。舉例來說，自營商為買進一單位歐元所願意付的美元價格即是歐元的買價，也是美元賣價的倒數；自營商為賣出一單位歐元所收取的美元價格即是歐元的賣價，也是美元買價的倒數。倘若歐元的買價與賣價分別為 US$1.2342/€ 與 US$1.2348/€，則美元的買價是 €0.8098/US$ (＝1/1.2348)，而美元的賣價是 €0.8102/US$ (＝1/1.2342)。

由於自營商提供外匯服務的報酬是透過買低賣高而賺進，因此賣價必定較買價為高。賣價大於買價的部分稱之為**買賣價差**

(Bid-Ask Spread),其計算式可為下列兩者之一：

$$\frac{賣價-買價}{賣價} \quad 或 \quad \frac{賣價-買價}{(賣價+買價)/2} \qquad (4-2)$$

買賣價差的大小受到諸多因素的影響；首先，交易量愈大，買賣價差愈小，因此在批發市場的買賣價差自然比零售市場來得小。其次，買賣價差反映自營商因保留存貨部位而承擔之匯率風險；流動性差或價值波動大的通貨，其匯率風險較高，因此買賣價差較大。此外，外匯合約的到期期限愈長，自然也會增加自營商所承擔之不確定風險，因此買賣價差亦愈大；譬如 180 天期遠期合約之買賣價差會比 90 天期遠期合約的價差為大，而 30 天期遠期合約的買賣價差又會比即期合約的價差為大。還有學者提出研究報告指出，買賣價差與自營商的競爭情況也有關，競爭愈激烈，買賣價差就愈小；尤其是大的自營商在市場所占的比例愈高時，買賣價差就會愈小。

遠期匯率的報價方式

外匯市場上對於即期匯率的報價，用的是**完全報價**(Outright Quote)，也就是將價格作完整的說明。例如，在表 4-1 中，US$/£ 的即期 (Spot) 買價和賣價分別為 1.8136 和 1.8202，而 ¥/US$ 的即期買價和賣價分別為 116.36 和 116.54；這些都是完全報價。不過，各銀行的交易員在電話或電腦螢幕上報價時，為了講求盡可能地簡潔，有時只將即期

「買」價作完整的說明,「賣」價部分就將相同的數字省略了。譬如前述的 1.8136 和 1.8202,可能報為 1.8136-202,而 116.36 和 116.54 則報為 116.36-54。至於遠期匯率的報價就更為精簡了,我們可以從表 4-1 所列的例子窺出端倪。

遠期匯率點數報價

遠期匯率的報價慣以點數為之。注意表 4-1 中的 US$/£ 遠期匯率,到期期限為 1 個月至 1 年的遠期匯率買、賣價均是以點數報出。這些點數代表什麼意義?若即期匯率報至小數點後

表 4-1 匯率的報價 (以英鎊及日圓為例)

US$/£			
到期期限	中點匯率	買價	賣價
即期	1.8169	1.8136	1.8202
1 個月遠期	1.8188	18	20
3 個月遠期	1.8221	51	53
6 個月遠期	1.8280	110	112
9 個月遠期	1.8350	180	182
1 年遠期	1.8408	238	240

¥/US$			
到期期限	中點匯率	買價	賣價
即期	116.45	116.36	116.54
1 個月遠期	116.04	42	41
3 個月遠期	115.07	139	137
6 個月遠期	113.7	276	274
9 個月遠期	112.2	428	422
1 年遠期	110.71	576	572

第四位 (如 US$/£ 的例子)，則點數也是代表小數點後有四位；若即期匯率報至小數點後第二位 (如 ¥/US$ 的例子)，則點數也是代表小數點後有兩位。以 3 個月期的 US$/£ 遠期買價為例，點數 51 即代表 0.0051；另以 6 個月期的 ¥/US$ 遠期賣價為例，點數 274 即代表 2.74。點數報價 (Points Quote) 的特質除了不含小數點以外，亦不列出正負號。如何看出是否有隱藏的負號？我們可以比較點數買價與點數賣價，若前者大於後者，即知兩者皆有隱藏的負號，因買價不應大於賣價，加了負號才是合理的現象。

　　遠期匯率的點數報價如何轉換成完全報價？基本上是先將小數點及應有的正負號皆還原，然後再與即期匯率相加，即可得到遠期匯率的完全報價。以 6 個月期的 US$/£ 遠期買價為例，點數 110 即代表 0.0110，將之與即期買價 1.8136 相加，即得到 1.8246 的完全報價。再以 9 個月期的 ¥/US$ 遠期賣價為例，點數 422 即代表 −4.22，將之與即期賣價 116.54 相加，即得到 112.32 的完全報價。綜上所述，遠期匯率的點數報價其實就是完全報價的遠期匯率與即期匯率兩者之差。

遠期溢酬與貼水

　　遠期匯率的報價若以相對於即期匯率 (百分比) 變化的方式來表示，則稱之為遠期溢酬或貼水 (Forward Premium or Discount)，其衡量一般可用下式表示：

$$n \text{ 天期遠期溢酬或貼水} = \frac{n \text{ 天期遠期匯率} - \text{即期匯率}}{\text{即期匯率}}$$
$$= \frac{f_0^{n\text{天期}} - e_0}{e_0} \qquad (4\text{-}3)$$

在 (4-3) 式中，若 n 天期的遠期匯率大於即期匯率，則所衡量的值稱之為 n 天期遠期溢酬 (Forward Premium)；反之則稱之為 n 天期遠期貼水 (Forward Discount)。不論是溢酬或貼水，這種以百分比變化表達的遠期匯率不但反映出市場對匯率未來變化方向的看法，也將預期升值率或貶值率估計出。舉例來說，在不考慮買賣價差的情況下，若 90 天期瑞士法郎/美元的遠期匯率為 SFr1.2611/US$，而目前之即期匯率為 SFr1.2486/US$，則遠期匯率相對於即期匯率的百分比變化如下：

$$90 \text{ 天期遠期溢酬} = \frac{1.2611 - 1.2486}{1.2486} = 1\%$$

由於遠期匯率大於即期匯率，因此所算出的是溢酬。須注意的是，上式的計算是以一單位美元的價值為準；其所代表的意義是，整體市場預估美元在未來的 90 天會升值 1%。倘若報價是以一單位瑞士法郎的價值為準，也就是說，遠期匯率為 US$0.7929/SFr，而目前之即期匯率為 US$0.8009/SFr；則此情況下的美元 90 天期遠期溢酬須改以下列的公式：

$$90 \text{ 天期遠期溢酬} = \frac{\text{即期匯率} - n \text{ 天期遠期匯率}}{n \text{ 天期遠期匯率}}$$
$$= \frac{0.8009 - 0.7929}{0.7929} = 1\%$$

由於報價的方式不同 (歐式或美式)，因此計算公式須經過修改，所得之值代表的意義仍是整體市場預估美元在未來的 90 天會升值 1%。

遠期匯率的報價決定

我們知道匯率代表一國通貨 (以另一國通貨的數量表示) 的價格，而任何價格的決定均會反映市場的買賣供需狀況，匯率自然也不例外。遠期匯率是今日決定的未來價格，其報價除了反映眼前的供需狀況，也將交割日期之前的利率狀況納入考量；茲舉一例來說明報價決定的過程。

倘若外匯批發市場某自營商承作了一筆 3 個月到期的遠期交易，此遠期合約是由客戶買進 ¥500,000,000；目前 ¥/US$ 即期匯率與 3 個月到期的歐洲日圓 (Euroyen) 及歐洲美元 (Eurodollar) 利率如表 4-2 所示。

外匯自營商因承作了此筆遠期交易，而須在 3 個月後付出 ¥500,000,000，並會收到相當金額的美元；為了避免承擔不必要的風險，自營商在目前即可透過買賣過程將匯率風險

表 4-2　相關匯率及利率資料

	買價	賣價
即期匯率 (¥/US$)	115.27	115.37
	存款利率	放款利率
3 個月到期的年化歐洲美元利率	2.12%	2.32%
3 個月到期的年化歐洲日圓利率	0.05%	0.25%

排除掉。整個過程是先借入美元,按即期匯率換成日圓,再將日圓存入銀行,3 個月後將日圓存款提出用以支付給遠匯合約的買者,並以從遠匯合約收到的美元還清美元借款。至於須借入多少美元?此與即期匯率與歐洲日圓的利率有關。由於三個月後須付出 ¥500,000,000,而目前 3 個月到期的歐洲日圓存款利率為 0.05%,因此目前只需存入 ¥499,937,508 [= ¥500,000,000÷(1＋0.05%×3/12)] 即可。而在目前的即期匯率之下,要換得 ¥499,937,508,必須備妥 US$4,337,099.92 (＝¥499,937,508÷¥115.27/US$),因此所借入的美元金額為 US$4,337,099.92。根據美元的放款利率,三個月後所需償還的美元總額為 US$4,362,255.1 [＝US$4,337,099.92×(1＋2.32%×3/12)];因此,3個月到期的遠期匯率美元買價就該訂為 US$1＝¥114.62 (＝¥500,000,000/US$4,362,255.1)。

由上述得知,遠期匯率報價的決定,不但受即期匯率的影響,也與匯率所牽涉到的兩通貨之市場利率有關。因此,我們可以透過一簡易公式來求算遠期匯率的買價與賣價,此公式如下所示:

遠期匯率的買價＝即期匯率的買價±買價換匯點數
遠期匯率的賣價＝即期匯率的賣價±賣價換匯點數
買價換匯點數＝即期匯率買價×利率差異×t 月/12　　　　(4-4)
(或 t 天/360)
賣價換匯點數＝即期匯率賣價×利率差異×t 月/12
(或 t 天/360)

從 (4-4) 式可看出，**換匯點數** (Swap Points) 其實就代表遠期匯率與即期匯率之差。

運用 (4-4) 式來計算前例中的遠期匯率買價，得到相同的答案如下：

買價換匯點數 $= 115.27 \times (2.32\% - 0.05\%) \times 3/12 = 0.6542$

遠期匯率的美元買價 $= 115.27 \pm$ 買價換匯點數

$\qquad\qquad\qquad\quad = 115.27 - 0.6542$

$\qquad\qquad\qquad\quad = 114.62$

此處換匯點數是減項，乃因自營商存日圓的利率 (0.05%) 低於借美元的利率 (2.32%)，而此利率差異是銀行的負擔，因此自營商會將此筆負擔轉嫁給客戶，也就是使遠期匯率買價 (¥/US$) 低於即期匯率買價，亦即客戶賣出同樣金額的美元在遠匯市場會收到比在即期市場較少的日圓。

>> **例 4-2**

倘若外匯批發市場某自營商承作了一筆 3 個月到期的遠期交易，此遠期合約是由客戶賣出 ¥100,000,000；根據表 4-2 資料，所算出之遠期匯率賣價 (¥/US$) 為何？

賣價換匯點數 $= 115.37 \times (2.12\% - 0.25\%) \times 3/12$

$\qquad\qquad\quad\;\; = 0.5394$

遠期匯率的美元賣價 $= 115.37 \pm$ 賣價換匯點數

$\qquad\qquad\qquad\quad = 115.37 - 0.5394$

$\qquad\qquad\qquad\quad = 114.83$

> 此處賣價換匯點數為減項,乃因自營商存美元的利率 (2.12%) 高於借日圓的利率 (0.25%),因此會把此獲益轉嫁給客戶,也就是使遠期匯率賣價 (¥/US$) 低於即期匯率賣價,亦即客戶買進同樣金額的美元在遠匯市場會付出比在即期市場較少的日圓。

交叉匯率報價

交叉匯率 (Cross Rate) 是指牽涉到兩種非美元通貨的匯率,例如瑞士法郎兌日圓、英鎊兌澳幣、歐元兌加幣等的匯率。前述提及在銀行同業市場,匯率報價多是採歐式或美式其中的一種,也就是說匯率報價必然牽涉到美元。若外匯交易完全不涉及美元,自營商稱此種交易為**通貨對通貨交易** (Currency against Currency Trade),所報價之匯率稱為交叉匯率。在批發市場,當顧客有通貨對通貨交易的需求時,自營商通常是為顧客作兩筆牽涉到美元的交易,因此在此市場的交叉匯率報價,實質上是由美式報價與歐式報價共同組成。以 ¥/£ 為例,此交叉匯率的買價與賣價,可根據美式報價與歐式報價計算而得,其公式如下所示:

交叉匯率的買價:

$$(¥/£)^{Bid} = 美式報價\ (US\$/£)^{Bid} \times 歐式報價\ (¥/US\$)^{Bid} \quad (4\text{-}5)$$

交叉匯率的賣價:

$$(¥/£)^{Ask} = 美式報價\ (US\$/£)^{Ask} \times 歐式報價\ (¥/US\$)^{Ask} \quad (4\text{-}6)$$

　　自營商為何不直接替客戶賣英鎊買日圓？這是因為國際大銀行的交易室 (Trading Room) 設有許多交易桌，負責每一交易桌的交易員 (Trader) 都只應付一種外匯對美元的交易；銀行若為 10 種非美元通貨創造市場，而每一交易桌處理其中一種非美元通貨對美元的交易，如此會有 10 個交易桌。倘若非美元通貨彼此之間也直接交易，則 10 種非美元通貨加上美元 (共 11 種通貨) 就會有 55 (= 11×10/2) 個交易桌。此狀況導致每一交易員須負責好幾個交易桌，造成資訊的混雜且難於應付。因此，實務上大多數自營商都只從事非美元通貨對美元的直接交易，處理通貨對通貨交易時就透過兩筆交易來達成，也就是說非美元通貨之間的兌換，其交易成本有可能會比較高。不過，近年來因歐元與日圓的交易頻繁，在銀行同業市場，歐元兌日圓 (€/¥) 的即期交易，僅需單筆交易即可完成。

交叉匯率與三角套利

　　前述 (4-5) 式或 (4-6) 式的交叉匯率，是根據美式報價與歐式報價計算而得，因此客戶也可以根據不同銀行的美式報價及歐式報價，自行算出交叉匯率；此種交叉匯率是一種**隱含交叉匯率** (Implied Cross Rate)。而銀行對交叉匯率的報價，則稱之為**直接交叉匯率** (Direct Cross Rate)。當直接交叉匯率與隱含交叉匯率之間出現差異時，套利機會就會產生；此種套利機會稱之為**三角套利** (Triangular Arbitrage)。

舉一例來說明三角套利的詳細過程。假設外匯市場上有三種報價如表 4-3 所示。

欲得知套利機會是否存在，首先根據 (4-5) 式算出隱含交叉匯率，並與銀行報出的直接交叉匯率相比。隱含交叉匯率的計算如下：

$$隱含交叉匯率的買價\ (SFr/£)^{Bid} = 1.5628 \times 1.4270 = 2.2301$$

將隱含交叉匯率的買價 (2.2301) 與直接交叉匯率的買價 (2.2410) 相比，發現兩者不相等 (前者小於後者)，因此應有套利利潤存在。進一步探討如何透過操作來賺得利潤。由於隱含交叉匯率的買價低於直接交叉匯率的買價，因此套利者若要賣出英鎊換取瑞士法郎，應是透過直接交叉匯率來完成，如此每單位英鎊才能換得較多的瑞士法郎；換句話說，就是應透過 £→SFr 的路徑，而非 SFr→£ 的路徑。

倘若套利者運用 US$1,000,000 來賺取套利利潤，則幾乎是同時須完成下列三項交易：

1. 賣出 US$ 換取 £ (US$→£)

   US$1,000,000 ÷ US$1.5638/£ = £639,468

表 4-3　三角套利的機會

銀行報價	買價 (Bid)	賣價 (Ask)
美式報價 (US$/£)	1.5628	1.5638
歐式報價 (SFr/US$)	1.4270	1.4280
直接交叉匯率報價 (SFr/£)	2.2410	2.2420

2. 賣出 £ 換取 SFr (£→SFr)

   £639,468×SFr2.2410/£＝SFr1,433,048

3. 賣出 SFr 換取 US$ (SFr→US$)

   SFr1,433,048÷SFr1.4280/US$＝US$1,003,535

透過 US$→£→SFr→US$ 的操作路徑，套利者的獲利為 US$3,535。套利者當然也可運用英鎊或瑞士法郎來賺取套利利潤，若以 £1,000,000 來套利，其過程如下：

1. 賣出 £ 換取 SFr (£→SFr)

   £1,000,000×SFr2.2410/£＝SFr2,241,000

2. 賣出 SFr 換取 US$ (SFr→US$)

   SFr2,241,000÷SFr1.4280/US$＝US$1,569,328

3. 賣出 US$ 換取 £ (US$→£)

   US$1,569,328÷US$1.5638/£＝£1,003,535

經由 £→SFr→US$→£ 的路徑，套利利潤為 £3,535。另外，若以 SFr1,000,000 來套利，其過程如下：

1. 賣出 SFr 換取 US$ (SFr→US$)

   SFr1,000,000÷SFr1.4280/US$＝US$700,280

2. 賣出 US$ 換取 £ (US$→£)

   US$700,280÷US$1.5638/£＝£447,807

3. 賣出 £ 換取 SFr (£→SFr)

   £447,807×SFr2.2410/£＝SFr1,003,535

經由 SFr→US$→£→SFr 的路徑，套利者的獲利為 SFr3,535。

本章摘要

- 外匯市場所提供的功能有四：(1) 購買力移轉；(2) 避險；(3) 擴展信用；(4) 投機與投資。
- 外匯市場依交易規模的大小及主要參與者可區分為兩個層次：其一為批發市場；其二為零售市場。
- 外匯市場的參與者包括：自營商、經紀商、機構投資人、跨國企業、各國中央銀行、一般企業與個人、投機者、套利者。
- 外匯市場的交易可以區分為不同的形式，主要有即期交易、遠期交易與換匯交易三種。
- 無本金交割遠期合約 (NDF) 的特別之處，是本金金額只是名目的，因此並無實體本金金額的移轉發生；在到期日時，交易雙方依據預先約定的遠期匯率與市場真正匯率之差作出結算，然後由一方以「美元」支付給另一方。
- 換匯交易是指在外匯市場上同時向同一交易對手買進及賣出一定金額的外匯，而訂有兩個不同的到期日。
- 匯率的定義是：「一國通貨的價格以另一國的通貨數量來表示」。
- 美式報價是指一單位外幣的美元價格，而歐式報價則是指一單位美元的外幣價格。
- 買賣價差的大小受到下列因素的影響：(1) 交易量愈大，買賣價差愈小；(2) 流動性愈差或價值波動愈大，買賣價差愈大；(3) 外匯合約的到期期限愈長，買賣價差愈大；(4) 自營商之間的競爭愈激烈，買賣價差愈小。
- 遠期匯率的報價若以相對於即期匯率 (百分比) 變化的方式來表示，則稱之為遠期溢酬或貼水。
- 遠期匯率的買價＝即期匯率的買價±買價換匯點數
- 遠期匯率的賣價＝即期匯率的賣價±賣價換匯點數
- 買價換匯點數＝即期匯率買價×利率差異×t月/12 (或 t天/360)
- 賣價換匯點數＝即期匯率賣價×利率差異×t月/12 (或 t天/360)

本章習題

一、選擇題

1. 若歐元 90 天期的遠期匯率為 €1 = $1.55，而目前的即期匯率為 €1 = $1.50，則歐元 90 天期的遠期 _____ 為 _____。
   a. 溢酬；3.2%
   b. 貼水；3.2%
   c. 溢酬；3.3%
   d. 貼水；3.3%

2. 若我國中央銀行對匯率所進行的干預，是讓新台幣對美元貶值，但不影響國內的貨幣供給量，則：
   a. 此種干預行為稱之為有消毒的干預 (Sterilized Intervention)
   b. 央行的作法是一面賣新台幣 (買美元)，一面在公開市場買進國庫券
   c. 此種干預行為稱之為無消毒的干預 (Unsterilized Intervention)
   d. 央行的作法是一面買新台幣 (賣美元)，一面在公開市場買進國庫券

3. 目前各大銀行對匯率的報價包括下列三者：US$1 = S$1.52，S$1 = NT$21.93，US$1 = NT$31.66。若市場投資人想透過三角套利來獲利，則下列何者是正確的操作路徑：
   a. US$ → S$ → NT$ → US$
   b. S$ → US$ → NT$ → S$
   c. NT$ → S$ → US$ → NT$
   d. US$ → NT$ → S$ → US$

4. 延續上題，當市場投資人進行三角套利來尋求獲利時，新加坡幣 (S$) 對美元會 _____，而新台幣 (NT$) 對美元則會 _____。
   a. 貶值；貶值
   b. 升值；貶值
   c. 升值；升值
   d. 貶值；升值

5. 目前市場報出如下的匯率：

	買價 (Bid)	賣價 (Ask)
US$/£	2.01	2.02
US$/NZ$	0.45	0.46
NZ$/£	3.95	3.96

假設你有 US$10,000 可進行三角套利，你的獲利將會是多少？

a. US$1,000

b. US$1,034

c. US$1,500

d. US$2,022

6. 根據下列的資訊：

	買價	賣價
即期匯率 (¥/US$)	115.80	115.90
	存款利率	放款利率
3 個月到期的年化美元利率	4.72%	6.18%
3 個月到期的年化日圓利率	1.10%	2.56%

請問 3 個月期的遠期賣價 (Forward Ask) 是多少？

a. 115.17

b. 115.27

c. 116.52

d. 116.42

7. 延續上題，請問 3 個月期的遠期買價 (Forward Bid) 是多少？

a. 114.33

b. 115.27

c. 116.52

d. 116.42

8. 目前英鎊 (£) 美式報價的買價 (Bid Price) 及賣價 (Ask Price) 分別為 1.99 與 2.01，因此英鎊 (£) 歐式報價的賣價為：

a. 0.5025

b. 0.4975

c. 0.5514

d. 0.4875

9. 根據下列的報價對應表：

C$/US$	即期匯率	30天期遠期	90天期遠期	180天期遠期
完全報價	0.9871～82	0.9803～51	0.9774～825	0.9741～801
點數報價	71～82	?	?	?

請問30天期的遠期匯率點數報價(Points Quote)是多少？

a. 13～51

b. 51～97

c. 68～31

d. 74～25

10. 延續上題，請問180天期的遠期匯率點數報價(Points Quote)是多少？

a. 51～97

b. 68～31

c. 130～81

d. 741～801

11. 某外資在台灣股市投資了一百萬美元等值的股票，投資期間為三個月；因擔心新台幣在三個月後貶值，因此與某銀行簽訂了一只NDF合約，名目本金金額為US$1,000,000，鎖定之遠期匯率與簽約當時的即期匯率相同，為NT$32.0/US$。倘若三個月後，新台幣果真貶值而即期匯率的落點為NT$32.5/US$，則：

a. 銀行應付給外資US$29,411.76

b. 外資應付給銀行NT$500,000

c. 銀行應付給外資US$15,384.62

d. 外資應付給銀行NT$1,000,000

12. 在銀行同業市場，下列何者是採歐式報價？

a. 英鎊

b. 歐元

c. 澳幣

d. 加幣

二、問答題

1. 外匯市場有哪幾項功能？有哪些參與者？
2. 根據國際清算銀行在 2016 年的報告，外匯市場最活絡的交易是哪三種形式？
3. 買賣價差的大小受到哪些因素的影響？
4. 何謂「通貨對通貨交易」？在批發市場，自營商於處理通貨對通貨交易並對交叉匯率作報價時，為何是透過兩筆交易來達成？
5. 根據下列的報價 (US$/€)：

到期期限	買價 (Bid)	賣價 (Ask)
即期	1.1234	1.1239
1 個月遠期	1.1230	1.1238
3 個月遠期	1.1221	1.1232
6 個月遠期	1.1211	1.1225

請找出各個到期期限的遠期匯率點數 (Points)；並算出即期與各個遠期匯率的買賣價差 (Bid-Ask Spread)。

6. 銀行對顧客提供服務，因此必須滿足客戶對外匯遠期合約的買、賣需求。倘若外匯遠期合約市場上出現大批顧客要求賣出三個月到期的英鎊遠期合約，請問銀行會如何規避其所承受之匯率風險？
7. 延續上述第 6 題，假設外匯自營商因承作英鎊遠期交易而必須在 3 個月後收到的英鎊總額為 £100,000,000。另假設目前 US$/£ 的即期匯率與 3 個月到期的英鎊及美元利率如下所示：

	買價	賣價
即期匯率	1.8555	1.8621
	存款利率	借款利率
3 個月到期的年化英鎊利率	3.8%	8.8%
3 個月到期的年化美元利率	2%	6.5%

請問此例的遠期匯率英鎊買價是如何決定的？

8. 假設目前市場報出之英鎊即期匯率與 6 個月到期之遠期匯率分別為

US$1.8218/£ 及 US$1.8120/£ (此處不考慮買賣價差)。根據你對匯率的長期追蹤，你認為英鎊在 6 個月後的市場即期匯率將等於 US$1.83/£。(a) 若你想依據自己對英鎊匯率走勢的預期進行外匯操作求取獲利，請問你該如何做？(b) 倘若你想操作的外匯部位是 £1,000,000，若你的預期是正確的，則獲利為何？(c) 倘若英鎊在 6 個月後的市場即期匯率並非如你所料，而是等於 US$1.8090/£，則你先前的操作所導致的獲利或損失金額為何？

9. 根據下列的報價：

銀行報價	美式報價 買價	美式報價 賣價	歐式報價 買價	歐式報價 賣價
澳幣 (A$)	0.7152	0.7168	1.3950	1.3982
新加坡幣 (S$)	0.5828	0.5863	1.7057	1.7157

請計算 A$/S$ (交叉匯率) 的買價與賣價？

10. 倘若市場上有 A、B、C 三家銀行分別報出如下的匯率 (此處未考慮買賣價差)：

$$A 銀行：US\$1 = €0.8901$$
$$B 銀行：US\$1 = SFr1.2416$$
$$C 銀行：SFr1 = €0.6825$$

請問如何能看出是否有三角套利的機會？若你有 US$1,000,000 的資金，請問如何運用這筆資金進行三角套利以獲取利潤 (所走路徑應是 US$ → € → SFr → US$ 或是 US$ → SFr → € → US$)？獲利金額為何？

11. H 公司在 3 月 21 日 (星期二) 與 S 銀行簽訂先買後賣 (Buy/Sell) 美元換匯交易契約，到期期限三個月，金額為 US$1,000,000，即期匯率為 US$1 = NT$31.85，換匯點數訂為 −0.03。(a) 請將換匯交易的現金流以圖示之；(b) 若在遠期合約到期前兩天 (t = 6 月 21 日)，客戶通知需展期一個月，t 日即期匯率為 US$1 = NT$31.57，同時一個月換匯點數為 −0.01，請將展期後現金流以圖示之。

Chapter 5
國際平價關係與匯率預測

瞭解國際平價關係是進行匯率預測的基礎要件,而現今市場上企業的許多決策與活動都與匯率預測不可分割,因此管理者或任何一位市場參與人士,對於有理論基礎的各種**國際平價條件** (International Parity Conditions) 應有所知曉。國際平價條件泛指市場上所稱的三率(匯率、通貨膨脹率、利率)之間形成的五種關係,反映外匯即期、遠期市場與貨幣市場相互間的作用及連動。本章第一節探討購買力平價條件 (Purchasing Power Parity Condition, PPP);第二節介紹一般化費雪效應條件 (Generalized Fisher Effect Condition, GFE) 與國際費雪效應條件 (International Fisher Effect Condition, IFE);第三節描述利率平價條件 (Interest Rate Parity Condition, IRP);第四節說明不偏遠期匯率條件 (Unbiased Forward Rate Condition, UFR);第五節探討各種匯

率預測的方式與模型。

第一節　購買力平價條件

重要名詞

單一價格法則　　　　　the Law of One Price
購買力平價條件絕對式　　Absolute Version of PPP
實質匯率　　Real Exchange Rate
名目匯率　　Nominal Exchange Rate
購買力平價條件相對式　　Relative Version of PPP

購買力平價條件解釋「匯率」與「物價指數」或「物價指數上漲率」之間的關係，其理論根基是**單一價格法則** (the Law of One Price)。如何由單一價格法則推導出購買力平價條件絕對式及相對式，說明如下。

◎ 單一價格法則

單一價格法則主張，在沒有運送成本、輸入限制及稅的考量下，任何一項貿易品 (Traded Goods) 在不同國家的價格，若以同樣一種貨幣衡量之，必定相等。換句話說，單一價格法則讓同一商品在兩貿易國的售價，透過均衡匯率的換算而趨於相等。此法

則可以數學式表示如下：

$$P_{US\$} = e \times P_{FC} \tag{5-1}$$

(5-1) 式中的 P_{FC} 代表貿易品的非美元 (外幣) 價格，$P_{US\$}$ 代表貿易品的美元價格，而 e 則代表美式報價的均衡匯率。舉例來說，若一支 iPhone 手機在美國市場的售價 ($P_{US\$}$) 為 US$800，而完全一樣的一支 iPhone 手機在台灣市場的售價 ($P_{NT\$}$) 為 NT$24,000，那麼根據單一價格法則所算出的均衡匯率 (e) 就應為 US$800/NT$24,000＝US$0.0333/NT$。

假設這一支 iPhone 手機在台灣的售價並不是 NT$24,000，而是 NT$26,000；若均衡匯率仍為 US$0.0333/NT$，則該手機在台灣市場以美元來衡量的價格就變成 US$866，高於在美國市場的售價 US$800。同一商品在兩市場以共同貨幣 (美元) 所衡量出的價格不同，套利的行為於焉發生。聰明的生意人會在美國市場買手機運至台灣市場出售，賺取差價；此套利行為所引發的供需力量變化，會導致美國市場的手機價格上漲而台灣市場的手機價格下滑，且價格調整的過程會一直進行到單一價格法則 [(5-1) 式] 恢復成立為止。

◎ 購買力平價條件絕對式

由單一價格法則所決定的均衡匯率，係考量單一貿易品在兩貿易國的售價而得之。然而，市場上的商品多不勝數，若根據個別貿易品計算均衡匯率，我們將會找出無數個均衡匯率。基此，

若在 (5-1) 式中以一籃子貿易品來取代單一貿易品,則所得之物價指數與匯率的關係式稱之為購買力平價條件絕對式 (Absolute Version of PPP),如 (5-2) 式或 (5-2a) 式所示:

$$PI_{US\$} = e \times PI_{FC} \qquad (5\text{-}2)$$

或

$$e = \frac{PI_{US\$}}{PI_{FC}} \qquad (5\text{-}2a)$$

觀察 (5-2) 式或 (5-2a) 式,可知單一物品的價格已改由物價指數來取代;其中,$PI_{US\$}$ 代表美國的物價指數,而 PI_{FC} 則代表任一其他國家的物價指數。(5-2) 式或 (5-2a) 式成立的前提有二:(1) 兩貿易國物價指數中所納入的商品必須相同;及 (2) 兩物價指數建構的方式也要一樣,也就是每一商品所使用的權數必須相同。由上述得知,購買力平價條件絕對式就是把單一價格法則一般化 (納入更多的商品) 後所得到的條件式。

我們也可將 (5-2) 式改寫如下式:

$$e \times \frac{PI_{FC}}{PI_{US\$}} = 1 \qquad (5\text{-}3)$$

(5-3) 式的等號左邊整體稱之為實質匯率 (Real Exchange Rate),係經由相對價格 ($PI_{FC}/PI_{US\$}$) 調整後所得的匯率;對照上,其中的 e 就被稱為名目匯率 (Nominal Exchange Rate)。實質匯率與名目匯率的區分有其重要的意義,本書將在第十章作詳細說明。實質匯率若以 e^r 來表示,可寫成下式:

$$e^r = e \times \frac{PI_{FC}}{PI_{US\$}} \qquad (5\text{-}4)$$

(5-4) 式所表彰的意義是說，若實質匯率等於 1 [如 (5-3) 式]，則購買力平價條件絕對式成立；若實質匯率大於 1 或小於 1，則購買力平價條件絕對式不成立。另外，若實質匯率大於 1，表示美元的匯價被低估 (另一幣別的匯價被高估)，或說美元在其他國家的購買力低於在美國的購買力；若實質匯率小於 1，表示美元的匯價被高估 (另一幣別的匯價被低估)，也可說美元在其他國家的購買力高於在美國的購買力。

>> **例 5-1**

假設市場報價的 US\$/¥ 匯率為 US\$0.0083/¥，而日本物價指數與美國物價指數之比 $(PI_¥/PI_{US\$})$ 為 1/0.0088，則實質匯率為何？

$$e^r = 0.0083 \times \frac{1}{0.0088} = 0.94$$

由於 0.94＜1，因此美元的匯價被高估 (即日圓的匯價被低估)，表示美元在日本的購買力高於在美國的購買力。

購買力平價條件相對式

前述提及，以購買力平價條件絕對式來衡量均衡匯率，所採用的兩國物價指數必須包含同樣一籃子的商品，而且兩國物價指數建構的方式也要一樣。然而，各國編纂物價指數所納入的商品

種類及所使用的權數有其各自的作法,因此檢驗 (5-4) 式所得到的結果若不支持購買力平價條件絕對式,有可能是因為物價指數資料建構方式不一致的緣故。

以購買力平價條件相對式 (Relative Version of PPP) 來探討匯率則不必擔心物價指數建構的問題,因為購買力平價條件相對式著重在兩時點之間,匯率變化與兩國物價指數變化的關係。購買力平價條件相對式可以根據 (5-2a) 式導出。首先,第 0 期 (期初) 的匯率可表示為:

$$e_0 = \frac{PI^0_{US\$}}{PI^0_{FC}} \tag{5-5}$$

而第 1 期 (期末) 的預期匯率可表示為:

$$E(e_1) = \frac{E(PI^1_{US\$})}{E(PI^1_{FC})} \tag{5-6}$$

將 (5-6) 式除以 (5-5) 式,得到下式:

$$\frac{E(e_1)}{e_0} = \frac{E(PI^1_{US\$})}{E(PI^1_{FC})} \bigg/ \frac{PI^0_{US\$}}{PI^0_{FC}} = \frac{E(PI^1_{US\$})}{PI^0_{US\$}} \bigg/ \frac{E(PI^1_{FC})}{PI^0_{FC}} \tag{5-7}$$

由於物價指數百分比的變化即是通貨膨脹率,若以 $\pi^e_{US\$}$ 代表美國的預期通貨膨脹率,而 π^e_{FC} 代表某外幣國家的預期通貨膨脹率,則 (5-7) 式中的 $\frac{E(PI^1_{US\$})}{PI^0_{US\$}}$ 即等於 $1+\pi^e_{US\$}$,而 $\frac{E(PI^1_{FC})}{PI^0_{FC}}$ 即等於 $1+\pi^e_{FC}$。我們可將 (5-7) 式改寫如下:

$$\frac{E(e_1)}{e_0} = \frac{1 + \pi_{US\$}^e}{1 + \pi_{FC}^e} \tag{5-8}$$

上式即為 PPP 的相對式。將 (5-8) 式等號左右兩邊皆減去 1，即得到 PPP 相對式的另一種形式：

$$\frac{E(e_1)}{e_0} - 1 = \frac{1 + \pi_{US\$}^e}{1 + \pi_{FC}^e} - 1$$
$$\Rightarrow \frac{E(e_1) - e_0}{e_0} = \frac{\pi_{US\$}^e - \pi_{FC}^e}{1 + \pi_{FC}^e} \tag{5-9}$$

若我們將 (5-9) 式等號右邊的分母 $(1+\pi_{FC}^e)$ 忽略之，可得購買力平價條件相對式之近似式，如下所示：

$$\frac{E(e_1) - e_0}{e_0} \approx \pi_{US\$}^e - \pi_{FC}^e \tag{5-10}$$

(5-10) 式中的 $\dfrac{E(e_1) - e_0}{e_0}$ 代表某外幣的預期升值率或貶值率；可以看出，若美國的預期通膨率 $(\pi_{US\$}^e)$ 高於某外幣國家的預期通膨率 (π_{FC}^e)，則外幣會傾向於升值 (美元會傾向於貶值)。綜上所述，預期通貨膨脹率較高的國家，其貨幣會傾向於貶值；而預期通貨膨脹率較低的國家，其貨幣會傾向於升值。

先前提及的 (5-4) 式，是將名目匯率以兩國物價指數作調整而得到的實質匯率；根據購買力平價條件相對式，我們也可讓名目匯率透過兩國預期通貨膨脹率的調整而轉換成實質匯率，如 (5-11) 式所示：

$$e^r = e \times \frac{1+\pi^e_{FC}}{1+\pi^e_{US\$}} \tag{5-11}$$

> **例 5-2**
>
> 　　假設美國未來一年的預期通貨膨脹率為 3%，而英國未來一年的預期通貨膨脹率為 6%，則 PPP 所估計之英鎊兌美元 (US$/£) 在未來一年的升值率 (貶值率) 為何？
>
> $$\frac{E(e_1)-e_0}{e_0} = \frac{3\%-6\%}{1+6\%} = -2.83\% \approx -3\%$$
>
> 由計算得知，英鎊兌美元的即期匯率 (US$/£) 在未來一年大約會貶值 3%。

◎ 運用購買力平價條件預測未來即期匯率

　　預測匯率是一件困難的工作，而且不論採用何種昂貴的預測模型仍免不了會有誤差。因此，若想找一個不花成本又現成的方式來預測匯率，運用購買力平價條件不失為方法之一。財務文獻上針對購買力平價條件所作的實證研究，多半支持 PPP 在長期會成立的看法，因此我們可以將 (5-8) 式稍作修正，使其得以用來預測 n 年後的匯率水準，如 (5-12) 式所示：

$$\frac{E(e_n)}{e_0} = \frac{(1+\pi^e_{US\$})^n}{(1+\pi^e_{FC})^n} \tag{5-12}$$

(5-12) 式中的 $E(e_n)$，代表目前根據 PPP 條件式而對 n 年後之即期匯率所作的預測值。

>> 例 5-3

假設在未來五年歐盟國家的預期通貨膨脹率平均每年為 4%，而美國則是平均每年為 3%。若目前歐元兌美元 (US\$/€) 的即期匯率是 US\$1.20/€，則根據 PPP 所預測之五年後的即期匯率為何？

$$\frac{E(e_5)}{1.20} = \frac{(1+3\%)^5}{(1+4\%)^5}$$
$$\Rightarrow E(e_5) = US\$1.1434/€$$

開啟國際視窗 歷史上通貨膨脹率最嚴重的國家 vs. 當前全球悲慘十國

歷史上若干國家經歷過令人印象深刻的惡性通貨膨脹，其嚴重情形排名如下：

排名	國家	貨幣	通貨膨脹率最嚴重的年/月	最高的月通膨率	等值日通膨率	價格翻倍所需天數
1	匈牙利	Hungarian Pengo 潘戈	1946/7	4.19×10^{16} %	207.19%	15 小時
2	辛巴威	Zimbabwe Dollar 辛巴威幣	2008/11	7.96×10^{10} %	98.01%	24.7 小時

排名	國家	貨幣	通貨膨脹率最嚴重的年/月	最高的月通膨率	等值日通膨率	價格翻倍所需天數
3	南斯拉夫	Yogoslav Dinar 第納爾	1994/1	3.13×10^8 %	64.63%	1.4 天
4	德國	Papiermark 紙馬克	1923/10	2.95×10^4 %	20.87%	3.7 天
5	希臘	Drachma 堆克瑪	1944/10	1.38×10^4 %	17.84%	4.3 天
6	中華民國(台灣)	Old Taiwan Dollar 舊台幣	1949/5	2.178×10^3 %	10.98%	6.7 天

資料來源：Steve H. Hanke and Alex K. F. Kwok, "On the Measurement of Zimbabwe's Hyperinflation." Cato Journal, Vol. 29, No. 2 (Spring/Summer 2009)

　　根據2017年可取得資料，當前全球國家通貨膨脹率最嚴重的前十名如下所示：

排名	國家	通貨膨脹率(年/月)
1	委內瑞拉 Venezuela	741.0% (2017/2)
2	南蘇丹 South Sudan	272.6% (2017/4)
3	北韓 North Korea	55.0% (2013/7)
4	敘利亞 Syria	51.1% (2016/8)
5	蘇里南 Suriname	41.8% (2017/3)
6	阿根廷 Argentina	40.5% (2016/4)
7	中非共和國 Central African Republic	38.0% (2016/2)
8	剛果 Congo	36.3% (2017/3)
9	安哥拉 Angola	34.8% (2017/4)
10	蘇丹 Sudan	33.5% (2017/2)

資料來源：www.tradingeconomics.com

第 ❺ 章　國際平價關係與匯率預測

樂學新知：實質有效匯率 vs. 實質匯率

　　本節探討之**實質匯率** (Real Exchange Rate)，係經由相對價格或相對通貨膨脹率調整後所得之匯率，如 (5-4) 式或 (5-11) 式所示。兩國相互之間的貿易競爭力，由兩國通貨構成之實質匯率即知；譬如，A 國通貨相對於 B 國通貨是實質貶值的，即可知 A 國比 B 國有相對較高之貿易競爭力。

　　若想在同一時間得知一國相對於諸多國家 (譬如，其全部貿易夥伴) 的市場競爭實力，則有必要瞭解**實質有效匯率** (Real Effective Exchange Rate, REER)。實質有效匯率是一國相對於一籃子其他國家的貿易競爭能力指標。一國 REER 指數的上升 (下降)，代表其輸出品普遍變得更貴 (更便宜)，而輸入品普遍變得更便宜 (更貴)，也就是在國際市場有競爭力流失 (贏回) 的現象。

　　實質有效匯率是一個極為重要的貿易競爭力指標，因此許多國際級機構，譬如國際清算銀行、世界銀行、歐盟統計局 (Eurostat) 等都會出版其各自計算的實質有效匯率指數，總計為全球一百多個國家定期提供該指數。

　　REER 指數是如何計算的？不論國際機構所採用的一籃子其他國家的通貨包括哪些，基本上都是先找出一國通貨與籃子裡每一個其他通貨的雙邊匯率，然後再將這些雙邊匯率作加權平均。這樣算出的數據只考慮匯率變化而未考慮通膨的效果，稱之為**名目有效匯率** (Nominal Effective Exchange Rate, NEER)；另將通膨效果亦納入考慮後，才是實質有效匯率。

　　有效匯率 (Effective Exchange Rate, EER) 的意義何在？舉例來說，2016 年 10 月至 11 月，新台幣兌美元是貶值的，但根據國際清算銀行公布的數據，新台幣在 2016 年 11 月名目有效匯率和實質有效匯率都是升值的，表示新台

PART 2 ▶ 外匯市場、國際平價條件

幣雖對美元貶值，但對我國大多數的其他貿易夥伴之通貨是升值的，導致我國產品在國際市場上的競爭力其實是普遍下降。

第二節　一般化與國際費雪效應條件

重要名詞

費雪效應　　　　　　　Fisher Effect
一般化費雪效應條件　　　Generalized Fisher Effect, GFE
國際費雪效應條件　　　International Fisher Effect, IFE

◎ 一般化費雪效應條件

經濟學家費雪 (Irving Fisher) 在 1960 年提出**費雪假說** (Fisher Hypothesis)，或稱**費雪效應** (Fisher Effect)，指出名目利率與實質利率之間的差異，完全可由相關期間的預期通貨膨脹率來說明，其簡化公式如下[1]：

$$i = r + \pi^e \quad 或 \quad \pi^e = i - r \tag{5-13}$$

其中，i 代表名目利率，r 代表實質利率，π^e 則代表預期通貨膨脹率。根據費雪效應，我們可以把美國或某外幣國家的預期通貨

---
[1] 精確的費雪效應公式為 $(1+i) = (1+r)(1+\pi^e)$。

膨脹率都寫成是名目利率和實質利率的差異，如下所示：

$$\pi^e_{US\$} = i_{US\$} - r_{US\$} \tag{5-14}$$

$$\pi^e_{FC} = i_{FC} - r_{FC} \tag{5-15}$$

同時考慮 (5-14) 式及 (5-15) 式，再附加一個假設：「實質利率在每一個國家皆相同」，並將此假設以 (5-16) 式表示之：

$$r_{US\$} = r_{FC} \tag{5-16}$$

則我們可以導出第二個國際平價條件，稱之為**一般化費雪效應條件** (Generalized Fisher Effect, GFE)，如下所示：

$$i_{US\$} - i_{FC} = \pi^e_{US\$} - \pi^e_{FC} \tag{5-17}$$

(5-17) 式中，$i_{US\$}$ 代表美國的名目利率，i_{FC} 代表某外幣的名目利率，$\pi^e_{US\$}$ 代表美國的預期通貨膨脹率，而 π^e_{FC} 則代表某外幣國家的預期通貨膨脹率。

>> 例 5-4

假設美國的預期通貨膨脹率每年為 4%，而歐元區的預期通貨膨脹率每年為 3%，則美元與歐元的名目利率差異為何？

$$i_{US\$} - i_{€} = 4\% - 3\% = 1\%$$

國際費雪效應條件

國際費雪效應條件 (International Fisher Effect, IFE) 說明一國的名目利率愈高，其貨幣會傾向於貶值[2]；此一平價條件將匯率的百分比變動與兩國名目利率的差異作一連結，其簡化關係式如下：

$$\frac{E(e_1) - e_0}{e_0} \approx i_{US\$} - i_{FC} \tag{5-18}$$

(5-18) 式的意義是說，某外幣對美元 (US\$/FC) 的預期升值率 (貶值率)，大致等於美元利率與外幣利率的差異。此處我們說「大致等於」，是因為 (5-18) 式只是一個近似式，精確的國際費雪效應條件應是如 (5-19) 式或 (5-19a) 式所示[3]：

$$\frac{E(e_1)}{e_0} = \frac{1 + i_{US\$}}{1 + i_{FC}} \tag{5-19}$$

或

$$\frac{E(e_1) - e_0}{e_0} = \frac{i_{US\$} - i_{FC}}{1 + i_{FC}} \tag{5-19a}$$

例 5-5

假設一年期定存的日圓利率為 1%，一年期定存的美元利率為 2%，則根據國際費雪效應條件，日圓對美元

---

[2] 須注意其前提假設為兩國間的實質利率相等。
[3] 國際費雪效應條件若成立，則市場是處在一種均衡的狀態，此時含有匯率風險之利率套利 (Uncovered Interest Arbitrage, UIA) 的機會不存在。須注意的是，此處所說的市場均衡意指精確的國際費雪效應條件式成立。

(US$/¥) 的匯率在未來一年的預期升值率 (貶值率) 大致為何?

$$\frac{E(e_1) - e_0}{e_0} \approx 2\% - 1\% = 1\%$$

由計算得知,日圓對美元 (US$/¥) 的匯率在未來一年的預期升值率大致為 1%。

○ 運用國際費雪效應條件預測未來即期匯率

以不花成本又現成的方式預測匯率,除了可以採用 PPP 條件式,也可以運用國際費雪效應條件。我們可以將 (5-19) 式稍作修正,而得到如下之用來預測 n 年後即期匯率的公式:

$$\frac{E(e_n)}{e_0} = \frac{(1 + i_{US\$})^n}{(1 + i_{FC})^n} \tag{5-20}$$

例 5-6

假設十年期日圓債券的殖利率為 2%,相同信用風險的十年期美元債券的殖利率為 4%。目前即期匯率是 US$0.0092/¥,則根據 IFE 所預測之十年後即期匯率 (US$/¥) 為何?

$$\frac{E(e_{10})}{0.0092} = \frac{(1 + 4\%)^{10}}{(1 + 2\%)^{10}}$$
$$\Rightarrow E(e_{10}) = US\$0.01117/¥$$

第三節　利率平價條件

重要名詞

利率平價條件　　　　Interest Rate Parity, IRP
不含匯率風險之利率套利　　　Covered Interest Arbitrage, CIA

利率平價條件 (Interest Rate Parity, IRP) 可以用來檢視國際金融市場上是否存在不含匯率風險之利率套利 (Covered Interest Arbitrage, CIA) 的機會；所謂不含匯率風險之利率套利，是指利用兩種不同貨幣的利率差異 (Interest Rate Differential) 來賺取套利利潤，同時藉著買賣外匯遠期合約將匯率風險完全排除。利率平價條件若成立，則外匯市場與國際貨幣市場之間是處在一種均衡的狀態；此平價條件所描述的匯率與利率之間的簡化關係式如下：

$$\frac{f_0 - e_0}{e_0} \approx i_{US\$} - i_{FC} \tag{5-21}$$

(5-21) 式中的 f_0 代表遠期匯率；e_0 代表即期匯率；$i_{US\$}$ 代表美國的名目利率；i_{FC} 代表某外幣的名目利率。其中遠期匯率的到期期限要與兩名目利率的到期期限相同；此即是說，3 個月到期的名目利率須藉著鎖住 3 個月到期的遠期匯率來避險，而 9 個月到期的名目利率則須藉著鎖住 9 個月到期的遠期匯率來避險。

(5-21) 式的意義是說,某外幣對美元 (US$/FC) 的遠期溢酬或貼水,大致等於相同期限之美元利率與外幣利率的差異。也就是說,一國的名目利率愈高,其貨幣會傾向於有遠期貼水,而名目利率愈低,則其貨幣會傾向於有遠期溢酬。(5-21) 式只是利率平價條件的近似式;精確的公式如下所示[4]:

$$\frac{f_0}{e_0} = \frac{1+i_{US\$}}{1+i_{FC}} \tag{5-22}$$

或

$$\frac{f_0 - e_0}{e_0} = \frac{i_{US\$} - i_{FC}}{1+i_{FC}} \tag{5-22a}$$

此處須注意的是,利率的報價一般都是以年化 (Annualized) 的方式呈現,而遠期合約的到期期限又常常是在一年以內,因此對於到期期限正好是一年的遠期匯率而言,(5-22) 式或 (5-22a) 式是正確的 IRP 條件式,但是若考量到期期限不足一年 (譬如,30 天期、90 天期或 180 天期) 的遠期匯率,則須將 (5-22) 式及 (5-22a) 式分別修正如 (5-23) 式及 (5-23a) 式所示[5]:

$$\frac{f_0}{e_0} = \frac{1+i_{US\$} \times \frac{\text{天數}}{360}}{1+i_{FC} \times \frac{\text{天數}}{360}} \tag{5-23}$$

---

[4] 利率平價條件若成立,則市場是處在一種均衡的狀態而致「不含匯率風險之利率套利」的機會不存在。須注意的是,此處所說的市場均衡意指精確的利率平價條件成立。

[5] 假設一年為 360 天;為計算方便,有時也可用月數 / 12 取代天數 / 360。實務上在進行此類利率計算時,應遵循市場計日慣例 (Day Count Convention)。

PART 2 ▶ 外匯市場、國際平價條件

$$\frac{f_0 - e_0}{e_0} = \frac{i_{US\$} \times \dfrac{天數}{360} - i_{FC} \times \dfrac{天數}{360}}{1 + i_{FC} \times \dfrac{天數}{360}} \tag{5-23a}$$

》例 5-7

若不考慮交易成本（即匯率無買賣價差，而利率也無存款利率與放款利率之分），並假設六個月到期的瑞士法郎（年化）利率為 2%，六個月到期的美元（年化）利率為 4%，則根據利率平價條件，瑞士法郎對美元（US$/SFr）的六個月到期（180 天期）遠期溢酬（貼水）為何？

$$\frac{f_0 - e_0}{e_0} = \frac{4\% \times \dfrac{180}{360} - 2\% \times \dfrac{180}{360}}{1 + 2\% \times \dfrac{180}{360}} = 0.99\% \approx 1\%$$

結果顯示，瑞士法郎對美元（US$/SFr）有將近 1% 的遠期溢酬，也就是說市場認為未來 6 個月內，瑞士法郎對美元大約會升值 1%。

第四節　不偏遠期匯率條件

重要名詞

不偏估計值　　　Unbiased Predictor
效率市場假說　　Efficient Market Hypothesis

不偏遠期匯率條件意指遠期匯率是未來即期匯率的不偏估計值 (Unbiased Predictor)；所謂「不偏」，是指目前的遠期匯率 (f_0) 並不等於未來 (下一期) 的即期匯率 (e_1)，而是等於未來即期匯率的數學期望值 $[E(e_1)]$[6]，亦即：

$$E(e_1) = f_0 \tag{5-24}$$

我們也可以將 (5-24) 式等號左右兩邊皆減去目前的即期匯率 (e_0)，而得到不偏遠期匯率條件的另一形式，如下所示：

$$E(e_1) - e_0 = f_0 - e_0 \tag{5-25}$$

(5-25) 式的意義是說，目前遠期匯率與目前即期匯率的差異 ($f_0 - e_0$) 會等於下一期即期匯率的數學期望值 (即市場整體預估下一期即期匯率所在的水準) 與目前即期匯率的差異 $[E(e_1) - e_0]$。

(5-25) 式成立的過程，可以作如下解說。假若整體市場都預期新台幣在一個月後會貶值 (對美元)，於是預期在一個月後有美元支出的企業或個人，就會盡快在遠期外匯市場賣出新台幣；由於銀行對遠期匯率的決定，除了參考兩國名目利率的差異，也會考量市場的供需狀況；過度的賣壓會使新台幣幣值在遠期外匯市場下滑。另外，銀行在遠期外匯市場買了過多的新台幣，會設法在即期市場賣出新台幣以軋平部位，而此軋平動作創造的賣壓也會讓新台幣在即期市場貶值。此即是說，當市場普遍預期新台幣會貶值時，新台幣幣值就會在遠期與即期外匯市場同步下跌，

---

[6] 期望值是整體市場對未來匯率水準的平均看法，而非任何一個人或少數一群人的看法。

而最後達到的均衡狀況即如 (5-25) 式所示。

若將 (5-25) 式等號左右兩邊皆除以目前的即期匯率 (e_0)，得到下式：

$$\frac{E(e_1) - e_0}{e_0} = \frac{f_0 - e_0}{e_0} \qquad (5\text{-}26)$$

(5-26) 式等號左邊代表外幣的預期升值率（若為負值則為預期貶值率），等號右邊則代表外幣的遠期溢酬（若為負值則為遠期貼水）。因此，不偏遠期匯率條件若以 (5-26) 式的方式表達，其意義是說：外幣的遠期溢酬（遠期貼水）等於整體市場對外幣升值率（貶值率）的看法。舉例來說，若 90 天期的遠期溢酬等於 3%，代表整體市場預期外幣在 90 天後會升值 3%；若 180 天期的遠期貼水等於 2%，代表整體市場預期外幣在 180 天後會貶值 2%。

效率市場假說

支撐不偏遠期匯率條件成立的理論基礎是效率市場假說 (Efficient Market Hypothesis)。效率市場假說的主要論點是所有可供利用的相關資訊，都會充分快速地反映在資產價格上。以外匯市場而言，若市場是有效率的，則現行匯率應已充分反映所有可供利用的相關資訊。至於「可供利用的相關資訊」可以細分為三類：(1) 可供利用的相關歷史資料；(2) 可供利用的公開即時資訊；及 (3) 可供利用的內線即時資訊。由於「可供利用相關資訊」的區分，效率市場假說因此有三種不同的定義，描述如下：

弱式效率市場假說

弱式效率市場假說 (Weak-Form Efficient Market Hypothesis) 指出,資產的價格早已充分反映出所有可供利用的相關歷史訊息,包括資產在過去的價格與成交量趨勢。因此,若想藉著分析歷史資料來掌握匯率在目前或未來的走勢乃是徒勞無功的,但目前的公開即時資訊及私有資訊則仍是對匯率預測有幫助。

半強式效率市場假說

半強式效率市場假說 (Semi-Strong Form Efficient Market Hypothesis) 述明資產的價格已充分反映出所有過去的相關資訊及目前公開可利用的資訊。因此,只有內線即時資訊才會對匯率預測有幫助,其他的資訊都無利用價值。

支持不偏遠期匯率條件成立的效率市場假說乃是屬於半強式的。這是因為國際大銀行在外匯批發市場上對遠期匯率所作的即時報價,已經反映了目前市場上所有可供利用的公開資訊,因此下一期即期匯率的最佳估計值,就是這一期 (目前) 的遠期匯率,市場人士不必再費神去尋找任何其他的公開資訊,因為所有的公開資訊都已吸納在目前遠期匯率的報價之中。

強式效率市場假說

強式效率市場假說 (Strong Form Efficient Market Hypothesis) 否定任何資訊在預測上的價值,即使是目前的私有資訊也早已被價格充分反映,因此握有內線消息者也無法藉此而進行買賣獲利。

◎ 以遠期匯率預測未來即期匯率

既然遠期匯率是未來即期匯率的不偏估計值，我們自然可以運用目前報價的遠期匯率 (f_0) 來當作未來即期匯率 (e_1) 的預期值。換句話說，除了前述提及的購買力平價條件及國際費雪效應條件之外，以遠期匯率作預測是另一項簡易的匯率預測方法。譬如說，我們可以用目前市場報價的 90 天期遠期匯率 ($f_0^{90天期}$) 來當作 90 天之後的即期匯率估計值，或是用目前 270 天期的遠期匯率 ($f_0^{270天期}$) 來當作 270 天之後的即期匯率估計值。

◎ 均衡狀態下的國際平價關係

前述共提及五個國際平價條件，這些條件彼此之間有無相互牴觸之處？觀察圖 5-1 得知，當市場處在一種均衡狀態時，五

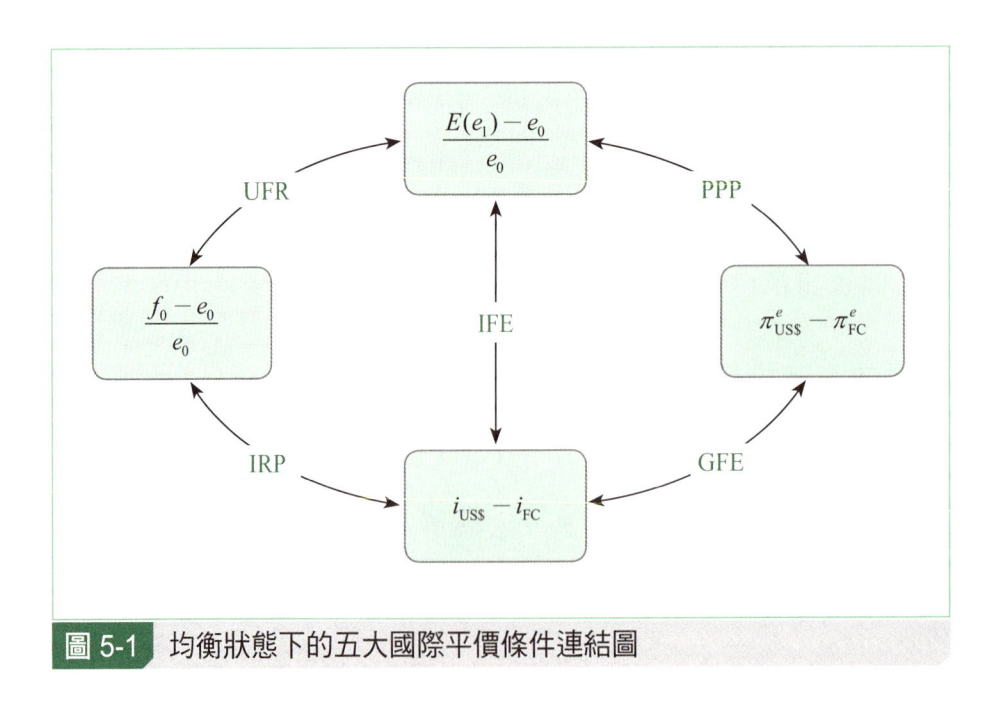

圖 5-1 均衡狀態下的五大國際平價條件連結圖

大國際平價關係彼此之間是相通而毫無牴觸的。

第五節　各種匯率預測的方式與模型

重要名詞

隨機漫步假說	Random Walk Hypothesis
國際收支模型	Balance of Payments Model
貨幣學派模型	Monetary Model
資產市場模型	Asset Market Model

前面各節曾提及，一個便捷的匯率預測方法，是運用總體變數 (通貨膨脹率、利率) 並套用平價條件公式來算出未來匯率的預期值，或是直接以市場目前報價 (遠期匯率) 來當作未來匯率的估計值。此類匯率預測方式的優點是簡單方便且成本低，但其精確度也頗讓人存疑。雖然再好的預測模型都會有誤差，但是因為匯率預測在今日世界對企業的投資、融資、投機、避險等決策確有重大影響，因此企業仍是願意不斷地花費資源，甚至僱用專業的預測機構，希望能找出最精準的預測方式與模型。

仔細分析起來，所有匯率預測的方式皆可歸納為兩類：其一是以三率為基礎的預測，是指採用匯率 (包括即期匯率與遠期匯率)、通貨膨脹率及利率來作預測；其二是以模型為基礎的預測，又可區分為技術面分析與基本面分析。第一類的預測方式

幾乎不花資源或成本,此部分本章已討論過 PPP 及 IFE 的平價條件及遠期匯率預測,此處僅針對即期匯率的預測方式作扼要說明。第二類的模型預測則要動用到許多人力資源,甚至專業機構的服務,因此乃是需要花費相當的成本。關於這方面的預測,本節對於技術面與基本面的分析均有詳細解說。

本章第四節提及,市場人士若以遠期匯率作為下一期即期匯率的最佳估計值,即等於是採信半強式效率市場假說。本節所要討論的即期匯率,以及技術面或基本面的預測方式也都與市場效率性的議題有關。事實上,預測者所選擇的預測方式或模型,大多是奠基於自己對市場效率性的看法。

以即期匯率作預測

外匯市場若符合弱式效率市場假說,則目前的匯率已充分反映過去所有的相關資訊;因此只有當市場接收到新的訊息時,匯率才會產生變動而移至新的水準。由於新訊息的到來基本上是無法預測的,因而匯率的變動也是隨機的;換句話說,匯率在未來的走勢會符合隨機漫步假說 (Random Walk Hypothesis)。當匯率的走勢是遵循隨機漫步的模式時,那麼下一期匯率的最好估計值 (Best Predictor),就是目前的匯率。這也就是說,相信市場呈弱式效率性的人士,會直接以目前的即期匯率當作未來匯率的預測值。

財務文獻上想要檢驗市場是否符合弱式效率市場假說,多半依靠驗證隨機漫步假說是否成立;代表隨機漫步假說成立的標準

式如下：

$$E(e_{t+1}|\Omega_t) = e_t \tag{5-27}$$

(5-27) 式的意義是說，根據在 t 期的所有相關資訊 (Ω_t) 對 $t+1$ 期的即期匯率作預測，所得的數學期望值即是 t 期的即期匯率。(5-27) 式拆解開來即等於下列兩式：

$$e_{t+1} = e_t + v_{t+1} \tag{5-28}$$

$$E(v_{t+1}|\Omega_t) = 0 \tag{5-29}$$

當我們針對某一外匯市場進行實證研究時，若 (5-28) 式及 (5-29) 式共同獲得支持，即代表所檢驗的市場符合弱式效率市場假說。

技術面分析

仰賴技術面分析的預測者不採信市場是有效率的說法，即使是弱式效率也不認同。他們秉持的一個信念是：歷史會一再重演，因此認為過去的資料仍然含有寶貴的訊息可供用來預測未來的匯率。運用技術面分析法預測匯率，完全不需要理論的支撐，只是藉著研究匯率過去的行為走勢，包括價格與成交量的趨勢與互動，來找出特定的一些價格移動型態。然後觀察在未來的某時點，特定型態的價格移動是否有再度出現的可能，並據以判斷未來可能的價格高點與低點。

學術界一般都對技術面分析的有效性存疑，因為所有的學術理論幾乎都假設市場是有效率的，譬如五個國際平價條件也都是

以效率市場為前提。但市場人士在進行匯率預測時,常是將技術面分析與基本面分析合併運用,可見技術面分析的有效性仍然是為市場所肯定的。

基本面分析

採用基本面分析法預測匯率,是根據預測者所提出或引述的理論來架構模型;以匯率為**應變數** (Dependent Variables),理論所建議的重要總體變數為**自變數** (Independent Variables 或 Explanatory Variables),然後進行回歸分析。基本面分析的前提是弱式效率市場假說成立,也就是預測者認為現行匯率早已反映過去的訊息,但尚未反映目前公開可利用的資訊,因此當前的重要總體變數可以解釋匯率的變動。由於學者或市場人士對於「重要總體變數」的看法各異其趣,因此屬於基本面分析的匯率模型也多所迥異。此處先來瞭解幾個引起匯率變動的重要總體變數,再來探討一些較為著名的匯率預測模型。

引起匯率變動的重要總體變數

一般認為,決定匯率長期穩定走勢的根本因素是總體面幾個重要的經濟變數,至於匯率在短期暫時性的波動,則會受到各國政治、經濟、社會各方面干擾因素的影響。經常出現在匯率預測模型中的重要總體經濟變數有如下三者:

- 國民所得成長率或經濟成長率
- 實質利率

- 通貨膨脹率

國民所得成長率或經濟成長率

在其他條件不變的情況下，兩國經濟成長率的步調若不一致，會引起匯率產生變動而移至新的水準。經濟成長率相對較高的國家，企業未來的獲利有較好的展望，因此容易吸引到國外資金的流入，而使其金融帳淨額變好並導致該國貨幣升值。譬如，印度的經濟成長率一般認為在未來數年會優於多數國家，因此國外企業會傾向於將資金導向印度市場，而使盧比的升值趨勢及壓力將在所難免。

在另一方面，經濟成長率高的國家代表國民所得增加得快；由於消費 (C) 是國民所得 (Y) 的函數，而且邊際消費傾向 ($\Delta C/\Delta Y$) 必大於零，因而國民所得增加快速的國家，其對輸入品（為消費的一部分）的需求也增加得快。輸入總額的增加有可能會讓一國的經常帳淨額變壞，此情況是發生在輸出總額未增加或輸出增加的速度趕不及輸入增加的速度之時。本書在第二章曾提及，經常帳顯示資金淨流出（出口＜進口）的國家，金融帳則多顯示資金淨流入，可見此兩個國際收支帳戶對匯率變化造成的效果常有互抵作用，而淨效果則要看兩者孰強。

實質利率

在其他條件不變（包括通貨膨脹率不變）的情況下，一國的名目利率上升即等於是實質利率上升，會吸引想要賺取較高投資報酬率的國外資金流入，因而造成本國貨幣的升值及外幣的貶

值。譬如在其他條件不變的情況下，美國聯準會調高利率而歐元區國家並未跟進，則追逐高利率的投資組合資金就會流出歐元區國家而流入美國，造成美元升值而歐元貶值，如圖 5-2 所示。

圖 5-2 中的 (a) 圖，是從歐式報價的觀點來看匯率變動，而 (b) 圖則是從美式報價的觀點；兩圖形所揭示的匯率變動訊息其實是一樣的，圖中的需求及供給曲線可以相互對照來看。譬如，(a) 圖中的美元需求 ($D_{US\$}$) 曲線與 (b) 圖中的歐元供給 ($S_{€}$) 曲線是一體的兩面，此乃因在外匯市場賣出歐元而買進美元的人士，同時創造了歐元的供給與美元的需求。而 (a) 圖中的美元供給 ($S_{US\$}$) 曲線與 (b) 圖中的歐元需求 ($D_{€}$) 曲線也是一體的兩面，因為在外匯市場賣出美元而買進歐元的人士，也同時創造了美元的供給與歐元的需求。從 (a) 圖觀之，美國實質利率上升導致一單位美元所值的歐元數目增加（美元升值），也就是均衡匯率由 $1/e_0$ 上升到 $1/e_1$。另從 (b) 圖觀之，美國實質利率上升導致一單位歐元所值的美元數目下降（歐元貶值），也就是均衡匯

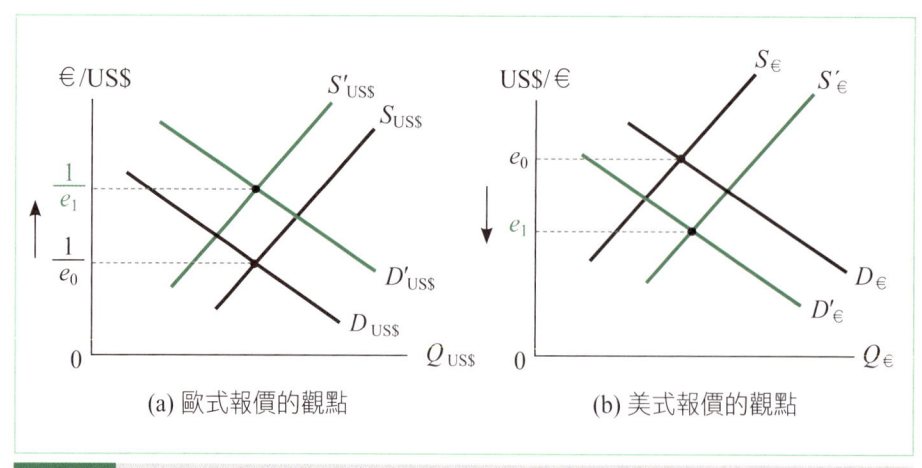

圖 5-2　兩國相對實質利率改變對匯率變動的影響

率由 e_0 下降至 e_1。

通貨膨脹率

在其他條件不變的情況下，一國的物價上漲率若高於其他國家的，則其產品在國際市場上會居於價格競爭劣勢，因而出口減少、進口增加，造成經常帳淨額變壞而使貨幣貶值。譬如，在其他條件不變的情況下，英國的通貨膨脹率上升的速度比美國快，則市場上普遍會對美國產品的需求增加而對英國產品的需求減少，也就是對美元的需求增加而對英鎊的需求減少，導致美元升值而英鎊貶值，如圖 5-3 所示。

匯率預測模型

各種基本面的匯率預測模型雖然納入不同的自變數，但模型預測所遵循的步驟大致上是一樣的。首先，預測者透過電腦程式運算，找出模型中各參數的估計值，然後再估計各個自變數未來

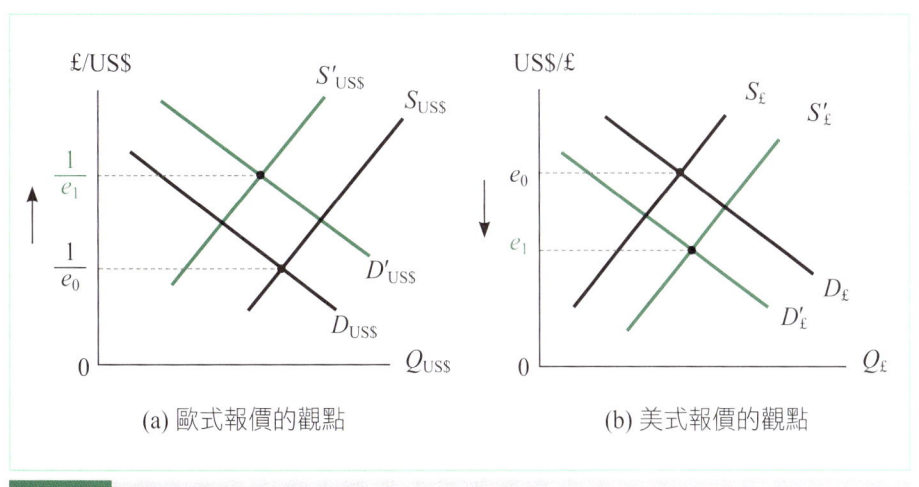

(a) 歐式報價的觀點

(b) 美式報價的觀點

圖 5-3 兩國相對通貨膨脹率改變對匯率變動的影響

的預測值,最後再將自變數未來的預測值及參數的估計值一起代入模型之中,而得到未來匯率的預測值。文獻上較著名的匯率預測模型有下列幾種:

- 國際收支模型 [Balance of Payments (BOP) Model]
- 貨幣學派模型 (Monetary Model)
- 資產市場模型 (Asset Market Model)

國際收支模型

一國的國際收支餘額會衝擊到匯率所在的水準乃是無庸置疑的;因此,國際收支餘額的變化在匯率預測方面有其重要的意義。回溯本書第二章第一節中所言,總國際收支餘額 (或稱基本餘額) 為:經常帳淨額＋資本帳淨額－金融帳淨額;若一國的基本餘額為赤字,代表本國貨幣在外匯市場上出現超額供給以致有貶值的壓力;反之,若基本餘額呈現盈餘,代表本國貨幣在外匯市場上存在超額需求以致有升值的壓力。匯率對於基本餘額變化的反映,在浮動匯率制度之下是立即的;也就是說,一國的通貨會立即升值 (貶值),而使基本餘額的盈餘 (赤字) 恢復為零。然而,在固定匯率制度之下,匯率對基本餘額變化的反映卻可能會拖延一段時間。

採行固定匯率制度的國家有責任及義務維持匯率的穩定;當基本餘額呈現盈餘狀態時,本國貨幣升值的壓力迫使政府必須進場干預,也就是在外匯市場創造本國貨幣的供給 (亦即釋出本國貨幣,並購買外匯) 來消弭本國貨幣升值的壓力。反之,當基本

餘額呈現赤字狀態時，本國貨幣貶值的壓力也迫使政府必須進場干預，也就是在外匯市場創造本國貨幣的需求 (亦即釋出外匯準備，並購買本國貨幣) 來消弭本國貨幣貶值的壓力。不過，當基本餘額的赤字狀態繼續惡化，以致政府在干預時釋出的外匯準備幾已耗盡，則政府無力再繼續支撐本國貨幣的價值而只能放手讓其達到應有幅度的貶值。

綜上所言，不論是在固定或浮動匯率制度之下，總國際收支餘額的變化對匯率水準必然會造成或多或少的衝擊，其衝擊快慢及幅度則與政府如何操作其政策變數有關。譬如，總國際收支餘額為赤字的國家，政府可以調高利率來吸引國外資金的流入，藉此改善赤字的狀況並減輕本國貨幣貶值的壓力。因此，匯率預測的國際收支模型並不能僅單純考慮國際收支餘額，相關總體變數例如利率的走勢也需納入模型之中。

貨幣學派模型

依貨幣學派觀點所導出的匯率預測模型，是將三個重要的總體變數納為自變數；此三個解釋變數為相對名目貨幣供給量、相對貨幣流通速度及相對實質國民所得。預測模型如下所示：

$$\ln e = \alpha + \beta(\ln M - \ln M^*) + \gamma(\ln V - \ln V^*) + \delta(\ln y^* - \ln y) + \varepsilon \quad (5\text{-}30)$$

(5-30) 式是貨幣學派預測模型的典型代表；其中，e 代表每一單位外幣的美元價值 (美式報價)。M 代表美國的名目貨幣供給量；M^* 代表某外幣國家的名目貨幣供給量。V 代表美國的貨幣流通速度；V^* 代表某外幣國家的貨幣流通速度。y 代表美國的

實質國民所得;y^* 代表某外幣國家的實質國民所得。α、β、γ、δ 是模型所估計的參數。

　　貨幣學派匯率模型的導出,主要是依據經濟學上的兩個重要的貨幣學派理論:一為貨幣數量學說 (Quantity Theory of Money);另一為購買力平價理論 [Purchasing Power Parity (PPP) Theory]。兩者之間透過物價水準 (P) 而產生關聯性,進而可以導出匯率預測模型。此兩學說的方程式分別如下所示:

$$\text{貨幣數量學說:} MV = Py \qquad (5\text{-}31)$$

其中,P 代表物價水準,其餘 M、V、y 的定義皆與前述相同。

$$\text{購買力平價學說:} e = \frac{P}{P^*} \qquad (5\text{-}32)$$

(5-32) 式中,P 代表美國的物價水準,P^* 則代表某外幣國家的物價水準,而 e 的定義與前述相同。

　　將 (5-32) 式等號左右兩邊皆取自然對數值,得到下式:

$$\ln e = \ln P - \ln P^* \qquad (5\text{-}33)$$

另外根據 (5-31) 式,物價水準 P 與 P^* 可分別以 (5-34) 式及 (5-35) 式表示如下:

$$P = \frac{MV}{y} \qquad (5\text{-}34)$$

$$P^* = \frac{M^*V^*}{y^*} \qquad (5\text{-}35)$$

再將 (5-34) 式及 (5-35) 式代入 (5-33) 式,得到下式:

$$\ln e = \ln \frac{MV}{y} - \ln \frac{M^*V^*}{y^*} \qquad (5\text{-}36)$$

將 (5-36) 式展開來看,並以回歸模型的方式呈現,即可得到如 (5-30) 式的匯率預測模型。

(5-30) 式的貨幣學派匯率預測模型,對於三個總體變數影響匯率的方向建議如下:

1. 若美國的貨幣供給量成長速度比某外幣國家為快,則外幣會升值。
2. 若美國的貨幣流通速度比某外幣國家為快,則外幣會升值。
3. 若美國的實質國民所得成長率比某外幣國家為快,則外幣會貶值。

資產市場模型

資產市場模型認為匯率的變動與國際收支餘額並無太大的關聯,而是與一國未來經濟前景的展望及企業獲利能力等因素有較密切的關係。其理論基礎是海外投資不論是固定資產投資 (Direct Investments) 或投資組合投資 (Portfolio Investments),作決策者所關心的項目就是決定匯率走勢的重要變數。譬如,投資人必然願意把資金投注在有下列特質的國家:

1. 經濟成長與獲利能力的前景看好。
2. 金融市場基礎設施與社會制度完善。

3. 政治安定。
4. 資本市場流動性充足。
5. 企業經營遵循「公司治理」的原則及精神。
6. 外匯準備充足。

　　使用資產市場模型的預測者認為具有這些特質的國家，容易吸引到海外資金前來而造成本國貨幣升值；譬如，美國在 1980 年至1985 年之間，總國際收支餘額持續惡化，但美元卻一路升值，原因就是國際投資者對於美國未來的經濟成長與獲利前景仍然看好之故。

本章摘要

- 國際平價條件泛指市場上所稱的三率（匯率、通貨膨脹率、利率）之間形成的五種關係，反映外匯即期、遠期市場與貨幣市場相互間的作用及連動。
- 購買力平價條件解釋「匯率」與「物價指數」或「物價指數上漲率」之間的關係，其理論根基是單一價格法則。
- 單一價格法則主張，在沒有運送成本、輸入限制及稅的考量下，任何一項貿易品在不同國家的價格，若以同樣一種貨幣衡量之，必定相等。
- 預期通貨膨脹率較高的國家，其貨幣會傾向於貶值；而預期通貨膨脹率較低的國家，其貨幣會傾向於升值。
- 費雪效應指出名目利率與實質利率之間的差異，完全可由相關期間的預期通貨膨脹率來說明。
- 不含匯率風險之利率套利是指利用兩種不同貨幣的利率差異來賺取套利利潤，同時藉著買賣外匯遠期合約將匯率風險完全排除。
- 不偏遠期匯率條件意指遠期匯率是未來即期匯率的不偏估計值；所謂「不偏」，是指目前的遠期匯率並不等於未來（下一期）的即期匯率，而是等於未來即期匯率的數學期望值。
- 弱式效率市場假說指出，資產的價格早已充分反映出所有可供利用的相關歷史訊息，包括資產在過去的價格與成交量趨勢。
- 半強式效率市場假說述明資產的價格已充分反映出所有過去的相關資訊及目前公開可利用的資訊。因此，只有內線即時資訊才會對匯率預測有幫助，其他的資訊都無利用價值。
- 強式效率市場假說否定任何資訊在預測上的價值，即使是目前的私有資訊也早已被價格充分反映，因此握有內線消息者也無法藉此而進行買賣獲利。
- 當匯率的走勢是遵循隨機漫步的模式時，那麼下一期匯率的最好估計值，就是目前的匯率。亦即相信市場呈弱式效率性的人士，會直接以目前的即期匯率當作未來匯率的預測值。
- 仰賴技術面分析的預測者不採信市場是有效率的說法，即使是弱式效率

也不認同。他們秉持的一個信念是歷史會一再重演，因此認為過去的資料仍然含有值得利用的訊息可供用來預測未來的匯率。

- 採用基本面分析法預測匯率，是根據預測者提出或引述的理論來架構模型；以匯率為應變數，理論所建議的重要總體變數為自變數，然後進行回歸分析。基本面分析的前提是弱式效率市場假說成立。
- 決定匯率長期穩定走勢的重要總體經濟變數包括：國民所得成長率或經濟成長率、實質利率、通貨膨脹率。
- 文獻上較著名的匯率預測模型包括：國際收支模型、貨幣學派模型、資產市場模型。

本章習題

一、選擇題

1. 假設目前美國一年期利率為 6%，墨西哥一年期利率為 12%，披索的即期匯率為 US$0.11/Mex$，一年期遠期匯率為 US$0.11/Mex$。根據利率平價條件 (IRP)，套利行為會讓下列敘述何者正確：

    a. 披索的即期匯率上升，一年期遠期匯率下降
    b. 披索的即期匯率上升，一年期遠期匯率上升
    c. 披索的即期匯率下降，一年期遠期匯率下降
    d. 披索的即期匯率下降，一年期遠期匯率上升

2. 根據下列的市場訊息：

    即期匯率：£1 = US$1.99

    一年期遠期匯率：£1 = US$2.01

    一年期美元定存利率：5%

    一年期英鎊定存利率：6%

    目前你有 US$100,000 的閒錢可以投資，打算定存一年，請問一年後你的存款餘額最佳的狀況是多少？

    a. US$105,000

    b. US$107,065

    c. US$106,000

    d. US$108,120

3. 延續上題，請問讓利率平價條件 (IRP) 成立的一年期遠期匯率是多少？

    a. 1.9712

    b. 1.9803

    c. 1.9924

    d. 2.0211

4. 根據下列的市場訊息：

    即期匯率：A$1 = US$0.926

90 天期美元 (年化) 利率：2.4%

90 天期澳幣 (年化) 利率：5.7%

請問 90 天期遠期匯率 (US$/A$) 是多少？

a. 0.8971

b. 0.9185

c. 0.9558

d. 0.9336

5. 根據國際費雪效應 (IFE) 條件，若目前紐元 (NZ$) 的名目利率遠高於其他國家的名目利率，代表紐西蘭的通貨膨脹率遠＿＿＿＿於其他國家的通貨膨脹率，而紐元 (NZ$) 應會＿＿＿＿。

a. 高；升值

b. 低；升值

c. 高；貶值

d. 低；貶值

6. 拉丁美洲許多國家在過去經歷過相當高的通貨膨脹率，而這些國家的貨幣也都因此而經歷過大幅貶值。此現象是與下列何者的概念有關？

a. 一般化費雪效應條件 (GFE)

b. 國際費雪效應條件 (IFE)

c. 購買力平價條件 (PPP)

d. 利率平價條件 (IRP)

7. 一般化費雪效應條件 (GFE) 與費雪效應 (Fisher Effect) 的主張差異在於：

a. 前者進一步假設各國的實質利率皆相等

b. 後者進一步假設各國的實質利率皆相等

c. 前者進一步假設各國的名目利率皆相等

d. 後者進一步假設各國的名目利率皆相等

8. 財務文獻上針對購買力平價條件 (PPP) 所作的實證研究傾向於：

a. 支持 PPP 在長期成立

b. 支持 PPP 在短期成立

c. 支持 PPP 在長期和短期都成立

d. 支持 PPP 在長期或短期都不成立

9. 假設目前美元一年期定存利率是 2.1%,日圓一年期定存利率是 0.2%,即期匯率是 US$1 = ¥100。根據利率平價條件 (IRP),可算出一年期遠期匯率 (¥/US$) 為:
   a. 97.16
   b. 98.14
   c. 99.15
   d. 100.01

10. 延續上題,假設兩國的實質利率相等,皆等於 0.2%,則可推知:
    a. 兩國的預期通貨膨脹率相等
    b. 美國的預期通貨膨脹率等於 1.9%,而日本的預期通貨膨脹率等於 0%
    c. 美國的預期通貨膨脹率等於 1.9%,而日本的預期通貨膨脹率等於 0.2%
    d. 美國的預期通貨膨脹率等於 2.1%,而日本的預期通貨膨脹率等於 0.2%

11. 假設新加坡未來一年的預期通貨膨脹率是 1%,美國未來一年的預期通貨膨脹率是 3%;根據購買力平價條件 (PPP) 的近似式,可知:
    a. 新加坡的幣值 (US$/S$) 應會上升 2%
    b. 美元的幣值 (US$/S$) 應會上升 2%
    c. 新加坡的幣值 (US$/S$) 應會下降 2%
    d. 美元的幣值 (US$/S$) 應會下降 2%

12. 不偏遠期匯率條件的「不偏」指的是:
    a. 目前一年期遠期匯率等於一年後的即期匯率
    b. 目前一年期遠期匯率等於一年後即期匯率的數學期望值
    c. 目前一年期遠期匯率與一年後即期匯率的差異為零
    d. 目前一年期的遠期匯率等於一年期的遠期利率

二、問答題

1. 請說明「不含匯率風險之利率套利」(CIA) 與「含有匯率風險之利率套利」(UIA) 兩者的差異何在?
2. 請解釋購買力平價條件的三種概念:(1) 單一價格法則;(2) 購買力平價條件絕對式;及 (3) 購買力平價條件相對式。
3. 下表中所列是某知名速食店漢堡在不同國家的售價;根據單一價格法則,請問哪些匯率不是均衡匯率,應如何調整才會變成均衡匯率?

國家	漢堡價格	匯率
美國	US$1.98	—
英國	£1.10	US$1.80/£
中國	CNY15	CNY12/£
台灣	NT$69	NT$32.82/US$
法國	€1.65	US$1.2/€

4. 伊莉是一家銀行的外匯交易員；目前她手上有一筆短期資金可供投資，金額為 US$3,000,000。伊莉見到市場上美元及澳幣利率，以及匯率的報價如下：

即期匯率： A$1.38/US$

3 個月期遠期匯率： A$1.32/US$

3 個月期年化美元利率： 2.5%

3 個月期年化澳幣利率： 4%

請問伊莉是否可根據上述的報價而進行「不含匯率風險之利率套利」來獲利？(注意此題之匯率是歐式報價，而本章內文中之公式所用之匯率是美式報價)

5. 某退休基金管理公司依據購買力平價條件 (PPP) 及國際費雪效應條件 (IFE) 來預測匯率，該公司將有關美元及瑞士法郎的利率、匯率及其他財務訊息彙整如下：

基年物價指數： 100

目前美國的物價指數： 103

目前瑞士的物價指數： 102

目前即期匯率： SFr1.25/US$

預期未來美國每年通貨膨脹率： 3%

預期未來瑞士每年通貨膨脹率： 2%

1 年期美元名目利率： 5%

1 年期瑞士法郎名目利率： 4%

(a) 若 PPP 成立，則現行即期匯率所在的水準為何？

(b) 若 PPP 成立，則 3 年後即期匯率所在的水準為何？

(c) 若 IFE 成立，則 1 年後即期匯率所在的水準為何？

6. 假設目前的即期匯率為 US$1.22/€，而三個月期的遠期匯率為 US$1.21/€。另外，在美國的三個月期 (年化) 利率為 1.40%，在法國的三個月期 (年化) 利率為 1.60%。倘若你可以借到 €1,000,000，你該如何利用「不含匯率風險之利率套利」來獲利？

7. 假設一年期利率在美國是 2%，在歐元區是 4%；目前歐元兌美元即期匯率為 US$1.12/€，請問根據國際費雪效應條件所預測之一年後即期匯率為何？

8. 目前是 2017 年 3 月 7 日，美元一年期利率為 1.56%，紐西蘭一年期利率為 2.27%，而紐元 (NZ$) 兌美元的即期匯率為 US$0.7205/NZ$。你預測一年期的 (US$/NZ$) 遠期匯率為何？

PART 3
外匯衍生商品

　　企業在國際化、全球化的趨勢之下，避險與投機操作已成為經營管理上不可或缺的一環，而金融衍生工具這類劃時代的產品，正好提供給企業一個良好的避險與投資(投機)管道。二十世紀末葉，衍生商品在金融市場上的發展已呈現勢不可擋的局面；置身於二十一世紀，企業若想在財務風險管理上有一些理想的表現，應該要對金融衍生商品的功能瞭解透徹。

　　衍生商品得其名是因其價值衍生於標的資產；標的資產可以是商品(例如黃金、冷凍濃縮果汁、豬肚等)，也可以是金融工具(例如外匯、債券、股票等)。以金融工具為標的之衍生商品，稱之為金融衍生商品(Financial Derivatives)。已故諾貝爾經濟學獎得主默頓‧米勒教授(Merton H. Miller, 1923-2000)曾在一場(1998年於波蘭華沙的)演講中指出，金融衍生商品市場之所以會成長得如此快速，主要是因這些商品提供了一個便宜的(Cheap)方式來管理風險。無可諱言的，衍生商品的操作本身也會招致風險；因此，如何將這些不斷推陳出新的金融工具運用得宜而使其成為有效的風險管理工具，確實會持續考驗所有管理團隊的智慧。

　　為了成功地運用金融衍生商品來管理企業風險並創造利潤，瞭解所有衍生商品的市場結構、機制與各類商品的性質、訂價，遂有其絕對的必要性。本篇第六、七、八章分別介紹外匯期貨合約、交換合約、外匯選擇權合約。

PART 3 ▶ 外匯衍生商品

Chapter 6

外匯期貨合約

　　金融衍生工具中最單純也最容易理解的應屬期貨。全球市場上第一個誕生的金融期貨合約是以外匯為交易標的，因此是外匯期貨合約 (Currency Futures Contract)。該合約是於 1972 年 5 月 16 日在美國芝加哥商業交易所 (Chicago Mercantile Exchange, CME) 成立的國際貨幣市場 (International Monetary Market, IMM) 部門推出；至今，世界各重要金融中心都已建立了外匯期貨市場，譬如紐約、倫敦和東京，但還是以最早起飛的美國芝加哥 IMM 為最重要。

　　本章第一節探討 IMM 外匯期貨合約的基本規格與特性；第二節說明如何利用外匯期貨合約進行避險與投機操作；第三節討論如何運用歐洲美元期貨合約來避險與投機。

PART 3 ▶ 外匯衍生商品

第一節　IMM外匯期貨合約的基本規格與特性

重要名詞

國際貨幣市場	International Monetary Market, IMM
最後交易日	Last Trading Day
實物交割	Physical Delivery
保證金要求	Margin Requirement
每日結算或評價	Daily Settlement or Marking to Market

　　外匯期貨合約與第四章所提及的外匯遠期合約 (Currency Forward Contract) 相比，兩者功能相近，定義相同，均是指交易雙方以預先約定的價格 (匯率)，在未來特定時點進行指定外幣之買賣交割。不過兩者也有差別，其中最重要的是外匯遠期合約為店頭市場 (Over the Counter, OTC) 的商品，而期貨則只能在**交易所** (Exchanges) 交易。由於期貨合約的買賣是在交易所進行，是屬於集中市場的交易，故所有合約都訂有標準化的規格。標準化的契約讓交易者在事前便清楚瞭解所有的交易內容 (包括到期期限、交割日期、交易單位、交割地點，甚至交割標的之品質或條件等)，避免交易可能產生之不必要的誤會與紛爭，並可增進交易進行的效率性。各個交易所除了自訂標準化的合約規格外，還訂有一套周詳的機制來提供交易雙方更多的保障。以下就以

IMM 期貨合約為例,來討論期貨市場的運作機制與合約規格。

IMM 之運作機制與合約規格

合約大小

　　IMM 期貨合約的交易有基本單位的規定,顧客只能買、賣基本單位或其倍數。以日圓外匯期貨合約為例,每一口合約含有 12,500,000 單位的日圓;其他的外幣合約大小規定可參考表 6-1。

表 6-1　IMM 期貨合約的標準化規格

外匯	合約大小	到期月
日圓	12,500,000	1、4、7、10、3、6、9、12
加幣	100,000	同上
英鎊	62,500	同上
瑞士法郎	125,000	同上
澳幣	100,000	同上
墨西哥披索	500,000	同上
歐元	125,000	同上

報價方式

　　IMM 外匯期貨合約都是採美式報價,或可說是直接報價(從美國的觀點)。譬如,英鎊合約的報價為 US$1.6580/£、加幣合約的報價為 US$0.7550/C$ 等等皆是美式報價。IMM 期貨的每日交易價格在重要財經報紙均有登載,譬如《華爾街日報》(The

Wall Street Journal, WSJ) 的刊載情形如表 6-2 所示：

表 6-2 《華爾街日報》刊載 IMM 外匯期貨合約交易價格範例
（以日圓及加幣為例；2017 年 4 月 10 日星期一）

	Open	High	Low	Settle	Change	Lifetime* High	Lifetime* Low	Open Interest
Japanese Yen (CME) - ¥12,500,000 million; $ per 100 yen**								
Jun	.9025	.9049	.8986	.9037	+.0015	.9113	.8497	190,799
Sep	.9052	.9087	.9025	.9075	+.0015	.9149	.8620	1,491

Est vol 124,521; vol n.a. n.a.; open int 193,797, n.a.

	Open	High	Low	Settle	Change	Lifetime High	Lifetime Low	Open Interest
Canadian Dollar (CME) - CAD100,000; $ per CAD								
Jun	.7465	.7515	.7454	.7509	+.0047	.7723	.7398	127,118
Sep	.7476	.7524	.7465	.7520	+.0048	.7727	.7412	2,008
Dec	.7516	.7534	.7480	.7532	+.0047	.7738	.7425	1,633

Est vol 49,085; vol n.a. n.a.; open int 131,809, n.a.

* IMM 期貨合約的至今最高價和至今最低價，分別代表當年度年初到目前（2017 年 4 月 10 日）的最高價和最低價。

** 所有 IMM 外匯期貨的報價，皆是每一外幣之美元價格，只有日圓因幣值較小，因此報價是每 100¥ 之美元價格。

表 6-2 中的各項數字如何解讀？以加幣為例，此時（4 月 10 日）正在交易的合約到期月份有 6 月、9 月、12 月。再以 6 月份到期的合約為例，當天（星期一）開盤價 (Open) 為 US$0.7465/C$，最高價 (High) 為 US$0.7515/C$，最低價 (Low) 為 US$0.7454/C$，收盤價 (Settle) 為 US$0.7509/C$，而收盤價較前一交易日上漲了 0.0047。另外，該合約至今最高價 (Lifetime High) 為 US$0.7723/C$，至今最低價 (Lifetime Low) 為 US$0.7398/C$。此合約之未平倉口數 (Open Interest) 是 127,118 口，代表尚未結清的口數。加幣所有合約的未平倉

第❻章 外匯期貨合約

樂學新知：E-mini 與 E-micro 外匯期貨合約

買賣外匯期貨除了可以在交易所進行，也可以透過芝加哥商業交易所 (CME) 的 Globex 電子交易平台完成。許多頻繁交易外匯期貨的人士，都特別喜歡 CME 推出的 E-mini 及 E-micro 外匯期貨合約，尤其是 E-mini 期貨合約。在 CME，每口 E-mini 外匯期貨合約所含的單位，是每口 IMM 外匯期貨合約的一半，而每口 E-micro 外匯期貨合約所含的單位，則是每口 IMM 外匯期貨合約的十分之一。譬如，每口 E-mini 日圓外匯期貨合約含有 6,250,000 單位的日圓，而每口 E-micro 日圓外匯期貨合約則含有 1,250,000 單位的日圓。

為何 E-mini 或 E-micro 外匯期貨合約被頻繁交易期貨的人士認為優於交易所的期貨，重要原因如下：(1) 流動性較高，買單或賣單在一個 tick 之內即可成交；(2) 交易成本較低，買賣來回一次所付的佣金是美元個位數字；(3) 交易量是透明的；(4) 交易鐘點較長；(5) 電子交易平台，隨時掌握自身交易情況；(6) 政府課稅較少；(7) 保證金較低；(8) 公平競爭環境，大單小單都得到公平待遇，先進來的就先出。

口數是 6 月份的最大，日圓合約的未平倉口數也是 6 月份的最大 (190,799 口)；此訊息透露的現象是，即將到期合約的未平倉口數總是最大。表 6-2 中最下面的兩個數字，從左至右分別代表加幣在當日的成交量 (49,085) 及當日各月份合約之未平倉口數加總 (131,809)。

未平倉口數如何計算？舉例來說，若投資人甲在第一個交

217

易日買進 6,000 口,而投資人乙賣出 6,000 口,則第一個交易日的未平倉口數為 6,000 口。倘若在第二個交易日投資人丙買進 2,000 口,而投資人甲賣出 2,000 口,則未平倉口數仍是 6,000 口;此乃因投資人丙雖然新創造 2,000 口,但投資人甲也因對沖 (Offsetting) 而結清 2,000 口,故總數不變。又假設在第三個交易日投資人乙買進 2,000 口,而投資人丁賣出 3,000 口,且投資人戊買進 1,000 口,則未平倉口數為 7,000 口。原則上只有當買賣雙方都是新進場的投資人,未平倉口數才會增加。

到期月與到期日

IMM 期貨合約的到期月 (Expiration Month) 是採 January Cycle (1月、4月、7月、10月) 及 March Cycle (3月、6月、9月、12月)。到期日 (Expiration Date) 則是每個到期月的第三個星期三 (Third Wednesday)。

最後交易日

最後交易日 (Last Trading Day) 是指每一口合約最後可以交易 (Trade) 的日子。IMM 期貨合約的最後交易日是到期日之前 (往回數至) 第二個工作天;換句話說,除非碰到例假日,否則最後交易日是到期日同一週的星期一 (Monday right before the Third Wednesday)。

結束部位方式

外匯期貨交易的買、賣雙方均有兩種方式可以結束部位：(1) 實物交割 (Physical Delivery) 及 (2) 對沖或平倉 (Offsetting)。若以第一種方式結束合約，買方須在交割日領取指定的外幣同時付出美元，而賣方則須在交割日將指定的外幣交給買方並向買方收取美元。若採第二種方式結束合約，則是以建立反向部位的方式來將合約平倉，且須在最後交易日收盤前完成。若錯過最後交易日，則只能用實物交割方式結束合約。

至於交易雙方大多是以哪一種方式結束合約？95% 以上的外匯期貨合約是在到期之前即以對沖方式結束合約，此點顯示期貨合約大多是被用來當作投機操作而非以避險為目的。

保證金要求

期貨交易為了確保客戶都能遵守履約的規定，因此對買、賣雙方都訂有保證金要求 (Margin Requirement)。客戶保證金可以區分為期初保證金 (Initial Margin)、維持保證金 (Maintenance Margin) 與差別保證金 (Variation Margin) 三者。所謂期初保證金，是指買方或賣方在欲建立期貨部位之前，於其所開立的帳戶中依照規定存入的金額[1]。投資人在開立帳戶之後到結束部位之前，每日帳戶中的餘額不得低於維持保證金之水準，而維持保證金一般設定為期初保證金的 75%。當帳戶餘額跌至維持保證金的水準以下時，投資人就會收到交易所的追繳通知 (Margin Call)

---

[1] 各個期貨交易所會自行訂定期初保證金的金額，期貨經紀商也會依照其客戶的信用風險狀況與交易部位作更嚴格的保證金要求。

而須將款項補足,所須補存的差額稱之為差別保證金。投資人所繳交之差別保證金的金額,大致等於目前餘額與期初保證金相差的數目。投資人在接到追繳通知後若不立即 (通常是在 24 小時之內) 將差別保證金匯入帳戶,其部位就會被結清 (斷頭或砍倉)。

每日結算或評價

所有的期貨部位都須每日結算或評價 (Daily Settlement or Marking to Market),亦即根據期貨合約之每日收盤價 (Settlement Price),替買、賣兩方算出其各自部位的獲利或損失,然後將投資人所獲得之利潤存入其帳戶或將損失從其帳戶中扣除。搭配著保證金要求,每日結算制度可以將期貨交易的對手違約風險 (Counterparty Risk) 大幅降低,不至於因損失的累積而引發鉅額的違約。

例 6-1

假設培蒂在 t 年 3 月的某個星期四,以 US$0.009287/¥ 的價格購買了一口 3 月份到期的 IMM 日圓期貨合約;此合約之期初保證金為 US$2,000,維持保證金為 US$1,500。另假設當天及接下來的兩天 (星期五及隔週之星期一),該合約之收盤價分別為 US$0.009248/¥、US$0.009239/¥ 及 US$0.009332/¥。若此處所說的星期一即是該 3 月份合約之最後交易日,而培蒂在最後交易日的中午即將其合約反手賣出,賣價為 US$0.009363/¥;請問培蒂在交易期間的每日現

金流量及最後獲利狀況如何？若培蒂是採實物交割方式結束合約，則其最後獲利狀況又是如何？

以對沖結束合約

星期四收盤後：

$(0.009248 - 0.009287) \times 12,500,000 = -US\$487.5$

培蒂帳戶餘額減少了 US$487.5，此時新餘額為 US$1,512.5（＝US$2,000－US$487.5）。

星期五收盤後：

$(0.009239 - 0.009248) \times 12,500,000 = -US\$112.5$

帳戶餘額當日減少了 US$112.5，更新後餘額為 US$1,400（＝US$1,512.5－US$112.5）；由於目前餘額已低於維持保證金，培蒂接到追繳通知，必須補進 $600，使帳戶餘額回復至期初保證金的水準。

星期一中午：

$(0.009363 - 0.009239) \times 12,500,000 = US\$1,550$

帳戶餘額當日增加了 US$1,550，更新後餘額為 US$3,550（＝US$2,000＋US$1,550）；培蒂在此期貨合約之淨獲利為 US$950（＝－US$487.5－US$112.5＋US$1,550）。

> **以實物交割結束合約**
>
> 星期一收盤後:
>
> $(0.009332 - 0.009239) \times 12,500,000 = US\$1,162.5$
>
> 帳戶餘額當日增加了 US$1,162.5，更新後餘額為 US$3,162.5；培蒂在此期貨合約之淨獲利為 US$562.5 (= －US$487.5－US$112.5＋US$1,162.5)。另外培蒂收到 12,500,000 單位的日圓，並按最後交易日的收盤價算出應付成本為 US$116,650 (＝0.009332×12,500,000)。結算後得知每單位日圓之購買成本為 US$0.009287/¥ (＝(US$116,650－US$562.5)/¥12,500,000)，可見每單位日圓的淨交割成本即為最初之購買價格。

清算所擔任交易對手制度

每個期貨市場都有自己的結算機構或結算所 (Clearinghouse)，其功能是將每天市場中的買賣單作配對 (Order Matching)，追蹤其結算會員 (Clearing Members) 對款項支付與應盡義務的執行。比較特別的是，在完成配對後的每一筆期貨交易，結算所都會成為買方與賣方的交易對手；換句話說，對所有期貨交易的買方而言，其交易對手 (賣方) 就是結算所；反之，對所有的賣方而言，結算所就是他們的買方。如此的設計讓期貨交易者所面對的是具有雄厚資本的法人機構，因而無須顧慮陌生交易對手的信用風險，讓期貨交易的安全性更加有保障。

佣金

在任何時點,同一期貨合約的買、賣雙方只會看到一個市場價格,也就是說買方所付的價格即是賣方收取的價格。但這並不表示買賣期貨沒有交易成本,客戶下單付給經紀商的佣金 (Commission) 即是交易成本。

外匯期貨合約與外匯遠期合約比較

前述提及,外匯期貨合約與外匯遠期合約兩者的定義相同,功能相近,但仍有一些不同點值得注意。我們可以將兩者的主要差異描述如下:

市場性質不同

外匯期貨合約是在集中市場 (交易所) 交易,而外匯遠期合約的交易則是在店頭市場進行。期貨合約的取得是經由買者/賣者與經紀商之間的下單關係;客戶與經紀商彼此並不熟識。遠期合約的取得則是奠基於銀行與企業長期建立的業務關係,因此銀行對大多數客戶的信用已有相當程度的瞭解。

到期日不同

外匯期貨合約有標準化的到期月、日之訂定 (如表 6-1 所示),而外匯遠期合約的到期期限則是隨顧客需要而量身訂做,通常是在一年以內。

價格決定的方式不同

外匯期貨合約價格的決定，是透過在交易所公開喊價 (Open Outcry) 的過程或是經由電子交易系統 (Electronic Trading System) 來達成。外匯遠期合約的買價與賣價，則是由批發市場的自營商考量即期匯率與利率差異而後作出報價。

預防違約的方式不同

外匯期貨合約對顧客信用風險的管制，是依靠保證金要求與每日評價制度來防堵違約事件的發生。外匯遠期合約沒有保證金要求，但銀行會對客戶進行信用調查，並且較為樂意對有良好長期關係的客戶提供遠期合約。

交割方式不同

外匯期貨合約部位的結清很少採到期實物交割，多是在到期之前以對沖結束部位；外匯遠期合約則幾乎全都是實物交割 (在交割日領取指定外幣)。

交易成本不同

外匯期貨合約的交易成本是佣金，而外匯遠期合約雖不收取佣金，但買賣價差其實即是銀行所收到的某種形式的「佣金」。

交易時間長短有別

外匯期貨合約在交易所訂定的營業時間內交易[2]。外匯遠期

---

2 有些交易所實質上已是 24 小時都在交易。

合約的交易則是透過銀行的全球網路連線系統達成，因此可以說是一天 24 小時都在交易。

第二節　外匯期貨合約的應用

重要名詞

投　機　　　Speculation
避　險　　　Hedging

　　國際化企業因經常面對匯率風險及利率風險，因此常有避險的考量，甚至實際採取避險措施。市場人士也會針對自己對匯率及利率走勢的預期，而企圖採取投機行為從中獲利。本節介紹如何運用 IMM 期貨合約進行投機 (Speculation) 與避險 (Hedging) 操作，至於歐洲美元期貨合約的投機與避險操作則將於下一節介紹。

IMM 期貨合約

投機操作

　　以外匯期貨合約進行投機操作，主要是投資人根據自己對匯率走勢所作的主觀研判來尋求獲利。若投資人預期外幣會貶值

(即美元會升值)，就會賣出該外幣期貨；反之，則會買進該外幣期貨。

預期外幣貶值而賣出期貨合約

假設現在是 3 月 1 日，康君相信加幣在未來一個月內將下跌，於是在 IMM 賣出一口 3 月份到期的加幣期貨合約，賣價為 US$0.6235/C$。到 3 月 10 日，康君覺得加幣跌的幅度已如他的預期，於是在當天某時刻以 US$0.6205/C$ 的價格作對沖而結束合約。我們可以逐日計算出康君的淨獲利為 US$300，此獲利金額也可直接以下列的簡易方式算出：

$$(US\$0.6235/C\$ - US\$0.6205/C\$) \times C\$100,000 = US\$300$$

預期外幣升值而買進期貨合約

在 3 月 1 日那天，若有夏君持不一樣的看法而建立了加幣期貨買進部位，買進的價格是 US$0.6233/C$；再假設夏君也是在 3 月 10 日出場，當天所賣的價位是 US$0.6208/C$，則夏君的淨損失如下：

$$(US\$0.6208/C\$ - US\$0.6233/C\$) \times C\$100,000 = -US\$250$$

避險操作

企業若已有外匯部位並決定要以外匯期貨合約來避險，則實際成本(收入)的計算，是一方面按最後交易日的收盤價進行實物交割，另一方面則根據每日評價制度結算利損，再將兩方加總

就可算出投資人透過期貨合約而鎖住的單位成本 (收入)。

預期外幣升值 (美元貶值) 而買進期貨合約

情況一：有外幣 (歐元) 需求

目前是 3 月中旬，某美商公司有應付帳款 €1,000,000 將於 3 個月後到期，因擔心歐元在此期間升值導致美元成本增加，遂決定採 6 月份到期之期貨合約來避險。假設該公司買進八口 IMM 歐元期貨合約，價格為 US$1.20/€；3 個月後以實物交割方式將部位結清，該合約之最後交易日的收盤價為 US$1.31/€。另假設 3 個月後即期匯率的買、賣價位分別落在 US$1.3280/€ 及 US$1.33/€ 的水準，我們可以算出該公司有避險及無避險的美元成本如下：

(一) 採用期貨合約避險

實物交割成本：

US$1.31/€ × €125,000 × 8 = US$1,310,000

逐日結算獲利：

(US$1.31/€ − US$1.20/€) × €125,000 × 8

= US$110,000

淨美元成本：

US$1,310,000 − US$110,000 = US$1,200,000

(二) 未作任何避險

實際美元成本：

US$1.33/€ × €1,000,000 = US$1,330,000

另一種可能的情形是歐元在 6 月中旬的價位低於在 3 月中旬的價位，譬如在應付帳款到期之時，即期匯率的買、賣價分別為 US$1.147/€ 及 US$1.15/€，而期貨合約之最後交易日的收盤價為 US$1.13/€。此情況下該公司有避險及無避險的美元成本如下：

(一) 採用期貨合約避險

實物交割成本：

US$1.13/€ × €125,000 × 8 = US$1,130,000

逐日結算損失：

(US$1.13/€ − US$1.20/€) × €125,000 × 8
= −US$70,000

淨美元成本：

US$1,130,000 + US$70,000 = US$1,200,000

(二) 未作任何避險

實際美元成本：

US$1.15/€ × €1,000,000 = US$1,150,000

上例的避險操作，是應付帳款到期日與期貨合約到期日得以配合的情形。避險與未避險的結果相較，可知採用期貨合約避險的美元成本固定不變，皆為 US$1,200,000，而未採任何避險措施的美元成本則呈現波動狀態，高可達 US$1,330,000，低則至 US$1,150,000，相當不穩定。

情況二:有美元收入

某日本公司有應收帳款 US$1,000,000 將於 8 月 1 日到期,該公司希望將美元換成日圓時能保持日幣金額的穩定。假設該公司在 6 月初即決定以日圓期貨合約來避險,共買進十口 IMM 日圓期貨合約[3],價格為 US$0.00836/¥。該公司於 8 月 1 日以對沖方式結束部位,賣出價格為 US$0.00915/¥;此時即期匯率的買價、賣價各為 US$0.00911/¥、US$0.00929/¥。我們可以分別算出該公司有避險及無避險的日圓金額如下:

(一) 採用期貨合約避險

逐日結算獲利:

$(US\$0.00915/¥ － US\$0.00836/¥) \times 12,500,000 \times 10$
$= US\$98,750$

即期賣出收入 (賣美元、買日圓):

$(US\$1,000,000 + US\$98,750) \div US\$0.00929/¥$
$= ¥118,272,336$

(二) 未作任何避險

$US\$1,000,000 \div US\$0.00929/¥ = ¥107,642,626$

另一種可能的情形是 8 月 1 日賣出期貨的價格低於在 6 月初買進的價格,譬如為 US$0.008/¥;另假設在 8 月 1 日即期匯率的買價、賣價各為 US$0.00793/¥、US$0.00803/¥。此情況下該公司有避險及無避險的日圓金額如下:

---

[3] 應收帳款 US$1,000,000 在 US$0.00836/¥ 的買價等於 ¥119,617,225;一口日圓期貨合約含 12,500,000 單位,因此需要大約 10 口合約。

(一) 採用期貨合約避險

逐日結算損失：

(US\$0.008/¥ － US\$0.00836/¥) × 12,500,000 × 10

＝－US\$45,000

即期賣出收入 (賣美元、買日圓)：

(US\$1,000,000 － US\$45,000) ÷ US\$0.00803/¥

＝¥118,929,016

(二) 未作任何避險

即期賣出收入 (賣美元、買日圓)：

US\$1,000,000 ÷ US\$0.00803/¥ ＝ ¥124,533,001

此例結果顯示，採用期貨合約避險的日圓收入為 ¥118,272,336 或 ¥118,929,016，而未採任何避險措施的日圓收入則為 ¥107,642,626 或 ¥124,533,001；兩相對照之下，可知未避險的日圓收入較為不穩定。

預期外幣貶值 (美元升值) 而賣出期貨合約

情況一：有美元需求

某墨西哥公司有應付帳款 US\$2,000,000 將於 9 月 1 日到期，在 7 月初因擔心披索會在近兩個月內貶值而導致還款成本增加，遂決定採 9 月份到期之期貨合約來避險。假設該公司共賣出 37 口 IMM 披索期貨合約，價格為 US\$0.10825/

第 ❻ 章 外匯期貨合約

Mex$[4]；由於應付帳款到期日與 9 月份合約之到期日無法配合，遂於 9 月 1 日以對沖方式結束部位，買進價格為 US$0.09315/Mex$；此時即期匯率的買價、賣價各為 US$0.09101/Mex$、US$0.09295/Mex$。我們可以分別算出該公司有避險及無避險的披索成本如下：

(一) 採用期貨合約避險

　　逐日結算獲利：

　　　　(US$0.10825/Mex$ － US$0.09315/Mex$)
　　　　× Mex$500,000 × 37 = US$279,350

　　即期買進成本 (買美元、賣披索)：

　　　　(US$2,000,000 － US$279,350) ÷ US$0.09101/Mex$
　　　　= Mex$18,906,164

(二) 未作任何避險

　　即期買進成本 (買美元、賣披索)：

　　　　US$2,000,000 ÷ US$0.09101/Mex$
　　　　= Mex$21,975,607

另一種可能的情形是 9 月 1 日披索的價格未跌反漲，譬如該公司將期貨合約結束的對沖價格為 US$0.12335/Mex$，同時即期匯率的買價、賣價各為 US$0.12203/Mex$、US$0.12416/Mex$。此情況下該公司有避險及無避險的披索成

---

[4] 因擔心披索貶值，遂應賣出披索期貨合約。另外，應付帳款 US$2,000,000 在 US$0.10825/Mex$ 的賣價等於 Mex$18,475,751；一口披索期貨合約含 500,000 單位，因此需要大約 37 口合約。

本如下：

(一) 採用期貨合約避險

逐日結算損失：

(US$0.10825/Mex$－US$0.12335/Mex$)
×Mex$500,000×37＝－US$279,350

即期買進成本 (買美元、賣披索)：

(US$2,000,000＋US$279,350)÷US$0.12203/Mex$
＝Mex$18,678,604

(二) 未作任何避險

即期買進成本 (買美元、賣披索)：

US$2,000,000÷US$0.12203/Mex$
＝Mex$16,389,412

此例說明應付帳款到期日與期貨合約到期日無法配合時的避險情形。結果顯示，採用期貨合約避險的披索成本為 Mex$18,906,164 或 Mex$18,678,604，而未採任何避險措施的披索成本則為 Mex$21,975,607 或 Mex$16,389,412；兩相比較之下，可知未避險的披索成本相當不穩定。

情況二：有外幣 (瑞士法郎) 收入

4 月初某美商公司的帳上顯示有應收帳款 SFr625,000 將於 6 月 1 日到期，由於匯率近日相當波動，該公司遂決定以 6 月份到期之 SFr 期貨合約來避險。假設該公司賣出五口 IMM 瑞士法郎期貨合約，價格為 US$0.7032/SFr；在 6 月 1 日將

部位結清時,對沖價格為 US$0.6988/SFr,此時即期匯率的買價、賣價各為 US$0.6978/SFr、US$0.6989/SFr。我們可以分別算出該公司有避險及無避險的美元收入如下:

(一) 採用期貨合約避險

　　逐日結算獲利:

　　　　(US$0.7032/SFr－US$0.6988/SFr)×SFr125,000×5
　　　　＝US$2,750

　　即期賣出收入:

　　　　US$0.6978/SFr×SFr625,000＝US$436,125

　　淨美元收入:

　　　　US$436,125＋US$2,750＝US$438,875

(二) 未作任何避險

　　即期賣出收入:

　　　　US$0.6978/SFr×SFr625,000＝US$436,125

另一種可能的情形是,瑞士法郎的價格未跌,卻反而呈現上漲的趨勢,譬如在 6 月 1 日期貨合約之對沖價格為 US$0.7124/SFr,而此時即期匯率的買價、賣價各為 US$0.7113/SFr、US$0.7123/SFr。此情況下該公司有避險及無避險的美元收入如下:

(一) 採用期貨合約避險

　　逐日結算損失:

PART 3 ▶ 外匯衍生商品

$$(US\$0.7032/SFr - US\$0.7124/SFr) \times SFr125,000 \times 5$$
$$= -US\$5,750$$

即期賣出收入：

$$US\$0.7113/SFr \times SFr625,000 = US\$444,562.5$$

淨美元收入：

$$US\$444,562.5 - US\$5,750 = US\$438,812.5$$

觀微知著　低風險的投資失利更難令人承受

　　投資人在投資前最關心的問題應該是：能不能拿回本金？因此世上所有的投資工具都可歸納為兩類：一類是無風險資產，另一類是風險性資產。前者讓投資人百分之百可以拿回本錢，後者則有可能會失掉全部或一部分的本金。風險性資產依照失掉本金的可能性或機率高低，又可分為高風險與低風險資產；然而，不論失掉本金的機率或大或小，只要有千分之一、萬分之一，甚至十萬分之一的機率，納辛・尼可拉斯・特里柏 (Nassim Nicholas Taleb) 所說的「黑天鵝」(Black Swan) 就有可能出現，因為「風險性資產」畢竟就是「風險性資產」。

　　金融衍生商品是高風險的商品，特別是期貨，買、賣雙方都承受著高風險；雖然表面上投入的金額是十萬元，但若成了輸家，則所賠絕不僅是十萬元，因為有槓桿效果在其中發揮作用。其實，期貨是衍生商品中遊戲規則最簡單的一種；基本上的玩法是：「看多標的就進場買，看空標的就進場賣」。投資人一般也都知道，玩期貨要當心，不能玩太

(二) 未作任何避險

即期賣出收入：

$$US\$0.7113/SFr \times SFr625,000 = US\$444,562.5$$

此例結果顯示，以期貨合約避險的美元淨收入為 US$438,875 或 US$438,812.5，而未避險的美元收入則為 US$436,125 或 US$444,562.5；相較之下，可見避險的效果是讓美元收入得以保持穩定。

大，若投資人因玩期貨而致傾家蕩產，只能怪自己賭心太重，下注太多，沒有什麼可怨的！

2008 年 9 月 15 日，美國第四大投資銀行雷曼兄弟聲請破產，接下來的一個月，全球金融市場陷入驚濤駭浪之中；這一波最無辜的是完全不愛冒險的投資人，他們買的是保本型連動債 (到期會還本，至於利息則有一點投機成分)；既然是保本，投資人於是十分放心地投資，有些甚至將畢生大部分的積蓄都存放於此。結果是，發債的公司宣告破產，當初認為會保本的投資竟然也會泡湯！

《黑天鵝》(*Black Swan*) 一書的作者納辛·尼可拉斯·特里柏主張，對於風險性的投資，投資人應該留意的，不是事件發生的機率，而是自己是否可以承受事件發生的後果。不論你買的是公司債或期貨，兩者都是風險性資產，都有可能失掉本金，只是機率高低的問題，即使最不會倒的風險性資產還是有可能會倒閉。當黑天鵝出現的時候，全盤栽在低風險的債券顯然比投資期貨失利更難令人承受。

第三節　歐洲美元期貨合約的應用

重要名詞

現金結算　　　Cash Settlement

◎ 歐洲美元期貨合約

　　國際化的企業經常會有美元收入與美元支出，因此如何規避美元利率風險乃是財務管理上重要的一環。企業若預期未來會有美元存款 (借款)，因擔心利率的波動引起利息收入 (支出) 的減少 (增加)，可以運用歐洲美元期貨合約來避險。當然，投機客也可以憑著對利率的預期而藉著歐洲美元期貨合約的操作來尋求獲利。

　　歐洲美元期貨在芝加哥商業交易所 (CME) 及新加坡國際貨幣交易所[5](Singapore International Monetary Exchange, SIMEX) 都有交易，此類合約適用於規避短期美元利率風險。以 CME 合約為例，合約之標的是一個面值為 US$1,000,000 的歐洲美元 90 天期存款[6]。不過，此存款只是一筆**虛擬的** (Hypothetical) 存款，

---

[5] 新加坡國際貨幣交易所於 1984 年成立，1999 年 12 月 1 日與新加坡股票交易所 (Stock Exchange of Singapore, SES) 合併而成為新加坡交易所 (Singapore Exchange, SGX)。

[6] 有關歐洲美元的詳細介紹，請參考本書第十二章第二節。

是用來結算利息損益的基礎,因此歐洲美元期貨合約結束部位的方式乃是現金結算 (Cash Settlement),不作實物交割。由於合約標的是虛擬的存款,因此雖訂有一個交割日期,也只是一個虛擬的交割日期而已。虛擬交割日是到期月的第三個星期三,而最後交易日則是交割日往回算至第二個工作天;換句話說,若未逢例假日,就是虛擬交割日同一週的星期一。

歐洲美元期貨的報價採百元報價法,價格變動的最小單位是一個基點 (1 basis point 或 1 bp＝0.01%)。以面值為 US$1,000,000 的合約為例,若價格變動一個基點,即代表價格變化是 US$100 (＝US$1,000,000×0.01%);須注意的是,此一個基點的價格變化是以一年為基礎,對 90 天期的合約而言,一個基點的價格變化僅是 US$25 (＝US$1,000,000×0.01%×3/12)。歐洲美元期貨的報價與利率之關係可表示如下:

$$F(\%) = 100\% - LIBOR \tag{6-1}$$

其中 F 代表期貨報價,LIBOR 則是 90 天期的倫敦銀行同業拆放利率 (London Interbank Offered Rate, LIBOR)。若目前 90 天期歐洲美元期貨的報價為 98.24,則根據 (6-1) 式所算出的隱含 90 天期 LIBOR (Implied 90-day LIBOR)為 1.76%。

另外,每口合約在作現金結算時,其結算價格 (P) 之公式如下:

$$P = 10,000 \times (100 - 0.25 \times (100 - F)) \tag{6-2}$$

其中 P 代表合約結算價格，F 代表期貨報價。舉例來說，若 F =98.00，則每口合約的結算價格為 US$995,000。表 6-3 所示為 CME 歐洲美元期貨的交易價格範例。

表 6-3　CME 歐洲美元期貨的交易價格範例（t 年 1 月 20 日）

	Open	High	Low	Settle	Chg.	Yield Settle	Chg	Open Interest
Eurodollar (CME) － US$1,000,000; pts of 100%									
Jan	…	…	…	98.24	…	1.76	…	43,208
Feb	…	…	…	98.21	…	1.79	…	97,253
March	…	…	…	98.20	…	1.80	…	673,258
June	…	…	…	98.22	…	1.78	…	735,712
Sept	…	…	…	98.19	…	1.81	…	653,752
Dec	…	…	…	98.15	…	1.85	…	463,891
Ja (t+1)	…	…	…	97.70	…	2.30	…	6,317
Mar	…	…	…	97.66	…	2.34	…	88,963
June	…	…	…	97.18	…	2.82	…	71,320
Sept	…	…	…	96.85	…	3.15	…	56,832
Dec	…	…	…	96.32	…	3.68	…	47,329
Mr (t+2)	…	…	…	95.89	…	4.11	…	38,706

投機操作

假設現在是 t 年 1 月 20 日，某投資人認為 90 天期的 LIBOR 在未來半年內將有機會上漲至 2.00% 的水準。觀察當日 90 天期歐洲美元期貨的報價（如表 6-3 所列），投資人認為有獲利空間，遂立刻賣出一口 6 月份到期的合約，賣出價格為 98.22。假設 5 個月之後，90 天期的 LIBOR 已漲至 2.00% 的

水準 (即歐洲美元期貨的價格已跌至 98.00)，完全反映出投資人原先之預期，於是投資人將其部位平倉，獲利為 US$550，其計算如下[7]：

賣出結算價格：
$$P = 10,000 \times (100 - 0.25 \times (100 - 98.22))$$
$$= US\$995,550$$

買入結算價格：
$$P = 10,000 \times (100 - 0.25 \times (100 - 98.00))$$
$$= US\$995,000$$

獲利：
$$US\$995,550 - \$995,000 = US\$550$$

當然，投資人的預期也可能是錯誤的，譬如 5 個月之後的 90 天期 LIBOR 並未上漲，反而跌至 1.68% (亦即歐洲美元期貨的價格已漲至 98.32)，則投資人將其部位平倉後，其損失為：

買入結算價格：
$$P = 10,000 \times (100 - 0.25 \times (100 - 98.32))$$
$$= US\$995,800$$

損失：
$$US\$995,550 - US\$995,800 = -US\$250$$

---

[7] 投資人之獲利或損失也可簡便計算如下：US$1,000,000×(98.22%−98.00%)×3/12＝US$550。

避險操作

因未來利息收入而買進歐洲美元期貨合約

假設目前是 t 年 1 月 20 日,台光企業預計在一年後會有一筆營業收入,共計 US$3,000,000。台光企業打算將此筆收入存在歐洲通貨市場 3 個月,賺取 90 天期美元 LIBOR。為避免利率在此一年期間逆向波動而造成損失,台光企業決定用歐洲美元期貨合約來避險。運用表 6-3 的資料,假設台光企業買進三口 $t+1$ 年 1 月份到期的歐洲美元期貨合約,價格為 97.7;又假設該合約在最後交易日時,90 天期 LIBOR 落在 2.46% 的水準 (亦即歐洲美元期貨的價格跌至 97.54),我們可以算出台光企業之利息收入為:

$$US\$3,000,000 \times 2.46\% \times 3/12 = US\$18,450$$

另外,在歐洲美元期貨合約之實現損失為:

$$US\$3,000,000 \times (97.54\% - 97.7\%) \times 3/12 = -US\$1,200$$

可知台光企業之淨利息收入為:

$$US\$18,450 - US\$1,200 = US\$17,250$$

另一種可能的情形是,該合約在最後交易日時,90 天期 LIBOR 為 2.16% (亦即歐洲美元期貨的價格漲至 97.84),在此情況下,台光企業之利息收入為:

$$US\$3,000,000 \times 2.16\% \times 3/12 = US\$16,200$$

而在歐洲美元期貨合約之實現獲利為：

$$US\$3,000,000 \times (97.84\% - 97.7\%) \times 3/12 = US\$1,050$$

台光企業之淨利息收入為：

$$US\$16,200 + US\$1,050 = US\$17,250$$

由此例得知，台光企業若不採取避險措施，其淨利息收入可能為 US$18,450 或 US$16,200；若採取避險措施，則固定是 US$17,250。兩相比較，可知避險可使未來利息收入保持穩定。

因未來利息支出而賣出歐洲美元期貨合約

假設目前是 t 年 1 月 20 日，享雲企業預計在 8 個月後會有一筆美元支出，金額為 US$7,000,000；由於資金規劃顯示屆時會有現金短缺的現象，因此需要作 3 個月的短期融資。享雲企業準備在歐洲通貨市場融資，為了避免利率在未來幾個月產生變動而造成利息支出的增加，享雲企業決定以歐洲美元期貨合約來避險。運用表 6-3 的資料，假設享雲企業賣出七口 9 月份到期的歐洲美元期貨合約，價格為 98.19。9 月份到來享雲企業即將其合約部位平倉，倘若當時之 90 天期 LIBOR 為 2.32%（亦即歐洲美元期貨的價格為 97.68），我們可以算出享雲企業之利息支出為：

$$US\$7,000,000 \times 2.32\% \times 3/12 = US\$40,600$$

另外,在歐洲美元期貨合約之實現獲利為:

$$US\$7,000,000 \times (98.19\% - 97.68\%) \times 3/12 = US\$8,925$$

合併計算可得享雲企業之淨利息支出為:

$$US\$40,600 - US\$8,925 = US\$31,675$$

另一種可能的情形是,在結清該合約部位時,90 天期 LIBOR 為 1.65%,在此情況下,享雲企業之利息支出為:

$$US\$7,000,000 \times 1.65\% \times 3/12 = US\$28,875$$

在歐洲美元期貨合約之實現損失為:

$$US\$7,000,000 \times (98.19\% - 98.35\%) \times 3/12 = -US\$2,800$$

加總可得享雲企業之淨利息支出為:

$$US\$28,875 + US\$2,800 = US\$31,675$$

由此例得知,享雲企業若不採取避險措施,其淨利息支出可能為 US$40,600 或 US$28,875;若採取避險措施,則固定是 US$31,675。相較之下,得知以歐洲美元期貨合約避險,可使未來利息支出保持穩定。

由上述分析可以推知,企業在未來若有美元利息收入而欲規避利息波動的風險,可以建立歐洲美元期貨的買進部位;反之,若預期在未來有美元利息負擔而欲規避利率風險,則應建立歐洲美元期貨的賣出部位。

本章摘要

- IMM 期貨合約的交易有基本單位的規定，顧客只能買、賣基本單位或其倍數。
- IMM 外匯期貨合約皆是採美式報價。
- IMM 期貨合約的到期日是每個到期月的第三個星期三。
- IMM 期貨合約的最後交易日是到期日之前 (往回數至) 第二個工作天；換句話說，除非碰到例假日，最後交易日是到期日同一週的星期一。
- 外匯期貨交易的買、賣雙方均有兩種方式可以結束合約：(1) 實物交割；(2) 對沖或平倉。
- 外匯期貨交易的保證金要求可以區分為期初保證金、維持保證金與差別保證金三者。
- 所有的期貨部位均須每日結算或評價，亦即根據期貨合約之每日收盤價格，替買、賣兩方算出其各自部位的獲利或損失，然後將投資人所獲得之利潤存入其帳戶或將損失從其帳戶中扣除。
- 外匯期貨合約與外匯遠期合約的主要差異如下：(1) 市場性質不同；(2) 到期日不同；(3) 價格決定的方式不同；(4) 預防違約的方式不同；(5) 交割方式不同；(6) 交易成本不同；及 (7) 交易時間長短有別。
- 以外匯期貨合約進行投機操作，主要是投資人根據自己對匯率走勢所作的主觀研判來尋求獲利。若投資人預期外幣將會貶值 (即美元將會升值)，則會事先賣出該外幣期貨；反之，則會事先買進該外幣期貨。
- 歐洲美元期貨合約結束部位的方式只有現金結算一種，不作實物交割。
- 歐洲美元期貨合約的標的是虛擬的存款，因此合約雖訂有一個交割日期，但也只是一個虛擬的交割日期，所有合約都是在到期之前即以對沖方式結束了部位。
- 歐洲美元期貨的報價採「百元報價法」，價格變動的最小單位是一個基點。
- 企業在未來若有利息收入而欲規避利息波動的風險，可以建立歐洲美元期貨的買進部位；反之，若預期在未來有利息負擔而欲規避利率風險，則應建立歐洲美元期貨的賣出部位。

本章習題

一、選擇題

1. 下列哪一項陳述是正確的？
   a. 外匯期貨 (Futures) 市場主要為投機者所使用，而外匯遠期 (Forward) 市場主要為避險者在使用
   b. 外匯期貨 (Futures) 市場主要為避險者所使用，而外匯遠期 (Forward) 市場主要為投機者在使用
   c. 外匯期貨 (Futures) 和遠期 (Forward) 市場都主要為投機者所使用
   d. 外匯期貨 (Futures) 和遠期 (Forward) 市場都主要為避險者所使用

2. 下列何者會導致投資人獲利？
   a. 買進一口歐元期貨合約，然後在歐元升值之後賣出
   b. 賣出一口歐元期貨合約，然後在歐元升值之後買進
   c. 買進一口歐元期貨合約，然後在歐元升值之後再買進另一口歐元期貨合約
   d. 賣出一口歐元期貨合約，然後在歐元升值之後再賣出另一口歐元期貨合約

3. 下列何者純粹是在交易所 (Exchanges) 交易的商品？
   a. 遠期合約
   b. 期貨合約
   c. 選擇權合約
   d. 交換合約

4. 在下列何種情況下應於目前買進歐洲美元期貨合約？
   a. 預期未來有美元利息收入而擔心美元利率會走跌
   b. 預期未來有美元利息支出而擔心美元利率會走高
   c. 目前有歐元收入需轉換成美元
   d. 目前有美元需求

5. 丹妮預期歐元將會升值，為了試圖獲利，丹妮應會：
   a. 買進歐元期貨

b. 賣出歐元期貨

c. 買進歐洲美元期貨

d. 賣出歐洲美元期貨

6. 下列哪一項陳述是錯誤的？

   a. 某澳大利亞公司有應收帳款 US$500,000 將於 3 個月後到期，為避免美元在 3 個月後貶值而造成損失，該公司可以買進 IMM 澳幣期貨合約來達到避險的目的。

   b. 位於法國的拉貝歐公司在 2 個月後必須付出一筆為數不小的美元，為避免匯率不利的走勢而造成損失，該公司可以買 IMM 歐元期貨合約來達到避險的目的。

   c. ABC 公司預期在 3 個月後會收到一筆為數不小的美元，且因近半年將不會有適當的投資規劃，故到時須將此筆美元暫存銀行。因恐 3 個月後美元利率下跌造成利息收入減少，故可買進歐洲美元期貨合約來規避風險。

7. 下列有關 IMM 期貨合約「到期日」及「最後交易日」的描述，何者正確？

   a. 到期日是到期月的第三個星期三，最後交易日是到期月的第三個星期一
   b. 到期日是到期月的第三個星期一，最後交易日是到期月的第三個星期三
   c. 到期日是到期月的第三個星期一，最後交易日是到期月的第二個星期五
   d. 到期日是到期月的第三個星期三，最後交易日是到期月的第二個星期五

8. 下列有關歐洲美元期貨合約的描述，何者正確？

   a. 合約標的是一個面值為 US$1,000,000 的歐洲美元 180 天期存款
   b. 只有實物交割，不作現金交割
   c. 採百元報價法，一個基點的變化代表合約價格的變化是 US$100
   d. 若價格為 97.66，則利率為 2.34%

9. 念華在 3 月 17 日上午以 US$0.0101/¥ 買了一口 IMM 日圓期貨合約，而 3 月 17 日是該合約的最後交易日。念華在當日即平倉，獲利是 US$1,250；請問念華平倉的價格是多少？

   a. US$0.0102/¥
   b. US$0.0111/¥
   c. US$0.01011/¥
   d. US$0.011/¥

10. 下列敘述何者正確？
    a. 亨利預期加幣將會升值，故立即買進加幣期貨合約
    b. 亨利預期加幣將會貶值，故立即買進加幣期貨合約
    c. 美國某公司有瑞士法郎應收帳款即將到期，因預期瑞士法郎將會貶值而立即買進瑞郎期貨合約
    d. 美國某公司有瑞士法郎應付帳款即將到期，因預期瑞士法郎將會升值而立即賣出瑞郎期貨合約
11. 下列敘述何者不正確？
    a. 期貨合約的買賣雙方都有履約義務
    b. 期貨合約的投資人大多會以對沖方式結束合約
    c. 期貨合約比選擇權合約單純，因此風險較小
    d. 全球第一個誕生的金融期貨合約是外匯期貨合約
12. 下列敘述何者正確？
    a. 外匯期貨合約的最後交易日與到期日是同一天
    b. 外匯期貨合約的到期日是到期月的第三個星期三
    c. 外匯期貨合約皆是採歐式報價
    d. 外匯期貨合約的部位損益狀況是每週評價

二、問答題

1. 外匯期貨合約與外匯遠期合約的主要差異為何？
2. 期貨交易的保證金要求可以區分為哪三種？試說明之。
3. 為什麼大多數已建立的外匯期貨部位，都是以對沖而非到期實物交割的方式結清？
4. 假設今天 IMM 歐元期貨合約的收盤價為 US$1.2516/€，你在此價格賣出一口合約，而你與經紀商所開的帳戶中目前餘額為 US$3,000。又假設未來三天的收盤價分別為 US$1.2403、US$1.2512、US$1.2478，且期初保證金要求是 US$3,000，維持保證金是 US$2,250。請說明你帳戶中的餘額在此三天內每日的變化，以及是否收到追繳通知及需補足的保證金金額。
5. 重做第 4 題，此次假設你一開始是建立買進部位而非賣出部位。
6. 假設目前是 3 月 1 日，而你相信墨西哥披索 (Peso) 的即期匯率在 6 月份將大致落在 US$0.10072/Mex$ 的水準。因為目前 6 月份到期的墨西哥披索

IMM 期貨合約價格為 US$0.11035/Mex$，如何進行投機操作才有可能獲利？

7. 重做第 6 題，此次假設你相信墨西哥披索的即期匯率在 6 月份將大致落在 US$0.12014/Mex$ 的水準。

8. 李新有一筆 US$5,000,000 的負債，每季付息一次。利息的計算公式為 3-month LIBOR ＋ 100 bps，因此李新的付息金額為每三個月調整一次。目前是 6 月 20 日，市場上的 3-month LIBOR＝5%，因此李新在 9 月 20 日應付的利息將為 US$5,000,000 × 6% × $\frac{3}{12}$ ＝ US$75,000。李新擔心 LIBOR 有走高的趨勢，因此決定利用歐洲美元期貨合約來鎖住下一期 (12 月 20 日) 應支付的利息。倘若李新於 6 月 20 日所選定歐洲美元期貨合約之 3-month LIBOR 為 5.2%，請問：(a) 李新應買進或賣出幾口歐洲美元期貨合約？(b) 李新在 12 月 20 日所付出的利息共是多少？

Chapter 7
交換合約

本書於第四章與第六章分別介紹過外匯遠期合約、外匯期貨合約及歐洲美元期貨合約,這些合約皆可以用來作為規避匯率或利率風險的工具;不過,因合約的到期期限都不長,因此只能算是短期的避險工具。本章介紹另一類型的衍生商品,可以用來規避長達數年的匯率或利率風險,此類型的工具稱之為交換合約 (Swap Contract)。目前市場上已開發出來的交換合約主要包括外匯交換 (Currency Swap, CS)、利率交換 (Interest Rate Swap, IRS) 及外匯利率(雙率)交換 (Currency/Interest Rate Swap 或 Cross Currency Swap, CCS) 三種形式。

最早在市場上出現的交換合約是外匯交換 (Currency Swap),這是世界銀行 (The World Bank) 與美國的 IBM 公司所達成之交

換，由所羅門兄弟公司[1] (Salomon Brothers) 協助促成，時間是在 1981 年。自首宗外匯交換合約的成功落幕後，交換市場在近三十多年來的成長與發展，以交易規模而言，無庸置疑地已成為金融市場中的翹楚。本章第一節探討外匯交換；第二節描述利率交換；第三節說明外匯利率 (雙率) 交換。

第一節　外匯交換

重要名詞

背對背貸款	Back-to-Back Loan
平行貸款	Parallel Loan
比較成本利益	Comparative Cost Advantage
解除權條款	Rights of Set-Off Provision

◎ 外匯交換的背景

外匯交換是由**背對背貸款** (Back-to-Back Loan) 及**平行貸款** (Parallel Loan) 演進而來，此兩種貸款的發展有其已沉睡的歷史背景，但是它們節省融資成本與規避匯率風險的功能卻一直延續

---

[1] 所羅門兄弟公司在 1997 年與美邦公司 (Smith Barney) 合併而成為所羅門美邦公司 (Salomon Smith Barney)；所羅門美邦公司又在 1998 年被併入花旗集團 (Citigroup)，並成為花旗集團的投資銀行部門，後因一連串金融醜聞而在 2003 年 10 月被花旗集團終止使用其名。

下來,而成為外匯交換合約在今日為市場廣泛使用的主要原因。我們首先來談談背對背貸款及平行貸款。

背對背貸款

背對背貸款合約中有兩個交易對手 (Counterparties),彼此都有借得對方通貨的需求,譬如某英國 (B) 企業想借美元而某美國 (A) 企業想借英鎊。於是兩企業達成協議,由 B 企業在英國的資本市場借得英鎊,而 A 企業在美國的資本市場借得美元,然後兩企業互換通貨。合約中的每一年須付息之日,B 企業付美元利息而 A 企業付英鎊利息。在合約到期之日,B 企業將美元本金還給對方,而 A 企業也將英鎊本金還給 B 企業。背對背貸款的期初、期中及期末的現金流向,可參考圖 7-1。

背對背貸款合約中的兩交易對手,從上述安排中得到什麼好處?由於企業在本國市場較為投資人所熟悉,可取得較低之融資成本,亦即在自家的資本市場融資,可獲得比較成本利益 (Comparative Cost Advantage)。因此,背對背貸款合約的功能,就是讓兩企業得以在享有比較成本利益的市場融資,再進行現金流互換,來達到節省成本的目的。

平行貸款

平行貸款與背對背貸款不同之處,是前者牽涉到四個交易對手,而後者只有兩個。平行貸款是 1970 年代英國企業用來應付政府防堵資金匯出的一種方法;當時英國因資本外流情形嚴重,政府遂對外匯交易課稅以加重資金匯出的成本。平行貸款的主角

PART 3 ▶ 外匯衍生商品

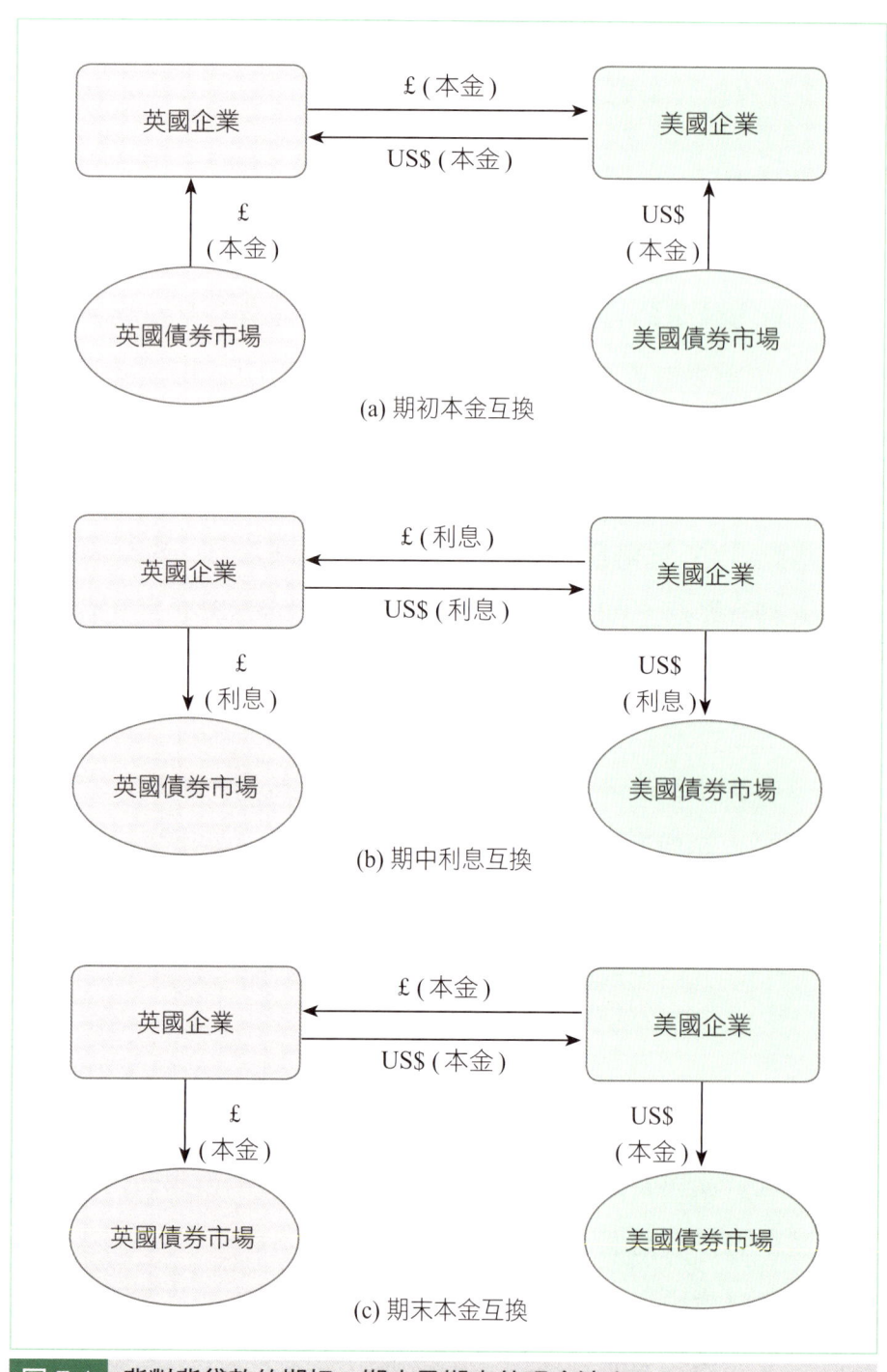

圖 7-1　背對背貸款的期初、期中及期末的現金流向

(a) 期初本金互換

(b) 期中利息互換

(c) 期末本金互換

第 **7** 章　交換合約

是不同國家企業的母公司，彼此將資金貸放給對方在本國的子公司，到期時再由子公司將本金償還給對方的母公司。平行貸款的功能，是讓企業得以達到為子公司融資的目的，卻完全不必經由外匯市場進行通貨的轉換。圖 7-2 是標準的平行貸款資金流向圖解。

背對背貸款或平行貸款的問題

前述提及背對背貸款或平行貸款有降低融資成本或規避外匯管制的功用，而這些功能也正是今日的交換市場在合約設計上欲達成之基本目標。交換合約中最簡單的外匯交換，與背對背貸款有著極為相似的資金流向架構；不過，背對背貸款有其原始設計上的不周到之處，而交換合約則已針對這些問題作了改進。基本上，背對背貸款的兩項問題是：(1) 尋找交易對手的成本太高，

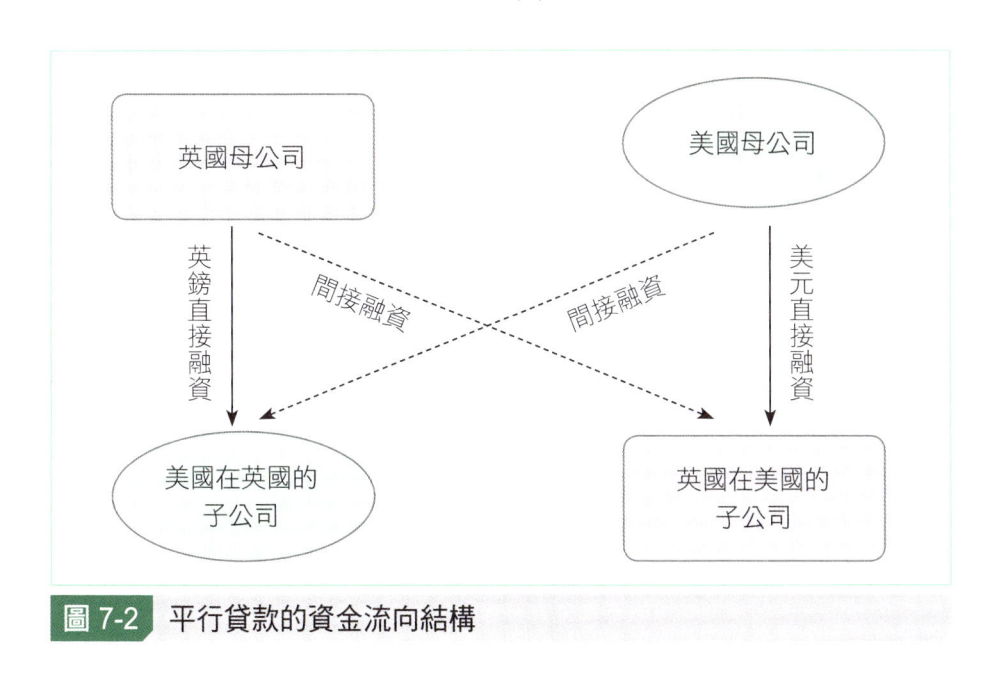

圖 7-2　平行貸款的資金流向結構

也就是說要能找到資金需求條件 (包括本金金額、到期期限、通貨種類) 完全相符的對手是既耗時又費力。(2) 在違約處理上有欠公允，這是因為背對背貸款合約中的一方若違約，另一方並不能自動免除還款義務。針對第一項問題，今日交換市場有交換銀行 (Swap Bank) 擔任中介機構，欲達成合約已如反掌折枝之易；至於第二項問題，交換合約中涵蓋有一個**解除權條款** (Rights of Set-Off Provision)，可以在一方發生違約時將另一方還款的義務自動解除。

◎ 外匯交換的基本架構

外匯交換的基本架構與背對背貸款非常相似，但它並不像「貸款」一樣是屬於資產負債表的負債 (Liabilities) 項目，而只是被列在資產負債表下方的附註部分，因此嚴格說來是屬於「非資產負債表項目」。**外匯交換** (CS) 的正式定義是：「兩交易對手同意將自己 (以一種通貨計價) 的負債義務與對方 (以另一種通貨計價) 的負債義務作成交換」。外匯交換基本上包括期初的本金互換、期中的利息互換，以及期末的本金互換；期初與期末的本金互換所使用的匯率相同，都是依據期初所約定之匯率水準。

典型的外匯交換是以固定利率換固定利率，也可稱之為陽春型外匯交換 (Plain Vanilla Currency Swap)，茲舉一例說明如下。假設 ABC 公司是總部設在美國紐約的跨國企業，其位於歐洲的子公司有一項為期四年的投資計畫，所需金額為

€50,000,000；母公司打算替其子公司進行融資，而借款的利息與本金由子公司計畫所創造的收入來償還。另假設塞納公司是總部設於巴黎的跨國企業，其位於美國的子公司也有四年的投資計畫需要融資，所需金額為 US$55,000,000；塞納公司決定替其子公司融資，而借款的利息與本金同樣是由子公司計畫所衍生的收入來償還。假設 ABC 公司與塞納公司有著相同的信用評等等級，但 ABC 公司位於美國，較為美國投資人所熟悉，因此其在美國資本市場的融資成本比塞納公司為低，而塞納公司位於法國，較為法國投資人所熟悉，因此其在法國資本市場的融資成本也比 ABC 公司為低；此情況說明兩公司都是在自家的資本市場有融資的比較利益。假設兩公司在美國與法國資本市場各自的融資成本如表 7-1 所示：

表 7-1　四年到期的平價債券殖利率

	ABC 公司	塞納公司
美國資本市場 (US$)	6%	7%
法國資本市場 (€)	5%	4%

事實上，ABC 公司有三種作法可以取得子公司投資所需之歐元：(1) 直接在法國資本市場發行四年到期的歐元計價債券，融資成本為 5%。(2) 在美國資本市場發行四年到期的美元計價債券，融資成本為 6%；此種作法會使 ABC 公司曝露於匯率風險之中，因為每逢付息還款之日，都須將子公司的歐元收入轉換

為美元[2]。(3) 在美國資本市場發行四年到期的 6% 美元計價債券,然後透過交換合約取得融資成本為 4% 的歐元。

同樣地,塞納公司為了替其子公司取得投資所需之美元,也可以有三種作法:(1) 直接在美國資本市場發行四年到期的美元計價債券,融資成本為 7%。(2) 在法國資本市場發行四年到期的歐元計價債券,融資成本為 4%;如此作法會使塞納公司曝露於匯率風險之中,因為子公司的投資收入是美元,而利息及本金的償還則是歐元。(3) 在法國資本市場發行四年到期的 4% 歐元計價債券,然後透過交換合約取得融資成本為 6% 的美元。

兩公司各有三種作法,但第一種方式比第三種方式的融資成本為高,而第二種方式又使公司曝露於匯率風險之中。比較起來,採用交換合約的方式,既可降低融資成本,又可免於承擔匯率風險。外匯交換的操作係透過交換銀行的協助,由兩母公司各自在本國的資本市場融得資金,然後在約定的匯率水準互換本金(本例假設約定匯率為 US$1.10/€)。也就是 ABC 公司在美國資本市場以 6% 借得 US$55,000,000,而塞納公司在法國資本市場以 4% 借得 €50,000,000,然後進行互換,取得各自所需,如圖 7-3 的 (a) 圖所示。

至於未來四年的每年利息互換,ABC 公司美元借款的 6% 利息是由塞納公司在美的子公司支付,而塞納公司歐元借款的 4% 利息則是由 ABC 公司在歐洲的子公司負擔;如圖 7-3 的

---

2 或許有人會建議預先購買遠期合約 (Forward Contract) 來避險,但遠期合約通常到期期限為一年以內,而債券的還款付息日跨若干年且不只一次;若同時簽訂一連串的遠期合約,實質上就構成一筆交換合約。

第 7 章　交換合約

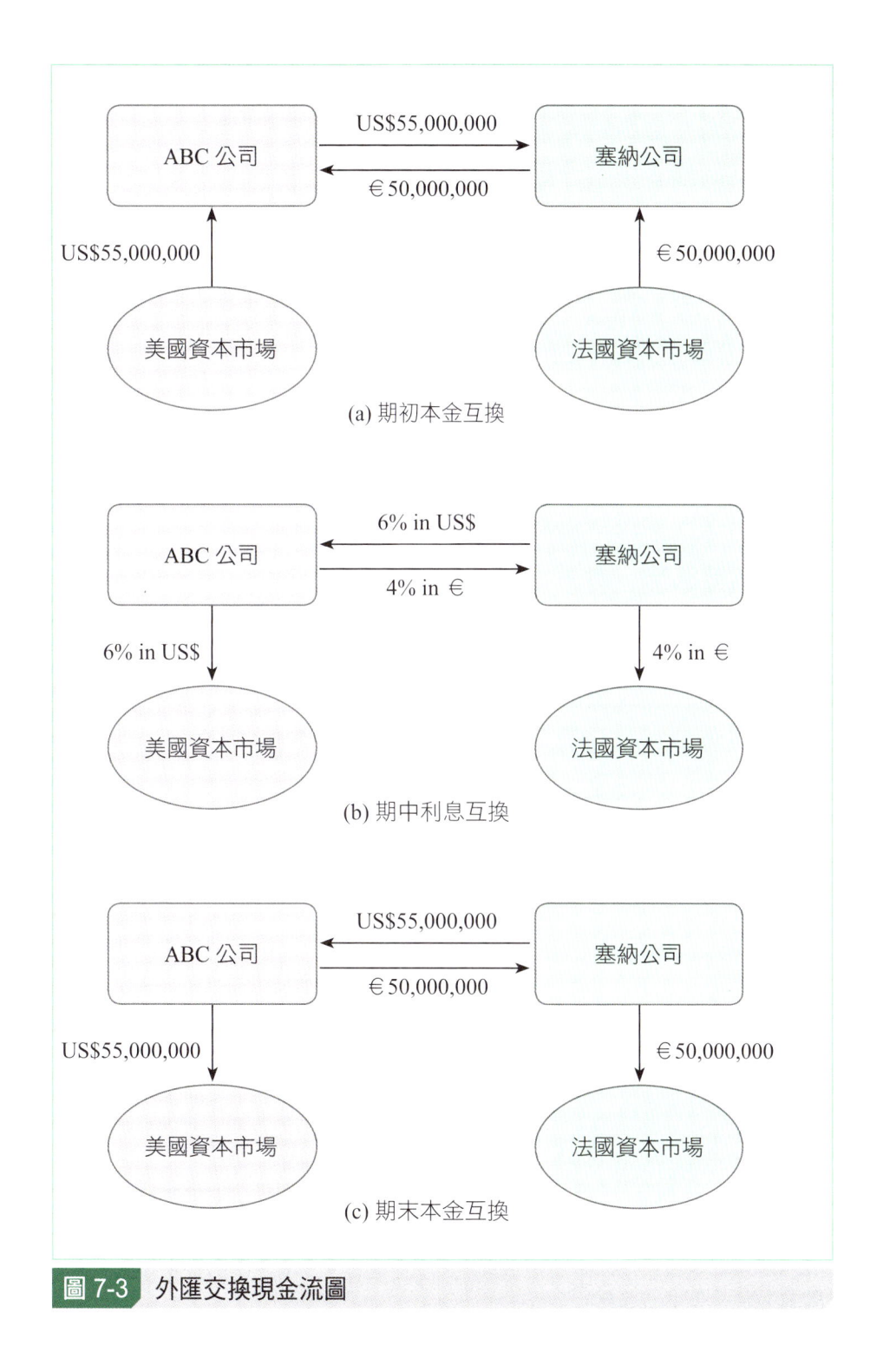

```
ABC 公司  ──US$55,000,000──▶  塞納公司
         ◀──€50,000,000──

ABC 公司 ▲ US$55,000,000          塞納公司 ▲ €50,000,000
      │                                │
   美國資本市場                       法國資本市場
```
(a) 期初本金互換

```
ABC 公司  ◀──6% in US$──  塞納公司
         ──4% in €──▶

ABC 公司 │ 6% in US$          塞納公司 │ 4% in €
        ▼                            ▼
     美國資本市場                    法國資本市場
```
(b) 期中利息互換

```
ABC 公司  ◀──US$55,000,000──  塞納公司
         ──€50,000,000──▶

ABC 公司 │ US$55,000,000          塞納公司 │ €50,000,000
        ▼                                ▼
     美國資本市場                        法國資本市場
```
(c) 期末本金互換

圖 7-3　外匯交換現金流圖

(b) 圖所示。四年後負債到期之日，ABC 公司須償還美元本金，而塞納公司須償還歐元本金，兩交易對手再一次進行本金互換；在此負債到期日本金互換所用的匯率，與期初的匯率相同，仍是 US$1.10/€，如圖 7-3 的 (c) 圖所示。

交換合約是一序列外匯遠期合約的組合

上述的外匯交換合約除了替兩交易對手各自節省 1% 的融資成本，也排除掉匯率風險。有關交換合約排除匯率風險的功能，可以進一步說明如下。首先，讓我們先把上例中兩公司各期的現金流量列出，如表 7-2 所示。

表 7-2 中的序列 I，代表在交換合約的安排下 (前述第三種作法)，ABC 公司在未來四年所須付出的現金流量，而序列 II 則代表塞納公司在交換合約的安排下 (前述第三種作法) 於未來四年應付出的現金流量。對此兩交易對手而言，交換合約等於是在期初 (0 年底) 就將未來四年每一年的遠期匯率鎖住。因為若沒有交換合約的安排而企業是採第二種作法融資，則序列 II 才是 ABC 公司所面對的未來四年現金流量，而序列 I 也才是塞納

表 7-2　四年到期債券的各期現金流量

單位：百萬

序列 \ 各年年底	0	1	2	3	4
I. 歐元債券 (4%；€)		2	2	2	52
II. 美元債券 (6%；US$)		3.3	3.3	3.3	58.3
III. 交換合約隱含的遠期匯率 (US$/€)*		1.65	1.65	1.65	1.12

*序列 III 所示的各期隱含遠期匯率，是由序列 II 現金流量除以相對應的序列 I 現金流量得之。

公司所面對的未來四年現金流量。

在第二種作法之下，ABC 公司在未來四年的每一年年底，都須將子公司的歐元收入按當時之即期匯率轉換成美元來償還負債。同樣地，塞納公司也須在未來四年的每一年年底，將子公司的美元收入按當時之即期匯率轉換成歐元來償還負債。交換合約讓 ABC 公司得以鎖住序列 III 的匯率水準，而將序列 II 的現金流量轉換成序列 I 的現金流量 (序列 II／序列 III＝序列 I)；同樣地，交換合約也讓塞納公司鎖住序列 III 的匯率水準，而將序列 I 的現金流量轉換成序列 II 的現金流量 (序列 I×序列 III＝序列 II)。綜上所述，可知外匯交換合約其實就是一序列外匯遠期合約的組合；藉著交換合約的操作，企業得以在期初即將未來各期現金流量的匯率風險排除。

陽春型外匯交換的評價

陽春型外匯交換可以看作是交易對手買了一個以一種通貨計價的固定利率債券，同時又賣出一個以另一種通貨計價的固定利率債券；因此，在任何時點，陽春型外匯交換的價值，等於以一種通貨計價之固定利率債券的現值，減去以另一種通貨計價的固定利率債券的現值乘以在該時點之即期匯率。有關陽春型外匯交換的評價，讓我們以下列的例子來說明。

某外匯交換合約之各項條件如下：

本金金額　　　　　　　　　　US$30,000,000
交易日　　　　　　　　　　　6/3

起息日	6/10
到期日	6/10
交換貨幣	瑞士法郎
美元固定利率	4%
瑞士法郎固定利率	?
付息頻率	每 6 個月一次
計息方式	30/360
本金互換約定匯率	$0.60/SFr

另外，市場上美元及瑞士法郎的**即期利率** (Spot Interest Rate) 如表 7-3 所示[3]。

由於用來作為本金互換依據的約定匯率 (US$0.60/SFr)，通常是依照簽約當時 (交易日) 的市場即期匯率，因此在合約起

表 7-3　美元及瑞士法郎的年化即期利率

到期期限 (年)	美元 (US$)	瑞士法郎 (SFr)
1 (0.5)	2.8%	3.3%
2 (1.0)	3.1%	3.3%
3 (1.5)	3.4%	3.2%
4 (2.0)	3.7%	3.2%
5 (2.5)	3.9%	3.1%
6 (3.0)	4.0%	3.0%

---

[3] 即期利率就是零息債券的殖利率。根據不同到期期限的即期利率，市場可以推估出一個相對應的 AIC (All in Cost) 來當作評價固定利率債券各期現金流量的殖利率。有關即期利率及相對應的殖利率換算，可參考薛立言、劉亞秋合著之《債券市場》四版第三章或《債券市場概論》三版第四章。

始之時,陽春型外匯交換的價值應是等於零;在此例可表示為:

$$V_{CS} = V_{fix}^{US\$} - V_{fix}^{SFr} \times US\$0.60/SFr = 0 \qquad (7\text{-}1)$$

其中,V_{CS} 代表外匯交換合約之價值,$V_{fix}^{US\$}$ 代表以美元計價之固定利率債券的現值,而 V_{fix}^{SFr} 代表以瑞士法郎計價之固定利率債券的現值。根據 (7-1) 式,我們可以逐步推導出此外匯交換合約之瑞士法郎固定利率。

首先,讓我們來計算以美元計價之固定利率債券的現值。在計算債券現值的時候,常會碰到一個問題,就是所採用的貼現率 (Discount Rate) 是不是**有效年利率** (Effective Annual Rate, EAR)?因為「是」與「不是」會導致折現方式的差異。若採用的貼現率並非有效年利率,則以美元計價之固定利率債券的現值應計算如下[4]:

$$\frac{US\$600{,}000}{\left(1+\frac{2.8\%}{2}\right)^1} + \frac{US\$600{,}000}{\left(1+\frac{3.1\%}{2}\right)^2} + \frac{US\$600{,}000}{\left(1+\frac{3.4\%}{2}\right)^3} + \frac{US\$600{,}000}{\left(1+\frac{3.7\%}{2}\right)^4} +$$

$$\frac{US\$600{,}000}{\left(1+\frac{3.9\%}{2}\right)^5} + \frac{US\$30{,}600{,}000}{\left(1+\frac{4.0\%}{2}\right)^6} = US\$30{,}018{,}228 \qquad (7\text{-}2)$$

若採用的貼現率已是有效年利率,則美元債券現值之計算方式應為:

---

[4]「年化」利率並不一定是「有效年利率」;「有效年利率」是指已將複利效果 (Compounding Effect) 納入考慮的年化利率。

$$\frac{US\$600,000}{1.028^{0.5}} + \frac{US\$600,000}{1.031^{1}} + \frac{US\$600,000}{1.034^{1.5}} + \frac{US\$600,000}{1.037^{2}} +$$
$$\frac{US\$600,000}{1.039^{2.5}} + \frac{US\$30,600,000}{1.040^{3}} = US\$30,050,890 \tag{7-3}$$

本章接下來介紹的交換合約評價，除非特別說明，否則皆是假設貼現率並非為有效年利率，因此計算式與 (7-2) 式相同。(7-2) 式等號左邊的 US$600,000，乃是美元債券之半年付息金額，而 US$30,600,000 則是到期時本金償還加上利息；等號右邊的 US$30,018,228 為所算出之現值。

繼續來計算以瑞士法郎計價之固定利率債券的現值。先算出美元本金金額之瑞士法郎等值為 SFr50,000,000（= US$30,000,000÷US$0.60/SFr）；另外，由於 SFr 固定利率為未知數，我們以 x 來代表 SFr 固定利率除以 2，並列出瑞士法郎債券的現值計算式如下：

$$\frac{x(SFr50,000,000)}{\left(1+\frac{3.3\%}{2}\right)^{1}} + \frac{x(SFr50,000,000)}{\left(1+\frac{3.3\%}{2}\right)^{2}} + \frac{x(SFr50,000,000)}{\left(1+\frac{3.2\%}{2}\right)^{3}} + \frac{x(SFr50,000,000)}{\left(1+\frac{3.2\%}{2}\right)^{4}}$$
$$\frac{x(SFr50,000,000)}{\left(1+\frac{3.1\%}{2}\right)^{5}} + \frac{x(SFr50,000,000)}{\left(1+\frac{3.0\%}{2}\right)^{6}} + \frac{SFr50,000,000}{\left(1+\frac{3.0\%}{2}\right)^{6}}$$
$$= x(SFr284,203,142) + SFr45,727,110 \tag{7-4}$$

再根據 (7-1) 式解出 SFr 固定利率如下：

US$30,018,228 − [$x$(SFr284,203,142) + SFr45,727,110] × US$0.60/SFr = 0
∴ x = 0.0151415

因 x 代表 SFr 固定利率除以 2，故 SFr 固定利率為 3.03% (＝ 0.0151415×2)。

在交換合約簽訂之後，若市場匯率或美元、瑞士法郎的即期利率改變，則交換合約的價值就會跟著改變。我們可以將修正的匯率及利率資料代入 (7-1) 式、(7-2) 式及 (7-4) 式中，然後算出更新的外匯交換價值。

第二節　利率交換

重要名詞

名目本金	Notional Principal
陽春型利率交換	Plain Vanilla IRS
固定利率支付者	Fixed-Rate Payer
浮動利率支付者	Floating-Rate Payer
信用品質利差	Credit Quality Spread
品質利差差異	Quality Spread Differential, QSD

利率交換的基本架構

交換市場上雖是以外匯交換合約出現的最早，但發展到今日，整個交換市場中交易規模最大、成長最快速的卻是利率交換合約。利率交換操作 (也稱之為換利操作)，是由兩交易對手約

定在未來互換利息負擔的一種操作；兩種利息負擔都是以同一種貨幣計價。由於只是互換利息而不互換本金，因此利率交換合約的本金金額僅是一名目本金 (Notional Principal)，是用來作為利息計算的基礎。市場上典型的利率交換是固定利率換浮動利率，一般稱之為陽春型利率交換 (Plain Vanilla IRS)。

依照市場慣例，陽春型利率交換的買方是指付固定利率、收浮動利率的一方，而賣方則為收固定利率、付浮動利率者。換句話說，買方為固定利率支付者 (Fixed-Rate Payer)；而賣方則為浮動利率支付者 (Floating-Rate Payer)。利率交換合約的雙方對於利息的支付，是採淨額交割 (Netting) 方式；也就是說在付息之日，將本金金額乘以浮動利率與固定利率的差異而算出利息淨額，此淨額稱之為差額支付 (Difference Check)。若浮動利率大於固定利率，則由賣方將淨額付給買方；若浮動利率小於固定利率，則由買方將淨額付給賣方。

為瞭解利率交換的功能，我們可以運用以下的例子來說明。假設 X 公司的信用評等為 AAA 級，而 Y 公司的信用評等為 AA 級，兩公司都有 US$10,000,000 的融資需求，資金需求期限皆為 4 年。為配合各自的收入到期型態，X 公司想要取得浮動利率的融資，而 Y 公司則想要取得固定利率的融資。兩公司目前在市場上可取得之借款利率如表 7-4 所示。

由表 7-4 可知，兩公司在固定利率市場的信用品質利差 (Credit Quality Spread) 為 0.75%，而在浮動利率市場的信用品質利差則為 0.25%。所謂信用品質利差，是指不同信用等級企業在同一金融市場上借款利率的差異，通常在固定利率市場的信用

第❼章 交換合約

表 7-4　X 公司與 Y 公司在市場可取得之借款利率
　　　（假設固定利率債券是每半年付息一次，而浮動利率債券是以 6 個月到期的 LIBOR 為指標利率）

	X 公司	Y 公司	信用品質利差
固定利率	3.25%	4%	0.75%
浮動利率	6-month LIBOR＋0.25%	6-month LIBOR＋0.50%	0.25%

品質利差差異 (QSD)＝0.50%

品質利差要比在浮動利率市場的為大，原因是信用較差之一方所發行之（低品質）債券，較不容易借到長期（固定）資金，除非是願意付出相對較高之風險溢酬給投資人，此現象拉大了在固定利率市場的信用品質利差。

　　將固定與浮動利率市場的信用品質利差相減，就得到所謂的**品質利差差異** (Quality Spread Differential, QSD)。表 7-4 所示的品質利差差異為 0.50%。品質利差差異的存在，代表市場具有「不完全性」，因為兩企業理應在任何市場都有相同的信用品質利差；信用品質利差在不同市場出現歧異，乃是市場不完全性的寫照。市場不完全性的存在使得信用品質較高的企業在長期（固定）利率市場借款有比較利益（優勢），而信用品質較差的企業則在短期（浮動）利率市場借款有比較利益（優勢）。利率交換合約的功用，是讓企業得以在各自擁有借款優勢的市場融資，也就是各自運用比較利益，然後再透過交換合約來將融資成本降低。

　　融資者若想藉由利率交換合約來降低融資成本，通常是經由市場中的交換交易商，亦即**交換銀行** (Swap Bank)，來取得所需之合約。一般交換銀行針對利率交換所作的報價，大致如表 7-5

表 7-5　交換銀行的利率交換報價表
(US$：Semiannual Fixed ⟷ 6-month LIBOR Flat)

交換期限	買價 (Bid)	賣價 (Ask)
2 年	3.00%	3.10%
3 年	3.12%	3.22%
4 年	3.25%	3.35%
5 年	3.60%	3.70%
7 年	4.00%	4.10%
10 年	4.31%	4.51%

所示[5]。

以 4 年期的 3.25%/3.35% 報價為例，是指交易商在交換合約中若是付固定利率，則付出 3.25%；若是收固定利率，則收取 3.35%。表 7-5 也指出，與固定利率相對應的浮動利率，是 6 個月到期的**倫敦銀行同業拆放利率** (London Interbank Offered Rate, LIBOR)，「Flat」則代表 LIBOR 不附帶基點加碼或減碼。另外，買價與賣價的差異，稱之為買賣價差 (Bid-Ask Spread)，是交易商提供利率交換業務之報價。

根據表 7-4 的資料，並假設 X 與 Y 兩公司從交換銀行所取得之利率交換條件是依照表 7-5 的報價[6]，且交換銀行未再依兩公司的信用等級差異作調整，則所安排出的合約型態如圖 7-4

---

[5] 一般交換銀行的信用等級大致是 AA 級，若是承作合約之交易對手的信用等級優於 AA 級，則取得之利率交換條件應會優於報價表所示，因此報價表僅是供作參考之用，實際所訂出的交換條件會反映交易對手的信用品質。

[6] 須注意的是，交換銀行所安排的合約條件，除了反映市場現況，也會依照兩公司的信用等級差異作調整。

所示：

圖 7-4 透過交換銀行，X 公司與 Y 公司所達成之利率交換

圖 7-4 顯示，X 與 Y 兩公司各自在其具有比較利益的市場融資，亦即 X 公司借固定利率而 Y 公司借浮動利率，然後透過交換操作互換負債義務。每逢付息日 (因假設半年付息一次，故共有 8 個付息日)，X 公司須付出 3.25% 的固定利率給投資人；另外，透過交換合約，X 公司還須支付 LIBOR 給交換銀行，而交換銀行也會支付 3.25% 給 X 公司。如此安排使 X 公司的淨負債義務變成：「付出 LIBOR」，原固定利率負債也因此轉變為浮動利率負債。另一方面，Y 公司須在付息日付出 LIBOR＋0.50% 的浮動利率給投資人，但因有交換合約，使得 Y 公司還須付出 3.35% 給交換銀行，而交換銀行也會支付 LIBOR 給 Y 公司。如此一來，Y 公司的淨負債義務變成：「付出 3.85%」，原浮動利率負債也因此轉變為固定利率負債。

由於一開始我們已知道 X 公司想要借的是浮動利率而

Y 公司想要借的是固定利率；X 公司直接借浮動利率的成本為 LIBOR＋0.25％，透過交換合約而間接借浮動利率的成本為 LIBOR，所節省的融資成本為 0.25％。Y 公司直接借固定利率的成本為 4％，透過交換合約而間接借固定利率的成本為 3.85％，節省的融資成本為 0.15％。至於交換銀行從合約得到什麼好處？從圖 7-4 可看出，交換銀行的淨獲益為 0.1％。X、Y 兩公司所節省的融資成本，加上交換銀行的獲益，剛好等於品質利差差異 (0.50％)。

上例中，X 公司與 Y 公司從交換合約所得到之利益並不相等，前者的獲益 (節省 0.25％) 大於後者的獲益 (節省 0.15％)。此乃是合理的現象，因為 X 公司的信用等級優於 Y 公司的信用評等，因而可以從交換合約獲得較多的好處。

淨額交割

大多數的交換合約都是建構在不認識的基礎 (Blind Basis) 上，也就是想要取得交換合約之交易對手，只需跟交換銀行聯繫就可達成合約，並不需要認識或接觸另一個交易對手。因此，圖7-4 所示之交換合約，事實上可以看作是交換銀行分別與 X 公司、Y 公司所作的兩筆合約之組合。首先是交換銀行與 X 公司的合約；在此合約中，X 公司是浮動利率支付者 (付 LIBOR 給銀行)，因此照定義就是此交換合約的賣方，而銀行是固定利率支付者 (付 3.25％ 給 X 公司)，因此是此交換合約的買方。其次是交換銀行與 Y 公司的合約；在此合約中，Y 公司是固定

利率支付者 (付 3.35% 給銀行)，因此是此交換合約的買方，而銀行是浮動利率支付者 (付 LIBOR 給 Y 公司)，因此是此交換合約的賣方。

前述提及利率交換的利息支付是採淨額交割方式；若浮動利率大於固定利率，則由賣方將淨額付給買方；若浮動利率小於固定利率，則由買方將淨額付給賣方。以圖 7-4 中的例子而言，X、Y 兩公司之融資期限為四年而共有八個付息日；固定利率在此八個付息日皆保持不變，而浮動利率則是隨時在改變，因此在每次付息日皆有可能不同。

假設在此例中，浮動利率 (6-month LIBOR) 在每期 (半年) 期初之水準如表 7-6 所示[7]。另假設此處之合約是採 30/360

表 7-6　各期期初之浮動利率水準

付息期數	各期期初之 6-month LIBOR
第 1 期	3.00%
第 2 期	3.30%
第 3 期	3.25%
第 4 期	3.20%
第 5 期	3.35%
第 6 期	3.60%
第 7 期	3.80%
第 8 期	3.90%

[7] 各期計算浮動債息所用的 LIBOR，是在前一期即決定；譬如，第 2 期的浮動債息等於名目本金乘以第 2 期期初 (第 1 期期末) 的 LIBOR。

計息方式[8]，因此每期 (半年) 的計息天數正好都是 180 天。首先探討 X 公司與銀行的交換合約。以第一期為例，固定利率水準為 3.25%，而浮動利率為 3.00%，因此使用兩利率的差異 (3.25% – 3.00% = 0.25%) 所算出該期的交割金額為 US$10,000,000×0.25%/2 = US$12,500[9]。至於支付方向，由於浮動利率低於固定利率水準，可判定該期的交割金額應是由買方 (銀行) 付給賣方 (X 公司)。我們以相同的步驟可以算出此利率交換每一期的現金流量及支付方向，如表 7-7 所示。

同理，我們也可計算 Y 公司與交換銀行之利率交換的每期現金流量並判定支付方向，如表 7-8 所示。

將表 7-7 及表 7-8 中交換銀行的支付情形一併考量，可以發現交換銀行在每一期的淨收入皆是 US$5,000 (= US$10,000,000×0.1%/2)。

◎陽春型利率交換的評價

上述利率交換的買方 (固定利率支付者)，每期都會有浮動收益及固定支出，這就相當於買進了一個浮動利率債券，並同時賣出了一個到期期限與面額均相同的固定利率債券[10]。因此，利率交換就等於是一個包括固定利率債券與浮動利率債券的投資組

---

[8] 30/360 的計息方式是假設一年有 12 個月，每個月有 30 天。有關計息方式的更詳細介紹，可參考薛立言、劉亞秋合著之《債券市場》四版第一章或《債券市場概論》三版第二章。

[9] 將利率除以 2 是因為交換期間為半年。

[10] 同樣地，利率交換的賣方就等於是買進一個固定利率債券，並賣出一個浮動利率債券。

表 7-7　X 公司 (賣方) 與交換銀行 (買方) 之利率交換的每期現金流量和支付方向

付息期數	固定利率	浮動利率	利率差異	差額支付	支付者	收取者
第 1 期	3.25%	3.00%	0.25%	US$12,500	買方	賣方
第 2 期	3.25%	3.30%	0.05%	2,500	賣方	買方
第 3 期	3.25%	3.25%	0.00%	0	—	—
第 4 期	3.25%	3.20%	0.05%	2,500	買方	賣方
第 5 期	3.25%	3.35%	0.10%	5,000	賣方	買方
第 6 期	3.25%	3.60%	0.35%	17,500	賣方	買方
第 7 期	3.25%	3.80%	0.55%	27,500	賣方	買方
第 8 期	3.25%	3.90%	0.65%	32,500	賣方	買方

表 7-8　Y 公司 (買方) 與交換銀行 (賣方) 之利率交換的每期現金流量和支付方向

付息期數	固定利率	浮動利率	利率差異	差額支付	支付者	收取者
第 1 期	3.35%	3.00%	0.35%	US$17,500	買方	賣方
第 2 期	3.35%	3.30%	0.05%	2,500	買方	賣方
第 3 期	3.35%	3.25%	0.10%	5,000	買方	賣方
第 4 期	3.35%	3.20%	0.15%	7,500	買方	賣方
第 5 期	3.35%	3.35%	0.00%	0	—	—
第 6 期	3.35%	3.60%	0.25%	12,500	賣方	買方
第 7 期	3.35%	3.80%	0.45%	22,500	賣方	買方
第 8 期	3.35%	3.90%	0.55%	27,500	賣方	買方

合，而利率交換的評價就等於是此投資組合的評價；換句話說，利率交換的價值 (V_{IRS}) 即等於相同期限與面額之浮動利率債券的價值 ($V_{floater}$) 減去固定利率債券的價值 (V_{fix})，如下所示：

$$V_{\text{IRS}} = V_{\text{floater}} - V_{\text{fix}} \tag{7-5}$$

固定利率債券的評價如 (7-2) 式所示，至於浮動利率債券的評價，有兩個重要的觀念需要注意。第一，浮動利率債券的票面利率會隨市場利率作定期 (通常為半年) 調整，因此在各期的利率重設日，債券價格都會回復至面額[11]。第二，浮動利率債券的票面利率在每期期初就已確定，因此當期期末的現金流量金額為已知。綜合以上兩點，從評價的角度來看，浮動利率債券可視為一個在下次付息日就到期的零息債券，到期金額則為債券面額加上當期利息。

進一步以下面的例子來說明陽春型利率交換的評價。假設華利公司與大千銀行所簽訂之利率交換合約金額為 US$40,000,000，是由華利公司每期 (半年) 支付 3.55% 固定利率來交換 6-month LIBOR 的浮動利率，每年付息日為 2/15 與 8/15。假設目前為 t 年 8 月 15 日，該交換合約還有兩年才到期；市場中半年、一年、一年半及兩年期的即期利率分別為 3.2%、3.35%、3.5% 及 3.75%，而第一期 (第一個半年) 的浮動利率指標 (6-month LIBOR) 已知為 3.20%，計算此利率交換的價值可遵循下列步驟：

一、計算固定利率債券的價值

面額為 US$40,000,000，票面利率為 3.55% 的固定利率債券，還有兩年到期；每期 (半年) 的債息為 US$710,000 (=

---

[11] 此處是假設發行人的信用風險維持不變，關於此點可參考薛立言、劉亞秋合著之《債券市場》四版第十一章或《債券市場概論》三版第十章。

US$40,000,000×3.55%/2)。此兩年期固定利率債券的目前價值為：

$$V_{\text{fix}} = \frac{\text{US\$710,000}}{(1+3.2\%/2)^1} + \frac{\text{US\$710,000}}{(1+3.35\%/2)^2} + \frac{\text{US\$710,000}}{(1+3.5\%/2)^3} + \frac{\text{US\$40,710,000}}{(1+3.75\%/2)^4}$$
$$= \text{US\$39,854,286}$$

二、計算浮動利率債券的價值

已知第一期 LIBOR 為 3.20%，因此到下一次付息日 ($t+1$ 年 2 月 15 日) 的首期債息金額為 US$640,000 (= US$40,000,000×3.20%/2)，依此可算出此浮動利率債券 (亦可看作是半年期零息債券) 的價值為：

$$V_{\text{floater}} = \frac{\text{US\$40,640,000}}{(1+3.2\%/2)^1} = \text{US\$40,000,000}$$

三、計算利率交換的價值

$$V_{\text{IRS}} = \text{US\$40,000,000} - \text{US\$39,854,286} = \text{US\$145,714}$$

由於所算出的交換合約價值是大於零，表示收取固定利率的合約賣方 (大千銀行) 有 US$145,714 的帳面損失，而合約買方 (華利公司) 則有等額的未實現獲利。

樂學新知：基點交換或基差交換

基點交換或稱**基差交換** (Basis Swap) 是指浮動換浮動之利率交換合約。若兩系列負債之利息負擔都是以同一種貨幣計價，則此基差交換之功能是用在規避不同浮動利率指標變動的風險 (例如，3-month USD T-Bill for 3-month USD LIBOR)，或是用在規避不同期限之同一浮動利率指標變動的風險 (例如，3-month USD LIBOR for 6-month USD LIBOR)。若兩系列負債之利息負擔是以不同貨幣計價，則此基差交換之功能是用在規避匯率變動的風險 (例如，3-month USD LIBOR for 3-month GBP LIBOR)。

樂學新知：利率交換選擇權

交換選擇權 (Swaption) 是以交換合約作為標的之選擇權，可以分為**交換買權** (Call Swaption) 及**交換賣權** (Put Swaption)。以利率交換選擇權 (Interest Rate Swaption) 為例，交換買權又稱之為**付固定交換選擇權** (Payer Swaption)，而交換賣權亦稱之為**收固定交換選擇權** (Receiver Swaption)。「付固定交換選擇權」的買方有權利在未來特定期限內買進一個付固定、收浮動的利率交換合約；「收固定交換選擇權」的買方有權利在未來特定期限內買進一個收固定、付浮動的利率交換合約。因此，「付固定交換選擇權」的價格 (權利金) 在預期利率上升時會增加，而「收固定交換選擇權」的價格 (權利金) 則是在預期利率下降時才會增加。

第❼章 交換合約

第三節 外匯利率交換

重要名詞

外匯利率交換　　　Cross Currency Swap, CCS

○ 外匯利率交換的基本架構

　　本章第一節討論過典型的外匯交換，是 (以一種通貨計價的) 固定利率債券換取 (以另一種通貨計價的) 固定利率債券；若將此基本形式的外匯交換改為以固定換浮動或是以浮動換固定，則稱之為外匯利率交換。本章在第二節也探討過陽春型利率交換，此交換形式是將兩系列「以同一種貨幣計價」的負債義務互換；其中一系列為固定利率負債，而另一系列為浮動利率負債。若將「以同一種貨幣計價」改為「以不同貨幣計價」，則陽春型利率交換就成為外匯利率交換。由此可知，**外匯利率交換** (也稱之為換匯換利或雙率交換)，乃是典型的外匯交換與陽春型利率交換的綜合體；茲舉一例來進一步解析**外匯利率交換** (Cross Currency Interest Rate Swap 或 Cross Currency Swap 或 Currency Interest Rate Swap)。

　　企業若想取得雙率交換合約，通常可以先參考交換銀行公告

275

之報價表 (如表 7-9 所示)，然後再與交換銀行洽談而決定 (反映雙方信用品質的) 合約條件。

倘若某美國公司有日圓負債 ¥2,000,000,000，尚有 3 年才到期，利率為固定的 1%，每半年付息一次。因公司營收主要為美元，且會隨美元利率浮動，故決定透過交換合約將固定利率日圓負債轉換為浮動利率美元負債。假設該公司與交換銀行所簽訂之換匯換利合約中，本金互換所用的匯率訂為 ¥100/US$，而合約之架構如圖 7-5 所示。

由圖 7-5 可知，在此雙率交換合約中，該美國公司是浮動利率支付者，而該交換銀行是固定利率支付者，此交換合約讓美國公司原本之固定利率負債轉變為浮動利率負債。如此的交換操作未包含期初之本金互換，乃因該美國公司並非在負債合約一開始即安排交換合約；至於期末本金互換則仍然存在，其金額是依據交換合約簽約時的約定匯率，在此例是 ¥100/US$。由於浮動利率在簽約之後隨時在變，因此美國公司在簽約當時對於日後須

表 7-9　交換銀行的外匯利率交換報價表
(¥：Semiannual Fixed ⟷ US$：6-month LIBOR Flat)

交換期限	買價 (Bid)	賣價 (Ask)
2 年	0.70%	0.80%
3 年	1.00%	1.10%
4 年	1.30%	1.40%
5 年	1.60%	1.70%
7 年	1.90%	2.10%
10 年	2.21%	2.41%

第 ❼ 章　交換合約

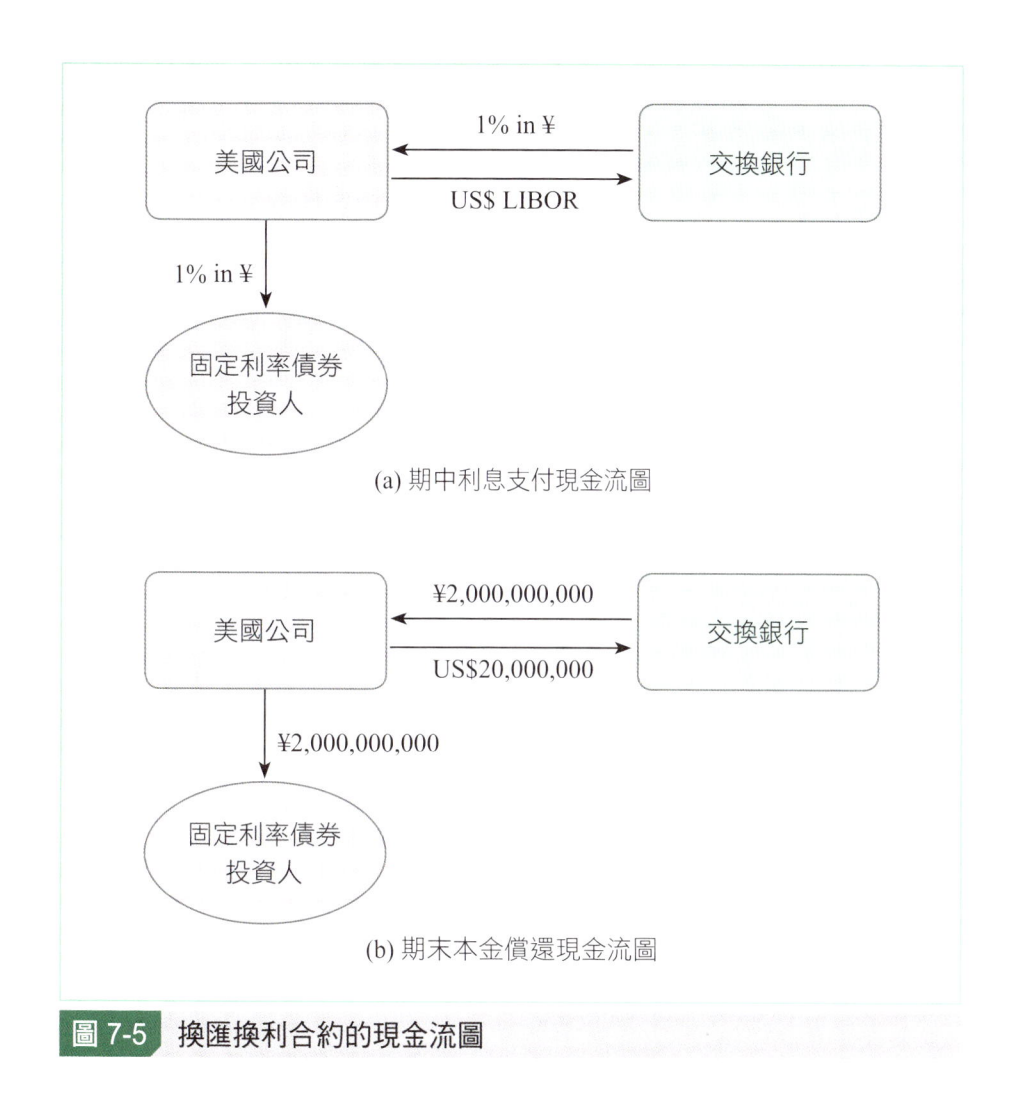

(a) 期中利息支付現金流圖

美國公司 ←1% in ¥— 交換銀行
美國公司 —US$ LIBOR→ 交換銀行
美國公司 —1% in ¥→ 固定利率債券投資人

(b) 期末本金償還現金流圖

美國公司 ←¥2,000,000,000— 交換銀行
美國公司 —US$20,000,000→ 交換銀行
美國公司 —¥2,000,000,000→ 固定利率債券投資人

圖 7-5　換匯換利合約的現金流圖

付給交換銀行的美元利息，只能確知第一期的金額。

假設未來每期 (半年) 的浮動利率水準如表 7-10 所示，則美國公司每期 (半年) 向交換銀行收取及付給交換銀行的金額如表 7-11 所示。

277

表 7-10　各期期初之浮動利率水準

付息期數	各期期初之 6 - month LIBOR
第 1 期	3.00%
第 2 期	3.25%
第 3 期	3.50%
第 4 期	3.00%
第 5 期	4.20%
第 6 期	4.30%

表 7-11　美國公司每期(半年)因交換合約而收到及付出之金額

期數 (年)	(固定) 現金收入 (¥)	(浮動) 現金支出 (US$)
1 (0.5)	10,000,000	300,000
2 (1)	10,000,000	325,000
3 (1.5)	10,000,000	350,000
4 (2)	10,000,000	300,000
5 (2.5)	10,000,000	420,000
6 (3)	10,000,000	430,000
6 (3)	2,000,000,000	20,000,000

外匯利率交換的評價

外匯利率交換是一個投資組合，是由 (以一種貨幣計價的) 固定利率債券及 (以另一種貨幣計價的) 浮動利率債券組成；因此，外匯利率交換的評價就是此投資組合的評價。與陽春型利率交換相同的是，外匯利率交換的買方是指付固定、收浮動的一方 (固定利率支付者)，而賣方則是指收固定、付浮動的一方 (浮動利率支付者)。外匯利率交換的評價，可藉由下列的例子來瞭解。

第❼章　交換合約

假設某外匯利率交換合約之各項條件如下：

本金金額	US$40,000,000
到期期限	3 年
歐元固定利率	5%
美元浮動利率	6-month LIBOR
付息頻率	每 6 個月一次
付息日	每年的 4/20 及 10/20
計息方式	30/360
本金互換約定匯率	US$1.25/€

另外，假設目前為 t 年 4 月 20 日，美元及歐元的即期利率如表 7-12 所示，同時即期匯率為 US$1.25/€。

表 7-12　美元及歐元的即期利率

到期期限 (年)	美元 (US$)	歐元 (€)
1 (0.5)	4.7%	5.4%
2 (1.0)	5.2%	5.3%
3 (1.5)	5.7%	5.2%
4 (2.0)	6.0%	5.1%
5 (2.5)	6.2%	5.0%
6 (3.0)	6.3%	5.0%

根據上述資料，此外匯利率交換的價值可經由下列的公式計算出：

$$V_{\text{CCS}} = V_{\text{floater}}^{\text{US\$}} - V_{\text{fix}}^{\text{€}} \times 評價日即期匯率 \tag{7-6}$$

其中 V_{CCS} 代表外匯利率交換的價值，$V_{\text{floater}}^{\text{US\$}}$ 代表以美元計價之浮動利率債券的價值，而 $V_{\text{fix}}^{\text{€}}$ 代表以歐元計價之固定利率債券的價值。實際計算步驟如下：

一、以美元計價之浮動利率債券的價值

由於目前半年到期的美元即期匯率為 4.70%（根據表 7-12），到下一個付息日（t 年 10 月 20 日）的首個半年，債息金額為 US\$940,000（＝US\$40,000,000×4.70%/2）。因此，浮動利率債券 (亦即半年期零息債券) 的價值為：

$$V_{\text{floater}}^{\text{US\$}} = \frac{\text{US\$}40,940,000}{\left(1+\dfrac{4.7\%}{2}\right)^1} = \text{US\$}40,000,000$$

二、以歐元計價之固定利率債券的價值

面額為 €32,000,000（＝US\$40,000,000÷US\$1.25/€）、票面利率為 5% 的固定利率債券，還有 3 年到期；每期 (半年) 的債息為 €800,000（＝€32,000,000×5%/2）。此 3 年期固定利率債券的目前價值為：

$$V_{\text{fix}}^{\text{€}} = \frac{€800,000}{\left(1+\dfrac{5.4\%}{2}\right)^1} + \frac{€800,000}{\left(1+\dfrac{5.3\%}{2}\right)^2} + \frac{€800,000}{\left(1+\dfrac{5.2\%}{2}\right)^3} + \frac{€800,000}{\left(1+\dfrac{5.1\%}{2}\right)^4} +$$

$$\frac{€800,000}{\left(1+\dfrac{5.0\%}{2}\right)^5} + \frac{€32,800,000}{\left(1+\dfrac{5.0\%}{2}\right)^6} = €31,992,674$$

三、外匯利率交換的價值

運用 (7-6) 式，可算出外匯利率交換的價值為：

$$V_{ccs} = US\$40,000,000 - €31,992,674 \times US\$1.25/€$$
$$= US\$40,000,000 - US\$39,990,843$$
$$= US\$9,157$$

由於所算出的交換合約價值是大於零，表示合約買方 (固定利率支付者) 有 US$9,157 的未實現獲利，而合約賣方 (固定利率收取者) 則有等額的未實現損失。

觀微知著　交換合約的價值與殖利率曲線

近年來，交換合約在金融市場上所引起的訴訟案件，多是因為遭受損失的投資人控告投資銀行未善盡風險告知的義務。事實上，對於金融商品如何評價有所瞭解，乃是透視商品潛在風險的要件之一。前面提及，交換合約的價值等於浮動利率債券的價值減去固定利率債券的價值；在簽約之時，兩債券的價值必定相等，亦即交換合約的價值等於零。在簽約之後，交換合約的價值會隨著市場利率而改變；市場利率上升讓合約價值變成正值，而使買方有獲利 (賣方有損失)；市場利率下降讓合約價值變成負值，而使買方有損失 (賣方有獲利)。因此，投資人要特別留意即期利率曲線 (Spot Rate Curve) 形狀的變化，因為該曲線的斜率除了告知不同期限即期利率的水準，也隱含著遠期利率 (Forward Rate) 走勢的訊息。

即期利率曲線的形狀會影響交換合約的價值，但影響的嚴重性則與浮動利率的設計有關。投資人不能只看初始

一、兩期的利率支付情形，就研判自己的合約部位是處在獲利的狀態，如此可能會錯估情勢而陷入極大的損失之中。

舉一例來說明。假設市場上一家 G 公司與 B 銀行簽定了一份利率交換合約；到期期限為 5 年，且每半年交換一次利息。G 公司付浮動利率 (以六個月期的 LIBOR 為指標)，而 B 銀行付固定利率 (5.5%)，設計如下：

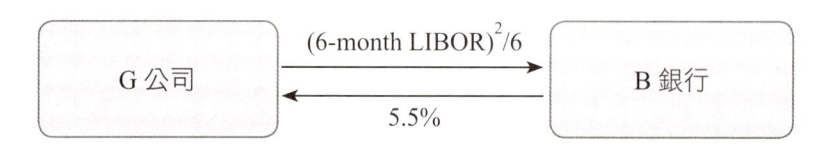

```
                (6-month LIBOR)²/6
   G 公司  ──────────────────────▶   B 銀行
           ◀──────────────────────
                    5.5%
```

在第一年的兩個付息日，LIBOR 分別為 1.581% 及 1.893%，因此 G 公司付給 B 銀行的浮動利率分別為：

$$LIBOR^2/6 = 1.581^2/6 = 0.42(\%)$$
$$LIBOR^2/6 = 1.893^2/6 = 0.60(\%)$$

與 G 公司每期收到的固定利率 5.5% 相比，G 公司似乎是保持在一個穩定獲利的狀態。然而，這是一個五年期的交換合約，若即期利率曲線變得更為陡峭，則 LIBOR 透過平方項的設計就會讓浮動利率債券的價值飛漲[12]。因此，利率上升一方面讓固定利率債券的價值下跌，另一方面也讓浮動利率債券的價值上漲；於是，交換合約的價值大幅上漲而造成 G 公司 (賣方) 遭受極大的損失。

---

[12] 浮動利率債券的票面利率若是等於 LIBOR 而無平方項的設計，則其價格在每次付息日時都會回到面額，乃因票面利率隨市場利率同步調整。但平方項的設計會讓票面利率依指標調整後仍是高於市場利率，導致浮動利率債券的價格走高。

本章摘要

- 背對背貸款合約的功能，就是讓兩企業得以在享有比較成本利益的市場融資再進行互換現金流，來達到節省成本的目的。平行貸款的功能，是讓企業得以達到為子公司融資的目的，卻完全不必經由外匯市場進行通貨的轉換。
- 外匯交換的正式定義是：「兩交易對手同意將自己(以一種通貨計價)的負債義務與對方(以另一種通貨計價)的負債義務作成交換」。
- 外匯交換基本上包括期初的本金互換、期中的利息互換，以及期末的本金互換；期初與期末的本金互換所使用的匯率相同，都是依據期初所約定之匯率水準。
- 外匯交換合約其實就是一序列外匯遠期合約的組合。
- 利率交換是由兩交易對手約定在未來互換利息負擔的一種操作，兩種利息負擔都是以同一種貨幣計價。
- 陽春型利率交換是指固定利率換浮動利率的交換形式。依照市場慣例，陽春型利率交換的買方是指付固定利率、收浮動利率的一方，而賣方則為收固定利率、付浮動利率者；換句話說，買方為固定利率支付者，而賣方則為浮動利率支付者。
- 利率交換合約的雙方對於利息的支付，是採淨額交割方式；也就是說在付息之日，將本金金額乘以浮動利率與固定利率的差異算出利息淨額，此淨額稱之為差額支付。若浮動利率大於固定利率，則由賣方將淨額付給買方；若浮動利率小於固定利率，則由買方將淨額付給賣方。
- 利率交換的價值即等於相同期限與面額之浮動利率債券的價值減去固定利率債券的價值。
- 外匯利率交換(也稱之為換匯換利或雙率交換)，乃是典型的外匯交換與陽春型利率交換的綜合體，是由(以一種貨幣計價)固定利率債券及(以另一種貨幣計價)浮動利率債券組成。

本章習題

一、選擇題

1. 在一個陽春型利率交換合約中，付固定利率的一方必定是認為利率在未來將_____才會簽訂此合約。
   a. 下降
   b. 上升
   c. 保持不變
   d. 先下降後上升

2. 在利率走升的趨勢之下，下列哪一種投資人最想要成為一個利率交換 (IRS) 合約的買方？
   a. 已持有浮動利率資產部位的投資人
   b. 已持有浮動利率負債部位的投資人
   c. 已持有固定利率資產部位的投資人
   d. b and c

3. 在利率走低的趨勢之下，下列哪一種投資人最想要成為一個利率交換 (IRS) 合約的賣方？
   a. 已持有浮動利率資產部位的投資人
   b. 已持有浮動利率負債部位的投資人
   c. 已持有固定利率資產部位的投資人
   d. 以上皆非

4. 若交換銀行的指示價格表如下：

   €：Semiannual Fixed ⟷ US$：6-month LIBOR Flat

交換期限	買價	賣價
2 年	3.42%	3.52%
3 年	3.61%	3.75%
4 年	3.90%	4.10%

   在客戶與交換銀行所簽訂的三年期交換合約中，若客戶付浮動利率，則：

a. 交換銀行付美元固定利率 3.61%
   b. 交換銀行付歐元固定利率 3.61%
   c. 交換銀行付美元固定利率 3.75%
   d. 交換銀行付歐元固定利率 3.75%

5. 延續上題，在客戶與交換銀行所簽訂的四年期交換合約中，若客戶付固定利率，則：
   a. 交換銀行收美元固定利率 3.90%
   b. 交換銀行收歐元固定利率 3.90%
   c. 交換銀行收美元固定利率 4.10%
   d. 交換銀行收歐元固定利率 4.10%

6. 下列何者是利率交換 (IRS) 可能完成的功能？
   a. 可以降低美元收入不敷美元支出的風險
   b. 可以降低歐元收入不敷美元支出的風險
   c. 可以有效降低負債資金成本
   d. a and c
   e. b and c

7. 下列敘述何者正確？
   a. 背對背貸款必須透過銀行幫忙尋找交易對手
   b. 今日大多數的交換合約都是由交換銀行本身擔任客戶的交易對手
   c. 外匯交換 (CS) 可以有效降低匯率風險
   d. 以上皆正確

8. 下列敘述何者不正確？
   a. 交換合約可以看作是一序列的遠期合約
   b. 利率交換合約的價值 (V_{IRS}) 會隨利率上升而增加
   c. 外匯交換 (CS) 一定包括期初的本金互換、期中的利息互換、期末的本金互換
   d. 以上皆正確

9. 在本章第二節所舉的陽春型利率交換合約例子中，華利銀行每期支付 3.55% 固定利率而大千銀行每期支付 6-month LIBOR。假設目前狀況是該交換合約還有兩年整才到期；市場中半年、一年、一年半及兩年期的即期利率分別為 3.2%、3.35%、3.5% 及 3.75%，而第一期 (第一個半年) 的浮動利率指

標 (6-month LIBOR) 已知為 3.20%。下列何者正確？

a. 第一期的利息互換是華利銀行支付 3.55% 而大千銀行支付 3.20%，但每日評價讓華利銀行目前因交換合約而出現帳面虧損

b. 第一期的利息互換是華利銀行支付 3.20% 而大千銀行支付 3.55%，但每日評價讓華利銀行目前因交換合約而出現帳面虧損

c. 第一期的利息互換是華利銀行支付 3.20% 而大千銀行支付 3.55%，但每日評價讓大千銀行目前因交換合約而出現帳面虧損

d. 第一期的利息互換是華利銀行支付 3.55% 而大千銀行支付 3.20%，但每日評價讓大千銀行目前因交換合約而出現帳面虧損

10. 下列有關外匯利率交換 (雙率交換) 的描述何者正確？

a. 是典型外匯交換與陽春型利率交換的綜合體

b. 合約買方是指浮動利率支付者

c. 一定包括期初的本金互換、期中的利息互換、期末的本金互換

d. 其他條件不變，合約價值 (V_{CCS}) 會隨浮動利率指標水準的下降而增加

11. 其他條件不變，雙率交換合約的價值 (V_{CCS})：

a. 會隨浮動利率指標水準的上升而增加，故賣方獲利

b. 會隨浮動利率指標水準的上升而增加，故買方獲利

c. 會隨浮動利率指標水準的下降而增加，故賣方獲利

d. 會隨浮動利率指標水準的下降而增加，故買方獲利

12. 已知有效年利率 (EAR) 為 3%，則有效半年利率的計算如下：

a. $\left(1+\dfrac{3\%}{2}\right)^2 - 1$

b. $\dfrac{3\%}{2}$

c. $(1+3\%)^{0.5} - 1$

d. $(3\%)^{0.5}$

二、問答題

1. 為什麼在固定利率市場的信用品質利差通常要比在浮動利率市場的為大？

2. 上優及中達兩家企業可在市場上借得之利率如下：

	上優	中達
信用等級	AAA	BBB
固定利率	6.5%	10.5%
浮動利率	LIBOR	LIBOR＋2%

(a) 試計算品質利差差異 (QSD)。

(b) 假設上優企業想要在浮動利率市場融資，而中達企業想要在固定利率市場融資。若你能免費為兩家企業建構一只陽春型利率交換合約，該如何設計才能使兩企業所節省的融資成本完全相同？請將你所設計的交換合約以圖示之。

(c) 同樣假設上優企業想要在浮動利率市場融資，而中達企業想要在固定利率市場融資，且你願免費為兩家企業建構一只陽春型利率交換合約。該如何設計才能使上優企業節省的融資成本為 1.5%，而中達企業節省的融資成本為 0.5%？請將你所設計的交換合約以圖示之。

3. H 公司是一家信用評等為 AAA 級的公司，想要發行 5 年到期的浮動利率債券，經與發行券商討論後，得知若以 6 個月到期的 LIBOR 當作指標利率，則融資成本為 6-month LIBOR＋0.25%；若採 3 個月到期的 LIBOR 為指標利率，則融資成本為 3-month LIBOR＋0.125%。由於 H 公司的營業收入是每 3 個月隨市場利率調整一次，因此偏好後者的融資利率。K 公司是一家信用評等為 A 級的公司，也想要發行 5 年到期的浮動利率債券，經與發行券商討論後，得知若以 6 個月到期的 LIBOR 當作指標利率，則融資成本為 6-month LIBOR＋1.2%；若採 3 個月到期的 LIBOR 為指標利率，則融資成本為 3-month LIBOR＋0.625%。由於 K 公司的營業收入是每 6 個月隨市場利率調整一次，因此偏好前者的融資利率。假設兩家公司的借款金額皆為 US$20,000,000。

(a) 試計算品質利差差異 (QSD)。

(b) 試為兩家企業建構一只浮動換浮動 (Floating-for-Floating) 的利率交換合約，此合約須將交換銀行的獲利納入 (假設其獲利為 0.15%)，並讓兩家企業所節省的融資成本完全相同。

4. 傑雷是一家信用評等為 AAA 級的公司，凱信則是一家信用評等為 A 級的公司。兩家公司分別可以借到如下的利率：

	傑雷	凱信
固定利率	6.5%	8%
浮動利率	LIBOR	LIBOR＋1%

(a) 試計算品質利差差異 (QSD)。

(b) 試為兩家企業建構一只陽春型利率交換合約；該如何設計才能使兩企業所節省的融資成本完全相同？(假設傑雷想要用浮動利率債券融資，而凱信想要用固定利率債券融資。)

5. 高盛銀行在市場報出的交換利率條件如下所示：

US$：Semiannual Fixed ⟷ US$：6-month LIBOR Flat

買價 (Bid)	賣價 (Ask)
6.75%	7.1%

£：Semiannual Fixed ⟷ US$：6-month LIBOR Flat

買價 (Bid)	賣價 (Ask)
10.25%	10.65%

請問高盛銀行將可能安排哪兩種形式的 US$/£ 陽春型外匯交換合約 (Fixed for Fixed Currency Swap)？

6. 假設某基金管理者持有以美元計價的兩債券，其中之一為固定利率債券，另一則為浮動利率債券。目前此基金管理者預期美元利率即將上升，請問：(a) 他 (她) 如何能利用交換合約或歐洲美元期貨合約來降低利率風險？(b) 你認為交換合約和歐洲美元期貨合約是不是會達到相同的避險功效？理由為何？

7. 一家公司與某交換銀行簽訂一只五年到期的利率交換合約。此合約訂明該公司每年付 8.75% 的固定利率給交換銀行，名目本金金額為 €20,000,000；交換銀行則每年付給該公司 1-year EURIBOR。假設在第二個付息日 (此時合約尚有 3 年才到期)，該交換合約之 AIC 為 9.5%，此交換合約之價值應為何？

Chapter 8
外匯選擇權合約

選擇權交易的歷史由來已久，其概念可以追溯到古羅馬時代。早期的發展是以 OTC 市場為主，而集中市場交易的選擇權 (Exchange-Traded Option) 則是近二、三十年來的新興產物。1982 年 12 月，美國費城股票交易所[1] (Philadelphia Stock Exchange, PHLX) 首度推出外匯現貨選擇權 (Spot Option) 的交易；1984 年 1 月，芝加哥商業交易所[2] (CME) 也推出以 IMM 期貨合約作為標的資產之期貨選擇權 (Futures Option)。在四大類的衍生商品之中，選擇權是唯一同時擁有 OTC 與集中市場的

---

[1] 費城股票交易所 (PHLX) 在 2008 年被那斯達克 OMX 集團 (NASDAQ OMX) 併購，之後被稱作 NASDAQ OMX PHLX，但為求簡便，本章仍以 PHLX 稱之。PHLX 目前與國際證券交易所 (International Securities Exchange) 共為全球最重要的兩大外匯現貨選擇權交易所。另外，芝加哥商業交易所 (CME) 則是全球最重要的外匯期貨選擇權交易所。

[2] 芝加哥商業交易所 (CME) 在 2007 年之後，因併購而隸屬於芝加哥商業交易所集團 (CME Group) 的旗下。

商品。大多數的外匯選擇權交易都是在 OTC 市場進行，因為 OTC 市場給予投資人較多選擇商品的彈性，譬如有各式各樣的新奇選擇權 (Exotic Options)，而且管制較少；而集中市場 (交易所) 也有一個獨到的優點，就是用結算制度讓買方及賣方不必擔心交易對手違約。

本章的討論重點放在集中市場交易的外匯選擇權。第一節描述外匯選擇權合約相關的基本概念，包括各項技術名詞及一般特性的解說；第二節介紹選擇權合約的損益圖；第三節著眼於外匯選擇權的評價與價格敏感度分析；第四節討論如何運用外匯選擇權合約來避險與投機。

第一節　外匯選擇權合約相關的基本概念

重要名詞

現貨選擇權	Spot Option
期貨選擇權	Futures Option
買權	Call Option
賣權	Put Option
內含價值	Intrinsic Value
時間價值	Time Value

第 8 章　外匯選擇權合約

◎ 選擇權技術名詞與一般特性

買權 vs. 賣權

　　選擇權依賦予買方權利之不同而可區分為買權 (Call Option) 與賣權 (Put Option) 兩類。買權的買方享有權利按照合約載明的履約價格，向賣方購買一定數量之交易標的 (Underlying Asset)；賣權的買方則有權利按照合約載明的履約價格，將一定數量之交易標的售予賣方。

履約價格

　　買權的買方 (賣權的買方)，在購買 (賣出) 交易標的時所付出 (收取) 的單位價格，稱之為履約價格 (Exercise Price 或 Strike Price)，也可謂為行使價格或執行價格；此價格在合約期間通常是維持不變，少數選擇權則具有可重設 (Reset) 的履約價格。

權利金

　　在買賣選擇權時，買方必須將選擇權的市場價格付給賣方，才能取得權利來依履約價格購買或賣出交易標的，因此對買方而言，此選擇權的市價稱之為權利金 (Premium)。賣方收了買方付的權利金，則須在買方按執行價格行使權利時，配合履行其合約義務。

選擇權的價值

　　選擇權在到期之前，其價值主要決定於交易標的之價格 (以 S 表示) 與履約價格 (以 E 表示) 的差異；由於履約價格固定不

變,因此交易標的之價格走勢就格外重要。以買權而言,若 $S>E$,此選擇權稱之為價內買權 (In-the-Money Call);若 $S<E$,為價外買權 (Out-of-the-Money Call);若 $S=E$,則為價平買權 (At-the-Money Call)。賣權的情況則恰好相反;$S<E$ 時為價內賣權 (ITM Put);$S>E$ 時稱為價外賣權 (OTM Put),而 $S=E$ 則是價平賣權 (ATM Put)。

選擇權的市場價格是由兩部分組成:一部分為內含價值 (Intrinsic Value);另一部分則為時間價值 (Time Value),如下所示:

$$選擇權市價 = 內含價值 + 時間價值$$

內含價值為標的價格 (S) 與履約價格 (E) 的差異,而選擇權市價和內含價值的差異稱為時間價值。對於價外或價平選擇權而言,其內含價值皆被視為零,而選擇權的價格應是會大於零,因此價格所反映出來的全部都是時間價值。

圖 8-1 將「買權」的市價與內含價值、時間價值的關係呈現出來,而圖 8-2 則描繪出「賣權」的市價和內含價值、時間價值的關係。由此兩圖可以看出,即使選擇權的內含價值為零,其市場價格也不會等於零,乃因價格也包括時間價值之故。

執行時點

選擇權的買方若只能在到期日才得依執行價格購買或賣出交易標的,則此選擇權為歐式選擇權 (European Style Option),典型的 OTC 選擇權及 PHLX 現貨選擇權,都是採歐式執行時點慣

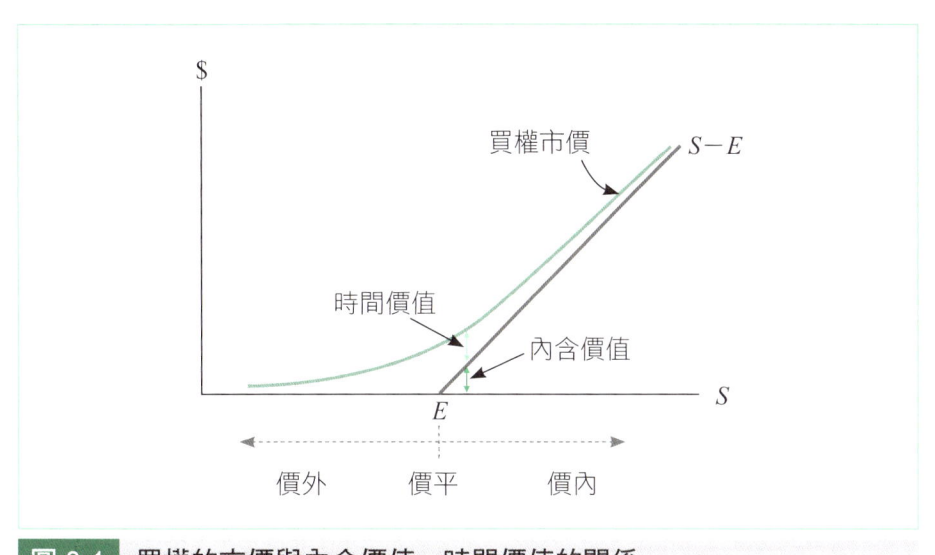

圖 8-1 買權的市價與內含價值、時間價值的關係

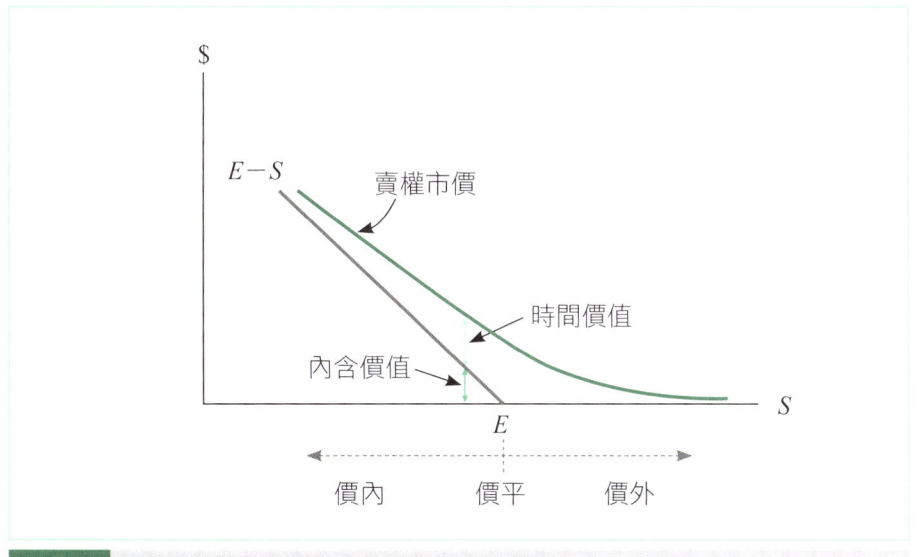

圖 8-2 賣權的市價與內含價值、時間價值的關係

例。相對應的是**美式選擇權** (American Style Option)，其買方可以在購買日和到期日之間的任一交易日執行合約。

選擇權的買方，除了有權利按照履約價格執行合約，也可以

直接在市場上將選擇權售出結束部位。價內選擇權「按選擇權市價」售出的獲利，通常要比「按履約價格」執行的獲利為高；這是因為選擇權市價中的時間價值通常為正值，而執行合約則只能取得市價中的內含價值，等於是放棄時間價值。

外匯選擇權的交易標的

外匯選擇權若以通貨為交易標的，稱之為 **現貨選擇權** (Option on Spot or Spot Option)；若以外匯期貨合約作為標的，則為 **期貨選擇權** (Futures Option or Option on Futures)。以下就來分別探討 PHLX 現貨選擇權及 IMM 期貨選擇權。

PHLX 現貨選擇權

合約大小及執行時點

PHLX 現貨選擇權的每口合約基本單位分為三類：10,000 單位、100,000 單位及 1,000,000 單位。另外，PHLX 外匯選擇權的執行時點只有歐式一種，且全部合約都是以美元結算。表 8-1 所列為 PHLX 外匯現貨選擇權契約的基本規格。

到期月、最後交易日及到期日

在任何時點，PHLX 外匯選擇權的到期月通常包含最近期的兩個月，再加上 March Cycle (3 月、6 月、9 月、12 月的循環形式) 中最近期的一個月份。舉例來說，若 9 月 1 日為營業日，則當日可交易的到期月份應是 9 月、10 月及 12 月；又假

表 8-1　PHLX 外匯現貨選擇權契約的基本規格

外匯	每口合約單位	到期月	報價變動單位
澳幣	10,000	最近期兩個月/March Cycle	1 美分 (1 cent)
英鎊	10,000	同上	同上
加幣	10,000	同上	同上
歐元	10,000	同上	同上
瑞士法郎	10,000	同上	同上
紐元	10,000	同上	同上
墨西哥披索	100,000	同上	0.1 美分 (0.1 cent)
挪威克羅納	100,000	同上	同上
南非蘭特	100,000	同上	同上
瑞典克羅納	100,000	同上	同上
日圓	1,000,000	同上	0.01 美分 (0.01 cent)

設 12 月 6 日也是營業日，則當日可交易的到期月份應是 12 月、隔年 1 月及 3 月。最後交易日是到期月的第三個星期五，而到期日是最後交易日的次日。

報價變動單位

PHLX 外匯選擇權的報價變動單位也分三類，每口合約含 10,000 單位的報價變動單位是 1 美分，含 100,000 單位的是 0.1 美分，含 1,000,000 單位的是 0.01 美分 (如表 8-1 所示)。如此一來，不論是哪一個合約，只要價格上漲 (下跌) 一單位，都是導致 100 美元的獲利 (損失)。

IMM 期貨選擇權

合約大小及執行時點

每口 IMM 期貨選擇權合約所含的交易單位，與 IMM 期貨合約完全相同，這當然是因執行 IMM 期貨選擇權所領到的交易標的，即是 IMM 期貨合約之故。IMM 期貨選擇權僅有美式選擇權一種；因此，在到期之前的任何時點，價內買權 (賣權) 的持有者都可按履約價格買進 (賣出) 標的期貨合約。

到期月、到期日及最後交易日

IMM 期貨選擇權的到期月與 PHLX 現貨選擇權一樣，亦即包含最近期的兩個月，再加上 March Cycle 中最近期的一個月份。譬如在 12 月初的某日，正在交易中的選擇權所含到期月份包括 12 月、1 月、3 月；在 4 月底的某日，正在交易中的選擇權所含到期月份則包括 5 月、6 月、9 月。

到期日是各該到期月份的第三個星期三往回推至第二個星期五；例如 2017 年 3 月份第三個星期三是 3 月 15 日，則 IMM 選擇權的到期日是 3 月 3 日 (星期五)。最後交易日則是到期日的前一天。

交易標的

IMM 期貨選擇權執行時所領取的交易標的為何？1、2、3 月份到期之期貨選擇權取得之交易標的是 3 月份到期的期貨合約；4、5、6 月份到期之期貨選擇權的交易標的是 6 月份到

期的期貨合約；7、8、9 月份到期之期貨選擇權的交易標的是 9 月份到期的期貨合約；10、11、12 月份到期之期貨選擇權的交易標的是 12 月份到期的期貨合約。另外，IMM 期貨買權的執行會創造一個 IMM 期貨合約的買入部位 (Long Position)，而 IMM 期貨賣權的執行則會創造一個 IMM 期貨合約的賣出部位 (Short Position)。

第二節　外匯選擇權的基本損益圖與各式操作策略

重要名詞

損益圖	Profit and Loss (P&L) Diagram
損益兩平點	Break-Even Point
牛市價差策略	Bull Spread Strategy
熊市價差策略	Bear Spread Strategy
跨式策略	Straddle Strategy
勒式策略	Strangle Strategy

投資人一旦建立了選擇權的部位，可以藉著損益圖 [Profit and Loss (P&L) Diagram] 來瞭解在標的資產各種不同的價格之下，自己的獲利或損失情形。由於投資人可能有四種最基本的選擇權部位，因此我們首先介紹下列四種情形的損益圖：

PART 3 ▶ 外匯衍生商品

- 買進買權 (Long Call) 部位
- 賣出買權 (Short Call) 部位
- 買進賣權 (Long Put) 部位
- 賣出賣權 (Short Put) 部位

◎ 四種基本損益圖

買進買權部位

外匯損益圖的縱軸代表單位利潤或損失，橫軸則代表即期匯率所在的水準。假設投資人買進一個澳幣買權 (A$ Call)，履約價格為 US$0.75/A$，權利金為每單位 0.45¢ (即 US$0.0045/A$)，則其損益圖如圖 8-3 所示。若**現行即期匯率** (Current Spot Rate) 等於或小於履約價格，則買權的買者無法執行選擇權，其損益狀況是每單位澳幣損失 US$0.0045，此亦為每單位澳幣的

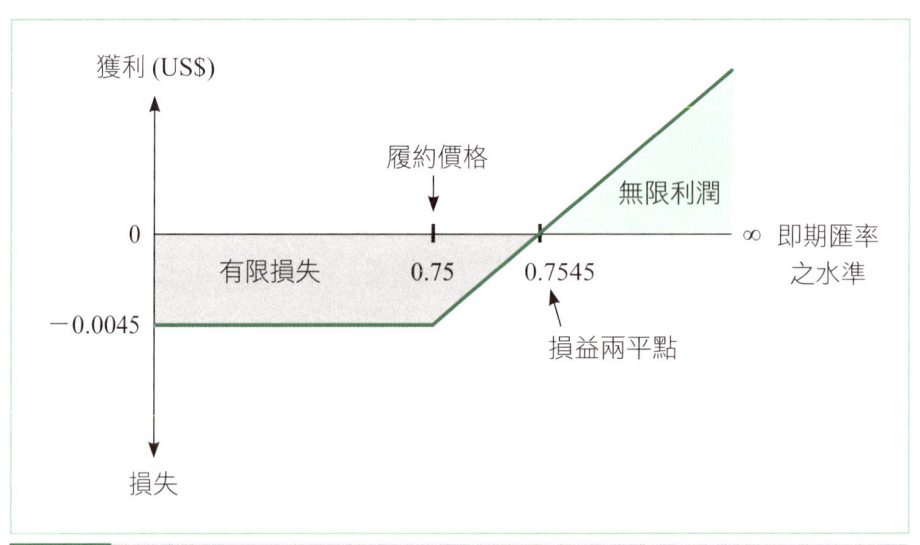

圖 8-3 買進買權 (Long Call) 部位損益圖

最大可能損失。若現行即期匯率大於履約價格,則此選擇權成為價內買權,而即期匯率超過履約價格的部分,可以用來填補權利金成本的損失。一旦即期匯率觸及 US$0.7545/A$ 的水準,投資人就達到**損益兩平點** (Break-Even Point)。倘若即期匯率超過損益兩平點後還繼續上升,投資人就開始獲利。由圖 8-3 可知,買權的買者損失是有限的,但卻可能有無限的獲利空間。

賣出買權部位

上述澳幣買權的賣方,其損益圖的情形如圖 8-4 所示。可以看出,同樣一個買權的買、賣方有剛好相反的損益情況;也就是說,買方的損失即等於賣方的利潤,而買方的利潤即是賣方的損失。由於買方的單位最大可能損失是 US$0.0045,因此賣方的單位最大可能利潤也就是 US$0.0045。另外,買方有無限的利潤及有限的損失,因此賣方有無限的損失及有限的利潤。

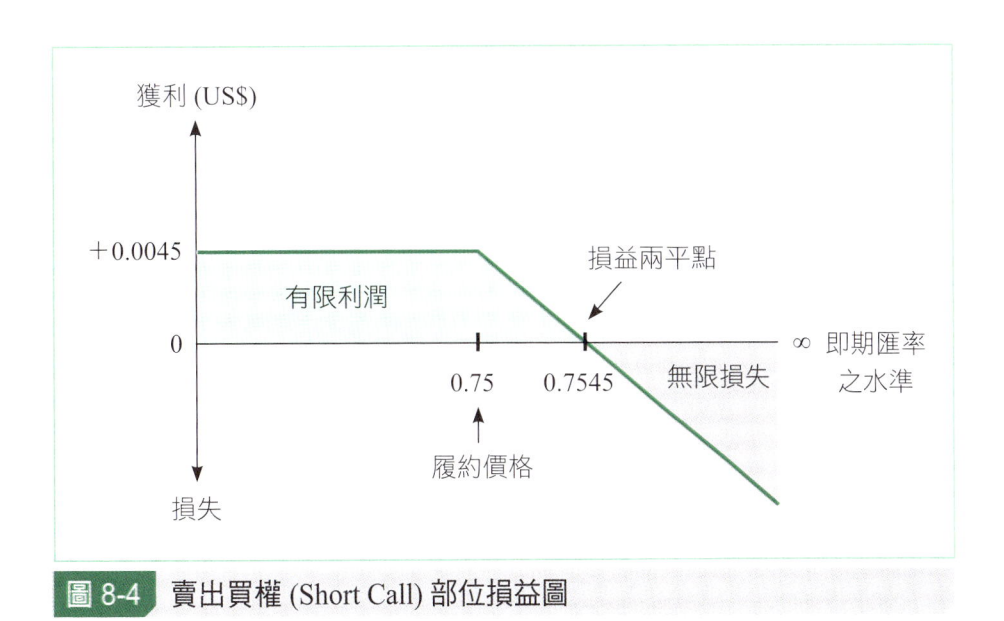

圖 8-4 賣出買權 (Short Call) 部位損益圖

買進賣權部位

假設投資人買進一個瑞士法郎賣權 (SFr Put)，履約價格為 US$0.67/SFr，權利金為每單位 1.5¢ (即 US$0.015/SFr)；其損益圖如圖 8-5 所示。此賣權的損益兩平價格為 US$0.655/SFr；當現行即期匯率觸及損益兩平價格並繼續下跌時，投資人開始獲利而且每單位瑞士法郎的獲利最高可達 US$0.655。當即期匯率大於損益兩平價格時，投資人是有損失的，不過單位最大可能損失是 US$0.015。

賣出賣權部位

上述瑞士法郎賣權的賣方，其損益圖的情形如圖 8-6 所示。由此圖可知，賣方的利潤空間頗為有限，單位最大可能利潤是 US$0.015，但損失則是每單位瑞士法郎可達 US$0.655 之高。

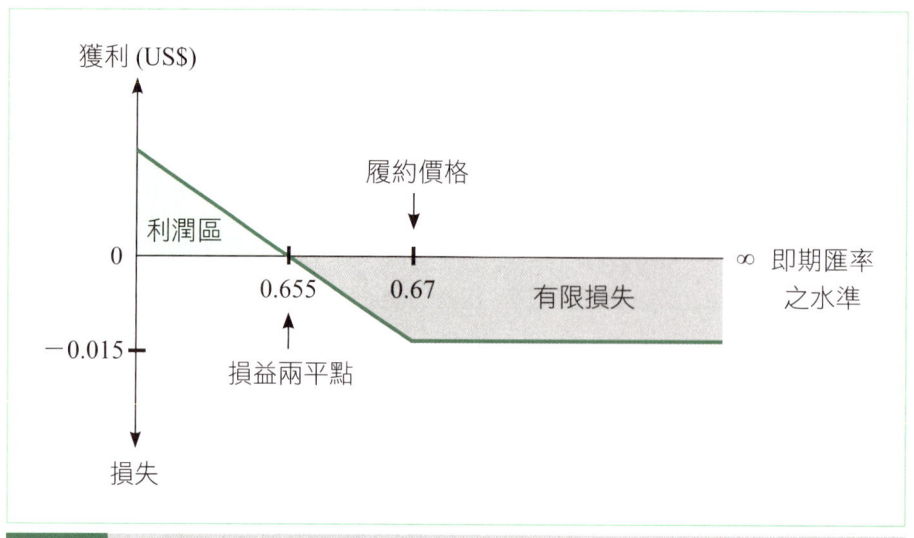

圖 8-5 買進賣權 (Long Put) 部位損益圖

圖 8-6 賣出賣權 (Short Put) 部位損益圖

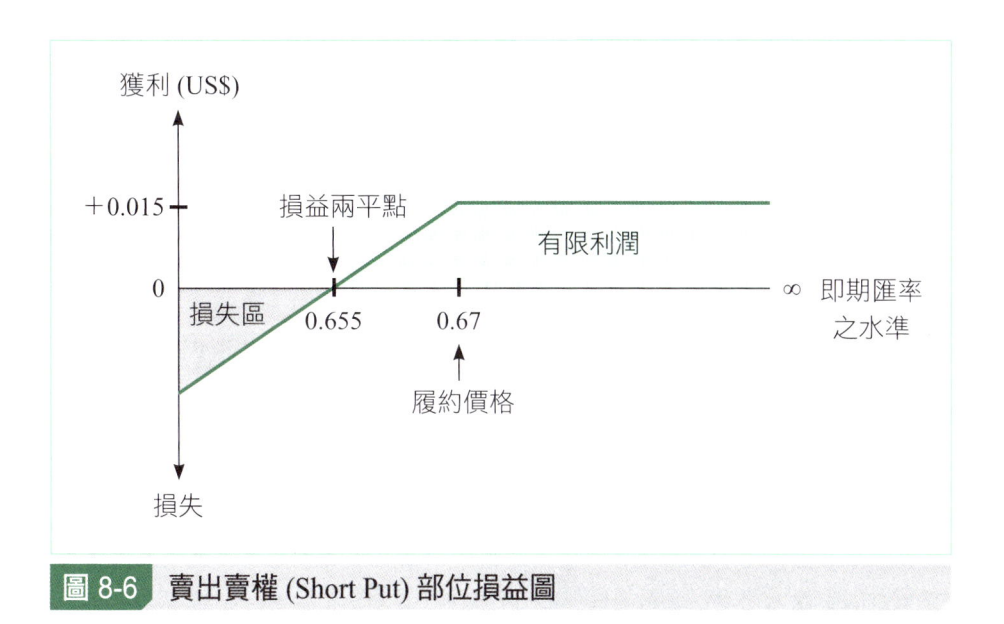

各式操作策略

除了上述四種最基礎的選擇權部位，投資人也可以根據自己對即期匯率走勢的研判來進行各種策略操作並繪出損益圖。選擇權的操作策略層出不窮，此處僅針對一些常見的策略進行說明，包括牛市價差策略 (Bull Spread Strategy)、熊市價差策略 (Bear Spread Strategy)、跨式策略 (Straddle Strategy)、勒式策略 (Strangle Strategy) 等。

牛市價差策略

前述提及，當投資人預期標的貨幣會走升值路線時，可以建立買進買權的部位以期獲利；然而，若預期標的貨幣的升值幅度不大，則可以採用價差策略來降低成本。本質上，牛市價差策略是一種保守看多的操作手法；在預期標的貨幣會小幅升值的前

PART 3 ▶ 外匯衍生商品

提下,投資人買進一個買權,並同時賣出一個有相同標的及到期期限,但履約價格較高之買權。由於投資人是同時買進及賣出買權,因此賣出買權所收取的權利金可以降低買入買權所支出的成本。

舉例來說,珍妮預期英鎊在未來三個月內會有 5% 的升幅,於是選定英鎊進行牛市價差操作。珍妮買進履約價格為 US$1.88/£ 的價平買權,權利金為 US$0.09/£,同時賣出履約價格為 US$1.974/ 的價外買權,權利金為 US$0.05/£。珍妮建構之牛市價差策略的損益圖如圖 8-7 所示。

由圖 8-7 可以看出,倘若珍妮單買一個價平買權,則所付權利金為 US$0.09/£,而損益兩平點為 US$1.97/£;若是單賣一個 5% 價外買權 [履約價格等於 US$1.88/£×(1＋5%)＝US$1.974/£],則所收權利金為 US$0.05/£,而損益兩平

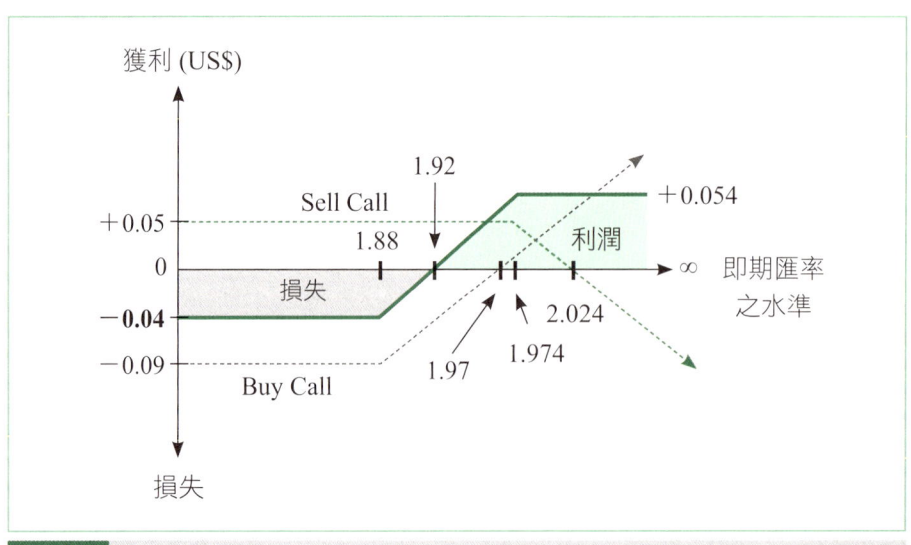

圖 8-7 牛市價差 (Bull Spread) 部位損益圖

點為 US$2.024/£。在買進買權的同時，另賣出一個價外買權，可以將整體操作成本降至 US$0.04/£（＝US$0.09/£－US$0.05/£）；因此，珍妮建立之牛市價差部位的損益兩平匯率為 US$1.92/£（＝US$1.88/£＋US$0.04/£）。仔細觀察圖 8-7 也可得知，此牛市價差部位之最大可能損失為 US$0.04/£，而最高可能獲利為 US$0.054/£（＝US$1.974/£－US$1.92/£）。

熊市價差策略

相對於牛市價差的保守看多操作，熊市價差策略的運用時機是當投資人預期標的貨幣會貶值，但貶值幅度又不至於太大之時，因此是一個保守看空的操作。投資人依據這樣的預期，可以買進一個賣權，同時又賣出一個具有相同標的及到期期限，但履約價格較低之賣權。同樣地，賣出賣權所收取之權利金，可以用來抵銷買入賣權之部分成本，而使整體的操作成本降低。

圖 8-8 描繪出一個標的為歐元之熊市價差操作的損益圖。此價差策略是買進一個履約價格為 US$1.30/€，權利金為 US$0.032/€ 的賣權，同時再賣出一個履約價格為 US$1.26/€，而權利金為 US$0.011/€ 的賣權。兩賣權的權利金互相抵銷之後，實際付出的權利金成本為 US$0.021/€（＝US$0.032/€－US$0.011/€），故此熊市價差操作的損益兩平匯率為 US$1.279/€（＝US$1.30/€－US$0.021/€）。由圖中也可看出，當歐元貶值到 US$1.26/€ 甚至更低時，該策略的獲利金額將不會繼續增加；因此，最高可能獲利為 US$0.019/€（＝US$1.279/€－US$1.26/€），而採取此價差策略的投資人

PART 3 ▶ 外匯衍生商品

觀微知著：目標可贖回遠期契約（TRF）的解析

目標可贖回遠期契約 (Target Redemption Forward, TRF) 近幾年來在國內金融市場引起軒然大波，主要原因是此商品在國內市場是以人民幣為標的，而人民幣近期非預期地大幅走貶造成銀行客戶端承受鉅額損失，因此向主管當局投訴不斷，進而引起金管會介入調查。調查結果顯示各大銀行在銷售此金融衍生商品時犯下諸多缺失（譬如縱容行員用不當話術推薦客戶購買此衍生商品，或客戶並無實際避險需求卻核給高額避險額度讓其從事 TRF 交易）。而根據國內媒體報導，自 2014 年 6 月至 2016 年 12 月為止，金管會針對銀行缺失已進行四波開罰，被處分的銀行家數甚多，裁罰金額更高達新台幣 7,200 萬元。

被罰銀行被要求未來應以更嚴謹的態度作內部控管，並執行改善方案，譬如加強建立充分瞭解商品 (Know Your Product, KYP)、充分瞭解客戶 (Know Your Customer, KYC) 等機制來落實法遵。KYP 要求銀行行員須接受足夠的在職訓練，充分瞭解金融商品及其風險等級歸屬，並以清晰、公正、無誤導之方式與客戶溝通資訊。KYC 是指銀行行員必須充分瞭解客戶且評估客戶風險承受度，然後再提供合適的投資商品或建議，以確保向客戶銷售之金融商品確實適合該客戶。

要做好 KYP，我們必須清楚認識目標可贖回遠期契約到底是何種金融商品？名稱乍聽之下像是一種遠期契約，但遠期契約是一種線性商品，而 TRF 卻是非線性商品，因此我國央行將其歸類為外匯選擇權商品。

本質上，TRF 就是客戶與銀行進行匯率單邊走勢的押注，譬如人民幣（對美元）升值，則客戶押對方向而有獲利，獲利金額為「本金×匯差」；若人民幣（對美元）貶

第 8 章　外匯選擇權合約

值,則客戶押錯方向而有虧損,虧損金額為「本金×匯差×槓桿倍數」。另外,合約期限通常為 12 個月或 24 個月,在契約期限內,每月比價結算一次;客戶獲利達一定程度時就必須出場,但賠錢時卻必須等到合約到期才能結束。如此架構的衍生商品合約,有些什麼道理?讓我們來分析一下。

　　銀行在架構此商品時,首先讓客戶買了一口買權,譬如人民幣兌美元即期匯率為 0.1667,設定履約價格為 0.1667,則人民幣稍有升值,客戶就賺錢了,升值愈多客戶賺愈多,此點客戶當然高興,尤其是在一個人民幣正在升值的趨勢當中簽訂此合約。不過,買權的買方是要付權利金的,而價平買權的權利金並不便宜,因此為使購買 TRF 的客戶不必付錢就可買到此商品,銀行於是讓客戶再賣一口履約價格較高的買權 (價外買權) 給銀行,這樣客戶可以從賣出價外買權收到權利金,以抵銷一部分價平買權的權利金。概念上,銀行等於是讓客戶持有一個牛市價差操作的部位,對客戶而言,好處是該付的權利金會降低,壞處則是獲利程度也會受到限制。

　　到此為止,操作 TRF 仍然不是免費的,客戶還是有些權利金要付,於是銀行再讓客戶賣出兩口價外賣權 (譬如履約價格是 0.1538) 給銀行,如此當人民幣跌破 0.1538,客戶就開始雙倍賠錢。這可能是因為價外賣權的權利金較低,所以必須用兩口的權利金收入來完全抵銷買權的權利金支出,而讓客戶不必付錢來買 TRF。如此設計為何能被客戶接受?第一,銀行行員可能用些話術讓客戶相信人民幣不易貶值;第二,顯然客戶並不清楚他們持有的 TRF 部位是包含四個選擇權 (買入一口買權、賣出一口買權、賣出兩口賣權),導致客戶的損益狀況是獲利有限而虧損無限!

PART 3 外匯衍生商品

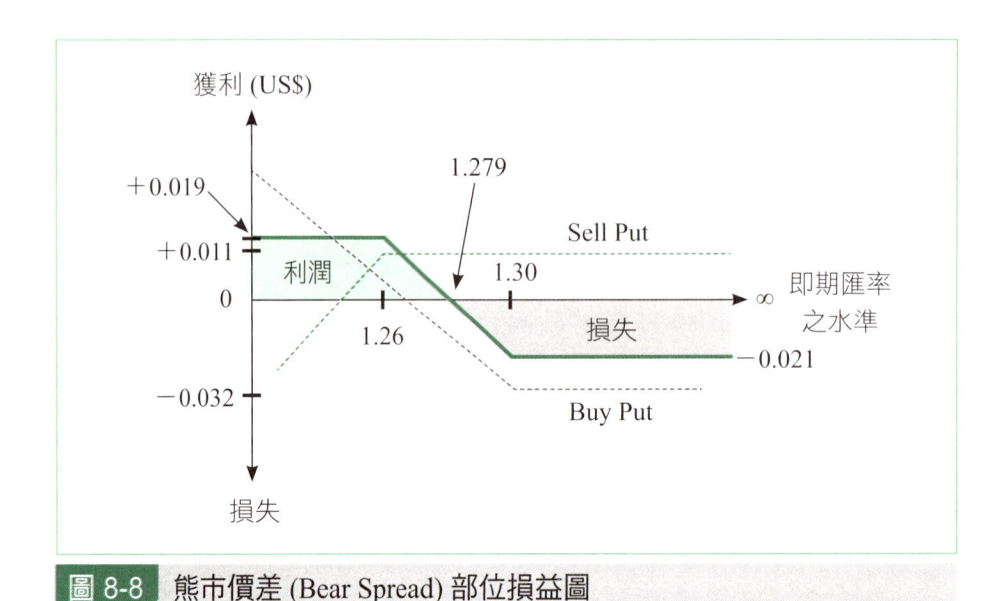

圖 8-8 熊市價差 (Bear Spread) 部位損益圖

應是預期標的貨幣會貶值，但不認為會貶破 US$1.26/€。另外，若歐元不貶反升，一直維持在 US$1.30/€ 之上，則投資人的最大可能損失為其權利金成本，亦即為 US$0.021/€。

相對於單獨購買一個賣權，熊市價差策略同樣可以在標的貨幣貶值時獲利，但是獲利幅度受限；不過，操作成本也比較低。

跨式策略

跨式策略是投資人針對標的匯率之波動性 (Volatility) 所設計的操作手法，而不管看多或看空。若認為標的匯率將會有超出某個幅度的變動，但不確定是往哪一個方向，則可以建立一個**跨式買進部位** (Straddle Purchase)；反之，若預期標的匯率將不太會偏離目前的即期匯率，或僅會在目前即期匯率的狹幅範圍（譬如即期匯率上、下若干個百分比）內波動，則可建立一個**跨式賣出部**

位 (Straddle Sale)。

跨式的買進部位是指投資人同時買進一個價平買權和一個價平賣權，而兩者不但交易標的相同，履約價格相同，就連到期期限也一樣。跨式的賣出部位則是指投資人同時賣出一個價平買權和一個價平賣權；同樣地，兩者的交易標的、履約價格、到期期限皆相同。圖 8-9 所示為跨式的買進部位損益圖，而圖 8-10 則為跨式的賣出部位損益圖。

圖 8-9 所示範的跨式部位，是同時買進英鎊買權與英鎊賣權的例子。買權與賣權的履約價格皆是 US$1.82/£；買權的權利金為 US$0.0125/£，而賣權的權利金為 US$0.0037/£。若投資人只買進英鎊買權，其損益情形如 (a) 圖所示；由此圖觀之，其損益兩平點是 US$1.8325/£，當即期匯率水準高過 US$1.8325/£ 時，投資人即開始獲利。若只買進賣權，其損益情形如 (b) 圖所示；此圖顯示投資人的損益兩平點是 US$1.8163/£，當即期匯率水準降至 US$1.8163/£ 之下時，投資人即開始獲利。

若買進跨式，則損益情形如 (c) 圖所示；持有跨式買進部位時，若現行即期匯率的水準等於履約價格，則買權與賣權皆不能被執行，因此投資人不但損失買權的權利金，也損失賣權的權利金。買權與賣權的權利金之和 (亦即 US$0.0125/£＋US$0.0037/£＝US$0.0162/£)，是英鎊跨式買進部位的最大可能損失。若現行即期匯率水準高於履約價格，則買權可以被執行，但賣權則不行；反之，若現行即期匯率水準低於履約價格，則賣權可以被執行，而買權則不行。因此，跨式有兩個損

PART 3 ▶ 外匯衍生商品

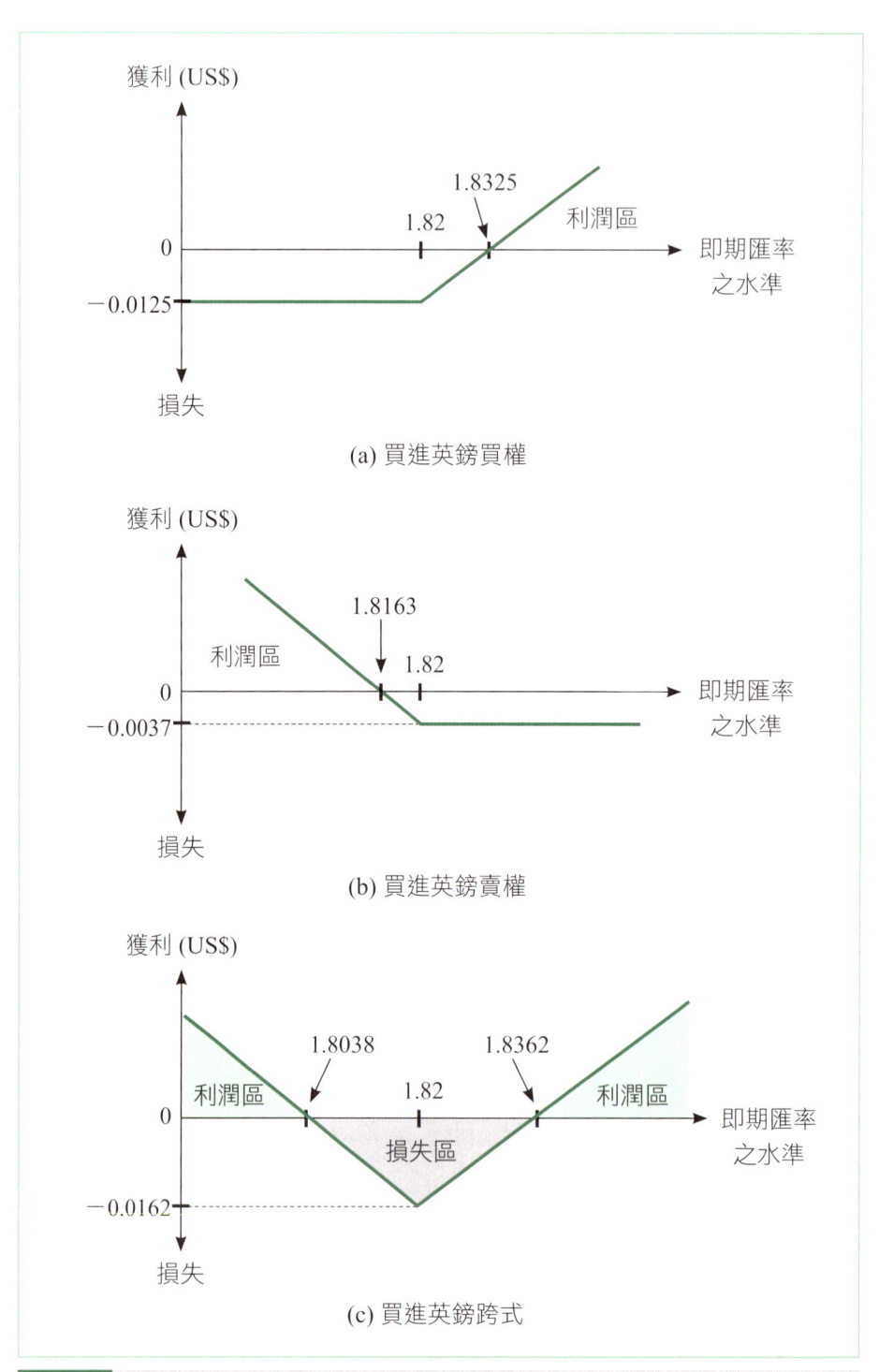

(a) 買進英鎊買權

(b) 買進英鎊賣權

(c) 買進英鎊跨式

圖 8-9 跨式買進 (Long Straddle) 部位損益圖

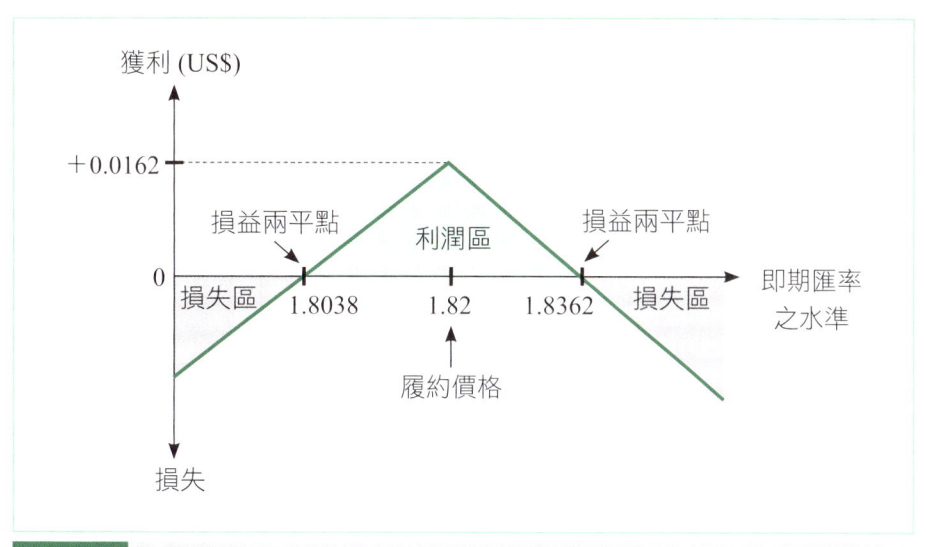

圖 8-10 跨式賣出 (Short Straddle) 部位損益圖

益兩平點，亦即 US$1.8362/£（＝US$1.82/£＋US$0.0162/£）與 US$1.8038/£（＝US$1.82/£－US$0.0162/£）。由 (c) 圖可知，若投資人預期匯率波動的幅度極有可能遠離履約價格，則建立跨式買進部位較有可能獲利。

相反的情況是當匯率頗為穩定，且極可能僅在狹窄的範圍內波動時，則投資人應建立跨式賣出部位才有機會獲利；因為只要即期匯率落在兩個損益兩平點之間，投資人由賣出 Call 及賣出 Put 所收取的權利金就可安然落袋而維持獲利的狀態，如圖 8-10 所示。

勒式策略

勒式策略與跨式策略的原則相同，差異僅在於跨式策略所使用的是價平選擇權，而勒式策略則是以價外選擇權來進行操作。

若投資人預期標的匯率將會出現較大幅度的波動,但無法確定變動方向時,則可以建立**勒式買進** (Long Strangle) 部位;此為同時購入價外買權及價外賣權。反之,若預期標的匯率將會有一些波動,但不至於超出目前即期匯率所在水準上、下若干個百分點之外,則可以建立一個**勒式賣出** (Short Strangle) 部位,亦即同時售出價外買權及價外賣權。典型的勒式買進策略的損益表現如圖 8-11 所示,而圖 8-12 則代表典型的勒式賣出策略的損益圖。

圖 8-11 所示範的勒式部位,乃是同時買進澳幣 (A$) 價外買權與價外賣權的例子。此處假設目前即期匯率為 US$0.66/A$,買權與賣權的履約價格分別為 US$0.69/A$ 和 US$0.63/A$;買權的權利金為 US$0.03/A$,而賣權的權利金為 US$0.02/A$。投資人持有此勒式買進部位,總共所需支付的權利金為 US$0.05/A$(=US$0.03/A$+US$0.02/A$),此即是

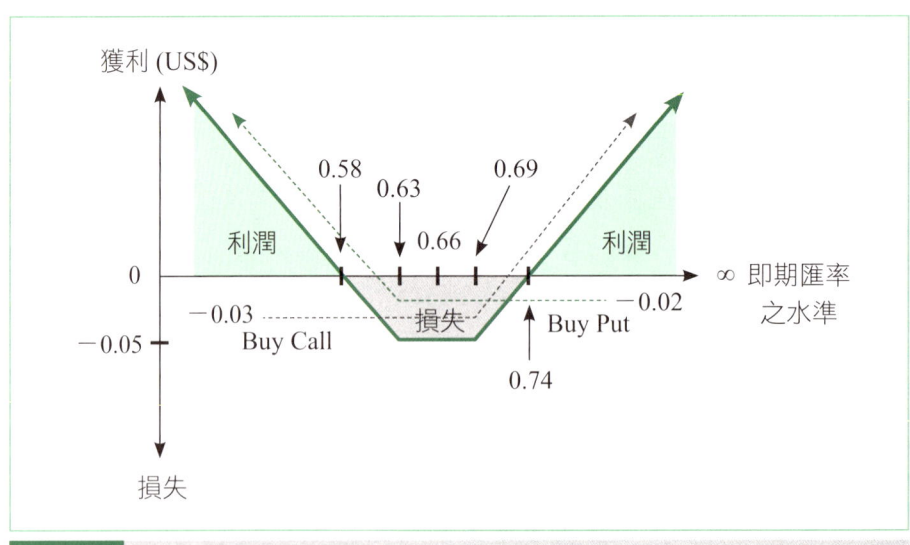

圖 8-11 勒式買進 (Long Strangle) 部位損益圖

該勒式買進部位的最大可能損失。當現行即期匯率落在兩個履約價格之間時，買權與賣權皆不能執行，因此投資人的損失即是最大可能損失，亦即失去所有的權利金。倘若現行即期匯率高於 US$0.69/A$，則買權可以執行而賣權不行；若現行即期匯率低於 US$0.63/A$，則賣權可以執行而買權不行。因此，勒式部位有兩個損益兩平點，分別為 US$0.74/A$（＝US$0.69/A$＋US$0.05/A$）與 US$0.58/A$（＝US$0.63/A$－US$0.05/A$）。觀察圖 8-11 亦可得知，願意持有此勒式買進部位的投資人，必定是預期澳幣選擇權在到期之前會有極高的機率出現大幅波動，因為只有當即期匯率的落點高於 US$0.74/A$ 或低於 US$0.58/A$ 時，投資人才可能從該部位獲利。

接著，再來分析勒式賣出部位的損益狀況。圖 8-12 所示，為同時賣出加幣價外買權與價外賣權的部位。此處假設目前即期匯率為 US$0.68/C$，買權與賣權的履約價格分別為 US$0.75/C$ 與 US$0.65/C$；買權的權利金為 US$0.01/C$，而賣權的權利金為 US$0.03/C$。投資人持有此勒式賣出部位，總共會收到的權利金為 US$0.04/C$（＝US$0.01/C$＋US$0.03/C$），此即是該勒式賣出部位的最大可能獲利。若加幣的升值幅度大致不會超過 10%，而貶值幅度也大約不會超過 5%，則投資人可以有最高的獲利，也就是已收之全部權利金可以落袋為安。此勒式部位的兩個損益兩平匯率為 US$0.79/C$ 與 US$0.61/C$；一旦即期匯率出現大幅波動而落在高於 US$0.79/C$ 或低於 US$0.61/C$ 的水準，投資人的部位就呈現損失。

圖 8-12　勒式賣出 (Short Strangle) 部位損益圖

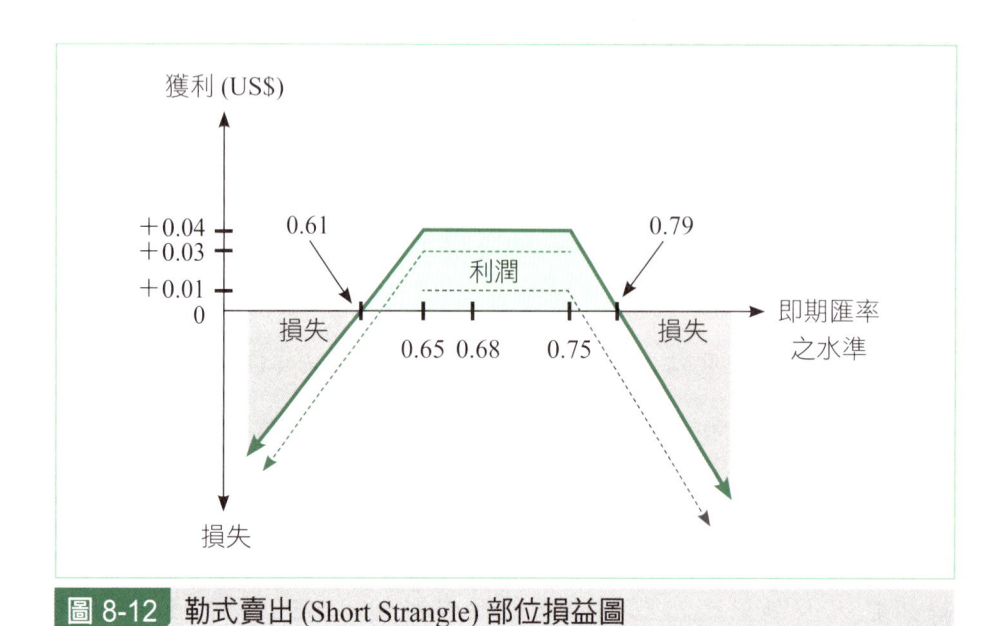

第三節　外匯選擇權的評價與價格敏感度分析

重要名詞

賣權-買權平價條件　　　Put-Call Parity

◎ 外匯選擇權的評價

前述提及，選擇權的市場價格包括內含價值與時間價值，而在任何時點的選擇權市價，即是買方在當時購買該選擇權所需支付的權利金。選擇權的權利金是如何訂定的？或者說我們如

第 ❽ 章　外匯選擇權合約

何據以評斷選擇權的價格是合理的價格？市場上一般都是採用布萊克 (Fischer Black) 和修茲 (Myron Scholes) 在 1973 年所導出的歐式選擇權評價模式 (稱之為 B&S 模型) 來求算選擇權的理論價格[3]。不過，此模型無法直接應用到外匯選擇權，因此哥爾門 (Mark Garman) 和寇黑根 (Steven Kohlhagen) 將 B&S 模型加以修正，進而導出適合於外匯選擇權的評價模型，稱之為 G&K 模型，如下所示。

G&K 外匯買權評價模型：

$$C = Se^{-r^*T}N(d_1) - Ee^{-rT}N(d_2)$$

$$d_1 = \frac{\ln\frac{S}{E} + \left(r - r^* + \frac{\sigma^2}{2}\right)T}{\sigma\sqrt{T}}$$

$$d_2 = d_1 - \sigma\sqrt{T} \tag{8-1}$$

G&K 外匯賣權評價模型：

$$P = Ee^{-rT}N(-d_2) - Se^{-r^*T}N(-d_1)$$

$$d_1 = \frac{\ln\frac{S}{E} + \left(r - r^* + \frac{\sigma^2}{2}\right)T}{\sigma\sqrt{T}}$$

$$d_2 = d_1 - \sigma\sqrt{T} \tag{8-2}$$

---

[3] B&S 模型雖是被用在計算歐式選擇權的價格，但因美式選擇權其實也很少在到期之前執行，因此市場上針對美式選擇權作評價時，也是以 B&S 模型為評價基礎。

上述外匯買權與賣權的評價模型中，C 代表買權的價格，P 代表賣權的價格；S 代表即期匯率，E 代表履約價格，r^* 代表外幣無風險利率，r 代表美元無風險利率，T 代表到期期限，$N(d)$ 代表在標準常態密度函數之下從 $-\infty$ 到 d_1 (或 d_2) 的累加區域，而 σ 則代表即期匯率百分比變化的標準差。

根據 (8-1) 式及 (8-2) 式，可知外匯選擇權的價格 (權利金) 受到在評價當時六大因素所在水準的影響，此六大因素為：

- 現行即期匯率 (S)
- 履約價格 (E)
- 到期期限 (T)
- 美元年化無風險利率 (r)
- 外幣年化無風險利率 (r^*)
- 即期匯率的年化波動率或標準差 (σ)

▶▶ 例 8-1

假設某人所投資的選擇權為一價平買權 (ATM Call)，其相關條件如下：

履約價格 (E) = US$0.68/SFr

現行即期匯率 (S) = US$0.68/SFr

到期期限 (T) = 3 個月 = 0.25 年

3 個月到期的美元年化無風險利率 (r) = 5%

3 個月到期的瑞士法郎年化無風險利率 (r^*) = 3%

即期匯率的年化波動率或標準差 $(\sigma) = 12\%$

此買權之理論價格可以利用 (8-1) 式算出如下：

$$d_1 = \frac{\ln\frac{0.68}{0.68} + \left(0.05 - 0.03 + \frac{0.12^2}{2}\right)0.25}{0.12\sqrt{0.25}} = 0.1133$$

$$N(d_1) = N(0.1133)$$
$$= 0.5451$$

$$d_2 = 0.1133 - 0.12\sqrt{0.25} = 0.0533$$

$$N(d_2) = N(0.0533)$$
$$= 0.5212$$

$$C = 0.68e^{-0.03(0.25)}N(d_1) - 0.68e^{-0.05(0.25)}N(d_2)$$
$$= 0.3679 - 0.3500$$
$$= 0.0179$$

若投資人買的是具備相同條件的價平賣權 (ATM Put)，則此賣權的理論價格可利用 (8-2) 式算出如下：

$$N(-d_2) = 1 - N(d_2)$$
$$= 1 - 0.5212 = 0.4788$$

$$N(-d_1) = 1 - N(d_1)$$
$$= 1 - 0.5451 = 0.4549$$

$$P = 0.68e^{-0.05(0.25)}N(-d_2) - 0.68e^{-0.03(0.25)}N(-d_1)$$
$$= 0.3215 - 0.3070$$
$$= 0.0145$$

樂學新知：賣權 - 買權平價條件

外匯買權與賣權評價模型，分別如 (8-1) 式及 (8-2) 式所示；我們只要知道買權的價格，就可透過**賣權-買權平價條件** (Put-Call Parity) 計算出同樣條件的賣權價格。賣權-買權平價條件如下所示：

$$P = C + Ee^{-rT} - Se^{-r^*T} \quad 或 \quad P + Se^{-r^*T} = C + Ee^{-rT}$$

若市場上真正的賣權價格低於平價條件所建議的理論價格，亦即：

$$P < C + Ee^{-rT} - Se^{-r^*T} \quad 或 \quad P + Se^{-r^*T} < C + Ee^{-rT}$$

套利行為就會發生。我們可以採如下三個步驟進行套利：(1) 買進賣權；(2) 賣出買權；(3) 在即期匯率 (S) 買進標的貨幣。

另外，若把即期匯率 (S) 用遠期匯率 (f_0) 取代，則賣權-買權平價條件 (Put-Call Parity) 就變成**賣權-買權-遠期平價條件** (Put-Call-Forward Parity)，如下所示[*]：

$$P + \frac{f_0}{e^{r^*T}} = C + \frac{E}{e^{rT}}$$

讓我們舉一例來說明套利行為如何進行，以及最後如何讓平價條件恢復成立。假設市場上相關報價如下：

P = US\$0.05/A\$
C = US\$0.03/A\$
E = US\$0.95/A\$ (買權及賣權執行價格)

---

[*] 此處的遠期 (forward) 與期貨 (futures) 相通。

第 ❽ 章　外匯選擇權合約

$$f_0 = US\$0.94/A\$$$
$$r = 2.4\%$$
$$r^* = 5.7\%$$
$$T = 3 \text{ 個月} = 0.25 \text{ 年}$$

利用上述資料，計算得知賣權-買權-遠期平價條件不成立，而且是 $P + \dfrac{f_0}{e^{r^*T}} > C + \dfrac{E}{e^{rT}}$ ，因此我們可採下列步驟進行套利。

步驟一：

因賣權價格與遠期匯率現值兩者的和（＝0.9767），大於買權價格與履約價格現值的和（＝0.9743），表示前者被高估而後者被低估，故可同時進行三交易行為而產生套利利潤：(1) 賣出賣權，收到 US$0.05/A$；(2) 在遠期匯率 f_0（＝US$0.94/A$）賣出標的外幣；(3) 買進買權，付出 US$0.03/A$。共得 US$0.02/A$（＝US$0.05/A$－US$0.03/A$）。

將 US$0.02 存入銀行，利率為 2.4%，存款期間＝3 個月＝0.25 年，3 個月後存款餘額為：US$0.02/A$ $\times e^{0.024 \times 0.25}$＝US$0.0201/A$。

步驟二：

選擇權到期時，即期匯率 (S) 可能會等於、大於或小於履約價格，亦即如下列三種情形之一：

1. $S = US\$0.95/A\$$

   此情況下買權及賣權都不能執行，在 US$0.95/A$ 平倉遠期合約，損失 US$0.01/A$；存款餘額扣除損失，套利利潤為 US$0.0101/A$：

317

US$0.0201/A$ － US$0.01/A$ ＝ US$0.0101/A$

2. $S = US\$0.96/A\$$

此情況下買權可以執行但賣權不能，故在買權獲利 US$0.01/A$；另外，在 US$0.96/A$ 平倉遠期合約，損失 US$0.02/A$；存款餘額加上買權獲利再扣除損失，套利利潤為 US$0.0101/A$：

US$0.0201/A$ ＋ US$0.01/A$ － US$0.02/A$
＝ US$0.0101/A$

3. $S = US\$0.92/A\$$

此情況下買權不能執行但賣權可以，故在賣權損失 US$0.03/A$。另外，在 US$0.92/A$ 平倉遠期合約，獲利 US$0.02/A$；存款餘額扣除賣權損失再加上遠期合約獲利，套利利潤為 US$0.0101/A$：

US$0.0201/A$ － US$0.03/A$ ＋ US$0.02/A$
＝ US$0.0101/A$

由以上分析可知，不論在到期時即期匯率落在什麼水準，三種情況皆有同樣的套利利潤。當賣權-買權-遠期平價條件不成立時，投資人就會進行套利活動。若賣權價格及遠期匯率被高估而買權價格被低估，則為套利而進行的交易行為就會使賣權價格下跌，遠期匯率下降及買權價格上漲，最後賣權-買權平價條件恢復成立，而使套利利潤完全消失。

◎ 外匯選擇權價格的敏感度分析

外匯選擇權的價格是由上述所言之六大因素決定，不過大多數選擇權的履約價格 (E) 在合約期間皆不會改變，因此選擇權

第 8 章　外匯選擇權合約

價格在任何時點的波動,只是反映其他五大因素改變的效果。從事選擇權交易的人士或企業,不論是為了投機或是風險管理的目的,都有必要知曉選擇權的市價是如何隨時反映此五大因素的變化,以下就依序來加以分析。

選擇權市價對即期匯率變化的敏感度

選擇權市價(權利金)對即期匯率變化的敏感度,稱之為 **Delta (δ)**,其公式如下所示:

$$\delta = \frac{權利金的變動}{即期匯率的變動} = \frac{\Delta \text{Premium}}{\Delta S} \tag{8-3}$$

假設選擇權之標的為瑞士法郎,若 $\delta = 1$,代表標的即期匯率上升 US\$0.01/SFr 時,選擇權的價格也會上升 US\$0.01/SFr。若 $\delta = 0.3$,代表標的即期匯率上升 US\$0.01/SFr 時,選擇權的價格則會上升 US\$0.003/SFr (= US\$0.01/SFr × 0.3)。理論上,買權的 Delta 介於 0 與 1 之間 ($0 < \delta < 1$),而賣權的 Delta 則介於 0 與 -1 之間 ($-1 < \delta < 0$)。為了更加瞭解 Delta 所象徵的意義,我們可以用【例 8-1】的選擇權條件來作進一步的分析。假設【例 8-1】中的其他條件都不改變,只有即期匯率在改變,則即期匯率改變所造成的買權、賣權市價變化情形及所算出的 Delta 值,如表 8-2 所示。

由表 8-2 可知,買權的 Delta 值皆大於 0,且價內買權的 Delta 高於價平買權,而價平買權的 Delta 又高於價外買權;換句話說,標的即期匯率愈高,買權的 Delta 值就愈大。在另一方

表 8-2　在不同即期匯率水準下的買權、賣權市價及 Delta 值[4]
（假設選擇權履約價格為 US$0.68/SFr）

即期匯率 Spot Rate (US$/SFr)	買權權利金 Call Premium (US$/SFr)	Delta 值 $0<\delta<1$	賣權權利金 Put Premium (US$/SFr)	Delta 值 $-1<\delta<0$
0.71	0.0381	0.7916	0.0049	−0.2009
0.70	0.0305	0.7192	0.0073	−0.2734
0.69	0.0237	0.6345	0.0104	−0.3580
0.68	0.0179	0.5410	0.0145	−0.4515
0.67	0.0129	0.4435	0.0195	−0.5490
0.66	0.0090	0.3478	0.0255	−0.6447
0.65	0.0059	0.2596	0.0324	−0.7330

面，賣權的 Delta 值皆小於 0，冠絕對值之後，標的即期匯率愈低，賣權的 Delta 值就愈大。

進一步分析可知，價內買權的 Delta 值通常大於 0.5，而價外買權的 Delta 值則通常小於 0.5。就賣權而言，把 Delta 值冠絕對值後，則價內賣權的 Delta 值通常大於 0.5，而價外賣權的 Delta 值則通常小於 0.5。買權的 Delta 即等於 (8-1) 式中的 $e^{-r^*T}N(d_1)$，而賣權的 Delta 即等於 (8-2) 式中的 $-e^{-r^*T}N(-d_1)$。[5]

選擇權市價對到期期限的敏感度

選擇權市價對到期期限的敏感度，稱之為 Theta (θ)，其公

---

[4] 此處的 Delta 值是使用 G&K 選擇權評價模型所算出的值，比採用 (8-3) 式所算出的值更為精確。

[5] 買權的 Delta 可取 (8-1) 式中的買權價格 (C) 對即期匯率 (S) 作偏微分而得到；賣權的 Delta 可取 (8-2) 式中的賣權價格 (P) 對即期匯率 (S) 作偏微分而得到。

式如下所示：

$$\theta = \frac{權利金的變動}{到期期限的變動} = \frac{\Delta \text{Premium}}{\Delta \text{Time to Maturity}} \tag{8-4}$$

上式中的分母「到期期限的變動」代表選擇權流失的時間，是以年為單位 (以正數表示)，而分子「權利金的變動」則是指權利金減少的金額，為負數，因此 Theta 值必為負數。根據【例 8-1】設定的選擇權條件，並假設其他條件不變而只有到期期限改變，則到期期限改變所造成的買權、賣權市價變化情形及所算出的 Theta 值，如表 8-3 所示：

表 8-3 在不同到期期限之下的買權、賣權市價及 Theta 值

到期期限 Time to Maturity	買權權利金 Call Premium (US$/SFr)	Theta 值	賣權權利金 Put Premium (US$/SFr)	Theta 值
5 個月 (0.417 年)	0.0236	−0.0310	0.0180	−0.0178
4 個月 (0.333 年)	0.0209	−0.0341	0.0164	−0.0208
3 個月 (0.250 年)	0.0179	−0.0386	0.0145	−0.0252
2 個月 (0.167 年)	0.0144	−0.0460	0.0121	−0.0326
1 個月 (0.083 年)	0.0099	−0.0628	0.0088	−0.0493

表 8-3 中的 Theta 值如何解讀？舉例來說，當到期期限還有 4 個月時，買權的 Theta 值 = −0.0341，代表每失去一天，買權的價格會減少 0.000093 (= −0.0341/365)，因此失去一個月大約讓買權的價格減少 0.003。選擇權愈接近到期日時，即到期期限愈來愈短之時，每失去一天，選擇權價值減少的幅度就愈大，

這是因為時間價值愈接近到期日消逝的速度愈快。因此，愈接近到期日時，冠絕對值的 Theta 就會愈大；此點不論是買權或賣權皆是如此。

選擇權市價對美元利率的敏感度

選擇權市價對美元利率的敏感度，稱之為 **Rho** (ρ)，其公式如下所示：

$$\rho = \frac{權利金的變動}{美元利率的變動} = \frac{\Delta Premium}{\Delta US\ dollar\ interest\ rate} \tag{8-5}$$

仍然採用【例 8-1】的選擇權條件，並假設其他條件皆不變 (瑞士法郎利率也不改變) 而只有美元利率水準改變，則美元利率改變所造成的買權、賣權市價變化情形及所算出的 Rho 值，如表 8-4 所示：

表 8-4　在不同美元利率水準之下的買權、賣權市價及 Rho 值

美元利率水準 US$ Interest Rate	買權權利金 Call Premium (US$/SFr)	Rho 值	賣權權利金 Put Premium (US$/SFr)	Rho 值
7%	0.0197	0.0926	0.0129	−0.0744
6%	0.0187	0.0901	0.0137	−0.0774
5%	0.0179	0.0875	0.0145	−0.0804
4%	0.0170	0.0849	0.0153	−0.0834
3%	0.0162	0.0823	0.0162	−0.0864

由表 8-4 得知，當美元利率增加 1% 時，買權價格增加

(或賣權價格下降) 的金額等於 Rho 值乘以 1%。譬如當美元利率由 5% 上升為 6% 時,買權價格會增加 0.0875×1% = 0.000875,而使買權價格由 0.0179 上升至 0.0187,而賣權價格則從 0.0145 下跌至 0.0137,下跌幅度為 0.0804×1% = 0.000804。

另外,表 8-4 中的資料也顯示,當美元利率愈高 (瑞士法郎利率水準維持不變) 時,買權的市價 (權利金) 就會愈高;反之,當美元利率愈低時,賣權的市價 (權利金) 就會愈高。這是因為根據國際費雪效應條件,當美元利率相對於瑞士法郎利率為較高時,瑞士法郎會傾向於升值,因此以瑞士法郎為標的之買權價格會上漲;當美元利率相對於瑞士法郎利率為較低時,瑞士法郎會傾向於貶值,因此以瑞士法郎為標的之賣權價格就會上漲。另外一個說法則是,買權的買方在執行合約時所付的是美元,美元利率上漲讓所付 (履約) 價格的現值變小,讓買權更有價值而比較貴。而賣權的買方在執行合約時所收的是美元,美元利率上漲讓所收 (履約) 價格的現值變小,因此賣權的價值下跌而比較便宜。

表 8-4 中的資料也顯示,當美元利率水準愈高時,買權的價格對美元利率的變動就愈敏感,也就是 Rho 值會愈大;反之,當美元利率的水準愈低時,賣權的價格對美元利率的變動愈敏感,也就是 Rho 值 (以絕對值觀之) 會愈大。

選擇權市價對外幣利率的敏感度

選擇權市價對外幣利率的敏感度,稱之為 Phi (φ),其公式

如下所示：

$$\varphi = \frac{權利金的變動}{外幣利率的變動} = \frac{\Delta \text{Premium}}{\Delta \text{Foreign Currency Interest Rate}} \quad (8\text{-}6)$$

仍以【例 8-1】的選擇權條件為依據，並假設其他條件不變（包括美元利率也不改變）而只有瑞士法郎利率水準改變，則瑞士法郎利率改變所造成的買權、賣權市價變化情形及所算出的 Phi 值，如表 8-5 所示：

表 8-5　在不同 SFr 利率水準之下的買權、賣權市價及 Phi 值

瑞士法郎利率水準 SFr Interest Rate	買權權利金 Call Premium (US$/SFr)	Phi 值	賣權權利金 Put Premium (US$/SFr)	Phi 值
5%	0.01607	−0.0860	0.01607	0.0819
4%	0.01695	−0.0890	0.01527	0.0793
3%	0.01785	−0.0920	0.01449	0.0768
2%	0.01879	−0.0950	0.01373	0.0742
1%	0.01975	−0.0980	0.01300	0.0716

表 8-5 顯示，瑞士法郎利率愈高時，買權的市價（權利金）愈低，而賣權的市價（權利金）愈高。此也是因為根據國際費雪效應條件，當瑞士法郎利率相對於美元利率為較高時，瑞士法郎會傾向於貶值，因此以瑞士法郎為標的之買權價格會下跌，而以瑞士法郎為標的之賣權價格會上漲。同樣也可以用另一個說法來解釋；買權的買方在執行合約時所收的是外幣，瑞士法郎利率上漲讓所收金額的現值變小，讓買權價值縮水而比較便宜。而賣權

的買方在執行合約時所付的是外幣，瑞士法郎利率上漲讓所付金額的現值變小，因此賣權變得較有價值而比較貴。

另外，表 8-5 中的資料也顯示，當瑞士法郎利率水準上升時，買權的價格會下跌，因此 Phi 為負值，不過當瑞士法郎利率的水準愈高時，買權的價格對瑞郎利率的變動趨於不敏感，也就是 Phi 值 (以絕對值觀之) 會愈小；反之，當瑞郎利率水準上升時，賣權的價格會上升，因此 Phi 為正值，而且當瑞郎利率水準愈高時，賣權的價格對瑞郎利率的變動愈敏感，也就是 Phi 值會愈大。

選擇權市價對即期匯率波動率的敏感度

選擇權市價對即期匯率波動率的敏感度，稱之為 **Vega (ν)** 或 **Kappa (κ)**，其公式如下所示：

$$\nu = \frac{權利金的變動}{即期匯率波動率的變動} = \frac{\Delta \text{Premium}}{\Delta \text{Volatility}} \qquad (8\text{-}7)$$

仍是根據【例 8-1】設定的選擇權條件，並假設其他條件不變而只有即期匯率的波動率改變[6]，則即期匯率波動率改變所造成的買權、賣權市價變化情形及所算出的 Vega 值，如表 8-6 所示。

表 8-6 顯示，不論是買權或賣權，選擇權標的之波動率愈高，權利金就愈高。同時，即期匯率波動率愈高，權利金對即期匯率波動率的改變就愈敏感，也就是 Vega 值會愈高。

---

[6] 即期匯率波動率是指每日即期匯率百分比變動的標準差。

表 8-6　在不同即期匯率波動率之下的買權、賣權市價及 Vega 值

即期匯率波動率 Volatility	買權權利金 Call Premium (US$/SFr)	Vega 值	賣權權利金 Put Premium (US$/SFr)	Vega 值
0.16	0.0232	0.1339	0.0198	0.1339
0.14	0.0205	0.1339	0.0172	0.1339
0.12	0.0179	0.1338	0.0145	0.1338
0.10	0.0152	0.1336	0.0118	0.1336

第四節　外匯現貨選擇權與期貨選擇權的應用

重要名詞

現貨買權	Call on Spot
現貨賣權	Put on Spot
期貨買權	Call on Futures
期貨賣權	Put on Futures

外匯現貨選擇權 (Spot Option) 的交易標的是外幣 (Foreign Currency)。也就是說，現貨買權的買者在執行選擇權時，所領取的是外幣而付出的是美元；現貨賣權的買者在執行選擇權時，所支付的是外幣而收到的是美元。外匯期貨選擇權 (Futures Option) 的交易標的是期貨合約 (Futures Contract)。期貨買權的買者在執行選擇權時，所得到的是期貨合約的買進部位 (Long Position)，

而付出的是期貨保證金;期貨賣權的買者在執行選擇權時,所得到的是期貨合約的賣出部位 (Short Position),而付出的也是期貨保證金。投機客若想藉操作外匯選擇權獲利,則不論是現貨或是期貨選擇權,其最佳操作方式應是先買進選擇權,待其變成價內時再將選擇權「按市價」賣出,而非「按履約價格」執行該選擇權。至於以外匯選擇權來避險,由於現貨或期貨選擇權兩者執行時所領取之標的不同,操作上因而有些差異。以下就來說明如何運用外匯現貨、期貨選擇權進行投機與避險操作。

外匯現貨選擇權

投機操作

買權

常君在 2 月底感覺日圓應很快就會升值,於是決定立即在 PHLX 現貨選擇權市場買進三口 6 月份到期的日圓買權,履約價格為 US$0.009091/¥,買權價格為 US$0.00013/¥。至 3 月 31 日,常君覺得日圓升值已達預期水準,於是決定當日即將所持買權賣出以求獲利了結,賣價為 US$0.00050/¥。常君由該選擇權所得之投機獲利為:

$$(US\$0.00050/¥ - US\$0.00013/¥) \times ¥1,000,000 \times 3$$
$$= US\$1,110$$

賣權

康君在 3 月 1 日預期加幣在近期將要下跌,於是在 PHLX

現貨選擇權市場買進兩口 4 月份到期的加幣賣權，履約價格為 US$0.63/C$，所付權利金為 US$0.0015/C$。假設在 3 月 20 日，康君覺得加幣跌的幅度已深應即獲利了結，於是將所持賣權在市場上賣出，賣價為 US$0.0085/C$。康君之投機獲利如下：

(US$0.0085/C$ − US$0.0015/C$)×C$10,000×2
= US$140

避險操作

買權

目前是 t 年 8 月 20 日，華崴全球集團在美國的子公司有應付帳款 £10,000,000 將於 12 月 10 日到期。有感於美元最近趨於弱勢，該子公司堅信應採取避險行動，於是在 8 月 20 日即進場購買一千口 12 月份到期的英鎊現貨買權 (Call on Spot)，履約價格為 US$1.82/£，買權價格為 US$0.0132/£。在 12 月 10 日之前，華崴子公司將全部買權合約在市場賣出，賣價為 US$0.11/£；另外，在即期市場買進英鎊 10,000,000 單位，買進之即期匯率為 US$1.92/£。試問：(一) 華崴子公司購買 £10,000,000 的實際美元成本為何？(二) 倘若華崴子公司出清買權的價格為 US$0.0001/£，而在即期市場買進 £10,000,000 單位的即期匯率為 US$1.71/£，則該子公司購買 £10,000,000 的實際美元成本又為何？(三) 有避險或無避險對公司的實付美元成本影響何在？

(一) 現貨成本：US$1.92/£×£10,000,000＝US$19,200,000
 －買權獲利：(US$0.11/£－US$0.0132/£)×£10,000,000
 　　　　　＝US$968,000
 ＝實際美元成本：US$18,232,000
 (單位成本：US$1.8232/£)

(二) 現貨成本：US$1.71/£×£10,000,000＝US$17,100,000
 ＋買權損失：(US$0.0001/£－US$0.0132/£)
 　　　　　×£10,000,000＝(US$131,000)
 ＝實際美元成本：US$17,231,000
 (單位成本：US$1.7231/£)

(三) 若華崴未採取任何避險措施，則此筆應付帳款的實付美元成本為 US$19,200,000 或 US$17,100,000。若以現貨買權進行避險操作，則實付美元成本為 US$18,232,000 或 US$17,231,000。顯而易見避險的功效是使現金支出較為穩定。

賣權

目前是 4 月 3 日，彥碩企業有應收帳款 €1,000,000，將於 6 月 3 日到期。彥碩企業決定立即進場購買一百口 6 月份到期的歐元現貨賣權 (Put on Spot)，履約價格為 US$1.21/€，賣權價格為 US$0.0032/€。倘若彥碩企業在 6 月 1 日將全部現貨賣權合約於市場賣出，賣價為 US$0.095/€；同時在即期市場賣出 €1,000,000，成交之即期匯率為 US$1.12/€。試問：

(一) 彥碩企業此筆應收帳款的淨美元收入為何？(二) 倘若彥碩企業在 6 月 1 日成交之現貨賣權價格為 US$0.0009/€，而成交之即期匯率為 US$1.28/€，則彥碩企業此筆應收帳款的淨美元收入又為何？(三) 有避險或無避險對公司的美元收入影響何在？

(一)　　現貨收入：US$1.12/€ × €1,000,000 = US$1,120,000
　　　　＋賣權獲利：(US$0.095/€ − US$0.0032/€)
　　　　　　　　　× €1,000,000 = US$91,800
　　　　────────────────────────────────
　　　　＝淨美元收入：US$1,211,800
　　　　(單位收入：US$1.2118/€)

(二)　　現貨收入：US$1.28/€ × €1,000,000 = US$1,280,000
　　　　−賣權損失：(US$0.0009/€ − US$0.0032/€)
　　　　　　　　　× €1,000,000 = (US$2,300)
　　　　────────────────────────────────
　　　　＝淨美元收入：US$1,277,700
　　　　(單位收入：US$1.2777/€)

(三) 若彥碩企業未採取任何避險措施，則此筆應收帳款的美元收入為 US$1,120,000 或 US$1,280,000。若以現貨賣權進行避險操作，則淨美元收入為 US$1,211,800 或 US$1,277,700。顯而易見避險的功效是使現金收入較為穩定。

第 8 章 外匯選擇權合約

◎ 外匯期貨選擇權

投機操作

買權

華君在 5 月 8 日因預期瑞士法郎將會升值而在 CME 市場買進一口 6 月份到期的 SFr 期貨買權，履約價格為 US$0.69/SFr，買權價格為 US$0.0035/SFr。假設瑞士法郎的走勢果如華君預期一路升值，至 5 月 30 日時華君所持買權的價格觸及 US$0.0138/SFr，而華君即在此價格賣出合約。華君之投機獲利為：

$$(US\$0.0138/SFr - US\$0.0035/SFr) \times SFr125,000$$
$$= US\$1,287.5$$

倘若華君的預期是錯誤的，也就是說，瑞士法郎的走勢並未如華君預期一路升值而是一路貶值，至合約到期之日瑞士法郎的即期匯率從未高於履約價格 (即該買權從未成為價內買權)，則華君之損失為所付之權利金，計算如下：

$$US\$0.0035/SFr \times SFr125,000 = US\$437.5$$

賣權

楊君在 11 月初預期英鎊在近期內將要下跌，於是在 CME 期貨選擇權市場買進一口 12 月份到期的 £ 期貨賣權，履約價格為 US$1.63/£，所付權利金為 US$0.0008/£。假設在 11 月

底，楊君覺得英鎊下跌的幅度已如預期，於是將所持賣權在市場上賣出，賣價為 US$0.0065/£。楊君之投機獲利如下：

(US$0.0065/£ − US$0.0008/£) × £62,500
= US$356.25

避險操作

買權

再次以前述華崴集團美國子公司的應付帳款為例，不過這一次假設子公司的避險工具是期貨買權 (Call on Futures) 而非現貨買權 (Call on Spot)。由於英鎊期貨選擇權每口包含 62,500 單位英鎊，因此針對應付帳款 £10,000,000 作避險，華崴需買進一百六十口的 12 月份到期的英鎊期貨買權。此處須注意的是，12 月份到期之外匯期貨選擇權的到期日是 12 月初，最後交易日則是到期日的前一天，而華崴應付帳款的到期日是 12 月 10 日。因此，華崴可以有下列兩種作法：(1) 在最後交易日賣出英鎊期貨買權，結清期貨買權部位，然後在 12 月 10 日之前於即期市場買進英鎊 10,000,000 單位；(2) 按最後交易日收盤價執行期貨買權，建立期貨買進部位 (Long Position)，然後在 12 月 10 日之前以對沖方式結束期貨合約，同時於即期市場買進英鎊 10,000,000 單位。上述兩種方式，華崴當然會選擇對自己較為有利的一種方式結束部位；不論採用何種方式，避險的結果都會使應付帳款的美元成本較為穩定。

賣權

同樣以前述的彥碩企業應收帳款為例,不過此處假設彥碩企業所用的避險工具是期貨賣權 (Put on Futures) 而非現貨賣權 (Put on Spot)。由於歐元期貨選擇權每口包含 125,000 單位的歐元,因此針對應收帳款 €1,000,000 作避險,彥碩企業需買進八口的 6 月份到期的歐元期貨賣權。彥碩企業的應收帳款是在 6 月 3 日到期,因此可以有兩種作法:(1) 在 6 月 3 日賣出歐元期貨賣權,結清期貨賣權部位,並將由應收帳款所收到的 €1,000,000 於即期市場賣出;(2) 在 6 月 3 日執行期貨賣權,建立期貨賣出部位 (Short Position),隨即以對沖方式結束期貨合約,同時於即期市場賣出由應收帳款所收到的 €1,000,000。彥碩企業當然會比較上述兩種方法,然後選擇對自己較為有利的一種方式結束部位;不論採用何種方式,避險都會使應收帳款的美元收入較不避險的情況為穩定。

本章摘要

- 選擇權依賦予買方權利之不同而可區分為買權與賣權兩類。
- 買權的買方 (賣權的買方)，在購買 (賣出) 交易標的時所付出 (收取) 的單位價格，稱之為履約價格，也可謂為行使價格或執行價格。
- 選擇權的市場價格是由兩部分組成：一部分為內含價值；另一部分則為時間價值。內含價值即為標的價格 (S) 與履約價格 (E) 的差異，而選擇權市價和內含價值的差異稱為時間價值。
- 選擇權的買方若只能在到期日才得依執行價格購買或賣出交易標的，則此選擇權稱之為歐式選擇權；相對應的是美式選擇權，其買方可以在到期日之前的任一交易日執行其所享有之權利。
- 價內選擇權「按選擇權市價」售出的獲利通常要比「按履約價格」執行的獲利為高；這是因為選擇權市價中的時間價值通常為正值，而執行合約則只能取得市價中的內含價值，等於是放棄時間價值。
- 外匯選擇權若以通貨為交易標的，稱之為現貨選擇權；若以外匯期貨合約作為標的，則謂為期貨選擇權。
- IMM 期貨選擇權僅有美式選擇權一種，因此在到期之前的任何時點，價內買權 (賣權) 的持有者都可按履約價格買進 (賣出) 標的期貨合約。
- 買權的買、賣方有剛好相反的損益情況；也就是說，買方的損失即等於賣方的利潤，而買方的利潤即是賣方的損失。由於買方的單位最大可能損失是權利金，因此賣方的單位最大可能利潤也就是權利金。另外，買方有無限的利潤及有限的損失，因此賣方有無限的損失及有限的利潤。
- 決定外匯選擇權價格 (權利金) 的六大因素為：(1) 現行即期匯率 (S)；(2) 履約價格 (E)；(3) 到期期限 (T)；(4) 美元年化無風險利率 (r)；(5) 外幣年化無風險利率 (r^*)；(6) 即期匯率的年化波動率或標準差 (σ)。
- 選擇權市價 (權利金) 對即期匯率變化的敏感度，稱之為 Delta (δ)。理論上，買權的 Delta 介於 0 與 1 之間 ($0<\delta<1$)，而賣權的 Delta 則介於 0 與 -1 之間 ($-1<\delta<0$)。
- 選擇權市價對到期期限的敏感度，稱之為 Theta (θ)。選擇權愈接近到期日時，即到期期限愈來愈短之時，每失去一天，選擇權價值減少的幅度

就愈大，因此 Theta 值愈接近到期日就會愈大；此點不論是買權或賣權皆是如此。
- 選擇權市價對美元利率的敏感度，稱之為 Rho (ρ)。當美元利率水準上升時，買權的價格也會上升，因此 Rho 為正值，而且當美元利率的水準愈高時，買權的價格對美元利率的變動就愈敏感，也就是 Rho 值會愈大；反之，當美元利率水準下降時，賣權的價格會上升，因此 Rho 為負值，而且當美元利率的水準愈低時，賣權的價格對美元利率的變動愈敏感，也就是 Rho 值 (以絕對值觀之) 會愈大。
- 選擇權市價對外幣利率的敏感度，稱之為 Phi (φ)。當外幣利率的水準上升時，買權的價格會下跌，因此 Phi 為負值，不過當外幣利率的水準愈高時，買權的價格對外幣利率的變動趨於不敏感，也就是 Phi 值 (以絕對值觀之) 會愈小；反之，當外幣利率的水準上升時，賣權的價格會上升，因此 Phi 為正值，而且當外幣利率的水準愈高時，賣權的價格對美元利率的變動愈敏感，也就是 Phi 值會愈大。
- 選擇權市價對即期匯率波動率的敏感度，稱之為 Vega (v)。不論是買權或賣權，選擇權標的之波動性愈高，權利金就愈高。同時，即期匯率波動率愈高，權利金對即期匯率波動率的改變就愈敏感，也就是 Vega 值會愈高。

本章習題

一、選擇權

1. 美國華納公司在一個月後將會收到一百萬英鎊，為了規避匯率風險，下列何者是最適合的避險策略？
   a. 買進英鎊買權
   b. 賣出英鎊期貨合約
   c. 賣出英鎊賣權
   d. 簽訂遠期合約買進英鎊

2. 投資人若預期歐元在未來將會貶值而想從中獲利，最可能的操作方式是：
   a. 買進歐元買權
   b. 買進歐元期貨合約
   c. 賣出歐元買權
   d. 簽訂遠期合約買進歐元

3. 其他條件不變，若外幣幣值的波動性變大，則以該外幣為標的之買權 (Call Option) 的價格就會_____，而以該外幣為標的之賣權 (Put Option) 的價格就會_____。
   a. 上升；下跌
   b. 上升；上升
   c. 下跌；上升
   d. 下跌；下跌

4. 外匯選擇權的價格對到期期限的敏感度，稱之為 Theta (θ)。若 $\theta = -0.0341$，代表每失去一天，選擇權價格會減少：
   a. 0.000093
   b. 0.03
   c. 0.0341
   d. 0.00279

5. 外匯選擇權的價格對美元利率的敏感度，稱之為 Rho (ρ)。若美元利率上升 1%，而 $\rho = 0.0901$，此代表：

a. 買權的價格會減少 $0.0901

   b. 買權的價格會增加 $0.000901

   c. 賣權的價格會增加 $0.0901

   d. 賣權的價格會減少 $0.000901

6. 外匯選擇權的價格對外幣利率的敏感度，稱之為 Phi (φ)。若外幣利率上升 1%，而 $\varphi = -0.0890$，此代表：

   a. 賣權的價格會減少 $0.0890

   b. 買權的價格會增加 $0.000890

   c. 買權的價格會減少 $0.000890

   d. 賣權的價格會增加 $0.0890

7. 某投資人買了一個英鎊買權，權利金和履約價格分別為 $0.04/£ 及 $1.95/£。假設市場即期匯率在到期日為 $2.01/£，則投資人此時執行合約的單位淨獲利為：

   a. $0.01

   b. $0.02

   c. $0.03

   d. $0.04

8. 現在是 5 月 25 日，唐尼公司在一個月後將會收到十萬加幣，為了規避匯率風險而在 PHLX 市場買了十口 9 月份到期的加幣賣權，權利金和履約價格分別為 $0.03/C$ 及 $0.96/C$。若一個月後的市場即期匯率是 $1.01/C$，而該加幣賣權的權利金為 $0.06/C$，則唐尼公司針對十萬加幣的美元淨收入最高可達：

   a. $95,000

   b. $98,000

   c. $101,000

   d. $104,000

9. 有關選擇權，下列何者是正確的描述？

   a. 選擇權的買方有決定是否履約的權利

   b. 選擇權的賣方有決定是否履約的權利

   c. 選擇權的買方和賣方都有履約的義務

   d. 選擇權的賣方應付給買方權利金

10. 對於牛市價差操作的描述，下列何者正確？
    a. 買進一個買權，同時賣出一個有相同標的及到期期限，但履約價格較高之買權
    b. 買進一個賣權，同時賣出一個有相同標的及到期期限，但履約價格較高之賣權
    c. 買進一個買權，同時賣出一個有相同標的及到期期限，但履約價格較低之買權
    d. 賣出一個賣權，同時買進一個有相同標的及到期期限，但履約價格較高之買權

11. 下列何者的時間價值 (Time Value) 最高？
    a. 價內選擇權
    b. 價平選擇權
    c. 價外選擇權
    d. 價差選擇權

12. 假設賣權 - 買權 - 遠期平價條件不成立，亦即 $P + \dfrac{f_0}{e^{rT}} < C + \dfrac{E}{e^{rT}}$，則為套利而進行的交易行為會使賣權價格＿＿＿＿，遠期匯率＿＿＿＿及買權價格＿＿＿＿，最後使賣權 - 買權 - 遠期平價條件恢復成立。
    a. 上漲；上升；下跌
    b. 下跌；上升；上漲
    c. 上漲；下降；下跌
    d. 下跌；下降；上漲

二、問答題

1. 請就「買權」與「賣權」分別說明「價內」、「價平」與「價外」的意義。
2. 請說明為何價外或價平選擇權的價格僅代表時間價值。
3. 外匯選擇權的價格 (權利金) 主要決定於哪六大因素？
4. 下列希臘字母在衡量外匯選擇權價格變化的敏感度方面，各自所代表的意義為何？
    (a) Delta (δ)

(b) Theta (θ)

(c) Rho (ρ)

(d) Phi (φ)

(e) Vega (v)

5. 艾雅專門喜歡在外匯市場從事投機操作，最近她預測到日圓將會貶值，而市場現行即期匯率 (Current Exchange Rate) 為 ¥110/US$。假設艾雅決定購買一口現貨選擇權來尋求獲利，而下列是將於 3 個月後到期的 PHLX 日圓 (¥) 選擇權相關資訊：

選擇權 (Option)	履約價格 (Strike)	選擇權市價 (Premium)
買權 (Call)	US$0.0086/¥	US$0.00005/¥
賣權 (Put)	US$0.0086/¥	US$0.00048/¥

(a) 根據艾雅的預測，請問她會購買一口買權 (Call) 還是一口賣權 (Put)？

(b) 依據你 (妳) 所給的 (a) 題答案及相關資訊，艾雅的損益兩平即期匯率是多少？

(c) 假設在 3 個月後選擇權到期之時，現行即期匯率為 ¥130/US$，請問艾雅的投機操作使其淨獲利為多少？

6. 泰瑞正在考慮購買十口 3 個月後到期的 PHLX 瑞士法郎買權合約，所考慮合約之履約價格為 US$0.66/SFr，權利金為 US$0.0126/SFr，而目前的即期匯率為 US$0.65/SFr。泰瑞相信瑞士法郎在未來 3 個月期間將有機會升值到 US$0.71/SFr。

(a) 試繪出泰瑞的買權損益圖，並指出讓其達到損益兩平的即期匯率水準。

(b) 假如瑞士法郎果然升值至 US$0.71/SFr，請問泰瑞的淨獲利為何？

7. 試運用 G&K 外匯買權評價模型，並依據下列資料，計算此買權之理論價格：

   履約價格 (E) = US$1.75/£

   現行即期匯率 (S) = US$1.78/£

   到期期限 (T) = 6 個月 = 0.5 年

   6 個月到期的美元 (US$) 年化無風險利率 ($r$) = 1.5%

   6 個月到期的英鎊 (£) 年化無風險利率 (r^*) = 3.9%

即期匯率的年化波動率或標準差 (σ) = 14%

8. 試運用 G&K 外匯賣權評價模型，並依據下列資料，計算此賣權之理論價格：

履約價格 (E) = US$0.72/A$

現行即期匯率 (S) = US$0.73/A$

到期期限 (T) = 3 個月 = 0.25 年

3 個月到期的美元 (US$) 年化無風險利率 ($r$) = 1.4%

3 個月到期的澳幣 (A$) 年化無風險利率 ($r^*$) = 4.2%

即期匯率的年化波動率或標準差 (σ) = 15%

9. 根據下列的資料：

目前即期匯率 = US$0.70/C$

買權履約價格 = US$0.75/C$

買權權利金 = US$0.03/C$

賣權履約價格 = US$0.65/C$

賣權權利金 = US$0.02/C$

(a) 試繪出所建構之勒式買進 (Long Strangle) 部位損益圖。

(b) 找出此勒式部位的損益兩平點。

10. 卡萊公司剛建立了一個歐元跨式買進 (Long Straddle) 部位，履約價格為 US$1.20/€，買權權利金為 US$0.024/€，而賣權權利金為 US$0.015/€。請問：(a) 卡萊公司在現行即期匯率落在 US$1.10/€、US$1.25/€、US$1.32/€ 各個水準時的損益情形？(b) 此跨式部位的損益兩平點為何？(c) 繪出此跨式買進部位的損益圖。

11. 湯先生計畫利用賣權來建立一個牛市價差部位，他賣出三十口履約價格為 US$0.8/Fr 的 PHLX 價平賣權 (價格為 US$0.035/SFr)，同時買進三十口履約價格為 US$0.75/SFr 的 PHLX 價外賣權 (價格為 US$0.006/Fr)。針對湯先生所建立的牛市價差部位，請問：(a) 損益兩平即期匯率為何？(b) 假設在到期時，即期匯率為 US$0.76/SFr，則湯先生的淨損益是多少？(c) 湯先生的單位最大可能損失是多少？(d) 繪出此牛市價差操作的損益圖。

12. 假設 PHLX 市場上有下列兩檔澳幣 (A$) 買權正在交易，其中一檔的履

約價格為 US$0.73/A$，權利金為 US$0.016/A$，而另一檔的履約價格為 US$0.75/A$，權利金為 US$0.010/A$。請問：(a) 你會如何建構一個牛市價差部位？繪出此牛市價差部位的損益圖。(b) 找出此牛市價差部位的損益兩平匯率。(c) 若到期時即期匯率為 US$0.76/A$，則此牛市價差部位的損益情形為何？(d) 此牛市價差部位的單位最大可能獲利為何？

13. 假設 PHLX 市場上有下列兩檔瑞士法郎 (SFr) 賣權正在交易，其中一檔的履約價格為 US$0.80/SFr，權利金為 US$0.018/SFr，而另一檔的履約價格為 US$0.76/SFr，權利金為 US$0.007/SFr。請問：(a) 你會如何建構一個熊市價差部位？繪出此熊市價差部位的損益圖。(b) 找出此熊市價差部位的損益兩平匯率。(c) 若到期時即期匯率為 US$0.77/SFr，則此熊市價差部位的損益情形為何？(d) 此熊市價差部位的單位最大可能獲利為何？

14. 請運用 Put-Call-Forward Parity：$P + f_0 e^{-r^*T} = C + E e^{-rT}$，並根據下列假設算出套利利潤：

P = $0.02/A$

C = $0.06/A$

E = $0.93/A$ (買權及賣權執行價格)

f_0 = $0.96/A$

r = 2.4%

r^* = 5.7%

T = 3 months = 0.25 年

PART 4
匯率曝險程度的衡量與管理

　　匯率風險 (Exchange Rate Risk or Currency Risk) 是指匯率隨時間過去而產生的不確定性或隨機變化；此種不確定性或變化普遍會對企業的淨利、淨現金流及市場價值造成影響。然而，不同企業受到影響的範圍及程度會有差異；也就是說，針對同樣的匯率變動，各企業的**匯率曝險程度** (Foreign Exchange Exposure 或 Currency Exposure) 情況不一。因此，匯率風險與匯率曝險程度是兩個相關聯但卻不完全一樣的概念；本篇包含第九、十、十一章，探討重點在於企業的匯率曝險程度。

　　匯率曝險程度，更具體一點的說，就是企業以本國貨幣計算的淨利、淨現金流及市場價值，受非預期匯率變動影響的程度。企業會曝露於匯率風險的源由有三：一是因企業有外幣計價的合約。在合約未交割及未建立避險部位之前，匯率的變動有可能導致以本國貨幣計算的合約價值產生變動，進而影響到公司的淨利、淨現金流及市場價值；此為企業的**交易曝險程度** (Transaction Exposure)。二是因企業有國外子公司。每期合併財務報表的編製要求國外子公司的財報必須先進行換算以利加總；由於匯率有可能在會計期間產生變動，進而導致合

併財報上以本國貨幣衡量之淨利或淨值發生變化，此為企業的**會計曝險程度** (Accounting Exposure)。三是因企業在產品或要素市場的競爭情勢，受到非預期實質匯率變動的影響而改變，造成未來尚未契約化的現金流量產生變化，進而影響到企業的市場價值，此為企業的**營運曝險程度** (Operating Exposure)。

企業受曝於**交易風險** (Transaction Risk) 及**營運風險** (Operating Risk) 的程度，對企業的影響在於經濟面而非會計面，因而此兩種風險合稱為**經濟風險** (Economic Risk)。另外，交易風險及營運風險皆會造成企業的淨現金流改變，故又合稱為**現金流風險** (Cash Flow Risk)。不過，交易曝險讓企業的契約現金流 (Contractual Cash Flow) 受到匯率變動的影響，而營運曝險則是讓企業的非契約現金流 (Noncontractual Cash Flow) 受到匯率變動的影響。

Chapter 9
交易曝險程度的衡量與管理

交易曝險程度 (Transaction Exposure) 是指企業以外幣計價的契約現金流 (Contractual Cash Flows) 在到期須結算本國貨幣價值時，因匯率變動而招致損失的風險。所謂「契約現金流」，是指有法律效力約束的合約所創造的現金流，又可分為商業契約 (Commercial Contract) 現金流及金融契約 (Financial Contract) 現金流兩類。商業契約是指企業在營運方面創造的契約，譬如銷售產品及購買原料所簽訂的合約，而金融契約則是指企業利用市場金融工具從事證券投資、借款、投機、避險而簽下的合約，譬如為避險而簽訂的遠期合約。企業以外幣計價的契約現金流愈多，交易曝險的情況就愈嚴重。

本章第一節介紹管理交易曝險程度的各類型金融工具及應用；第二節描述管理交易曝險程度的各種操作式策略；第三節探討如何衡量企業的交易曝險程度，並採取適當的避險措施。

PART 4 ▶ 匯率曝險程度的衡量與管理

第一節　管理交易曝險程度的各類型金融工具及應用

重要名詞

遠期合約避險	Forward Contract Hedge
貨幣市場避險	Money Market Hedge
或有曝險程度	Contingent Exposure

企業在營運過程中，無時不創造出在日後才會結清的契約現金流，其中最典型的就是應收帳款與應付帳款。在全球化的趨勢之下，這些契約現金流中以外幣計價的比例日益增高；本節就先來談談如何將各類型金融工具應用於管理交易曝險方面。財務文獻上的調查報告指出[1]，大企業慣用的避險金融工具中，最受歡迎的前三名依序為遠期合約、交換合約、OTC 的選擇權合約；此處除針對此三種合約的應用作一詳述，另外也將貨幣市場工具避險法納入介紹。

◎ 遠期合約避險

到目前為止，大多數企業從事交易風險的規避，還是以外匯

---

[1] 請參考 Jesswein, Kurt, Chuck C. Y. Kwok, and William Folks, Jr. "Corporate Use of Innovative Foreign Exchange Risk Management Products." *Columbia Journal of World Business*, Fall 1995, pp. 70-82.

第❾章　交易曝險程度的衡量與管理

遠期合約為首要考量。當企業有外幣計價的應收帳款時，為防止外幣在應收帳款收款日有相當程度的貶值而造成實得之本國貨幣數目比預期為少，就可事先賣出該外幣之遠期合約來消除交易風險。反過來說，企業若有外幣計價的應付帳款，也可以先買進該外幣之遠期合約來將交易風險完全規避掉。我們可以舉一例說明如下。

假設美國 ABC 公司（為一批發商）賣給日本秋山實業 (為一進口商) 蘋果一批，言明三個月後以日圓付款，金額為 ¥100,000,000。為免日圓貶值而遭受損失，ABC 公司賣出一億日圓的遠期合約給某銀行，到期期限為 3 個月，遠期匯率鎖定在 ¥1＝US$0.01。三個月後，ABC 公司將從秋山實業收到的一億日圓付給銀行，銀行則會付給 ABC 公司 US$1,000,000。此遠期合約雖可保護 ABC 公司免於受到日圓貶值而遭受損失的風險，但也同時剝奪了 ABC 公司享受日圓升值的獲利機會。譬如說，在遠期合約到期之日，市場即期匯率落在 ¥1＝US$0.0111 的水準，比鎖住的遠期匯率為高，則 ABC 公司若未避險就可在即期市場換得 US$1,110,000，因此避險招致的損失為 US$110,000（＝US$1,110,000－US$1,000,000）。反過來說，在遠期合約到期之日，若 ABC 公司可取得之即期匯率為 ¥1＝US$0.009091，比鎖住的遠期匯率為低，則 ABC 公司若未避險就只能在即期市場換得 US$909,100，因此避險保障的獲利為 US$90,900（＝US$1,000,000－US$909,100）。上述的分析如圖 9-1 所示，另外，**遠期合約避險** (Forward Contract Hedge) 的獲利／損失則如 (9-1) 式所示：

遠期合約避險的獲利／損失 = $(f_0 - e_1) \times$ 避險外幣金額　　(9-1)

(9-1) 式中，f_0 為美式報價的遠期匯率，e_1 為在到期日可取得之即期匯率 (美式報價)。

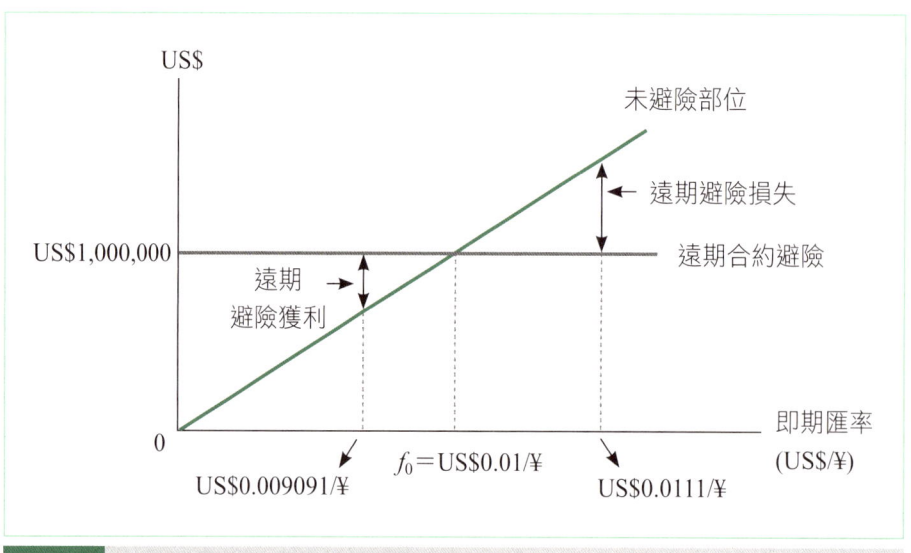

圖 9-1　遠期合約避險與未避險部位比較

◎ 貨幣市場避險

　　企業也可以運用貨幣市場工具來規避交易風險；作法是當有外幣應收帳款時，先在貨幣市場借外幣，並隨即依即期匯率轉換為本國貨幣存入銀行，待應收帳款到期時，就可將所收到的外幣拿來償還借款，而在應收帳款到期之時的本國貨幣存款餘額，本質上即等於外幣應收帳款所換得的本國貨幣金額。反之，當企業有外幣應付帳款時，**貨幣市場避險** (Money Market Hedge) 的作法是先在貨幣市場借本國貨幣，隨即依即期匯率轉換為外幣存入銀

行,待應付帳款到期時,就可用銀行帳戶的外幣餘額結清應付帳款,而本國貨幣借款在此時應償還的總額,本質上即等於外幣應付帳款所消耗的本國貨幣金額。

再以美國 ABC 公司的日圓應收帳款為例,進一步說明貨幣市場避險的幾個步驟。首先,市場利率與即期匯率必須為已知;此處假設三個月到期的美元 (年化) 利率為 2%,三個月到期的日圓 (年化) 利率為 1%,而即期匯率為 US$0.009975/¥。ABC 公司運用貨幣市場工具避險的步驟如下:

步驟一:算出在貨幣市場應借日圓的金額

$$日圓借款金額 = \frac{¥100,000,000}{(1+1\% \times 3/12)} = ¥99,750,623$$

步驟二:將所借日圓在即期市場轉換為美元

$$在即期市場換得美元 = ¥99,750,623 \times US\$0.009975/¥$$
$$= US\$995,012.46$$

步驟三:將所換得美元存入銀行 3 個月

$$3 \text{ 個月後美元存款餘額} = US\$995,012.46 \times (1+2\% \times 3/12)$$
$$= US\$999,987.52$$

由上述三步驟得知,以貨幣市場工具避險所得到之美元金額為 US$999,987.52。此金額與採用外匯遠期合約避險的結果幾近相同[2],但這並非偶然,而是因為此處假設的即期匯率、遠期匯

---

2 些微差異是因四捨五入的關係。

率、美元利率及日圓利率，剛巧可以讓利率平價條件 (IRP) 成立；換句話說，當利率平價條件成立時，採用遠期合約避險或是貨幣市場避險會得到相同的結果。

選擇權合約避險

前面探討的遠期合約避險或是貨幣市場避險，都只能保障企業免於承受不利的匯率變動招致的損失，卻不能替企業保留有利的匯率變動帶來的獲利機會。採用選擇權合約避險正好可以填補前兩種避險方法之缺點。仍然用 ABC 公司的日圓應收帳款作例子；倘若該公司在 OTC 選擇權市場買進一億日圓的賣權，履約價格選定為 US$0.01/¥，選擇權價格（權利金）為 US$0.00014/¥。此合約讓 ABC 公司一開始就需付出 US$14,000（＝US$0.00014/¥×¥100,000,000）的權利金成本，但同時也得到在履約價格 (US$0.01/¥) 賣出一億日圓的權利（非義務）。因此，若日圓匯率在應收帳款到期之日貶至履約價格之下，則 ABC 公司必然會執行該賣權；在此情況下，ABC 公司從一億日圓實收之美元數目為 US$985,930，等於執行賣權所獲得的美元金額 (US$1,000,000) 減去「考慮時間價值的」權利金成本 (US$14,070)。所謂考慮時間價值的權利金成本是指 US$14,000 在賣權執行時點（即應收帳款到期日）的價值，其計算如下：

$$US\$14,000 \times (1 + 2\% \times 3/12) = US\$14,070$$

第 ❾ 章　交易曝險程度的衡量與管理

上式隱涵考慮時間價值的單位權利金成本為 US$0.0001407/¥（＝US$14,070÷¥100,000,000）。

採用選擇權避險的好處，就是 ABC 公司有「權利」決定是否要執行其賣權。倘若本例中的日圓匯率在應收帳款到期之日是落在履約價格 (US$0.01/¥) 之上，則 ABC 公司就不會按履約價格執行該賣權，而是會把從應收帳款收到的外幣直接在即期外匯市場賣出。譬如說，市場即期匯率等於 US$0.0101407/¥，則 ABC 公司採用選擇權合約避險所實得的美元金額，就與採用遠期合約避險所得的結果相同，如下所示。

遠期合約避險的結果：

$$US\$0.01/¥ \times ¥100,000,000 = US\$1,000,000$$

選擇權合約避險的結果：

$$US\$0.0101407/¥ \times ¥100,000,000 - US\$14,070$$
$$= US\$1,000,000$$

若市場即期匯率大於 US$0.0101407/¥，則採用選擇權合約避險的結果較好；若市場即期匯率小於 US$0.0101407/¥，則採用遠期合約避險的結果略勝一籌。因此 US$0.0101407/¥ 的即期匯率，事實上即是使兩種避險方法得到同樣結果的匯率，我們可以將之稱作等值匯率 (Equivalent-Value Spot Rate, EV Rate)。圖 9-2 將上述的分析以圖形表示之；我們從此圖也可看出，若市場即期匯率等於 US$0.0098593/¥，則 ABC 公司採用選擇權合約避險所實得的美元金額，就與未避險部位的結果相同；因此

351

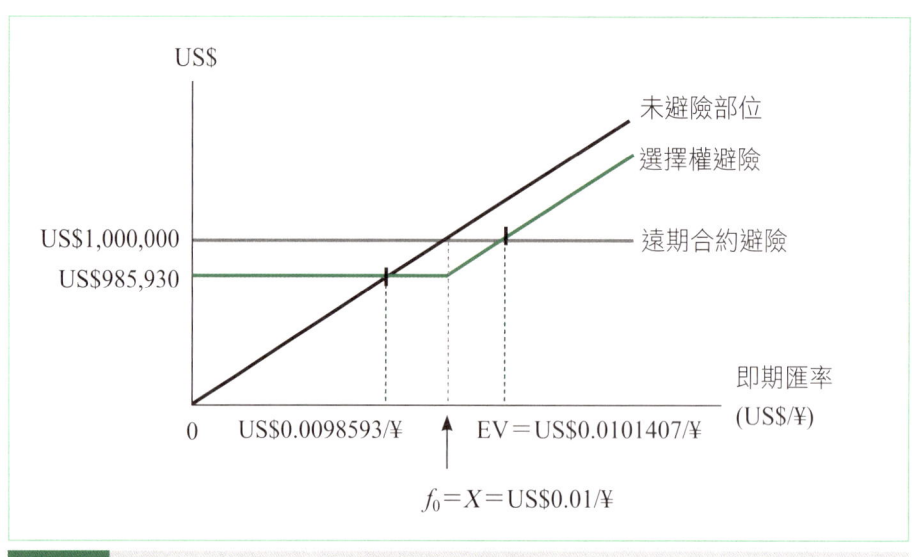

圖 9-2　遠期合約避險 vs. 選擇權合約避險

US$0.0098593/¥ 是使選擇權避險與未避險部位得到同樣結果的即期匯率，因而亦是一種等值匯率。進一步比較此三種避險方法，可知 ABC 公司若未避險，則外幣應收帳款的實收美元數目波動甚鉅，會隨著匯率變化而有可能為無限大或無限小；若以遠期合約避險，則實收美元數目完全不受匯率變化的影響；至於以選擇權合約來避險，其實收美元數目的下方風險 (Downside Risk) 是有限的，而上方獲利機會 (Upside Potential) 則會隨著匯率的變化而有可能為無限大。

採用選擇權合約避險還有另一個好處，就是避險者可以根據自己對未來匯率落點的判斷，而選擇自己認為最佳的履約價格；因為不同的履約價格會導致不同的權利金成本。但是以外匯遠期合約避險卻沒有這方面的彈性，因為市場上對於同樣到期期限的遠期合約，只會有一種遠期匯率的報價。

或有曝險部位的避險

　　以選擇權合約避險除了能提供成本與獲利機會方面的彈性外，它還有一個好處是其他避險方式所無法取代的。當企業的曝險部位尚未確定，也就是處於一種或有狀態的時候，選擇權合約可以發揮其功用而針對或有曝險程度 (Contingent Exposure) 提供保障。舉例來說，企業在取得國外訂單的過程中，必須先提出報價而與其他廠商作競標，然而得標的宣布常與報價時點相隔數月；因此若企業最終確認得標，但在未來現金流入時點的匯率，有可能已與報價時的匯率相去甚遠，致使早先的報價不再符合企業原先規劃的利潤原則。企業或許可以在報價之時即賣出外幣遠期合約來對未來或有應收帳款進行避險，但此種作法的缺點是，萬一未得標，企業就套在一個無法交割的遠期合約上，反而增加了交易曝險程度。

　　以選擇權合約規避或有交易風險的好處是，在未得標的情況下，企業最差的避險結果也只是損失有限的權利金成本而已。舉例來說，假設某美國企業目前正在與同業競標一筆瑞士訂單，競標結果會在 3 個月後得知。若得標，則該企業會立即收到首期款 SFr10,000,000。為規避此筆或有風險，該企業立即買了 3 個月到期的瑞士法郎賣權，合約金額為 SFr10,000,000。此企業在 3 個月後可能面對的結果為下列四種情況之一：

一、得標，且市場即期匯率大於賣權的履約價格 (S＞E)。在此情況下，企業不會執行賣權，而會將 SFr10,000,000 在市場即期匯率賣出。

二、得標，且市場即期匯率小於賣權的履約價格 (S＜E)。在此情況下，企業會執行賣權而將 SFr10,000,000 在履約價格賣出。

三、未得標，且市場即期匯率大於賣權的履約價格 (S＞E)。在此情況下，企業不會執行賣權，其結果是損失權利金而已。

四、未得標，且市場即期匯率小於賣權的履約價格 (S＜E)。在此情況下，企業雖未得標，但仍可能在賣權上有淨獲利。

以上四種情境，無論哪一種都不會讓企業困在一種無法交割的狀態，因此我們可以說，選擇權合約是理想的「或有交易風險」的規避工具。

例 9-1

假設 ABC 公司目前正在與同業競標一筆國外訂單，競標結果會在 3 個月後得知。若得標，則 ABC 公司會立刻收到首期款 €50,000,000。針對此筆 €50,000,000 的或有風險，ABC 公司考慮在目前賣出歐元遠期合約或買入歐元賣權來進行避險，合約金額為 €50,000,000；另外，也在考慮是否選擇不避險。在 3 個月後得標或未得標的情況下，ABC 公司採用遠期合約、選擇權合約或未避險各自所可能導致之結果為何？請列表說明。

	得標	未得標
賣出 3 個月到期的歐元遠期合約 (Sell 3-month € forward)	沒有曝險部位	有歐元空頭曝險部位
買入 3 個月到期的歐元賣權 (Buy 3-month put on €)	3 個月後即期匯率大於履約價格 (S＞E)	
	不執行賣權,但在即期匯率賣出 €50,000,000	不執行賣權且損失權利金
	3 個月後即期匯率小於履約價格 (S＜E)	
	執行賣權,並在履約價格賣出 €50,000,000	執行賣權而可能有淨獲利
未避險 (Unhedged)	有歐元多頭曝險部位	沒有曝險部位

交換合約避險

企業常會針對同一種外幣而有一連串的交易曝險情形,譬如與某國外供應商簽約,約定未來五年每年都會進口一批原料。在此情況下,比較理想的避險方法應是簽訂一只交換合約,因為交換合約就是一連串遠期合約的組合。交換合約在金額與到期期限的設定上都相當有彈性,到期期限可以短至數月,長至數十年,不似單一的遠期合約無法設定較長期的到期期限。

開啟國際視窗：美元升值讓全球化企業更須加強匯率風險管理

過去十年來，聯準會總共只升息三次，分別是在 2015 年與 2016 年的 12 月中旬，以及 2017 年 3 月 15 日，每次都是將聯邦資金利率調高一碼。不過，伴隨最近這一次的升息是一個比較清楚的訊號，就是接下來一直到年底之前，應該會有 2 至 3 次的升息，讓人感覺美國升息的腳步似乎愈走愈有規則了。美元利率的上升自然會帶動美元升值，導致美國廣布全球的各大企業又要開始加強外匯避險，以免傷害獲利。事實上，微軟 (Microsoft Corporation)、賀喜 (Hershey's)、卡特彼勒公司 (Caterpillar Inc.)，以及嬌生公司 (Johnson & Johnson) 都已經對市場發出警告，指出上升的美元會對其獲利造成負面衝擊。

美元的走強除了讓美國企業和投資人擔心海外收入在匯回時所兌換的美元數目減少，也擔心美元升值對海外收入會產生負面效應。由於全球化的風氣日盛，企業海外營收占其總收入的比例日增，導致美元貶值對美商企業有利，升值則不利。因此在匯率波動的情況下，海外營收避險就益顯重要。著名搜尋引擎公司谷歌 (Google) 的前財務長皮薛特 (Patrick Pichette) 曾說，該公司的匯率避險策略在 2008 年金融海嘯期間頗為成功，藉由避險獲得的匯兌利得可以用在抵銷或補貼美元走強所導致的潛在海外收入損失。

事實上，匯率風險管理是全球化企業一定要做的功課；及早規劃、未雨綢繆勝於臨渴掘井。若待貨幣出現未預期的大幅升貶才來急尋避險方法，恐怕就會緩不濟急了。

第❾章 交易曝險程度的衡量與管理

第二節 管理交易曝險程度的各種操作式策略

重要名詞

風險移嫁法	Risk Shifting
風險分攤法	Risk Sharing
提前或延後收付法	Leading or Lagging
風險淨額法	Exposure Netting
再發貨單中心	Reinvoicing Center

企業的交易風險,除了可以運用前述提及的各類型金融工具進行規避外,也可透過營運上的各種操作技巧來將之減輕或消除。管理交易曝險程度的幾種操作式策略 (Operational Strategies) 如下所述。

風險移嫁法

採用風險移嫁法 (Risk Shifting) 來規避交易風險,是希望把風險轉移給交易對手。譬如,台商從泰國進口一批商品,若計價貨幣 (Invoice or Denominating Currency) 是新台幣而非泰銖 (Thai Bart),則匯率風險完全由泰國企業承擔。所有企業都希望交易風險由對方承擔,但交易雙方都是以自己的利益為前提,因此想要

357

勸服另一方讓步未必容易。一般而言，當出口商有比較強的市場力量時，計價貨幣會選定為出口商的貨幣；反之，若進口商有比較強的市場力量，則計價貨幣就會是進口商的貨幣。若兩方勢均力敵時，則貨款有可能是一半以出口商的貨幣計價，另一半以進口商的貨幣計價。當然，企業也可以選定一籃子的通貨，例如 SDR，來當作計價貨幣；SDR 目前的價值反映美元、歐元、人民幣、日圓、英鎊的加權價值，因此比單一通貨的幣值穩定得多。

◎ 風險分攤法

風險分攤法 (Risk Sharing) 是由交易雙方共同來承擔較大幅度匯率變動的風險。實務上的作法是在合約中附加一項條款，訂明匯率若在預定的上、下限範圍內變動，則由指定之一方承擔風險；若匯率變動超出上限或下限，則超出部分由交易雙方平均分擔。舉例來說，某台灣企業賣給某美國公司商品一批，合約金額共計一千萬美元，因係美元計價，故台灣企業有美元貶值的風險。目前匯率為 33，雙方議定若匯率在 32 與 34 之間波動，則波動所引起的收入變化由台灣企業吸收；若匯率變動超過下限 (32)，則超過部分由雙方共同分擔。因此超過下限的調整後匯率為下限匯率減去超過下限部分的一半，如下所示：

$$下限匯率 - \frac{下限匯率 - 實際匯率}{2} \qquad (9\text{-}2)$$

若實際匯率是 31，依照 (9-2) 式，可知調整後匯率為：

$$32 - \frac{32-31}{2} = 31.5$$

在此情況下，台商真正收到的新台幣金額為 NT$315,000,000；亦即在現行即期匯率為 31 的情況下，美商實際所付出的美元金額為 US$10,161,290（＝NT315,000,000÷NT31/US$）。

另假設有某台商從美國進口原料一批，合約金額也是一千萬元，因計價貨幣是美元，故台灣企業有美元升值的風險。若兩企業在合約中亦訂有風險分攤條款，同樣假設目前匯率為 33，雙方議定若匯率在 32 與 34 之間波動，則波動所引起的支出變化由台灣企業吸收；若匯率變動超過上限 (34)，則超過部分由雙方共同分擔。因此超過上限的調整後匯率為上限匯率加上超過上限部分的一半，如下所示：

$$\text{上限匯率} + \frac{\text{實際匯率} - \text{上限匯率}}{2} \qquad (9\text{-}3)$$

倘若實際匯率是 35，依照 (9-3) 式可知調整後匯率為：

$$34 + \frac{35-34}{2} = 34.5$$

台商真正付出的新台幣金額為 NT$345,000,000；也就是說，在現行即期匯率為 35 的情況下，美商實際所收到的美元金額為 US$9,857,143（＝NT$345,000,000÷NT$35/US$）。

表 9-1 與表 9-2 分別列出在不同的匯率水準之下，台商收入與支出在有、無風險分攤情況下的比較情形。可以看出「有風險分攤」的安排，可以減輕不利的匯率變動對台商收入或支出造成的衝擊。

表 9-1　有、無風險分攤的收入比較

實際匯率	台商收入	
	無風險分攤	有風險分攤
31	NT$310,000,000	NT$315,000,000
31.5	315,000,000	317,500,000
32	320,000,000	320,000,000

表 9-2　有、無風險分攤的支出比較

實際匯率	台商支出	
	無風險分攤	有風險分攤
34	NT$340,000,000	NT$340,000,000
34.5	345,000,000	342,500,000
35	350,000,000	345,000,000

◎ 提前或延後收付法

企業在外幣的收、付款方面可以採用提前或延後收付法 (Leading or Lagging) 來減少交易曝險程度。所謂提前 (Leading)，就是在預期外幣升值之際提早將應付的帳款償還，或是在預期外幣貶值之際提早收取應收的款項；延後 (Lagging) 則是在預期外幣貶值之際盡可能地將付款的時間延後，或是在預期外幣升值之

際盡可能晚一點收回帳款。提前或延後收付策略雖然可以有效地降低交易風險,但是想要說服貿易夥伴在付款或收款的期限方面作配合並不容易,因為交易雙方有利益衝突 (Conflict of Interest) 的問題。譬如說,美國的 ABC 公司預期日圓會貶值,就商討日本秋山實業儘早付款,但日商也預期日圓會貶值,因此會希望盡量延後付款。折衷的辦法是 ABC 公司必須給予日商提前還款的誘因 (Incentive),譬如給予折扣,才能使日商有意願提前還款。

一般而言,提前或延後收付策略在關係企業之間運行比較容易成功,因為對公司整體的營運績效確有加分的效果。有些政府對於提前或延後收付策略的運用已訂有法令來加以規範,這些多半是屬於亞洲或中南美洲的國家;安格魯薩克遜系列的國家(美、英、加等國) 則較少管制。

風險淨額法

風險淨額法 (Exposure Netting) 是指盡量達到自然避險 (Natural Hedge) 狀態的一種作法。自然避險的狀態是指企業的外幣曝險部位等於零;譬如說,企業已有日圓的應收帳款,就應想辦法創造金額相當、付款期限相當的日圓應付帳款,如此一來,日圓的受險部位可以達到等於零或趨近於零的狀態,而企業也就不再需要擔心日圓的升值或貶值。除了針對同一種外幣進行自然避險外,企業若有不同外幣計價的應收帳款與應付帳款,還是可以運用風險淨額策略來降低交易風險。譬如,某美國企業有瑞士法郎應付帳款,同時也有歐元應收帳款,由於瑞士法郎與歐元傾

向於對美元同步升值或貶值,因此企業若要避險,可以計算瑞士法郎與歐元兩部位相互抵銷後的淨額,再針對淨額進行避險。

◎ 中心化的交易曝險程度管理

愈來愈多的跨國企業樂於到免稅或低稅率的國家成立財務子公司 (Financial Subsidiary),讓其負責處理公司整體的資金運用、移轉及匯率風險的管理,此類子公司稱之為**再發貨單中心** (Reinvoicing Center)。舉例來說,美國母公司將原料賣給位於墨西哥的製造子公司,貨物是直接運往墨西哥子公司,但發票卻是開給位於開曼群島的再發貨單中心;該財務子公司會在發票金額上作某一百分比的加價 (Mark-Up) 當作自己的佣金,然後再開出另一張發票給墨西哥的子公司。通常美國母公司開出的發票是以美元計價,而墨西哥子公司所收到的發票則是以墨西哥披索計價,所有的匯率風險皆交由財務子公司來承擔及管理。再發貨單中心的運作模式如圖 9-3 所示。

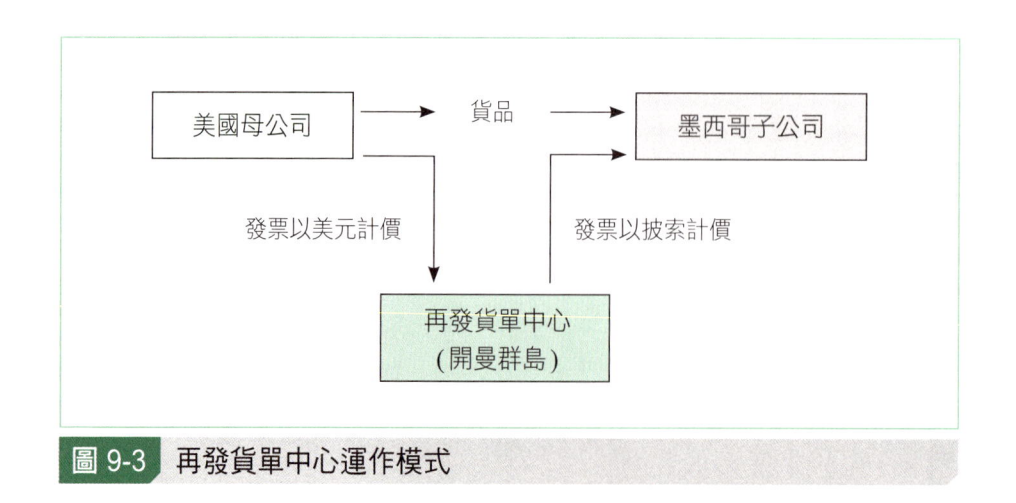

圖 9-3 再發貨單中心運作模式

第三節　交易曝險程度的衡量

重要名詞

交易曝險程度表　　　Transaction Exposure Report

本章前兩節探討過各種管理交易曝險程度的方法與策略，本節接著說明如何能正確地衡量出企業的交易曝險程度，以便有效地進行管理。前述提及，企業之所以會曝露於交易風險之下，是因為有外幣計價且尚未結清（或交割）的契約現金流。這些契約現金流與哪些營業項目有關？或說哪些營業項目會加重企業的交易曝險程度？這是我們在衡量這類型匯率風險之前應先釐清的問題。

基本上，企業會曝露於交易風險，係肇因於從事下列各類型的營業活動：

1. 以賒購（賒銷）方式買進（賣出）貨品，合約的計價貨幣為外幣。
2. 進行海外融資或證券投資活動，所衍生之未來利息、本金、股利等的償付約定係以外幣計價。
3. 簽訂在未來交割的外匯遠期合約。
4. 擁有海外子公司的所有權，因而在未來會有預期的外幣現金流入，譬如股利、權利金 (Royalty)、顧問費……等。

PART 4　匯率曝險程度的衡量與管理

企業曝露於交易風險最典型的例子，就是擁有以外幣計價的應收帳款及應付帳款；其產生是因從事上述第一類型的營業活動。仔細分析起來，企業在進行賒銷或賒購 (Credit Sales or Credit Purchase) 的經濟活動時，所承受的交易風險其實可區分為三階段，如圖 9-4 所示。

圖 9-4 顯示，企業因進行外幣計價的賒銷或賒購而承受的交易風險，共包括**報價風險**、**訂貨風險**及**收款風險**三種。由此可知以外幣計價的應收帳款及應付帳款對企業交易曝險的貢獻程度，只不過說明整個賒銷或賒購過程中屬於收款風險的階段。事實上，在衡量企業的交易曝險程度時，不論賒銷或賒購是落在哪一階段，我們都應將之納入考量，而不是只有在收款風險階段才予以考慮。

為衡量企業的交易曝險程度，我們可以實地編製**交易曝險程度表** (Transaction Exposure Report)，以瞭解在「一段期間」內，企業對每一外幣的淨曝險情形。「一段期間」可長可短，一月編

報價風險	訂貨風險	收款風險

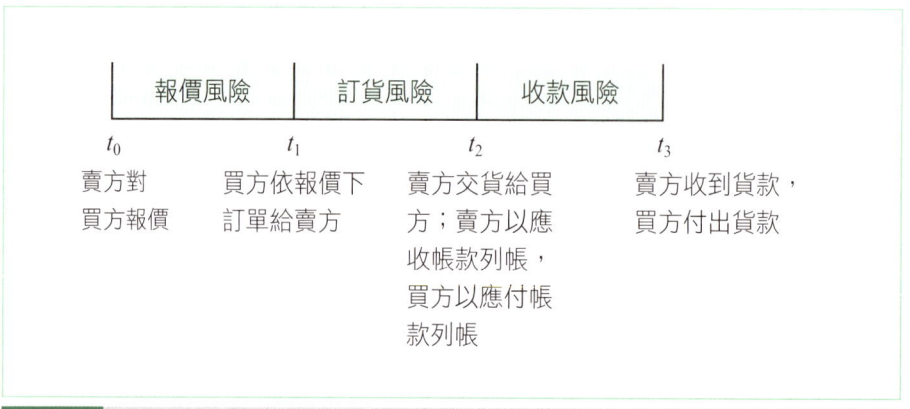

t_0	t_1	t_2	t_3
賣方對買方報價	買方依報價下訂單給賣方	賣方交貨給買方；賣方以應收帳款列帳，買方以應付帳款列帳	賣方收到貨款，買方付出貨款

圖 9-4　賒銷或賒購創造三階段的交易曝險

列一次的報告，當然比一季或一年編列一次的報告更能精確地反映出企業的曝險情形，但編製成本相對也較高。換句話說，企業應先進行成本與效益分析，然後據之決定交易曝險程度表的編製頻率。

如何編製交易曝險程度表？我們可以舉一例說明如下。假設利達公司在 t 年底的資產負債表如表 9-3 所示：

表 9-3　利達公司資產負債表；t 年 12 月 31 日

單位：千元

資產：	
現金	NT$80,000
應收帳款	120,000[a]
存貨	240,000
淨固定資產	360,000
總資產	NT$800,000
負債與淨值：	
應付票據	NT$ 120,000
應付帳款	140,000[b]
長期負債	180,000
普通股股本	160,000
保留盈餘	200,000
總負債及淨值	NT$800,000

附註：

a. 應收帳款中有些是以外幣計價；其中包括美元應收帳款 US$800,000（＝NT$26,400,000）及歐元應收帳款 €590,000（＝NT$23,600,000）。新台幣數字所反映的轉換匯率為資產負債表日的匯率：US$1＝NT$33；€1＝NT$40。應收帳款扣除外幣計價的部分後，所餘新台幣應收帳款為 NT$70,000,000（＝NT$120,000,000－NT$26,400,000－NT$23,600,000）。

b. 應付帳款中也有些是以外幣計價；其中包括美元應付帳款 US$380,000（＝ NT$12,540,000），歐元應付帳款 €986,500（＝NT$39,460,000），及日圓應付帳款 ¥100,000,000（＝NT$28,000,000）。轉換匯率為 US$1＝NT$33；€1＝NT$40；¥1＝NT$0.28。應付帳款扣除外幣計價的部分後，所餘新台幣應付帳款為 NT$60,000,000。

PART 4 ▶ 匯率曝險程度的衡量與管理

根據表 9-3 中的附註資料，可知利達公司有外幣計價的應收帳款與應付帳款，除此之外，該公司尚有另一些構成交易曝險的資料如下：

a. 利達公司的長期負債中有以美元計價者，其利息費用為每半年支付一次，金額為 US$500,000；付息日期為每年的 6 月 30 日及 12 月 30 日。

b. 利達公司的長期負債中也有以歐元計價者，其利息費用為每年支付一次，金額為 €600,000；付息日期為每年的 4 月 30 日。

c. 利達公司於 t 年 12 月 10 日與往來銀行簽訂兩只 3 個月到期的外匯遠期合約；其中之一為買進 €300,000，鎖定遠期匯率為 €1＝NT$40.5；另一只合約為買進 ¥70,000,000，鎖定遠期匯率為 ¥1＝NT$0.26。

d. 目前資產負債表中的應收帳款及應付帳款（包括外幣計價的部分）都將於 $t+1$ 年的第一季中結清。

e. 利達公司目前已簽訂但尚未交貨的銷售合約有新台幣、美元、歐元及日圓計價者。以新台幣計價的合約金額為 NT$40,000,000，將於 $t+1$ 年 1 月交貨；以美元計價的合約金額為 US$1,200,000，將於 $t+1$ 年 2 月交貨；以歐元計價的合約金額為 €2,000,000，將於 $t+1$ 年 3 月交貨；以日圓計價的合約金額為 ¥100,000,000，也將於 $t+1$ 年 3 月交貨。

f. 利達公司目前已簽訂但尚未收到貨品的購買合約有新台

幣、日圓及歐元計價者。以新台幣計價的合約金額為 NT$45,000,000，將於 $t+1$ 年 1 月交貨；以日圓計價的合約金額為 ¥70,000,000，將於 $t+1$ 年 2 月交貨；以歐元計價的合約金額為 €1,100,000，將於 $t+1$ 年 3 月交貨。

g. 所有銷售及購買合約在交貨後三個月內付款。

假設目前的相關即期匯率為 US$1＝NT$33；€1＝NT$40；¥1＝NT$0.28。利達公司在 t 年底所編的未來兩季交易曝險程度表如表 9-4 所示：

表 9-4　利達公司交易曝險程度表 ($t+1$ 年第一季及第二季)

單位：千元 (圓)

到期日	US$	€	¥	NT$
第一季 (1/1～3/31)				
收入	800	590＋300	70,000	70,000
支出	(380)	(987)	(100,000)	(60,000)＋(12,150)＋(18,200)
淨曝險	420	(97)	(30,000)	(20,350)
第二季 (4/1～6/30)				
收入	1,200	2,000	100,000	40,000
支出	(500)	(600)＋(1,100)	(70,000)	(45,000)
淨曝險	700	300	30,000	(5,000)
半年收入	2,000	2,890	170,000	110,000
半年支出	(880)	(2,687)	(170,000)	(135,350)
半年淨曝險	1,120	203	0	(25,350)

表 9-4 顯示，利達公司共有三種曝險外幣：美元、歐元及日圓。新台幣雖非曝險外幣，但也列在交易曝險程度表中，此

乃是為平衡帳目之用。在 $t+1$ 年第一季中，美元的收入大於支出，因此淨曝險程度為正值，而歐元及日圓的支出大於收入，故淨曝險程度為負值。在第二季中，美元、歐元及日圓三者的淨曝險程度皆為正值。若利用市場金融工具來避險，在淨曝險程度為正值的情況下，利達公司可賣出外匯遠期合約或購買外匯賣權，當然也可在貨幣市場預先借得外幣並轉換為本國貨幣。反之，在淨曝險程度為負值的情況下，利達公司可買進外匯遠期合約或購買外匯買權，也可在貨幣市場預先借得本國貨幣並轉換為外幣。

從表 9-4 也可看出，日圓在第一季與第二季的淨曝險情形剛好會相互抵銷，以致於從半年的角度觀之淨曝險程度為零；若利達公司依據半年的曝險資料來決定是否避險，則有可能低估或忽略了公司實際所承擔的交易風險。

第 ❾ 章　交易曝險程度的衡量與管理

觀微知著　交易曝險程度表的限制與不足

交易曝險程度表 (Transaction Exposure Report) 反映匯率變化對企業價值最直接的衝擊，這是因為契約現金流 (Contractual Cash Flows) 的發生代表企業已對其交易對手作了某項承諾，這些承諾有些會出現在資產負債表上 (譬如應收帳款、應付帳款)，有些則不會 (譬如購買、銷售或報價承諾)。講信用的企業絕不會因為匯率改變而選擇違背任何承諾，因此只能預先作好避險措施。交易曝險程度表衡量出企業實際上已有的各種外幣曝險情形，讓企業得以據之進行管理。不過，此表所反映的僅是名目匯率變化的短期影響效果，因此對一家永續經營的企業而言仍有其限制與不足。

我們可以舉出交易曝險程度表的三個不足。第一，此表未考慮匯率變化對非契約現金流的影響；跨國企業未來的營業活動定會繼續創造外幣收入與支出，但交易曝險程度表隱含的假設是企業所有尚未簽約的活動都沒有匯率風險的問題，因此忽視了匯率變化對企業更長遠的影響效果。第二，未考慮匯率變化對固定資產、存貨價值的影響；企業實質資產的市場價值有可能因本國貨幣的升值或貶值而受到影響，交易曝險程度表並沒有把資產價值的變化也納入考慮，因此並未衡量出匯率變化對企業的全面衝擊。第三，僅重視名目匯率的變化而未考慮通貨膨脹率；本國貨幣的貶值有可能只是抵銷通貨膨脹率上升的效果，因此對提升國際市場競爭力其實並無幫助；僅考慮名目匯率變化的結果是有可能因而錯估匯率變化的實質衝擊效果。

由交易曝險程度表的三個不足可知，企業的避險努力若僅針對交易曝險部位乃是不夠的。營運曝險與換算曝險程度的衡量和管理，可以有效彌補以上之不足。

本章摘要

- 匯率風險是指匯率隨時間過去而產生的不確定性或隨機變化；此種不確定性或變化普遍會對企業的淨利、淨現金流及市場價值造成影響。
- 匯率曝險程度是指企業以本國貨幣計算的淨利、淨現金流及市場價值，受非預期匯率變動影響的程度。
- 交易曝險程度是指企業以外幣計價的契約現金流在到期須結算本國貨幣價值時，因匯率變動而招致損失的風險。
- 到目前為止，大多數企業從事交易風險的規避，還是以外匯遠期合約為首要考量。
- 遠期合約避險或是貨幣市場避險，都只能保障企業免於承受不利的匯率變動招致的損失，卻不能替企業保留有利的匯率變動帶來的獲利機會。採用選擇權合約避險則可以填補前兩種避險方法之缺點。
- 以選擇權合約避險除了能提供成本與獲利機會方面的彈性外，還有一個好處是其他避險方式所無法取代的。當企業的曝險部位尚未確定，也就是說是處於一種或有狀態的時候，選擇權合約可以發揮其功用，而針對或有曝險程度提供保障。
- 風險分攤法是由交易雙方共同來承擔較大幅度匯率變動的風險。實務上的作法是在合約中附加一項條款，訂明匯率若在預定的上、下限範圍內變動，則由指定之一方承擔風險；若匯率變動超出上限或下限，則超出部分由交易雙方平均分攤。
- 跨國企業樂於到免稅或低稅率的國家成立財務子公司，讓其負責處理公司整體的資金運用、移轉及匯率風險的管理，此類子公司稱之為再發貨單中心。
- 企業因進行外幣計價的賒銷或賒購而承受的交易風險，其實包括報價風險、訂貨風險及收款風險三種。
- 企業應就成本與效益進行分析，然後決定交易曝險程度表的編製頻率。

本章習題

一、選擇題

1. 某美國公司有日圓計價的應收帳款；若該公司想要利用貨幣市場工具避險，則應在目前的貨幣市場：
   a. 借日圓，存美元
   b. 借美元，存日圓
   c. 借日圓，存日圓
   d. 借美元，存美元

2. 某美商公司有瑞郎計價的應收帳款；下列何者是目前可採用的避險方式：
   a. 買進瑞郎賣權
   b. 賣出瑞郎期貨合約
   c. 借美元，轉換成瑞郎，存瑞郎
   d. a and b

3. 某台商有一筆美元應付帳款 (US$1,000,000) 在三個月後到期，目前沒有多餘的現金，但想用貨幣市場工具避險。目前即期匯率是 US$1 = NT$30.5，三個月到期的遠期匯率是 US$1 = NT$30，三個月到期的美元 (年化) 利率是 2%，三個月到期的新台幣 (年化) 利率是 1.75%。運用貨幣市場避險導致該筆應付帳款的新台幣成本是：
   a. NT$30,481,032
   b. NT$30,348,259
   c. NT$30,500,000
   d. NT$30,000,000

4. 延續上題，若台商決定用遠期合約避險，則該筆應付帳款的新台幣成本是：
   a. NT$30,481,032
   b. NT$30,348,259
   c. NT$30,500,000
   d. NT$30,000,000

5. 某美商有一筆英鎊應收帳款在三個月後到期，目前正在考慮買進英鎊賣權與賣出英鎊遠期合約兩種避險方式；所選定之賣權履約價格與遠期匯率相同。請問下列敘述何者不正確？

   a. 若應收帳款到期時，英鎊大幅升值，而使即期匯率遠超過賣權的履約價格，則選擇權避險比遠期合約避險導致較多的實收美元金額

   b. 若應收帳款到期時，英鎊大幅貶值，而使即期匯率遠低過賣權的履約價格，則遠期合約避險比選擇權避險導致較多的實收美元金額

   c. 若應收帳款到期時，即期匯率等於賣權的履約價格，則選擇權避險比遠期合約避險導致較多的實收美元金額

   d. 以上皆不正確

6. 某美商有一筆英鎊應收帳款在三個月後到期，目前正在考慮建立英鎊賣權部位或不避險。請問下列敘述何者正確？

   a. 若應收帳款到期時，英鎊大幅升值，而使即期匯率遠超過賣權的履約價格，則選擇權避險比未避險導致較多的實收美元金額

   b. 若應收帳款到期時，英鎊大幅貶值，而使即期匯率遠低過賣權的履約價格，則未避險比選擇權避險導致較多的實收美元金額

   c. 若應收帳款到期時，即期匯率等於賣權的履約價格，則未避險比選擇權避險導致較多的實收美元金額

   d. 以上皆正確

7. 若廠商為了外幣計價的＿＿＿＿而避險，則應建立＿＿＿＿合約的＿＿＿部位。

   a. 應付帳款；期貨；買進
   b. 應收帳款；期貨；買進
   c. 應付帳款；期貨；賣出
   d. 應收帳款；遠期；買進

8. 假設某美商有應付帳款 £1,000,000 將會在 30 天後到期，目前決定向銀行購買英鎊買權(美元賣權)來避險；英鎊買權資料如下：

   履約價格＝US$1.99/£

   權利金＝US$0.06/£

   目前即期匯率＝US$1.97/£

廠商採選擇權避險，而在 30 天後實付的美元金額至多不會超過：

a. US$2,040,000

b. US$2,050,000

c. US$2,060,000

d. US$1,990,000

9. 美商歐巴馬公司有應收帳款 CHF500,000 將會在一年後到期，目前的即期匯率為 US$0.88/CHF，一年期遠期匯率為 US$0.9/CHF，而目前的利率資料如下：

	美國	瑞士
一年期存款利率	5.5%	3.2%
一年期放款利率	6.5%	4.2%

若採貨幣市場避險法，則歐巴馬公司一年後實收的美元金額為：

a. US$445,489

b. US$431,977

c. US$449,806

d. US$450,000

10. 假設某台商有應收帳款 A$1,000,000 將會在 90 天後到期，目前決定向銀行購買澳幣賣權 (新台幣買權) 來避險；澳幣賣權資料如下：

履約價格＝NT$28/A$

權利金＝NT$0.12/A$

目前即期匯率＝NT$27.9/A$

廠商採選擇權避險，而在 90 天後應收帳款到期時，實收的新台幣金額不會低於：

a. NT$28,000,000

b. NT$27,880,000

c. NT$28,120,000

d. NT$27,900,000

11. 假設目前加幣兌換美元 (US$/C$) 的一年期遠期匯率如下：

	買價	賣價
一年期遠期匯率	0.99	1.01

美商博客來公司有應收帳款 C$50,000,000 將於一年後到期，若目前即簽訂一年期遠期合約避險，則：
a. 博客來公司目前即可收到 US$49,500,000
b. 博客來公司一年後可收到 US$49,500,000
c. 博客來公司目前即可收到 US$50,500,000
d. 博客來公司一年後可收到 US$50,500,000

12. 假設目前新台幣兌換美元 (NT$/US$) 的 90 天期遠期匯率如下：

	買價	賣價
90 天期遠期匯率	29.85	30.15

台商大理公司有應付帳款 US$10,000,000 將於 90 天後到期，若目前即簽訂 90 天期遠期合約避險，則：
a. 大理公司目前即須付出 US$298,500,000
b. 大理公司 90 天後須付出 US$298,500,000
c. 大理公司目前即須付出 US$301,500,000
d. 大理公司 90 天後須付出 US$301,500,000

二、問答題

1. 試就交易曝險程度 (Transaction Exposure) 定義之。
2. 採用遠期合約避險 (Forward Contract Hedge) 及貨幣市場避險 (Money Market Hedge)，兩者在何種情況下會產生同樣的避險結果？
3. 凱利集團一向以賒銷 (Credit Sales) 方式賣精密儀器給法國的提姆公司，通常約定交貨後 3 個月內付款。目前剛完成一台儀器的交貨，售價為 €10,000,000。凱利集團正在考慮是否採用外匯遠期合約來避險；此時市場對於 3 個月到期的遠期匯率的報價為 US$1.15/€。凱利的匯率顧問預測 3 個月後市場的即期匯率應是落在 US$1.10/€ 的水準。請問採用外匯遠期合約避險的預期獲利或損失為何？(獲利或損失是與未避險的情況比較。)

4. 美國 HBC 公司向日本和風企業購買一批零件，貨款為 ¥600,000,000，一年後付清款項。目前即期匯率為 ¥110/US$，一年期的遠期匯率為 ¥115/US$，而一年期利率在日本是 1%，在美國是 2%。試計算 HBC 公司以外匯遠期合約避險之美元成本為何？採貨幣市場避險之美元成本又為何？HBC 公司應採哪一種方式避險？

5. 延續第 4 題，假設 HBC 公司考慮用選擇權合約避險，所選定之一年到期美式買權的履約價格為 US$0.0083/¥，權利金為 US$0.00012/¥。假設遠期匯率為未來即期匯率的最佳估計值，請問以此買權避險之美元成本為何？此例的選擇權合約避險是否優於遠期合約避險？

6. 美國某大企業向一家著名的瑞士錶公司購買一批名錶，共計 US$20,000,000；瑞士錶公司將於 3 個月後收到此筆美元款項。由於美元近期似乎趨於弱勢，因此瑞士錶公司決定要針對此筆應收帳款進行避險。目前即期匯率為 US$0.80/SFr，3 個月期遠期匯率為 US$0.81/SFr，而 3 個月期美元 (年化) 利率為 1.35%，3 個月期瑞士法郎 (年化) 利率為 0.05%。瑞士錶公司正在比較下列兩種避險方式：(1) 遠期合約避險；(2) 貨幣市場工具避險。請問哪一種方式可使瑞士錶公司收到較多的瑞士法郎？

7. 某台灣企業賣給某法國公司商品一批，合約金額共計一千萬歐元，因係歐元計價，故台灣企業有歐元貶值的風險。目前匯率為 NT$41/€，雙方議定若匯率在 40 與 42 之間波動，則波動所引起的收入變化由台灣企業吸收；若匯率變動超過下限 (40)，則超過部分由雙方共同分擔。請根據本章 (9-2) 式，比較台灣企業在有風險分攤及無風險分攤情況下之收入情形 (假設實際匯率為 39、38 或 37)。

Chapter 10
營運曝險程度的衡量與管理

前一章提及，國際化的企業有可能曝露於三種匯率風險；有契約現金流者會受曝於交易風險，有海外子公司者會曝露於換算風險。至於營運曝險則大概是所有企業都無法避免而需正視的課題。所謂**營運曝險程度** (Operating Exposure)，是指企業以本國貨幣衡量的非契約現金流 (Noncontractual Cash Flows) 及公司價值 (Firm Value)，受到非預期匯率變動影響的程度。非契約現金流是指尚未契約化，但企業正常營運必然會創造出的現金流，因此也可稱作**營運現金流** (Operating Cash Flows)。

　　歷史上匯率在短期內出現巨幅變動的情況屢見不鮮，也常讓企業不得不重新評估其未來的獲利與股價。舉例來說，1994 年至 1995 年所發生的墨西哥金融危機，讓墨西哥披索在一、兩個月之內就對美元貶值近 50%，此衝擊讓美國的出口商對未來在

墨西哥市場的銷售業績產生隱憂,因為美元訂價的產品換算成披索價格比以前貴了許多。此衝擊也讓許多在墨西哥設立裝配廠的美國公司覺得獲利必將縮水,因為這些裝配廠的零件主要是由美國進口,因此成本勢必墊高。

不僅是從事國際貿易或在國外設有子公司的廠商會有營運曝險的問題,純國內企業 (PDF) 同樣也擋不住匯率變動帶來的市場配額衝擊。譬如說日本一家生產維他命的藥廠,用的都是日本當地員工,原料也在當地市場取得,產品也僅在當地市場銷售,會計帳面上也沒有任何以外幣計價的應收帳款或應付帳款,看起來真的是純國內企業。但是因為有美國進口的維他命在日本市場與該廠商的產品競爭,因此日圓對美元大幅升值之際,美國進口的維他命換算成日圓價值後,就變得大為便宜,進而搶占到日本製藥廠的市場配額。

有些企業比上述所言之企業還要純國內,也就是說除了具備(僱用本地員工、在本地市場索取原料、在本地市場銷售產品)這些特質之外,另外在國內市場並沒有輸入品與之競爭,但這些企業的營收還是會受到匯率變動的影響。譬如說,美元從 1980 年到 1985 年間不斷對主要國家的貨幣升值,此現象使得原本會留在美國境內的度假遊客,抓住強勢美元降低旅遊成本的機會而前往歐洲 (例如原本僅夠在國內滑雪的度假經費,因美元強勢而足以支付到阿爾卑斯山滑雪的費用);而歐洲人士則因貨幣貶值而減少出國旅遊。因此,美、歐等地的飯店旅館業者在收入方面就因匯率變動而呈現相對消長。

匯率變動對企業的營運現金流與市場價值造成的影響程度,

第 ❿ 章　營運曝險程度的衡量與管理

歸納起來，主要是與產出面與成本面的競爭態勢，以及企業的因應能力有關；其精確估計需要透過各種現金流結構的縝密分析，不似換算曝險程度的衡量只需檢視企業的財務報表，或交易曝險程度的估計僅需檢視財報及相關的會計資訊。本章第一節分析企業的產品訂價與市場配額如何受到實質匯率變動的影響；第二節探討企業營運曝險程度的衡量及匯率變動所引起的營運利得或損失的估計；第三節描述管理營運曝險程度的各種策略。

第一節　實質匯率變動與產品訂價、市場配額

重要名詞

實質營運曝險程度　　　　Real Operating Exposure
實質匯率變動　　　　　　Real Exchange Rate Change

企業的營運曝險程度嚴格說來，應稱之為**實質營運曝險程度** (Real Operating Exposure)，此乃因只有實質匯率變動才會對企業的營運現金流造成影響。本書在第五章第一節曾提過**實質匯率** (Real Exchange Rate，以 e^r 表示之) 的觀念；在購買力平價條件絕對式的架構下，是指名目匯率 (Nominal Exchange Rate，以 e 表示之) 經由兩國物價指數調整後所得到的匯率 [參見 (5-4) 式]；在購買力平價條件相對式的架構下，是指名目匯率經由

兩國相對通貨膨脹率調整後所得之匯率 [參見 (5-11) 式]。若名目匯率的變動剛好完全抵銷兩國通貨膨脹率的差異，則實質匯率就完全未有變動；此種狀態稱之為購買力平價條件成立。而此種形態的名目匯率變動對企業的營運現金流不會造成影響；也就是說，企業在此狀態下不會有營運風險曝露的問題。換言之，企業真正擔心的，是讓購買力平價條件不成立的名目匯率變動，也就是實質匯率變動 (Real Exchange Rate Change)。

為區分實質與名目匯率變動，讓我們來看下面的例子。假設台灣廠商所生產的自行車銷往美國，與美國本地廠商生產的自行車競爭；倘若美國的通貨膨脹率是 7%，而台灣的通貨膨脹率是 3%，則依照購買力平價條件，新台幣應對美元升值 4% [參見 (5-10) 式]。假設兩國所生產自行車的價格上漲幅度與各該國之通貨膨脹率一致，則台灣自行車的「美元」價格將上漲 7%；其中 3% 是反映在台生產成本的上漲幅度，另外 4% 則是反映新台幣對美元的升值效果。由於美國自行車的價格也是上漲 7%，因而台灣產品在美國市場的競爭情勢維持不變，也就是說沒有營運風險曝露的問題；此情況說明名目匯率雖有變動，但實質匯率並未變動。倘若新台幣對美元升值的幅度超過 4%，譬如說是 6%，則台灣自行車的美元價格將上漲 9%，而美國自行車的價格卻僅上漲 7%；台灣自行車在美國市場遂居於競爭劣勢。此情況說明在購買力平價條件不成立 (亦即實質匯率已產生變動) 的情況下，市場上國內、外產品的競爭態勢會因而改變；貨幣過度升值國家的企業會陷於不利的競爭地位，而貨幣過度貶值國家的企業則有從天而降的競爭優勢。

第 ⑩ 章　營運曝險程度的衡量與管理

　　上例中，新台幣對美元過度升值代表的是實質升值 (Real Appreciation)；換句話說，美元對新台幣過度貶值則是實質貶值 (Real Depreciation)。實質升值或貶值究竟是如何改變企業的競爭情勢，進而影響公司的市場價值？我們可以透過一些實際數字的例子來作進一步的理解。

　　假設聚洋實業是在台灣生產、美國銷售的成衣製造商，其成本結構包括勞力、原料皆是以新台幣計價，銷貨收入則是以美元計價；該企業的成衣在美國市場同時與美國廠商 (本土生產與銷售) 及中國大陸廠商 (中國生產、美國銷售) 的同等級產品競爭。假設聚洋實業、美國廠商、中國廠商的產品訂價及製造成本、毛利的資料分別如下所示：

聚洋實業		美國廠商		中國廠商	
單價	NT$1,224	單價	US$36	單價	CNY288
單位成本	NT$612	單位成本	US$18	單位成本	CNY144
單位毛利	NT$612	單位毛利	US$18	單位毛利	CNY144

　　倘若在 t 年 7 月，美元兌人民幣的匯率為 US$1＝CNY8，而人民幣兌新台幣的匯率則為 CNY1＝NT$4.25。由上述價格、成本及匯率的資料可知，三家廠商的產品在美國市場都是以 US$36 的價格出售；由於產品皆是同級品質，因此三家廠商在市場的銷售能力是勢均力敵。假設在該年年底，人民幣對美元升值，而新台幣則對美元貶值，使得美元兌人民幣的匯率成為 US$1＝CNY7，而人民幣兌新台幣的匯率則為 CNY1＝NT$5.5。假設這些名目匯率的改變並非是因相對通貨膨脹率的

變化而起,因此是實質匯率的變化;也就是說,人民幣對美元升值是實質升值,而新台幣對美元貶值是實質貶值。三家廠商的產品在匯率變化前、後的美元價格如下所示:

匯率變化前		匯率變化後	
聚洋實業產品	US$36	聚洋實業產品	US$31.79
美國廠商產品	US$36	美國廠商產品	US$36
中國廠商產品	US$36	中國廠商產品	US$41.14

比較匯率變化後各家產品的美元價格,可知聚洋實業的情況是左右逢源;該企業若照匯率變化後的美元價格 (US$31.79) 銷售產品,不但可以維持原有 (以新台幣計算) 的單位毛利,並因 US$31.79 的價格是三家廠商中之最低,還可以搶占到其他兩家廠商的市場配額。即使聚洋實業將其成衣的美元價格調高,只要以 US$36 為上限,就不會失掉市場配額,同時還可增加單位毛利至 NT$774[1]。反之,中國廠商則陷入左右兩難的處境。若要維持原有的單位毛利,也就是在 US$41.14 的價格出售產品,則因相對其他廠商的價格過高而會失掉市場配額;若要保持市場占有率則必須將價格盡量降低,降價的結果是單位毛利會大幅縮減[2]。至於美國廠商則因美元同時對人民幣貶值及對新台幣

---

[1] NT$774＝US$36×NT$38.5/US$－NT$612;其中,NT$38.5/US$＝CNY7/US$×NT$5.5/CNY。

[2] 若將美元價格降至 US$36,則單位毛利降至 CNY108 (＝US$36×CNY7/US$－CNY144);若將美元價格降至 US$31.79,則單位毛利降至 CNY78.53 (＝US$31.79×CNY7/US$－CNY144)。

升值,因此處境比中國廠商好,但比台灣廠商差;若聚洋實業將價格維持在 US$31.79 的水準,則美國廠商就面臨降價的壓力,若不降價,則其市場配額必然會受到衝擊。

此處一個值得探討的相關問題是:匯率變動到底如何影響企業對產品的訂價?基本上,不論本國貨幣是升值或貶值,企業針對匯率變動的衝擊可以有三種作法:(1) 將匯率衝擊完全轉嫁 (Complete Pass-Through) 到產品價格上;(2) 完全不轉嫁 (No Pass-Through);(3) 部分轉嫁 (Partial Pass-Through)。實務上,大部分企業所採取的是部分轉嫁方式。

綜上所述,可知實質匯率變動會改變企業在國際市場上銷售產品的競爭情勢。本國貨幣的實質貶值一般會使企業有價格競爭優勢而易於出售產品;不但有調高 (以本國貨幣計算的) 產品價格的空間,也有可能增加其市場配額。本國貨幣的實質升值則傾向於使企業居於競爭劣勢而不易銷售其產品;除了有調降 (以本國貨幣計算的) 產品價格的壓力,還有可能失掉市場占有率。

不過,本國貨幣的實質升、貶對企業的營業淨利或淨現金流量的具體影響,仍是與很多其他的因素有關。譬如,企業取得要素的市場與銷售產品的市場,兩者是否受到同一種匯率變化的衝擊?企業在產品市場上的競爭對手是否有同樣的成本結構?對於這些內部及外部的因素,我們有必要加以考量並納入分析之中,才能在實地衡量企業的營運曝險程度時,作出正確的評斷與報告。

樂學新知：非預期的匯率變化導致虧損

市場上總是不乏這樣的公司，其在國內生產也在國內銷售，但有一、兩樣原料是從國外進口，而進口的原料則是以外幣計價。企業為了怕原料來源中斷，通常購買原料的合約一簽就長達數年，但卻採用短期的外匯遠期合約來避險，然後在到期時視情況決定是否續作。有時看到匯率走勢似乎有利於自己，企業也會採投機心態而未有任何避險措施，結果匯率一旦出現非預期的逆轉，讓原料成本換算成本國貨幣後大幅上升，未預期的成本負擔可能就把當年的利潤吃掉一大半，甚至讓獲利轉為虧損。

同樣情況也可能發生在以外銷為主的企業，其生產成本是以本國貨幣計價，但外銷收入則是以外幣計價。一旦外幣出現非預期的大幅貶值，而企業未事先作好避險準備，則不幸陷入開工即損失的狀況。1977 年至 1979 年之間，英鎊走升值趨勢，很多有海外收入的英國企業原以為美元會升值而未避險，結果損失不貲。舉例來說，英商 RR 的海外收入是以美元計價，生產成本則是以英鎊計價。在 1977 年年初，公司一次接了三年的訂單，每年的銷貨金額為 US$27,360,000，而生產成本及費用估計為 £13,600,000。在 1977 年年初，英鎊兌美元匯率為 £1＝US$1.71，因此公司估計每年會有 £2,400,000 的獲利（＝US$27,360,000÷US$1.71/£－£13,600,000）。但英鎊從 1977 年 8 月之後開始大幅升值，到 1977 年 12 月 31 日，匯率為 £1＝US$1.9164；到 1978 年 12 月 31 日，匯率為 £1＝US$2.0408；而到 1979 年 12 月 31 日，匯率為 £1＝US$2.2331。一直以為美元會反轉升值而未採避險措施的 RR 企業，在 1978 年及 1979 年兩年都遭受鉅額損失。

第⓵章　營運曝險程度的衡量與管理

第二節　如何衡量企業的營運曝險程度

重要名詞

營運曝險係數　　　　Operating Exposure Coefficient
雙因子模型　　　　　A Two-Factor Model
營運曝險利得或損失　　Operating Exposure Gain or Loss

衡量企業的營運曝險程度可以有兩種作法。首先，因非預期的實質匯率變動會影響企業以外幣計價之現金流的本國貨幣價值，進而影響公司的股票價值；因此，我們可以運用回歸分析 (Regression Analysis)，找出營運曝險係數 (Operating Exposure Coefficient) 來檢驗企業的股票價值如何受到非預期實質匯率變動的影響。其次，我們可以將實質匯率變動的影響效果納入損益表各項目中，然後算出營運曝險利得或損失；此營運曝險利得或損失即代表企業在營運上受到實質匯率變動的具體影響程度。

運用回歸分析找出營運曝險係數

公司的股票價值，是未來所有淨現金流量現值的加總；當實質匯率變動造成企業的營業現金流量改變時，股票價值理應有所變化以反映匯率變動的影響效果。因此，取企業的股票價格對匯率變動作回歸分析，所找出的回歸係數可以概略地衡量出企業

的營運曝險程度。此係數稱之為營運曝險係數,其估計值的正、負號情形與數值大小,代表匯率變動對公司股票價值是正面、負面,或不顯著的影響效果及影響程度。

財務文獻上估計營運曝險係數的模型頗多,最簡單的是雙因子模型 (A Two-Factor Model);此乃是將公司的股票報酬率當作應變數,雙因子 (股價指數報酬率與匯率變動率) 當作自變數所建構的回歸模型,如下所示:

$$R_{it} = \alpha_i + \beta_i R_{mt} + \gamma_i EX_t + \varepsilon_{it} \tag{10-1}$$

上式中,R_{it} 代表 i 公司在 t 期的股票報酬率,R_{mt} 是反映整體市場表現的股價指數在 t 期的報酬率,EX_t 代表匯率在 t 期的變動率;γ_i 是營運曝險係數,衡量 i 公司的股票報酬率對匯率變動的敏感度。若回歸結果顯示 γ_i 等於零,代表匯率變動整體而言不會影響 i 公司的股價變動率;若 γ_i 不等於零 (可能為正值或負值),代表 i 公司的股票報酬率會因匯率變動而增高或降低,反映出 i 公司的營業淨現金流會因匯率變動而增加或減少。

在進行回歸分析之時,有一點須加以注意,就是自變數彼此之間若有相關性就會影響估計係數的效率性;譬如 (10-1) 式中,兩自變數 R_{mt} 與 EX_t 可能互有影響力,因而造成營運曝險係數 (γ_i) 的統計顯著性不正確。欲修正此一缺點,我們可先將此兩變數作正交化 (Orthogonalization) 處理,亦即將 EX_t 對 R_{mt} 作簡單回歸,如下所示:

$$EX_t = a + bR_{mt} + v_t \tag{10-2}$$

透過正交化的步驟,匯率變動受 R_{mt} 的影響效果就被排除在 (10-1) 式之外;在修正後的回歸方程式 [即 (10-3) 式] 中,γ_i 代表單純的匯率變動所引起的公司股價變動效果。

$$R_{it} = \alpha_i + \beta_i R_{mt} + \gamma_i (EX_t - a - bR_{mt}) + \varepsilon_{it} \tag{10-3}$$

◎ 從損益表衡量營運曝險利得或損失

有關實質匯率變動對公司營運造成的影響效果,管理階層可以透過損益表各項目的分析而作進一步的掌控;也就是說,可以實際算出非預期匯率變動導致的**營運曝險利得或損失** (Operating Exposure Gain or Loss)。如何運用損益表來估算企業的營運曝險利得或損失,以下的例子可以幫助我們理解。

假設台名企業是台灣的電子公司,有一子公司拉貝歐 (La Belle) 位於法國,負責生產筆記型電腦並銷往美國及歐元區國家。拉貝歐從台灣進口一項電腦零件,是以新台幣計價,單價為 NT$4,100;另外,從美國的英特爾 (Intel) 進口微處理器,是以美元計價,單價為 US$600。假設目前的匯率為 NT$41/€ 及 US$1.20/€,則前者的歐元成本為 €100(= NT$4,100÷NT$41/€),而後者的歐元成本則為 €500(= US$600÷US$1.20/€)。拉貝歐僱用法國的工人,並在歐元區取得其他所需的零件;法國的公司所得稅率為 33%。

拉貝歐預期匯率在未來保持不變的情況下,公司每年共可銷售約 60,000 台電腦。其中,50% 銷往美國並以美元計價,單

價為 US$1,440；另外 50% 在歐元區銷售，單價為 €1,200。每台電腦的變動成本為 €800，其中包括台灣進口零件的單位成本 €100，英特爾進口微處理器的單位成本 €500，在當地僱用勞工的成本 €100，以及在當地取得零件的單位成本 €100。公司每年經常性固定支出（租賃費用、權利金等）為 €10,000,000；折舊費用為 €4,000,000。表 10-1 是拉貝歐管理階層的簡化試算損益表；表中資料顯示，在匯率不變的情況下，公司每年以歐元結算的營業淨現金流為 €10,700,000，而以新台幣結算的營業淨現金流為 NT$438,700,000。

由於拉貝歐的母公司在台灣，因此以新台幣結算的營業淨現

表 10-1　拉貝歐簡化試算損益表 (原始匯率：NT$41/€；US$1.20/€)

銷貨收入：	數量	單價	總金額
美國銷貨收入	30,000 台	€1,200	€36,000,000
歐元區銷貨收入	30,000 台	€1,200	36,000,000
總銷貨收入			72,000,000
減：變動成本	60,000 台	€800	(48,000,000)
減：經常性固定支出			(10,000,000)
減：折舊費用			(4,000,000)
稅前盈餘			10,000,000
減：所得稅 (33%)			(3,300,000)
稅後淨利			6,700,000
加：折舊費用			4,000,000
營業淨現金流 (歐元)			€10,700,000
×NT$41/€			
＝營業淨現金流 (新台幣)			NT$438,700,000

金流遂格外重要。而新台幣結算的營業淨現金流可能會受到歐元對美元及對新台幣升貶的影響；讓我們針對此兩種匯率變動的效果作一些解說與釐清。假設拉貝歐管理階層預期在相對通貨膨脹率並不會改變的情況下，歐元在未來會對美元貶值 10%，也就是從 €1＝US$1.2 貶至 €1＝US$1.08，而歐元對新台幣也會貶值 4%，亦即從 €1＝NT$41 貶至 €1＝NT$39.36。

歐元對美元貶值 10%

由於拉貝歐從美國進口微處理器，且是以美元計價 (US$600)，因此歐元對美元貶值 10% 會使進口零件的成本上升，從 €500 提高至 €555.56。另外，拉貝歐也將筆記型電腦輸出到美國銷售，因銷售價格為美元，故歐元對美元貶值 10%，使拉貝歐的電腦在美國市場更具競爭力，此乃因轉換後的美元價格從 US$1,440 降為 US$1,296 (＝€1,200×US$1.08/€)。拉貝歐想趁此機會提升其產品在美國市場的占有率，於是將美國市場的產品售價保持在 US$1,296 (也就是將歐元價格保持在 €1,200) 的水準，因此管理階層預測在美國市場之銷售量至少會增加 6%，從原來的 30,000 台增至 31,800 台。拉貝歐的電腦在歐元區市場也變得較具競爭力，雖然售價並未改變，但由於歐元區市場上也有美國進口品牌的電腦，這些美國製的電腦因歐元貶值 (美元升值) 而致其歐元價格較原先為高，相較之下，維持原價的拉貝歐廠牌電腦就變得較為便宜；基此，管理階層保守估計拉貝歐在歐元市場的銷售量會增加 5%，從原來的 30,000 台增至 31,500 台。

歐元對新台幣貶值 4%

拉貝歐也從台灣進口一項零件 (以新台幣計價)，故歐元對新台幣貶值 4%，使得此項零件的歐元成本上升，從 €100/台提高至 €104.17/台。歐元貶值使進口零件的成本上升，導致與進口品競爭的當地零件價格也上漲；拉貝歐的管理階層預測當地零件的取得成本會上漲 3%，從 €100/台上升至 €103/台。因通貨膨脹率未有變動，以致於當地的勞工成本維持不變，仍為 €100/台。根據到目前為止的描述，歐元對美元貶值及對新台幣貶值對變動成本造成的效果，是使每台電腦的變動成本由原來的 €800，上升為 €862.73 (＝€555.56＋€104.17＋€103＋€100)。

綜上所述，預測歐元貶值後的拉貝歐簡化試算損益表如表 10-2 所示。

比較表 10-1 及表 10-2，可知前述假設的匯率變動，讓拉貝歐從母公司觀點 (亦即以新台幣) 結算的營業淨現金流減少了 NT$87,453,014 (＝NT$438,700,000－NT$351,246,986)。倘若管理階層認為所預測的匯率變動及其效果會持續兩年，並假設拉貝歐的資金成本 (Cost of Capital) 為 16%，則歐元貶值帶來的營運曝險利得或損失計算如下：

一、預估歐元貶值之後未來兩年營業淨現金流的現值

$$=\frac{NT\$351,246,986}{(1+16\%)^1}+\frac{NT\$351,246,986}{(1+16\%)^2}$$
$$=NT\$563,832,855$$

第❿章　營運曝險程度的衡量與管理

表 10-2 拉貝歐簡化試算損益表
（歐元貶值後匯率：NT$39.36/€；US$1.08/€）

銷貨收入：	數量	單價	總金額
美國銷貨收入	31,800 台	€1,200	€38,160,000
歐元區銷貨收入	31,500 台	€1,200	37,800,000
總銷貨收入			€75,960,000
減：變動成本	63,300 台	€862.73	(54,610,809)
減：經常性固定支出			(10,000,000)
減：折舊費用			(4,000,000)
稅前盈餘			7,349,191
減：所得稅 (33%)			(2,425,233)
稅後淨利			4,923,958
加：折舊費用			4,000,000
營業淨現金流 (歐元)			€8,923,958
×NT$39.36/€			
＝營業淨現金流 (新台幣)			NT$351,246,986

二、預估歐元貶值之前未來兩年營業淨現金流的現值

$$= \frac{NT\$438,700,000}{(1+16\%)^1} + \frac{NT\$438,700,000}{(1+16\%)^2}$$

$$= NT\$704,215,220$$

三、營運曝險利得或損失

$$= NT\$563,832,855 - NT\$704,215,220$$

$$= -NT\$140,382,365$$

　　由以上計算可知，管理階層預估匯率變動造成台名企業在未來兩年的營業損失 (營運曝險損失) 為 NT$140,382,365。

企業營運曝險程度的決定因素分析

從上述拉貝歐例子的討論，大致可知企業的營運曝險程度主要決定於兩項因素：其一是企業銷售產品與尋找原料、零件的市場結構與競爭情勢，其二是企業對匯率變動的應變及調整能力。

產品與生產要素的市場結構和競爭情勢

企業銷售產品及取得要素的市場結構與競爭情勢，決定其在本國貨幣升值時，是否有調高產品價格及降低要素成本的能力。先從產品市場來看，若某企業銷售其產品的市場並沒有其他廠商的產品與之競爭，或說即使有，但其他廠商的成本結構和該企業的相同，則該企業有頗大的空間針對本國貨幣升值而調高其產品的價格；也就是說，如此做並不會有失去市場配額的隱憂。譬如，當新台幣對美元升值時，某生產聖誕燈飾的台灣廠商本應陷入競爭劣勢，但因在美國市場的競爭對手也皆為台灣廠商，因此也同時受到新台幣升值的不利衝擊，而有調高產品之美元價格的壓力，於是所有競爭對手皆可將匯率變動的效果轉嫁給美國市場的消費者而不會失掉各自的顧客群。換句話說，在此情況下企業所面對之產品需求曲線的價格彈性較小。

反過來說，若產品市場上有來自不同國家的競爭者，則企業所面對之需求曲線的價格彈性就比較大；或說在這樣的市場結構下，企業不易將本國貨幣升值的效果轉嫁給消費者，因此有比較高程度的營運風險受曝情形。其次，從生產要素的方面來看，若企業取得要素的成本會隨匯率的變動而上升或下降，則此等企業也有較高程度的營運風險受曝情形。不過，若企業的產品價格與

要素成本皆受匯率變動的影響，而且係作同方向的變動；也就是說，當要素成本因匯率變動而上升時，產品的價格也有調升的空間，則企業就不必太憂心其營運風險受曝情形。

企業的應變及調整能力

公司的營運曝險程度雖受制於既定的市場結構與競爭情勢，但其本身的因應及調整能力也扮演重要的角色。這方面的能力主要與企業在市場上的布局與技術研發有關。譬如，日本汽車公司將車輛輸出到美國、台灣等地，當日圓對美元及新台幣升值時，日製車輛的美元價格及新台幣價格就會上漲；為了不抬高價格就必須盡量降低成本，日本汽車製造業者可以將若干零件用進口品取代，因為強勢日圓會使進口貨品的價格較為便宜。當然，若企業直接將製造過程移至貶值貨幣的國家，也就是到該國成立製造子公司，則可以僱用當地的勞工，使得產品的成本結構與競爭對手更為接近。企業是否得以用較廉價的生產要素取代原有的組合，或是到異國設廠投資，都反映出其應變及調整的能力，也決定其真正曝露於營運風險的程度。

第三節　管理營運曝險程度的各種策略

重要名詞

自然避險	Natural Hedge
規模經濟	Economies of Scale

PART 4 ▶ 匯率曝險程度的衡量與管理

企業的營運曝險問題與交易曝險比較，不論是在衡量或管理方面，都困難也複雜得多。本章上一節介紹過如何衡量企業的營運曝險程度，比較粗略的方法是估計營運曝險係數，更精確的方法則是運用損益表試算營運曝險利得或損失。上一節也針對營運曝險程度的決定因素作了進一步的分析。從這些討論中，我們可以釐出一些管理企業營運曝險程度的長期策略，基本上包括下列幾種：

- 建立多國生產據點 (Establishing Production Facilities in Different Countries)
- 分散產品市場風險 (Diversifying Product Market)
- 分散要素市場風險 (Diversifying Input Market)
- 強化研發能力以提升技術及產品差異性 (Strengthening R&D to Enhance Productivity and Product Differentiation)
- 自然避險 (Natural Hedge)

◎ 建立多國生產據點

為應付實質匯率變動的衝擊，企業選擇在若干個國家建立生產子公司 (Production Subsidiaries) 不失為一勞永逸的方法。譬如，美元自 1985 年 9 月之後，開始對其他工業國家的貨幣 (如日圓及馬克) 呈現貶值的局面，導致其他工業國家的產品在美國市場陷於保住單位利潤即失去銷售配額，或保住銷售配額即失去單位利潤的兩難困境。這些工業國家的汽車製造廠商為了要把生產成本控制在與美國汽車公司相當的水準，只好紛紛到美國設

廠從事生產，包括德國的賓士 (Mercedes Benz)、寶馬 (BMW) 車廠，以及日本的豐田 (Toyota)、日產 (Nissan) 等汽車公司。

企業布署多重生產地點通常是以下列幾點作為選擇的依歸：(1) 生產地點的貨幣傾向於貶值；(2) 生產地點有廉價的勞工可供僱用；(3) 生產地點即是銷售市場。不論是選擇貨幣趨貶或勞動成本低廉的國家建立製造子公司，都是為了降低生產成本。至於選在銷售市場當地或鄰近地區從事生產，則是為了節省運輸成本及易於掌控銷售市場當地的狀況；更重要的是，讓生產成本與銷貨收入得以用同樣的貨幣計價，產生自然避險的功效。建立多國生產據點乃是今日國際化企業不謀而合的策略，其缺點是無法集中大量生產而發揮**規模經濟** (Economies of Scale) 的效果。不過，一般相信，從全球化布局生產據點所獲得的好處絕對遠超過固守一處生產所帶來的經濟效益。

分散產品市場風險

今日許多國際化企業在銷售策略上，已不再將產品過度集中於同一市場銷售。事實上，即使是未在國外建立任何生產中心的純粹進、出口商，也盡量同時放眼於西方及東方的市場，目的就是要降低或消除匯率變動對銷售業績造成的衝擊。台灣企業在過去多半將海外銷售的重心放在美國市場，經過 1980 年代中期新台幣兌美元的大幅升值衝擊後，即使中小企業也學會開闢歐洲及亞洲的市場，避免過度依賴單一市場而須承受新台幣對某一外幣升值帶來的集中式衝擊。

PART 4 ▶ 匯率曝險程度的衡量與管理

◎ 分散要素市場風險

企業除了可以把產品銷售到不同市場以降低匯率變動對企業獲利造成的影響外,還可以藉著在不同市場尋找原料、零件及半

> **觀微知著** 國際投資是企業管理其營運曝險的主要工具之一

企業面對三種型態的匯率風險,其中最不透明也最難管理的當屬營運風險。財務文獻上有研究指出,國際投資 (International Investment) 是企業管理其營運曝險程度的主要工具之一。事實上,企業之所以要從事國際投資,除了是為有效管理實質營運曝險程度外,在某些案例也是為能同時得到降低勞動成本的好處。

利用國際投資來達成有效管理營運風險,在汽車產業經常可見。舉例來說,日本第二大汽車製造商本田汽車公司 (Honda Motor Company),是最早在美國生產汽車的日商公司;早在 1979 年,當時美元兌日圓匯率為 US$1 = ¥240 左右,該公司就決定讓已於 1959 年成立的美國俄亥俄州子公司開始生產汽車。到 1982 年年底 (匯率為 US$1 = ¥234),雅歌 (Accord) 車型已出廠問世並在美國銷售。1985 年 9 月 22 日廣場協定之後,美元相對於東亞國家的貨幣跌勢不止,至 1988 年 3 月,美元匯價已貶至 US$1 = ¥125,本田於是決定利用匯率創造的競爭優勢,把在美國生產的本田汽車賣回日本。其他汽車製造商也跟進本田而陸續開始在美國布局生產子公司,例如豐田汽車在 1984 年、日產汽車在 1980 年。由於本田布局較早,因此在美元對日圓大幅貶值之後,得以即時利用美國廠產能來供應美國

成品來達到相同的功效。譬如，當新台幣對其他國家的貨幣實質升值時，從國外進口的生產要素就變得較為便宜，企業在此時增用進口原料取代本地原料可以降低生產成本，並以此彌補本國貨幣升值對公司整體獲利造成的不利影響。

境外急速上升的銷售量，讓日商本田不但未受到日圓升值的負面衝擊，反而利用在美國生產的成本優勢創造出漂亮的銷售業績，並在當時造成本田股價的大幅上漲。

歐洲汽車製造商譬如德商寶馬和賓士，也都是為了降低營運曝險程度而動念在美國設廠生產汽車。在 1985 年 7 月，馬克兌美元匯率為 DM1＝US$0.34，到 1992 年 7 月，馬克已升值到 DM1＝US$0.68，使得德國品牌的汽車在 1992 年的美元價格已是 1985 年的兩倍；另外，德國的高工資及對工人的社會福利保障，使得德國汽車製造商疲於應付高昂的生產成本。匯率加上勞工成本的衝擊，終於使得寶馬及賓士分別在 1992 年及 1993 年宣告計畫在美國設廠生產。

汽車製造商為了管理營運曝險及降低勞動成本，會繼續在全世界各地尋找生產基地，譬如本田、寶馬及美商福特 (Ford) 及通用汽車 (GM) 等在墨西哥也都設有生產子公司，近年來更是在中國及亞洲其他國家積極布署生產基地。國際投資讓汽車製造商得以降低營運曝險程度並享用勞動成本優勢；其他製造業廠商當然也會基於同樣的考量而不斷從事國際投資。

須注意的是,當本國貨幣實質升值之時,國內其他廠商也會爭相採用進口原料或零件來降低生產成本,此情況有可能造成生產要素的供不應求或供應緩不濟急。因此,如何在平日即與國內外供應商建立良好的互動關係,乃是尋求生產要素多角化所不容忽視的一環。

強化研發能力提升技術與產品差異性

不論匯率如何變動,品質好而競爭力強的產品絕不會因價格問題而遭消費者背棄。因此,為保持產品的世界競爭力,不斷將資金投注於研究與發展 (R&D) 部門乃是有遠見的企業必然的作法。成功的 R&D 會增進企業的生產效率,降低成本,還可創造不可替代的產品差異性,進而贏得消費者的長期忠誠度。

自然避險

前述提及,自然避險 (Natural Hedge) 是盡量讓企業的外幣曝險部位等於零。當企業有外幣計價的資產或銷貨收入時,可以盡量創造以同樣貨幣計價的長期負債來達到自然避險的功效。譬如,產品主要銷往歐元區的企業,可以尋求發行以歐元計價的公司債;如此一來,銷貨收入與債息支出皆是以同一貨幣計價,自然大大消弭了企業的營運曝險程度。

本章摘要

- 營運曝險程度,是指企業以本國貨幣衡量的非契約現金流及公司價值,受到非預期匯率變動影響的程度。
- 企業真正擔心的,是讓購買力平價條件不成立的名目匯率變動,也就是實質匯率變動。
- 不論本國貨幣是升值或貶值,企業針對匯率變動的衝擊有三種作法:(1) 將匯率衝擊完全轉嫁到產品價格上;(2) 完全不轉嫁;(3) 部分轉嫁。實務上,大部分企業所採取的是部分轉嫁方式。
- 本國貨幣的實質貶值會使企業有價格競爭優勢而易於出售產品;不但有調高 (以本國貨幣計算的) 產品價格的空間,也有可能增加其市場配額。
- 本國貨幣的實質升值會使企業居於競爭劣勢而不易銷售其產品;除了有調降 (以本國貨幣計算的) 產品價格的壓力,還有可能失掉市場占有率。
- 公司的營運曝險程度雖受制於既定的市場結構與競爭情勢,但其本身的因應及調整能力也扮演重要的角色。
- 管理企業營運曝險程度的長期策略包括下列幾種:(1) 建立多國生產據點;(2) 分散產品市場風險;(3) 分散要素市場風險;(4) 強化研發能力以提升技術及產品差異性;(5) 自然避險。
- 企業布署多重生產要地通常是以下列幾點作為選擇的依歸:(1) 生產地點的貨幣傾向於貶值;(2) 生產地點有廉價的勞工可供僱用;(3) 生產地點即是銷售市場。
- 建立多國生產據點乃是今日國際化企業不謀而合的策略,其缺點是無法集中大量生產而發揮規模經濟的效果。不過,一般相信,從全球化布局生產據點所獲得的好處絕對遠超過固守一處生產所帶來的經濟效益。

本章習題

一、選擇題

1. 其他條件不變，美元實質貶值會導致美國的淨出口_____及失業率_____。

    a. 增加；上升

    b. 增加；下降

    c. 減少；上升

    d. 減少；下降

2. 某美商跨國公司有兩個海外生產基地，一在本國，另一在加拿大。假設美國和加拿大的物價水準都保持不變，但名目匯率從 C$1＝US$0.9 上升至 C$1＝US$1.01，因此該跨國企業應_____本國境內的生產，而_____在加拿大的生產。

    a. 增加；減少

    b. 減少；增加

3. 其他條件不變，美元實質升值會_____美國的通貨膨脹率。

    a. 舒緩

    b. 弄壞

4. 匯率風險有三種型態，其中的營運風險 (Operating Risk) 會影響：

    a. 跨國企業的契約現金流

    b. 純國內企業的營運現金流

    c. 跨國企業及純國內企業的營運現金流

    d. 出口商和進口商的契約現金流

5. 下列哪兩種風險可合稱為經濟風險？

    a. 交易風險和換算風險

    b. 營運風險和換算風險

    c. 交易風險和營運風險

    d. 交易風險和會計風險

6. 假設某台商跨國企業的成本與費用，較之銷貨收入更容易受到新台幣幣值

變動的影響，則新台幣_____會使台商企業_____。

   a. 升值；受益

   b. 升值；受損

   c. 貶值；受益

   d. 貶值；不受影響

7. 企業的非契約現金流受到非預期匯率變動影響的程度稱之為_____。

   a. 交易曝險程度

   b. 換算曝險程度

   c. 營運曝險程度

   d. 財務曝險程度

8. 估計廠商營運曝險利得或損失的一個有效方法是透過編製：

   a. 試算資產負債表

   b. 試算損益表

   c. 試算現金流量表

   d. 換算曝險表

9. 下列敘述何者不正確？

   a. 對於國際化企業而言，建立多國生產據點的經濟效益勝過在本國集中生產的經濟效益

   b. 若美元對英鎊的名目匯率改變，則美、英兩國企業的相對競爭情勢必定出現變化

   c. 自然避險是指盡量讓企業的外幣淨曝險部位等於零

   d. 若購買力平價條件成立，則實質匯率未變動

10. 下列何者是規避營運風險較佳的方法？

    a. 貨幣市場避險

    b. 遠期合約避險

    c. 選擇權合約避險

    d. 自然避險

11. 下列敘述何者正確？

    a. 交易風險比營運風險更難管理

    b. 營運風險比交易風險更難管理

    c. 換算風險比交易風險更應管理

d. 以上皆正確
12. 過去幾年，中國大陸的通貨膨脹率遠高於同期間美國的通貨膨脹率，而人民幣則不斷對美元升值；此乃是：
a. 實質升值
b. 名目升值

二、問答題

1. 請就營運曝險程度 (Operating Exposure) 定義之。
2. 購買力平價條件 (PPP) 對於「實質匯率變動」有什麼涵義？
3. 企業布署多重生產地點通常是以哪幾點作為選擇的依歸？
4. 企業的營運曝險程度主要決定於哪兩項因素，試分析之。
5. 美國通用汽車公司輸出汽車到歐元區市場銷售，與該地區生產的汽車競爭，包括德國福斯 (Volkswagon)、法國的雷諾 (Renault)、義大利的飛雅特 (Fiat) 等廠牌的汽車。由於這些歐元區國家的汽車製造商營運成本是以歐元計價，美元實質升值會如何影響通用汽車在歐元區的銷售業績？你認為通用汽車公司該如何做，以保障其整體的銷售業績？
6. 企業靠「建立多國生產據點」來管理營運曝險有些什麼優缺點？
7. 某義大利磁磚公司輸出磁磚至美國市場。目前銷售狀況為每年 10,000,000 塊，每塊磁磚售價為 €10 (＝US$11)；現行匯率為 US$1.10/€。公司預測歐元近期將會升值到 €1＝US$1.30 的水準，因此在評估過市場狀況後，公司認為有幾種價格策略可行：(1) 維持美元價格不變，如此則銷售量不改變；(2) 維持歐元價格不變，如此則銷售量會下降 10%；(3) 調升歐元價格，以求在單位利潤損失與銷售量損失之間找到一個平衡點。(a) 若歐元升值只是短期現象，請問義大利磁磚公司該採哪一種價格策略較好？(b) 若歐元升值後短期內看不出有再回貶至原來水準的跡象，則義大利磁磚公司較可能採哪一種價格策略因應？

Chapter 11
換算曝險程度的衡量與管理

本書第九、十章討論過國際化企業如何衡量與管理交易及營運曝險程度,本章再繼續探討第三種匯率風險——**換算風險** (Translation Risk)。換算風險也稱作**會計風險** (Accounting Risk),是企業一旦在國外設立子公司就會開始承受的風險。此項匯率曝險起因於企業定期編製合併財務報表 (Consolidated Financial Statements) 的會計義務;因為國外子公司的財務報表都是以所在地的貨幣製作,而母公司的合併財報卻是以報表貨幣 (Reporting Currency) 編製[1],因此在編合併報表之際,有必要將海外子公司財報中的各個項目換算成以「報表貨幣」衡量,才能針對同樣項目進行加總。由於編製合併財報時匯率所在的水準,

---

[1] 報表貨幣是指母公司編製合併財務報表的貨幣。

對加總的淨值 (Net Worth) 或淨利 (Net Income) 會產生影響，因此我們可以將換算曝險程度 (Translation Exposure) 定義為「匯率變動造成跨國企業的合併財報上淨值或淨利受影響的程度」。

企業為了編製合併報表而須將海外各個子公司的財報以同一貨幣衡量，此舉附帶的功用是使管理階層易於比較子公司之間的相對績效。譬如，母公司在美國的某國際企業，有子公司位於瑞士、英國、法國、中國等地，其以瑞士法郎、英鎊、歐元、人民幣等貨幣所編製的各子公司財報，若全部換算成以美元編製，則各個子公司的相對績效可以一目瞭然。但是，子公司以報表貨幣呈現的財報，未必代表子公司真正的績效表現，有可能因為經由匯率換算而致實際經營狀況受到扭曲；另外，由於匯率隨時在變動，因此換算造成的利得或損失可能只是暫時之間的紙上利得或損失 (Paper Gain or Loss)。究竟企業該不該重視換算風險，遂成為一個見仁見智的問題。

本章的探討重點不在於企業是否該重視換算曝險程度，或應否採取規避換算風險的措施，而是在於企業應如何就子公司的財報項目實地進行換算，並進而瞭解有哪些管理換算曝險的方法可以採用。本章第一節介紹現階段美國及我國所採行之兩種換算方法；第二節探討如何實地衡量換算曝險程度；第三節描述管理換算曝險程度的各種方法。

第 11 章　換算曝險程度的衡量與管理

第一節　現階段的兩種換算方法

重要名詞

時序法　　　　　Temporal Method
現行匯率法　　　Current Rate Method
累計換算調整　　Cumulative Translation Adjustment, CTA

　　大多數的國家對於以外幣編製的財務報表如何換算成以本國貨幣衡量的財報，都會指定換算方法 (Translation Method)。世界各國所採行的換算方法歷來共有四種：(1) 流動 / 非流動法 (Current/Noncurrent Method)；(2) 金融 / 非金融法 (Monetary/Nonmonetary Method)；(3) 時序法 (Temporal Method)；以及 (4) 現行匯率法 (Current Rate Method)。這些換算方法所考量的重點主要在兩方面：其一是各個資產負債表 / 損益表項目應以何種匯率換算？其二是各項目以不同匯率換算後所造成的報表不平衡，應歸併到損益表中的淨利，抑或是資產負債表中的淨值內？由於前兩種換算方法目前在我國及美國都已不再適用，因此本節僅就時序法與現行匯率法加以描述。

時序法

　　在時序法的規範下，企業海外子公司財務報表的換算應遵循

下列法則：

- 金融資產 (Monetary Assets) 與金融負債 (Monetary Liabilities) 是根據現行匯率 (Current Exchange Rate) 換算。

- 非金融資產 (Nonmonetary Assets) 是以歷史匯率 (Historical Exchange Rate) 或現行匯率換算；其判定原則是非金融資產的價值在子公司 (以地主國貨幣編製的) 財報上若已反映目前的市場價值，則以現行匯率換算；若反映的是歷史成本，則以歷史匯率換算。

- 一般的損益表項目是以該會計期間的平均匯率 (Average Exchange Rate) 換算，但折舊 (Depreciation) 和銷貨成本 (Cost of Goods Sold) 因與非金融資產有關 (折舊和固定資產有關，而銷貨成本與存貨有關)，因此換算所用的匯率也有兩種情形。若固定資產與存貨是以歷史匯率換算，則折舊和銷貨成本也是以歷史匯率換算；若固定資產與存貨是以現行匯率換算，則折舊和銷貨成本是以該會計期間的平均匯率換算。

- 所分配股利是以股利發放日 (Date of Payment) 的匯率來換算。

- 權益項下共有三個帳戶：普通股股本 (Common Stock)、資本公積 (Paid-In Capital) 及保留盈餘 (Retained Earnings)。前兩者是以歷史匯率換算，而保留盈餘則是一個讓換算後資產負債表得以平衡的帳戶；比方說，若換算後總資產 (Total Assets) 為 $1,000,000，換算後總負債 (Total Liabilities)

為 $500,000，而換算後的股本與資本公積合計為 $400,000，則換算後保留盈餘帳戶的數字就應強迫讓其等於 $100,000 (＝$1,000,000－$500,000－$400,000)，如此資產負債表才得以平衡。另外，根據強制而得的保留盈餘帳戶金額，我們可以反推出同期間損益表上的淨利；只要將當年度的換算後保留盈餘，減去前一年的換算後保留盈餘，就可以得到當年度的換算後淨利。

- 換算利得或損失是放在損益表中的**外匯利得與損失** (Foreign Exchange Gain or Loss) 帳戶中；換句話說，換算利得或損失乃是會經過損益表而非資產負債表，也就是會影響淨利而非淨值。

現行匯率法

現行匯率法是目前最為各國廣泛採用的一種換算方法，其換算準則如下：

- 全部的資產與負債項目皆是以現行匯率換算。
- 全部的損益表項目 (包括折舊與銷貨成本) 皆是以各項目認列時的實際匯率換算，由於此種逐筆認列的作法在實務上頗為不易，因此也可採用該會計期間的平均匯率進行換算。
- 所分配股利是以股利發放日的匯率來換算。
- 權益項下共有四個帳戶：普通股股本、資本公積、保留盈餘及一個額外的帳戶稱作**累計換算調整** (Cumulative Translation Adjustment, CTA) 帳戶。股本與資本公積是以歷史匯率換

算，保留盈餘帳戶的金額等於前一年的換算後保留盈餘加上當年度換算後淨利 (或是減去當年度換算後淨損)。至於累計換算調整帳戶，則是一個讓換算後資產負債表得以平衡的帳戶，其所以稱作「累計」，乃是因過去歷年的換算利得或損失皆會累計在此帳戶之中。

- 換算利得或損失是放在資產負債表中的累計換算調整帳戶中；換句話說，換算利得或損失乃是會經過資產負債表而非損益表，也就是會影響淨值而非淨利。

時序法與現行匯率法的適用原則

現階段各國在處理外幣財報的換算方面，大多要求企業依循現行匯率法，只有在若干特殊情況下才可依據時序法進行換算。以美國為例，其財務會計準則委員會 (Financial Accounting Standards Board, FASB) 在 1981 年 12 月公布第 52 號公報 (FASB#52)，要求企業自 1982 年 12 月開始，在進行子公司財報換算時遵照第 52 號公報的規定。第 52 號公報述明企業在一般情況下依現行匯率法進行換算，不過在特殊情況下仍可採用時序法。特殊情況是指子公司的功能性貨幣 (Functional Currency) 非為地主國貨幣 (而是報表貨幣或第三國貨幣)，或子公司是地處於高度通貨膨脹的國家。所謂功能性貨幣，就是子公司每日營運所經手的主要貨幣，亦即是該公司創造主要現金流的貨幣。至於高度通貨膨脹 (Hyperinflation) 的國家，是指過去三年累積之通貨膨脹率達 100% (或是過去三年平均每年通貨膨脹率達

26%) 的國家。

第 52 號公報規定的換算過程，仔細分析起來可歸納為下列三種情形：(1) 子公司的功能性貨幣是地主國貨幣；在此情況下所依據的換算方法是現行匯率法，而重編財報貨幣為報表貨幣。(2) 子公司的功能性貨幣是報表貨幣；在此情況下所依據的換算方法是時序法，而重編財報貨幣為報表貨幣。(3) 子公司的功能性貨幣既非地主國貨幣，亦非報表貨幣，而是第三國貨幣；在此情況下換算分為兩階段：第一階段所依據的換算方法為時序法，而重編財報貨幣為第三國貨幣；第二階段所依據的換算方法為現行匯率法，而重編財報貨幣為報表貨幣。第 52 號公報所規定的換算過程，可參考表 11-1。

表 11-1 美國財務會計準則委員會第 52 號公報規定的換算過程

子公司功能性貨幣	換算方法 (重編財報貨幣)
地主國貨幣	現行匯率法 (報表貨幣)
報表貨幣	時序法 (報表貨幣)
第三國貨幣	第一階段：時序法 (第三國貨幣) 第二階段：現行匯率法 (報表貨幣)

企業如何能正確判斷出自己子公司的功能性貨幣為當地貨幣 (Local Currency) 抑或報表貨幣？第 52 號公報中列示了一些頗為清晰的指標供企業作參考。這些指標共分為六大方面：

現金流指標

功能性貨幣為當地貨幣：子公司之現金流主要是以當地貨幣計價，而且與母公司的現金流沒有直接關係。

功能性貨幣為報表貨幣：子公司之現金流主要是以報表貨幣計價，而且與母公司的現金流有直接關係；譬如，子公司向母公司購買原料所創造的現金支出，或是將產品銷售給母公司所創造的現金收入，都是與母公司有關的現金流。

市場指標

功能性貨幣為當地貨幣：子公司產品主要是在當地市場銷售。

功能性貨幣為報表貨幣：子公司產品主要是在母公司的國家銷售，或是在其他地區銷售且銷售合約是以報表貨幣計價。

銷售價格指標

功能性貨幣為當地貨幣：子公司產品的銷售價格在短期間不易受到匯率變動的影響；銷售價格主要是受到當地競爭力的影響。

功能性貨幣為報表貨幣：子公司產品的銷售價格在短期間會受到匯率變動的影響；銷售價格主要是受到全球競爭力的影響。

成本指標

功能性貨幣為當地貨幣：子公司的生產成本主要是以當地貨幣計價。

功能性貨幣為報表貨幣：子公司的生產成本主要是以報表貨幣計價。

融資貨幣指標

功能性貨幣為當地貨幣：子公司對外融資主要是以當地貨幣計價，而償債義務也是由子公司承擔。

功能性貨幣為報表貨幣：子公司的融資需求與償債義務都由母公司負責安排。

公司內部交易與安排指標

功能性貨幣為當地貨幣：子公司與母公司之間的內部交易與營運上的互動無多，不過子公司仍會享用到母公司的專利權或商標帶來的好處。

功能性貨幣為報表貨幣：子公司與母公司之間有頻繁的內部交易和大量營運上的互動。

功能性貨幣為報表貨幣須採時序法換算的理由

美國財務會計準則委員會第 52 號公報要求企業的功能性貨幣為其報表貨幣時，須採時序法換算的理由，是要讓換算後的財報看起來與子公司直接以功能性貨幣所編出的財報結果一樣。關於此點，我們可以舉一例說明如下。假設某美國公司有一子公司在菲律賓，此子公司只是一家裝配廠，其生產原料由美國進口，產品裝配完成後再出口到美國銷售，因此該子公司的主要成本與收入皆是以美元計價，而其功能性貨幣可以判定為美元。倘若該子公司在成立第一年年底以功能性貨幣（美元）直接編製的資產負債表的資產部分如表 11-2 所示。

表 11-2　以功能性貨幣(美元)直接編製的(部分)資產負債表
　　　　 (第一年年底)

資產：	
存貨	600
固定資產	800
總資產	US$2,000

由於該子公司地處菲律賓，因此實際上日常財報是以菲律賓披索 (PHP) 製作，倘若匯率在公司成立之初為 US$1＝PHP60，到第一年底已變動為 US$1＝PHP65，而以披索編製的資產負債表的資產部分如表 11-3 所示。

表 11-3　以當地貨幣(披索)編製的(部分)資產負債表
　　　　 (第一年年底)

資產：	
存貨	39,000
固定資產	48,000
總資產	PHP123,000

比較表 11-2 與表 11-3 可知，表 11-3 中的存貨所反映的是目前的市場價值，亦即已反映現行匯率水準 (US$1＝PHP65)，因此換算時須採用現行匯率才能得到正確的美元成本價 (US$600)。另外，表 11-3 中的固定資產所反映的是歷史價值，因此換算時須使用歷史匯率 (US$1＝PHP60) 才能還原其美元成本 (US$800)。換句話說，若將表 11-3 的內容，以子公司之功能性貨幣 (美元) 重新編製一次，則只有採用時序法進行

換算,才能得到與表 11-2 相同的結果。此即是第 52 號公報要求子公司的功能性貨幣為報表貨幣時,財報換算必須採時序法的原因。

子公司若地處高度通貨膨脹國家須採時序法換算的理由

第 52 號公報也要求,當企業的子公司處於高度通貨膨脹國家時,其財報換算須採用時序法。如此作法的目的是要防止重要的資產負債表項目 (存貨及固定資產),在地處高度通膨國家的子公司財報上以歷史成本列帳時,因採用現行匯率換算而無法還原其價值,更糟的是價值還會逐漸消失。我們從購買力平價條件得知,通貨膨脹率高的國家其貨幣會傾向於貶值,因此當子公司位於通膨率連續三年在 26% 以上的國家時,其存貨及固定資產若以現行匯率換算,則其資產價值就會在帳面上快速流失。

我們可以回頭察看表 11-3 例中的固定資產,在該表中是以歷史成本列帳,倘若地主國匯率因高度通貨膨脹而大幅貶值,譬如貶值到 US$1 = PHP85,那麼以現行匯率換算的固定資產之美元價值就會跌至 US$565,大幅低於其真正的美元成本,但若依據時序法以歷史匯率換算,則固定資產的美元價值就可正確反映其歷史成本 (US$800)。此即是第 52 號公報要求子公司若地處高度通貨膨脹國家時,其財報換算必須採時序法的原因。

第 52 號公報正式生效之前,美國企業進行財報換算所依據的準則是第 8 號公報 (FASB#8),其所指定的換算方法是時序

法。第 8 號公報雖然已在 1982 年 12 月被第 52 號公報正式取代，但第 8 號公報中所描述的時序法換算程序，實質上還是上述所指的特殊情況下許多子公司目前仍依據的財報換算準則。

◎ 現行匯率法與時序法的優缺點比較

美國財務會計準則委員會在 1976 年 1 月透過第 8 號公報的開始生效，讓時序法正式成為企業的換算準則。時序法的優點是讓存貨及固定資產得以符合「資產負債表項目以其歷史成本列帳」的會計原則，但是時序法卻有一個為企業大加撻伐的缺點，就是換算利得或損失是放在損益表中的「外匯利得或損失」帳戶中。如此作法讓合併淨利受到紙上利得或損失的影響，這些未實現的利得或損失當然也會影響到每股盈餘，因此有可能讓一些投資人誤解公司真正的獲利狀況。

由於第 8 號公報從一開始施行就不斷受到企業的批評，因此美國財務會計準則委員會終於在 6 年之後宣告以第 52 號公報取代第 8 號公報，並以現行匯率法取代時序法作為最主要的換算方法。現行匯率法的最大特色是創造了一個獨立的「累計換算調整」權益帳戶，使得換算利得或損失可以單獨呈現在此帳戶中；此「累計換算調整」帳戶的設立，讓淨值雖會受到換算利得或損失的影響，但管理階層或投資人卻可分辨出變動的來源。現行匯率法的另一個好處是，換算的簡易性 (Simplicity) 及一致性 (Consistency)；由於所有資產與負債項目皆是以同一匯率 (現行匯率) 換算，而所有損益表項目也是以同一匯率 (平均匯率) 換

算，各種財務比率因而受到最少的扭曲。至於現行匯率法的缺點，就是無法符合「以歷史成本列帳」的會計原則。

我國的財務會計準則委員會對於企業財報的換算規定，大體是仿照美國的作法，因此與美國相同，目前是採現行匯率法與時序法並行的制度。企業在海外的子公司常常有些是以地主國貨幣作為功能性貨幣，有些則是以報表貨幣為其功能性貨幣，此情況讓企業在編製合併財報之際對子公司財報的換算，有時採現行匯率法，有時又採時序法，其結果是合併財報的淨利與淨損兩者都有可能受到換算利得或損失的影響。

第二節　換算曝險程度的衡量

重要名詞

換算曝險程度表	Translation Exposure Report
曝險幣別	Exposure Currency
曝險資產	Exposed Assets
曝險負債	Exposed Liabilities
淨曝險	Net Exposure

現行匯率法的換算過程

目前大多數企業都是依據現行匯率法進行子公司的財報換算，因此我們首先來介紹現行匯率法的換算過程。假設美國

PART 4 ▶ 匯率曝險程度的衡量與管理

NBR 企業於 t 年 11 月在英國設立一子公司,當時的匯率為 £1 ＝US$2.0,此匯率一直到年底皆維持不變。該子公司在 t 年年底換算前、後的資產負債表如表 11-4 所示。

由於子公司從成立到同年年底匯率都未改變,因此累計換算調整帳戶的餘額為零。倘若匯率在 $t+1$ 年開始穩定下滑,且在此年的 12 月 31 日落在 £1＝US$1.8 的水準,則 $t+1$ 年之平均匯率為 £1＝US$1.9。假設該子公司未分派股利,稅後淨利全部用來購置固定資產,則其在 $t+1$ 年年底換算前、後的資產負債表及損益表分別如表 11-5 及表 11-6 所示。

假設匯率在 $t+2$ 年仍然是下滑的,且在這年的 12 月

表 11-4　美國 NBR 企業之英國子公司的換算前、後資產負債表 (t 年 12 月 31 日)

	換算前		換算後
		FASB#52	
	£	Rate	US$
流動資產	300	2.0	600
固定資產	700	2.0	1,400
總資產	1,000		2,000
總負債	400	2.0	800
普通股股本	350	2.0	700
保留盈餘	250	2.0	500
累計換算調整 (CTA)			0
總負債加淨值	1,000		2,000

表 11-5　美國 NBR 企業之英國子公司的換算前、後資產負債表（t+1 年 12 月 31 日）

	換算前		換算後
	£	FASB#52 Rate	US$
流動資產	300	1.8	540
淨固定資產	765	1.8	1,377
總資產	1,065		1,917
總負債	400	1.8	720
普通股股本	350	2.0	700
保留盈餘	315	250@2.0	500
		65@1.9	123.5
累計換算調整 (CTA)			**(126.5)**
總負債加淨值	1,065		1,917

表 11-6　美國 NBR 企業之英國子公司的換算前、後損益表（t+1 年）

	換算前		換算後
	£	FASB#52 Rate	US$
銷貨收入	400	1.9	760
減：銷貨成本	(300)	1.9	(570)
稅前盈餘	100		190
減：所得稅 (35%)	(35)		(66.5)
稅後淨利	65		123.5

31 日落在 £1＝US$1.4 的水準，則全年之平均匯率為 £1＝US$1.6。同樣假設該子公司不分派股利，稅後淨利全部用來購

置固定資產,則該子公司在 $t+2$ 年年底換算前、後的資產負債表分別如表 11-7 及表 11-8 所示。

累計換算調整帳戶

本章第一節曾提及,累計換算調整帳戶之所以稱作「累計」,乃是因過去歷年的換算利得或損失皆會累計在此帳戶之中。由 NBR 企業的例子可知,$t+1$ 年底的 CTA 帳戶餘額為 (US$126.5),因係負值,故知截至 $t+1$ 年底的累計換算結果為損失,而 $t+2$ 年底的 CTA 帳戶餘額為 (US$412.0),亦可

表 11-7　美國 NBR 企業之英國子公司的換算前、後資產負債表
　　　　($t+2$ 年 12 月 31 日)

	換算前	FASB#52 Rate	換算後
	£		US$
流動資產	300	1.4	420
淨固定資產	862.5	1.4	1,207.5
總資產	1,162.5		1627.5
總負債	400	1.4	560
普通股股本	350	2.0	700
保留盈餘	412.5	250@2.0	500
		65@1.9	123.5
		97.5@1.6	156
累計換算調整 (CTA)			(412.0)
總負債加淨值	1,162.5		1,627.5

表 11-8　美國 NBR 企業之英國子公司的換算前、後損益表 (t+2 年)

	換算前		換算後
	£	FASB#52 Rate	US$
銷貨收入	500	1.6	800
減：銷貨成本	(350)	1.6	(560)
稅前盈餘	150		240
減：所得稅 (35%)	(52.5)		(84)
稅後淨利	97.5		156

知截至 $t+2$ 年底的累計換算結果仍為損失。依據此兩 CTA 餘額，可以推算出 $t+2$ 年當年度的換算損失為 US$285.5（＝US$412.0－US$126.5）。

事實上，我們也可以運用下列的公式來計算當年度的換算利得或損失：

當年度換算利得或損失
＝(外幣總資產－外幣總負債)×(現行匯率－年初匯率)
　－外幣淨利(平均匯率－年初匯率)　　　　　　　　　(11-1)

套用上列的公式，可算出 NBR 企業在 $t+2$ 年當年度的換算損失如下：

(£1,162.5－£400)×(US$1.4/£－US$1.8/£)
－£97.5(US$1.6/£－US$1.8/£)
＝－US$305＋US$19.5
＝－US$285.5

合併財務報表的編製及預估換算風險

國際化企業需要定期編製合併財務報表,因此才會有曝露於會計風險的問題。此處進一步說明如何根據現行匯率法來編製合併財務報表及預估換算風險。假設台雲企業之母公司在台灣,並於新加坡及西班牙分別擁有一家製造子公司;新加坡子公司所製造的產品專門供應亞洲市場,而西班牙子公司所製造的產品則專門供應歐元區市場。新加坡子公司的功能性貨幣是新加坡幣 (SGD 或 S$);西班牙子公司的功能性貨幣是歐元 (€);台雲企業之報表貨幣為新台幣。假設母公司及兩家子公司在 t 年底的未合併財報如表 11-9 所示,並假設合併財報編製之前的相關轉換匯率如下:US$1 = NT$33;S$1 = NT$18.33;€1 = NT$41;£1 = €1.5 = NT$61.5。

根據表 11-9 的未合併財報及附註資料,並假設合併財報編製之前的相關轉換匯率在合併財報編製的時點仍未改變,因此我們可編出合併的資產負債表如表 11-10 所示。

上述合併資產負債表的編製,是假設在編合併財報之前,相關匯率皆維持不變。倘若母公司之財務經理在編合併財報之前,預期相關匯率將有一些變動,則財務經理可以編製**換算曝險程度表** (Translation Exposure Report),用以瞭解預期匯率變動對公司會計帳面可能造成的影響。所謂換算曝險程度表,就是將每一相關通貨的淨曝險情形仔細列出的一份報告。

如何編製換算曝險程度表?以上述台雲企業為例,其母公司及兩子公司共同構成的換算曝險情況,依照所涉及的每一外幣列

表 11-9　台雲企業母公司及其位於新加坡、西班牙的子公司之未合併資產負債表

單位：千元

	台雲企業母公司	新加坡子公司	西班牙子公司
資產：			
現金	NT$30,000[a]	S$2,319	€1,000
應收帳款	58,000[b]	3,000	1,300
存貨	100,000	5,000	1,800
對新加坡子公司長期投資	70,000[c]	—	—
對西班牙子公司長期投資	82,000[d]	—	—
淨固定資產	300,000	11,000	5,000
總資產	NT$640,000	S$21,319	€9,100
負債與淨值：			
應付票據	NT$67,000	S$5,000	€1,500[e]
應付帳款	56,000	3,500[b]	1,600
長期負債	220,000	9,000	4,000
普通股股本	120,000	2,500[c]	1,500[d]
保留盈餘	177,000	1,319[c]	500[d]
總負債及淨值	NT$640,000	S$21,319	€9,100

附註：

a. 此金額包括母公司在花旗銀行的活期存款 US$600,000。此筆存款在母公司帳面上等於 NT$19,800,000；轉換匯率為 US$1＝NT$33.0。

b. 母公司應收帳款中有一部分是新加坡子公司的應付帳款，計價貨幣為新加坡幣，在母公司帳上約等於 NT$9,900,000（＝S$540,000×NT$18.33/S$）。

c. 新加坡子公司是台灣企業的完全擁有型子公司 (Wholly-Owned Subsidiary)。母公司對新加坡子公司的投資，表現在母公司帳面上是長期投資，總金額為 NT$70,000,000；表現在新加坡子公司帳面上是普通股股本 (S$2,500,000＝NT$45,825,000÷NT$18.33/S$) 與保留盈餘 (S$1,319,000＝NT$24,175,000÷NT$18.33/S$) 的合計。

d. 西班牙子公司是台灣企業的完全擁有型子公司。母公司對西班牙子公司的投資，表現在母公司帳面上是長期投資，總金額為 NT$82,000,000；表現在西班牙子公司帳面上是普通股股本 (€1,500,000＝NT$61,500,000÷NT$41/€) 與保留盈餘 (€500,000＝NT$20,500,000÷NT$41/€) 的合計。

e. 西班牙子公司有應付票據 £300,000，此為向倫敦銀行融資而得。此筆欠款在子公司帳面上記載為 €450,000；轉換匯率為 £1＝€1.5。因此，子公司的應付票據金額可以看成是 €1,500,000＝€450,000＋€1,050,000。

表 11-10　台雲企業母公司及新加坡、西班牙子公司之合併資產負債表
（轉換匯率：US$1＝NT$33；S$1＝NT$18.33；€1＝NT$41）

單位：千元

	台雲企業 母公司	新加坡 子公司	西班牙 子公司	合併 資產負債表
資產：				
現金	NT$30,000[a]	NT$42,507	NT$41,000	NT$113,507
應收帳款	48,100[b]	54,990	53,300	156,390
存貨	100,000	91,650	73,800	265,450
對新加坡子公司長期投資	—[c]	—	—	—
對西班牙子公司長期投資	—[d]	—	—	—
淨固定資產	300,000	201,630	205,000	706,630
總資產				NT$1,241,977
負債與淨值：				
應付票據	NT$67,000	NT$91,650	NT$61,500[e]	NT$220,150
應付帳款	56,000	54,257[b]	65,600	175,857
長期負債	220,000	164,970	164,000	548,970
普通股股本	120,000	—[c]	—[d]	120,000
保留盈餘	177,000	—[c]	—[d]	177,000
總負債及淨值				NT$1,241,977

附註：

a. 此金額包括母公司在花旗銀行的活期存款 US$600,000。此筆存款在母公司帳面上等於 NT$19,800,000；轉換匯率為 US$1＝NT$33.0。

b. 母公司對其子公司的借款在合併報表上會相互抵銷。因此，母公司應收帳款中的 NT$9,900,000，與新加坡子公司應付帳款中的 S$540,000 會相互抵銷，導致合併報表中的母公司應收帳款為 NT$48,100,000（＝NT$58,000,000－NT$9,900,000），而子公司之應付帳款為 NT$54,257,000 [＝(S$3,500,000－S$540,000)×NT$18.33/S$]。

c. & d. 母公司資產負債表的資產面所列的對子公司長期投資即是子公司的淨值（＝普通股股本＋保留盈餘），兩者在合併資產負債表上必然相互抵銷。

e. 西班牙子公司有應付票據 £300,000，此為向倫敦銀行融資而得。此筆欠款在子公司帳面上記載為 €450,000；轉換匯率為 £1＝€1.5。因此，子公司的應付票據金額可以看成是 €1,500,000＝€450,000＋€1,050,000。換算後新台幣金額為 NT$61,500,000＝(€450,000＋€1,050,000)×NT$41/€。

計，如表 11-11 所示。

從表 11-11 可知，台雲企業的**曝險幣別** (Exposure Currency) 共計四種，亦即為美元、新加坡幣、歐元、英鎊。針對每一曝險幣別，換算曝險表報導企業的**曝險資產** (Exposed Assets)、**曝險負債** (Exposed Liabilities) 及**淨曝險** (Net Exposure or Net Exposed Assets)。若某一曝險外幣的淨曝險為正值，代表曝險資產大於曝險負債；在此情況下，若曝險外幣相對於報表貨幣升值 (貶值)，則該幣別的換算會導致帳面利得 (損失)。反之，若某一曝險外幣的淨曝險為負值，代表曝險資產小於曝險負債；此情況下，若該曝險外幣相對於報表貨幣升值 (貶值)，則該幣別的換算會導致帳面損失 (利得)。

表 11-11　台雲企業母公司及其新加坡、西班牙子公司的換算曝險表 (淨曝險情形)

單位：千元

	美元	新加坡幣	歐元	英鎊
資產：				
現金	US$600	S$2,319	€1,000	£0
應收帳款	0	3,000	1,300	0
存貨	0	5,000	1,800	0
淨固定資產	0	11,000	5,000	0
曝險資產	US$600	S$21,319	€9,100	£0
負債：				
應付票據	US$ 0	S$ 5,000	€1,050	£300
應付帳款	0	2,960	1,600	0
長期負債	0	9,000	4,000	0
曝險負債	US$ 0	S$16,960	€6,650	£300
淨曝險	US$600	S$ 4,359	€2,450	(£300)

須注意的是,在現行匯率法之下,企業的淨曝險必為正值,但在時序法之下則未必如此。此乃因曝險資產的定義是「依現行匯率換算的資產」,而曝險負債的定義是「依現行匯率換算的負債」。在現行匯率法之下,國外子公司全部的資產項目皆是以現行匯率換算;而全部的負債也皆是以現行匯率換算;由於總資產等於總負債加上權益淨值,故總資產>總負債,導致企業的淨曝險(=曝險資產-曝險負債)在現行匯率法之下必為正值。在時序法之下,負債雖全是以現行匯率換算,但資產中的存貨及固定資產卻不一定是以現行匯率換算,因而造成曝險資產未必大於曝險負債,亦即淨曝險未必為正值。

如何依據換算曝險表所提供的訊息來估計預期匯率變動對公司合併財報造成的影響?讓我們假設前述例子中的所有相關匯率皆未變動,僅歐元對新台幣升值;更明確一些,我們假設新的匯率狀況如下:US\$1=NT\$33;S\$1=NT\$18.33;€1=NT\$43;£1=€1.5=NT\$64.5。由於表 11-11 已明白指出台雲企業的歐元淨曝險為正值(€2,450,000),因此歐元對報表貨幣(新台幣)的升值,會導致曝險資產換算價值增加的部分,大於曝險負債換算價值增加的部分,也就是說會產生換算利得,其計算如下:

$$€2,450,000 \times NT\$43/€ - €2,450,000 \times NT\$41/€$$
$$= NT\$105,350,000 - NT\$100,450,000$$
$$= NT\$4,900,000$$

另外,表 11-11 也顯示出,台雲企業的英鎊淨曝險為負值。雖

然英鎊並未對歐元升值,但歐元對新台幣升值也導致英鎊對新台幣升值。因此,英鎊所導致的換算損失為:

£300,000×NT$64.5/£－£300,000×NT$61.5/£
＝NT$900,000

兩者加總,可知台雲企業預期歐元對報表貨幣升值所導致的換算利得,合計為 NT$4,000,000 (＝NT$4,900,000－NT$900,000);此點也可藉著編製合併資產負債表得知。表 11-12 所示為納入匯率變化效果的合併資產負債表,其中 CTA 帳戶中的 NT$4,000,000,即是反映歐元升值所造成的換算利得。

第三節　管理換算曝險程度的各種方法

重要名詞

資產負債表避險　　　Balance Sheet Hedge
遠期合約避險　　　　Forward Contract Hedge

本章一開始即提及企業對於是否管理換算風險有見仁見智的看法,因而此處不探討是否應該管理換算風險,而僅將各種可供利用的換算方法作一介紹。主要管理換算曝險的方法有二: (1) 資產負債表避險 (Balance Sheet Hedge);(2) 遠期合約避險 (Forward Contract Hedge)。

表 11-12　台雲企業母公司及其新加坡、西班牙子公司之合併資產負債表
(轉換匯率 US$1＝NT$33；S$1＝NT$18.33；€1＝NT$43)

單位：千元

	台雲企業 母公司	新加坡 子公司	西班牙 子公司	合併 資產負債表
資產：				
現金	NT$30,000[a]	NT$42,507	NT$43,000	NT$115,507
應收帳款	48,100[b]	54,990	55,900	158,990
存貨	100,000	91,650	77,400	269,050
對新加坡子公司長期投資	—[c]			—
對西班牙子公司長期投資	—[d]			—
淨固定資產	300,000	201,630	215,000	716,630
總資產				NT$1,260,177
負債與淨值：				
應付票據	NT$67,000	NT$91,650	NT$64,500[e]	NT$223,150
應付帳款	56,000	54,257[b]	68,800	179,057
長期負債	220,000	164,970	172,000	556,970
普通股股本	120,000	—[c]	—[d]	120,000
保留盈餘	177,000	—[c]	—[d]	177,000
CTA				4,000
總負債及淨值				NT$1,260,177

附註：

a. 此金額包括母公司在花旗銀行的活期存款 US$600,000。此筆存款在母公司帳面上等於 NT$19,800,000；轉換匯率為 US$1＝NT$33.0。

b. 母公司對其子公司的借款在合併報表上會相互抵銷。因此，母公司應收帳款中的 NT$9,900,000，與新加坡子公司應付帳款中的 S$540,000 會相互抵銷，導致合併報表中的母公司應收帳款為 NT$48,100,000 (＝NT$58,000,000－NT$9,900,000)，而子公司之應付帳款為 NT$54,257,000 [＝(S$3,500,000－S$540,000)×NT$18.33/S$]。

c. & d. 母公司資產負債表的資產面所列的對子公司長期投資即是子公司的淨值 (＝普通股股本＋保留盈餘)，兩者在合併資產負債表上必然相互抵銷。

e. 西班牙子公司有應付票據 £300,000，此為向倫敦銀行融資而得。此筆欠款在子公司帳面上記載為 €450,000；轉換匯率為 £1＝€1.5。因此，子公司的應付票據金額可以看成是 €1,500,000＝€450,000＋€1,050,000。換算後新台幣金額為 NT$64,500,000＝(€450,000＋€1,050,000)×NT$43/€。

◎ 資產負債表避險

　　由本章第二節的介紹可知，每一曝險外幣會導致企業有曝險資產，也有曝險負債。若能針對每一曝險外幣讓其曝險資產等於曝險負債，則企業就不必再擔憂換算風險，也就是說換算風險可以被完全排除。**資產負債表避險** (Balance Sheet Hedge) 就是這樣一種作法，就是當企業對某一外幣的淨曝險為正值時，應力求創造該外幣的借款以使曝險資產等於曝險負債。採用資產負債表避險法未必總是能達到淨曝險等於零的狀況，但可盡量縮小曝險資產與曝險負債之間的差距；此方法應是規避換算風險最合宜的方法。

　　根據本章在第二節的說明，可知企業若依時序法進行換算，較有可能達到曝險資產等於曝險負債的情境；此種淨曝險等於零的情況，稱之為**金融式平衡** (Monetary Balance)，乃因在此情況下的曝險資產是金融性資產，而曝險負債是金融性負債的緣故。在現行匯率法之下，曝險資產必定大於曝險負債，而降低淨曝險的有效方法是增加曝險外幣的借款。借款利率的高低反映出資產負債表避險法的成本；也就是說，經過匯率轉換而得的外幣借款成本若高於母公司所在地的借款成本，則資產負債表避險的成本就頗為昂貴；反之，當然是比較理想。資產負債表避險法的另外一個問題是，企業正常營運原本既定的負債比率及計價貨幣因避險而更改，有可能會影響企業經營的效率性。

　　舉一個例子來進一步說明資產負債表避險的作法。表 11-13 所示，為某台灣企業在奧地利子公司之資產負債表，在現行匯率

表 11-13　現行匯率法與時序法之下的淨曝險情形比較

	時序法 曝險狀況	現行匯率法 曝險狀況
資產負債表		
現金	€1,000	€1,000	€1,000
應收帳款	1,500	1,500	1,500
存貨	3,000		3,000
淨固定資產	4,000		4,000
總資產	€9,500		
曝險資產		€2,500	€9,500
流動負債	€1,000	1,000	1,000
長期負債	3,000	3,000	3,000
普通股股本	4,000		
保留盈餘	1,500		
總負債與淨值	€9,500		
曝險負債		€4,000	€4,000
淨曝險 (€)		(€1,500)	€5,500
×貶值前匯率 (NT$/€)		40	40
＝淨曝險 (NT$)		(NT$60,000)	NT$220,000
×貶值率		－20%	－20%
預期換算利得 (損失)		NT$12,000	(NT$44,000)

法與時序法之下的淨曝險情形比較；表中並列出預估歐元從 €1＝NT$40 貶值至 €1＝NT$32 (貶值幅度為 20%) 所引起的換算利得或損失。

　　由表 11-13 的結果得知，我們只要知曉在各種換算方法之

下的曝險資產與曝險負債項目[2]，就可根據預估的匯率升值率或貶值率，找出預估的換算利得或損失。由於資產負債表避險法的主要精神是要使淨曝險資產等於零；本例中，在現行匯率法之下有換算損失，因此可行的作法是盡量增加歐元借款，最好能達到 €5,500 的借款金額。不過，增加歐元借款除了會增加曝險負債，也會帶進歐元現金，等於也同時增加了曝險資產。關於此點有眾多解決之道，譬如讓子公司將歐元現金轉換為新台幣，暫時持有新台幣，或是將轉換而得的新台幣以股利方式支付給母公司。

遠期合約避險

以遠期合約規避換算風險雖是一種方法，但應不是一種理想的方法。主要原因是企業在未實際持有外幣部位的情況下買進或賣出一只外幣遠期合約，會增加其交易風險；而換算利得或損失因是紙上利得或損失，為了規避紙上風險而增加真正的現金流風險，此作法在很多人看來都非明智之舉。明白的說，企業之所以採用遠期合約避險，是因預期到匯率將產生變動而帶來換算損失，因此想在外匯遠期合約上獲利來彌補換算損失；倘若最後匯率變動的方向是與預期相反，則企業就落在一種有紙上換算利得，但卻另有實現的遠期合約損失的不利情境。

以遠期合約規避換算風險，合約金額的大小如何決定？由於在大多數國家，企業在外匯遠期合約上的獲利需繳稅，而換算損

---

[2] 此處假設在時序法之下的曝險資產只有現金及應收帳款。

PART 4 ▶ 匯率曝險程度的衡量與管理

樂學新知：實務上企業會選擇管理換算曝險嗎？

　　換算利得或損失只是會計帳上的利得或損失，並不是真正的現金流入或流出，因此從現金流量的角度考量，企業未必會重視換算風險。然而，換算利得或損失的確也會影響到跨國企業的合併財報，或則影響股東權益及負債權益比，或則影響稅後淨利及每股盈餘。到底企業該不該為換算曝險程度而採取避險措施呢？在理論上似乎尚難有定見。實務上，企業會不會選擇避險？財務文獻上有學者針對此點作了一項研究（"Do Firms Hedge Translation Risk?"），樣本包括 25 個國家並跨越 4 年（2003 年至 2006 年）。實證結果是 47% 的企業都會積極管理自己的換算曝險程度，其中以北歐國家的企業最樂於避險，而選擇不避險的企業則集中在南歐、南美及亞洲。另外，要不要避險的主要決定因素是信用評等（Credit Rating）；企業若已取得信用評等就會傾向於避險，因為擔心換算損失會造成負債比率上升而導致評等被降。至於最受歡迎的避險方式為何？答案是相對多數的企業會倚賴借入海外子公司的貨幣來避險；換言之，既然已有外國貨幣計價的資產與收入，就盡量創造同樣貨幣計價的負債，也就是說企業傾向用自然避險（Natural Hedge）來降低自己的換算曝險程度。

失卻不能用來抵免所得稅，因此在計算合約金額時，應將兩者不同的課稅處置納入考量。正確的避險金額（外匯遠期合約金額）計算如下：

$$避險金額 = \frac{預估換算損失}{(遠期匯率 - 即期匯率估計值) \times (1 - 稅率)} \quad (11\text{-}2)$$

觀微知著　企業倚賴自然避險來規避換算風險

談到規避換算風險，愈來愈多的企業認為自然避險應是較好的方式。「自然避險」是讓外幣計價的收入與成本或外幣計價的資產與負債盡可能劃上等號。企業避險所採用的方式，有逐漸形成先利用自然避險，有必要才以金融衍生工具補其不足的趨勢。這是因為大多數的跨國企業已建立了中心化的現金管理系統，對於公司內、外部單位相互之間的資金往來及收支狀況握有整合資料，使得自然避險容易達成並發揮成效。另外一個原因是，金融衍生工具的避險成本相當高；若長期或全盤倚賴遠期合約等金融工具來避險，可能所耗費的成本比未避險所招致的損失還大。

美國許多公司的海外收入占總營收的比重很高，因此當美元強勁升值時，換算損失就造成合併資產負債表上的股東權益大幅下降而引起債權人的關注。舉例來說，1997 年亞洲金融風暴之後，美元強勁升值，許多美商公司如吉列 (Gillette)、伊士曼柯達公司 (Eastman Kodak Co.) 等，全都經歷了股東權益的大幅下降，而其中一大部分股東權益的流失即是因為換算損失。

目前許多公司降低換算曝險損失的方法是盡量在海外子公司的國家借錢，靠著創造負債來減少換算損失。不過，正如一些美商公司指出，他們只願意在利率比美國低的國家借錢，這樣會讓他們感覺規避換算風險能帶來低資金成本的好處；畢竟借錢是創造真實的現金流量，而換算損失仍只是帳面上的損失而已。因此，若子公司地主國的利率比本國高，企業多半會因資金成本太高，而不願意在這些地主國借錢，結果就會留下未避險的換算曝險部位；除非潛在的股東權益下降有驚動投資人或債權人的威脅，否則不會輕易採用金融衍生工具避險。

本章摘要

- 世界各國所採行的換算方法歷來共有四種：(1) 流動／非流動法；(2) 金融／非金融法；(3) 時序法；以及 (4) 現行匯率法。
- 在時序法的規範下，權益項下共有三個帳戶：普通股股本、資本公積、保留盈餘。
- 在時序法的規範下，換算利得或損失是放在損益表中的外匯利得與損失帳戶中；換句話說，換算利得或損失是會經過損益表而非資產負債表，也就是會影響淨利而非淨值。
- 在現行匯率法的規範下，權益項下共有四個帳戶：普通股股本、資本公積、保留盈餘及一個額外的帳戶稱作累計換算調整帳戶。
- 在現行匯率法的規範下，換算利得或損失是放在資產負債表中的累計換算調整帳戶中；換句話說，換算利得或損失是會經過資產負債表而非損益表，也就是會影響淨值而非淨利。
- 第 52 號公報述明企業在一般情況下依現行匯率法進行換算，不過在特殊情況下仍可採用時序法。特殊情況是指子公司的功能性貨幣為其報表貨幣，或子公司是地處於高度通貨膨脹的國家。
- 功能性貨幣是指子公司每日營運所經手的主要貨幣，亦即該公司創造主要現金流的貨幣。
- 高度通貨膨脹的國家是指過去三年累積之通貨膨脹率達 100%（或是過去三年平均每年通貨膨脹率達 26%）的國家。
- 第 52 號公報中列示了一些供企業判斷自己子公司的功能性貨幣為當地貨幣抑或報表貨幣的參考指標。這些指標共分為六大方面：(1) 現金流指標；(2) 市場指標；(3) 銷售價格指標；(4) 成本指標；(5) 融資貨幣指標；(6) 公司內部交易與安排指標。
- 曝險資產的定義是：「依現行匯率換算的資產」，而曝險負債的定義是「依現行匯率換算的負債」。

本章習題

一、選擇題

1. 根據美國財務會計準則委員會第 52 號公報 (FASB#52),下列哪一個財報科目是按歷史匯率換算?
   a. 銷貨成本
   b. 普通股股本
   c. 固定資產
   d. 長期負債

2. 美國有一家啤酒公司完全用美國當地原料生產啤酒,而所生產的啤酒僅供內銷用;美元的升貶會讓該啤酒公司面對哪一種匯率風險?
   a. 交易風險
   b. 換算風險
   c. 營運風險
   d. 以上皆是

3. 某美商公司係根據美國財務會計準則委員會第 52 號公報 (FASB#52) 編製合併財報,若其最近一年所編的合併資產負債表中,「累計換算調整」(CTA) 帳戶呈現正值,代表:
   a. 美元在最近一年貶值了
   b. 美元自該公司成立以來曾有一段期間升值過
   c. 美元自該公司成立以來曾有一段期間貶值過
   d. 美元在最近一年升值了

4. 下列哪一項陳述是錯誤的?
   a. 若一家公司有外幣計價的應收帳款,則該公司會受曝於交易風險
   b. 若一家公司完全沒有海外子公司,則該公司就不會受曝於會計風險
   c. A、B 兩家美商公司均在美國境內生產;A 公司完全用本地原料,而 B 公司則完全用進口原料。美元若實質升值,則 B 公司受傷較重
   d. 若一家公司完全沒有海外子公司,則該公司仍可能受曝於營運風險

5. 為了規避會計風險而簽訂遠期合約,會導致公司的交易風險受曝程度

(Transaction Exposure) _____ 。

   a. 增加

   b. 減少

6. 依據美國財務會計準則委員會第 52 號公報 (FASB#52) 編製跨國企業的合併財報，換算利得或損失會影響企業的：

   a. 淨利

   b. 股東權益

   c. 淨利及股東權益

   d. 以上皆非

7. 當美商跨國公司依據第 52 號公報 (FASB#52) 編製合併財報時，若美元變強，則美商公司當年度會有_____；反之，若美元變弱，則美商公司當年度會有_____。

   a. 換算利得；換算利得

   b. 換算利得；換算損失

   c. 換算損失；換算損失

   d. 換算損失；換算利得

8. 下列敘述何者不正確？

   a. 第 52 號公報 (FASB#52) 規定，美跨國企業的子公司若地處高度通貨膨脹的國家，則財報換算應採時序法

   b. 第 52 號公報 (FASB#52) 規定，美跨國企業子公司的功能性貨幣是地主國貨幣，則財報換算應採現行匯率法

   c. 高度通貨膨脹的國家指的是通貨膨脹率過去三年平均每年在 26% 以上

   d. 若採時序法換算，則固定資產及長期負債是按歷史匯率換算

9. 第 52 號公報 (FASB#52) 規定：

   a. 美跨國企業子公司的功能性貨幣是地主國貨幣，則財報換算應採現行匯率法

   b. 美跨國企業子公司的功能性貨幣是報表貨幣，則財報換算應採時序法

   c. 美跨國企業子公司的功能性貨幣是第三國貨幣，則財報換算應採二階段法；第一階段用時序法，第二階段用現行匯率法

   d. 以上皆是

10. 下列敘述何者不正確？
    a. 曝險資產的定義是：「依現行匯率換算的資產」，而曝險負債的定義是：「依現行匯率換算的負債」
    b. 若某跨國企業的澳幣曝險資產等於澳幣曝險負債，則該企業的澳幣淨曝險部位為零
    c. 依時序法換算時，跨國企業子公司財報上的曝險資產一定大於曝險負債
    d. 依現行匯率法換算時，跨國企業子公司財報上的曝險資產一定大於曝險負債

11. 有關換算曝險程度表，下列敘述何者不正確？
    a. 換算曝險程度表是將每一相關外幣的淨曝險情形仔細列出的一份報告
    b. 換算曝險程度表是透過資產負債表按每一曝險外幣編製
    c. 換算曝險程度表是透過損益表按每一曝險外幣編製
    d. 若換算曝險程度表中某一曝險外幣的淨曝險為正值，則該曝險外幣升值會導致換算利得

12. 某跨國企業在 2014 年年初成立，在 2014、2015、2016 各年的換算利得 (或損失) 分別為 －$6,000,000、$3,500,000、$2,000,000；該企業在 2016 年年底的累計換算調整 (CTA) 帳戶餘額為：
    a. $2,000,000
    b. －$500,000
    c. $5,500,000
    d. －$4,000,000

二、問答題

1. 請就「換算曝險程度」(Translation Exposure) 定義之。
2. 比較「現行匯率法」與「時序法」，兩者對於換算利得或損失在帳面上的歸屬作法有何不同？
3. 何謂「資產負債表避險」？何謂「金融式平衡」？
4. 請定義「功能性貨幣」及「報表貨幣」。
5. 換算若依「現行匯率法」，下列項目是以何種匯率換算？
    (i) 金融性資產
    (ii) 固定資產

(iii) 長期負債

(iv) 銷貨成本

(v) 權益項目

6. 換算若依「時序法」，下列項目是以何種匯率換算：

(i) 金融性資產

(ii) 固定資產

(iii) 長期負債

(iv) 銷貨成本

(v) 權益項目

7. 請就「曝險資產」與「曝險負債」定義之。

8. 曼地公司是美國一家玩具車製造商在墨西哥的子公司。曼地公司在 t 年 1 月 1 日的資產負債表如下所示 (匯率在 1 月 1 日為 Mex\$1＝US\$0.1)：

曼地公司
資產負債表
t 年 1 月 1 日

(單位：墨西哥披索；千元)

資產：	
現金	Mex\$ 70,000
應收帳款	120,000
存貨	150,000
廠房設備淨值	260,000
資產總計	Mex\$600,000
負債及權益：	
流動負債	Mex\$ 40,000
長期負債	110,000
普通股股本*	270,000
保留盈餘*	180,000
負債及權益合計	Mex\$600,000

*普通股股本及保留盈餘列帳時的歷史匯率為 Mex\$1＝US\$0.11。

(a) 請根據現行匯率法，編列曼地公司在 1 月 1 日的換算後資產負債表 (各項目

以美元衡量)，並計算換算利得或損失。

(b) 假設在同年 12 月 31 日，曼地公司的資產負債表各項目仍如上表所示並未有任何改變，但現行匯率已改變為 Mex$1＝US$0.08。請根據現行匯率法，編列曼地公司在 12 月 31 日的換算後資產負債表，並計算換算利得或損失。

PART 5
國際金融市場與海外融資

　　國際化企業較純國內企業有更多的融資管道與機會。除了可以利用本國金融市場以外，還可在歐洲通貨市場籌措短期資金，或是在國際債券市場及世界重要股市籌措長期資金。由於國際大銀行近年來在全球市場上不遺餘力地推展其業務，因此成為企業在海外從事負債及權益融資的最佳推手。本篇包括第十二、十三章，第十二章介紹國際銀行業務與海外負債融資；第十三章探討海外權益融資。

PART 5 國際金融市場與海外融資

Chapter 12
國際銀行業務與海外負債融資

企業在國際舞台上的永續經營與版圖擴張,必須要有順利的融資管道作後盾,而國際銀行在協助企業從事直接、間接或是短期、長期的融資方面,都占有舉足輕重的地位。觀察國際銀行這些年來在全球市場的布局與運作,以及國際化業務的積極推展,即可知在舉世競爭的洪流下,不但一般企業必須力爭上游,各大銀行為吸引或保住客戶,也都需要在其所承辦的業務上不斷地推陳出新,並以併購或其他方式來發揮規模經濟、降低成本的功效。

本章第一節探討國際銀行所承辦的業務及其在全球各地營運的方式;第二節介紹國際貨幣市場,這是企業在本國貨幣市場之外可以考慮進行短期融資或投資的市場;第三節探討國際化企業在長期融資方面所倚仗的國際債券市場。

PART 5 國際金融市場與海外融資

第一節 國際銀行業務

重要名詞

通信銀行　　　　　Correspondent Bank
艾奇法案公司　　　Edge Act Corporation

國際銀行與國內銀行的主要不同之處,在於兩者所接受的存款與所從事的放款型態不一樣;當然他們每日應對的客戶也有相當的差異。國際銀行在歐洲通貨市場 (Eurocurrency Market) 的借貸業務占相當大的比重,而且經常是以銀行團 (Syndicate) 的方式籌措大筆資金,放款對象也多半是跨國企業或超國籍企業。國際銀行所承辦的業務,仔細分析起來,包括下列數項:

- 承辦進口商及出口商的國際貿易金融業務
- 提供客戶在國際貿易及投資方面所需的資訊及外匯買賣服務
- 協助客戶取得規避匯率風險所需的外匯遠期合約或 OTC 選擇權合約
- 協助客戶在國際貨幣市場或國際債券市場上籌措資金
- 提供企業營運資金管理的顧問服務
- 操作自己的外匯帳戶以尋求獲利

由以上所列國際銀行承辦的業務可以推知,跨國界的銀行營運確有其必要性。因為若銀行本身都無法實際躋身於國際市場,

又如何能協助企業取得有關國際市場的第一手資訊及提供最好的服務？進一步加以分析，我們可以將國際銀行在全球市場上設立營運據點的主觀與客觀誘因，列示如下：

一、全球化營運可以降低邊際成本

國際銀行可以將母銀行已有的現成管理及行銷能力，以及信用調查、財務分析及金融工具拆解等 Know How，透過派駐員工的方式，直接傳承給國外營運單位。因此，全球化營運可以達到發揮規模經濟、降低邊際成本的功效。

二、全球化營運可以提升威望與知名度

規模愈大愈有國際知名度的銀行，會使存款戶對於存款安全及銀行資金流動性方面的疑慮減輕，因此較能吸收到潛在的客戶。

三、全球化營運可以穩住顧客群

本土化的銀行若無法跟上一般企業國際化的腳步，則即使有長期良好關係之客戶，為了自身營運之需求與便利，也會投向在海外設有營業據點之其他銀行。未能跟上時代腳步而尋求國際化的銀行，自然也無法怪罪客戶之缺乏忠誠度。

四、全球化營運可以提升服務品質

國際化銀行既扎根於本土市場，熟悉本土企業之需求，又立足於國際市場，瞭解地主國之市場機制與規範。因此，本土企業到海外從事貿易及投資，從自己國內銀行之海外營業單位所獲得的資訊，會比當地銀行提供的訊息更為客觀正確。

五、全球化營運可以利用管制上的優惠而增加競爭力

國際大銀行受到任一地主國的規範，要比各國當地銀行所受的管制為少。譬如，接受外幣（非地主國貨幣）存款不必受到存款保險及準備的要求，因此可以提供較優的利率，而在吸收存、放款方面較具競爭力。

六、全球化營運創造提升盈餘成長的機會

與一般國際化企業一樣，銀行國際化可以突破在本土市場碰到的盈餘成長瓶頸，而使獲利有再創新高的機會。

七、全球化營運可以降低交易成本及風險

國際銀行因營業收入不受單一國家景氣變動的影響，因此有較穩定的盈餘。另外，因海外分支機構座落於不同國家而經常持有多種外幣，故受到單一匯率變動而引起的通貨轉換交易成本增加及資產價值縮水的衝擊較小。

國際銀行在海外設立的分支機構，常以各種不同的型態出現，一般可歸納為下列幾種：

- 通信銀行 (Correspondent Bank)
- 代表人辦事處 (Representative Office)
- 分行 (Branch)
- 子銀行或附屬銀行 (Subsidiary 或 Affiliated Bank)

另外，有些國家的銀行在承辦國際銀行業務活動方面，並非一定要在海外設立分支機構，或即使是讓分支機構在海外註冊登

記,其相關業務仍是由境內的母銀行或分行辦理。這類型的國際銀行 (或企業) 分支機構包括下列三者:

- 艾奇法案公司 (Edge Act Corporation)
- 國際銀行業務體系 (International Banking Facility, IBF)
- 境外金融單位 (Offshore Banking Unit, OBU)

通信銀行

若銀行在海外的某些據點並未設立任何型態的營業單位,可先與當地的某家銀行建立**通信銀行** (Correspondent Bank) 關係。所謂通信銀行關係,就是彼此在對方的銀行開立存款帳戶,透過帳戶餘額的更動而得以延伸自己對客戶的服務到海外。許多銀行藉著彼此維持通信銀行的關係,可以服務客戶到相當偏遠的地區。通信銀行為對方客戶服務的範圍仍屬有限,基本上是協助對方客戶完成跨國界的資金移轉,或在當地取得貿易融資,或進行外匯轉換等。在通信銀行所開帳戶中的存款餘額通常是不計息的 (Non-Interest Bearing),這是給通信銀行的報償;若存款餘額太低,通信銀行也可能會要求對方銀行支付一些費用。

代表人辦事處

銀行為延伸對客戶的服務到海外,採用通信銀行的方式是成本最低的作法,乃因完全不需派駐自己的行員到通信銀行的所在地。當一些重要的客戶 (例如跨國企業) 在海外某地從事愈來愈

PART 5 ▶ 國際金融市場與海外融資

樂學新知：2017 年 3 月全球金融中心競爭力前二十強

自 2007 年 3 月開始，倫敦為了維持其居於全球金融中心的領銜地位，並瞭解其他金融中心的競爭力實況，開始建立一項指數來替全球數十個金融中心的競爭力排名，此指數稱之為**全球金融中心指數** (Global Financial Centres Index, GFCI)，每年在 3 月和 9 月各發布一次。「全球金融中心指數」的點數是針對人力資源、企業環境、市場進入權、基礎設施、一般競爭能力五個領域徵詢一千多位金融服務業領導者的意見而得到；當然，其他相關資訊也被納入考慮來幫助評比，譬如聯合國及世界銀行所建構的一些指數。該指數在 2017 年 3 月第 21 次 (共調查了 88 個金融中心) 發布的前二十名排名如下：

金融中心	倫敦	紐約	新加坡	香港	東京	舊金山	芝加哥	雪梨	波士頓	多倫多
2017 年 3 月排名	1	2	3	4	5	6	7	8	9	10
2017 年 3 月所得點數	782	780	760	755	740	724	723	721	720	719
金融中心	蘇黎世	華盛頓特區	上海	蒙特利爾	大阪	北京	溫哥華	盧森堡	洛杉磯	日內瓦
2017 年 3 月排名	11	12	13	14	15	16	17	18	19	20
2017 年 3 月所得點數	718	716	715	713	712	710	709	708	705	704

前六名倫敦、紐約、新加坡、香港、東京、舊金山與上一次 (2016 年 9 月) 的排名順序相同。本次台北排第 26 名，比上一次 (2016 年 9 月) 退步五名，所得點數為 689。

積極的企業活動,而需母國銀行提供更即時的資訊時,或是銀行本身在設立分行之前也想要進一步瞭解當地的市場時,代表人辦事處的成立就頗能發揮功能。所謂代表人辦事處 (Representative Office),就是母國銀行在海外某地設立一辦事處,並派一位代表進駐辦事處主掌所有事宜,另有幾位助理人員從旁協助。代表人辦事處的功能與通信銀行不盡相同,所有通信銀行承辦的業務,譬如接受對方銀行開出的信用狀、匯票,協助對方客戶完成資金移轉等,皆不是代表人辦事處的業務。代表人辦事處的主要功用,在於幫助自己銀行的客戶在地主國市場取得最充分即時的資訊,這些資訊包括地主國的經濟狀況分析、地主國企業經營的慣例等。代表人辦事處也會積極地尋求與地主國政府或民間企業產生良好的互動,以幫助本國企業拓展業務,並使母銀行的聲譽因而水漲船高。

分行

上述提到,銀行在海外建立通信銀行關係或成立代表人辦事處,都只能替客戶提供局部的服務;要想在地主國進行典型的銀行業務活動,例如吸收存、放款等,則必須成立分行、子銀行或附屬銀行。首先,來談談分行。

法律上,分行是母銀行的一部分,因此設立分行的手續較簡便,不似設立子銀行 (與母銀行是分離的兩個法律實體) 需要有自己獨立的章程 (Charter)、董事會 (Board of Directors) 及發行自己的股票。不過,也因為分行是母銀行的一部分,因此要接受

母國銀行法的管制；另外，因位於地主國，所以也要接受地主國銀行法的管制。然而，母國銀行法對分行的管制一般較不嚴格。以美國為例，其聯準會的 K 管制條款 (Federal Reserve Regulation K) 規範母銀行在美國境外設立的分行，不必受到法定準備要求的限制，也不必向聯邦存款保險公司 (FDIC) 購買保險。但是，地主國對於外來銀行在此設立分行，管制卻未必較鬆。譬如美國在 1978 年通過的國際銀行法 (International Banking Act of 1978, IBA)，聲明外國銀行在美國的分行與美國當地銀行受同等級待遇，亦即同樣要接受法定準備要求的限制，且須購買 FDIC 保險。

母銀行在海外成立分行，對活躍於海外市場的本國客戶有些什麼好處？首先，這些客戶可以從與自己同文同種的銀行得到全方位的服務。其次，分行的放款金額上限是依據母銀行的資本額，因此放款金額可以較高。還有就是分行與母銀行同是一家人，因此票據清算的過程較短，不像透過代理銀行以票據兌換現金，可能要經過較長天期的清算過程。

從母銀行的角度，在國外設立分行有些什麼好處？除了可以滿足本國客戶的需求，還可以在地主國市場吸收資金並進行放款，開拓業務的版圖及名聲。另外一個好處是從稅的方面來看，由於分行須與母銀行合併報稅，分行在剛開始經營時常有虧損，此虧損可以作為母銀行報稅時的抵減項目。若銀行一開始即在海外設立子銀行，則剛開始經營上的虧損恐怕無法為母銀行所利用。美國各大銀行在國外的分支機構，還是以分行居多，大多分布於歐洲地區，也有些是以貝殼分行的型態出現，大多座落於加

勒比海地區。

子銀行或附屬銀行

子銀行與附屬銀行都是在地主國當地註冊，且為法律上獨立的實體。兩者的不同之處，在於子銀行為母銀行完全擁有或部分擁有，但母銀行保有主控權；附屬銀行則為母銀行部分擁有且無主控權。兩者皆須遵循地主國銀行法的管制與規範。

子銀行（或附屬銀行）與分行相同之處，是兩者皆可承辦典型的銀行存、放款業務，但有時地主國准許子銀行承辦一些業務譬如證券承銷的工作，卻不准分行享受同樣的待遇。另外，因為子銀行與母銀行為法律上分離的實體，因此子銀行的負債僅可用子銀行的資產作償還，不會拖累到母銀行。一般母銀行在設立海外分支機構時，基於成立資本額及初期較易有虧損的考量，會先設立分行，一旦業績穩固且認為地主國銀行業務有更多的拓展空間時，就會傾向於將分行改制為子銀行。

我國銀行在海外設立的分支機構，到 2017 年 3 月 31 日為止，根據中央銀行的統計資料，共計 237 家。其中，分行為最多，有 141 家；代表人辦事處有 74 家；子銀行則有 22 家。詳細資料如表 12-1 所示。

另外，由表 12-2 的統計資料可知，截至 2017 年 3 月 31 日為止，共有 30 家外國及大陸銀行在我國設立分行，有些銀行所設立的分行不只一家，因此分行總數共 39 家。外國銀行在我國設立的代表人辦事處共有 11 家。

表 12-1　本國銀行海外分支機構統計表 (2017 年 3 月 31 日止)

洲別 / 國別	機構別	分行	代表人辦事處	子公司	合計
亞洲	日本	7	0	1	8
	韓國	0	0	1	1
	越南	12	18	1	31
	香港	21	2	2	25
	澳門	3	0	0	3
	新加坡	12	0	0	12
	緬甸	1	10	0	11
	印尼	0	2	1	3
	菲律賓	4	0	2	6
	柬埔寨	3	17	2	22
	泰國	0	4	1	5
	寮國	2	0	0	2
	馬來西亞	2	1	0	3
	阿拉伯聯合大公國	0	1	0	1
	巴林	0	1	0	1
	印度	2	1	0	3
	中國	28	15	3	46
北美洲	美國	23	1	5	29
	加拿大	2	0	2	4
中南美洲	巴拿馬	2	0	0	2
歐洲	法國	1	0	0	1
	英國	5	0	0	5
	荷蘭	1	0	0	1
	比利時	0	0	1	1
非洲	南非	1	0	0	1
大洋洲	澳大利亞	9	1	0	10
合計		141	74	22	237

資料來源：中央銀行，http://www.cbc.gov.tw。

第 ⑫ 章　國際銀行業務與海外負債融資

表 12-2　外國銀行在台設立分支機構統計表 (2017 年 3 月 31 日止)

地區別／國別	機構別	在台設分行之銀行家數[a]	分行家數[b]	代表人辦事處[b]
亞太地區	日本	3	6	2
	中國	3	3	0
	香港	2	2	1
	泰國	1	3	0
	菲律賓	1	1	1
	越南	0	0	1
	新加坡	3	3	0
	澳大利亞	1	1	0
歐洲地區	西班牙	1	1	0
	法國	4	6	0
	英國	2	2	0
	荷蘭	1	1	0
	瑞士	1	3	0
	瑞典	0	0	1
	德國	1	1	1
北美地區	加拿大	0	0	1
	美國	6	6	3
非洲地區	南非	0	0	0
合計		30	39	11

註：a.外國及大陸銀行在台設分行之銀行家數共計 30 家 (括弧內數字為外商銀行在國內營業據點的數目，共計 39 家)：計有日商瑞穗銀行 Mizuho Bank Ltd. (3)、美商花旗銀行 Citibank N.A.、美商美國銀行 Bank of America, National Association、泰國盤谷銀行 Bangkok Bank Public Company Ltd. (3)、菲律賓首都銀行 Metropolitan Bank and mTrust Company、美商美國紐約梅隆銀行 The Bank of New York Mellon、新加坡商大華銀行 United Overseas Bank、美商道富銀行 State Street Bank and Trust Company、法商法國興業銀行 Societe Generale、德商德意志銀行 Deutsche Bank A.G.、香港商東亞銀行 The Bank of East Asia Ltd.、美商摩根大通銀行 JPMorgan Chase Bank, N.A.、新加坡商星展銀行 DBS Bank Ltd.、港商香港上海匯豐銀行 The Hongkong and Shanghai Banking Corp. Ltd.、法商法國巴黎銀行 BNP Paribas (3)、英商渣打銀行 Standard Chartered Bank、新加坡商新加坡華僑銀行 Oversea-Chinese Banking Corporation

Ltd.、法商東方匯理銀行 Calyon Corporate and Investment Bank、瑞士商瑞士銀行 UBS A.G. (3)、荷蘭商安智銀行 ING Bank, N.V.、澳商澳盛銀行Australia and New Zealand Banking Group Limited、美商富國銀行 Wells Fargo Bank, National Association、日商三菱東京日聯銀行 The Bank of Tokyo-Mitsubishi UFJ, Ltd. (2)、日商三井住友銀行 Sumitomo Mitsui Banking Corporate、英商巴克萊銀行 Barclays Bank PLC、西班牙商西班牙對外銀行 Banco Bilbao Vizcaya Argentaria S.A.、法商法國外貿銀行 Natixis、大陸商中國銀行 Bank of China Ltd.、大陸商交通銀行 Bank of Communications Ltd.、大陸商中國建設銀行 China Construction Bank Corporation Ltd.。

b. 在台設有代表人辦事處的外國銀行如下：日商福岡銀行、日商秋田銀行、港商恆生銀行、菲律賓商金融銀行、越南投資發展銀行、美商美國國泰銀行、美商美西銀行、美商華美銀行、加拿大蒙特利爾銀行、德商德國商業銀行、瑞典商瑞典商業銀行。

資料來源：整理自我國中央銀行及銀行局資料。

艾奇法案公司

早期美國的法律對於商業銀行 (Commercial Banks) 及投資銀行 (Investment Banks) 的業務劃分得很清楚，此劃分是根據 1933 年的格拉斯－司迪構法案 (Glass-Steagall Act)；商業銀行只能從事一般傳統的銀行業務，例如存、放款等，而投資銀行也只能經手證券承銷的工作。早期美國對於商業銀行的業務，還有法令對銀行到別州拓展業務作出限制，就是說商銀要設立分行，只能在母銀行的同一州設立，若要到他州，就只能成立子公司，而且只能承辦國際銀行業務；如此設立的銀行稱之為艾奇法案公司 (Edge Act Corporation, EAC)，必須得到聯準會的特許才能設立。艾奇法案公司可以從事的國際銀行業務包括接受國外存款，貸款給外國企業，以及從事外匯交易和承辦海外的證券發行業務等。因此，艾奇法案公司與一般商業銀行所經辦的業務完全不同。

在 1979 年 6 月之前，艾奇法案公司是指位於美國境內，專門承辦國際銀行業務的「子公司」，它們的母銀行有些是美國

本土的商業銀行，有些是外國銀行 (非美國銀行)。美國境內的銀行，在聯邦政府立案登記及在州政府立案登記的皆有；艾奇法案公司則一定是在聯邦政府立案登記。由於子公司設立起來比較麻煩，需有自己的章程、董事會、股票，聯準會遂於 1979 年 6 月宣布，准許艾奇法案公司以「分行」的方式在其他州成立，讓國內商業銀行更有意願藉艾奇法案公司的設立來爭取國際銀行業務。

美國的銀行法為力求做到銀行之間的公平競爭而逐年鬆綁，在 1999 年又通過葛藍姆－利奇－布力雷法案 (Gramm-Leach-Bliley Act)，取消了格拉斯－司迪構法案對銀行可經營業務的嚴格管制，也讓商業銀行不必再設立艾奇法案公司，就可從事投資銀行業務，可說是相當大刀闊斧的管制鬆綁。

國際銀行業務體系

美國的國際銀行業務體系 (International Banking Facility, IBF)，是美國聯邦準備理事會 (聯準會) 在 1981 年底正式核准境內有資格的金融機構設立，目的是要將流向境外金融中心的資金及銀行業務引回美國，也讓美國境內的金融機構在爭取國外來源的存、放款業務方面，能夠更有效率地與位居歐洲通貨市場的同業競爭。境內有資格的金融機構包括美國商業銀行、艾奇法案公司、外國商業銀行在美國的分行或子銀行、儲蓄和貸款協會 (Savings and Loan Association)、共同儲蓄銀行 (Mutual Savings Bank)，它們可以使用國內營業據點來設立 IBF，對非美國居民

PART 5 ▶ 國際金融市場與海外融資

開啟國際視窗　全球大到不能倒的銀行！

自經歷過 2008 年全球金融海嘯之後，主要國家的金融管理當局對於那些所謂「大到不能倒」(Too Big to Fail) 的銀行認為有必要加強監管，要求它們吸收損失的能力必須比巴塞爾協定所要求的還要高，以免當金融風暴發生時讓全體社會背負它們不當經營的後果。在對這些大銀行施予嚴格監管之前，首先要確認到底哪些銀行是在「大到不能倒」的名單中。2009 年，由 G20 國家支持誕生的**金融穩定委員會** (Financial Stability Board)，在 2011 年 11 月首次公布這些「大到不能倒」的銀行名單，之後每年 11 月都會作名單的更新，而這些銀行正式的名稱是「全球系統性重要銀行」(Global Systemically Important Banks, GSIBs)。

2016 年 11 月更新的 GSIBs 名單包括下列 30 家銀行：美國花旗集團 (Citigroup)、美國摩根大通集團 (JP Morgan Chase)、美國銀行 (Bank of America)、法國巴黎銀行 (BNP Paribas)、德意志銀行 (Deutsche Bank)、香港上海

(個人及機構客戶) 提供存、放款業務的服務，並免受美國聯準會存款準備率的要求、免向 FDIC 投保，以及免被徵收州稅與地方稅。

金融機構為了設立 IBF 並承辦其相關業務，只需在會計帳上分離出一套獨立的資產與負債體系，與銀行國內業務的帳戶清楚切割即可，因此在法律上 IBF 與原有銀行其實是同一實體。由於 IBF 的存款戶與放款戶必須是「非美國居民」；為避免 IBF 所發行的金融工具流入「美國居民」手中，IBF 依法不得發行可轉讓的定期存單，而企業申請貸款也要說明**資金用途** (Use of

第12章　國際銀行業務與海外負債融資

滙豐銀行 (HSBC)、英國巴克萊銀行 (Barclays)、瑞士信貸銀行 (Credit Suisse)、美國高盛集團 (Goldman Sachs)、中國工商銀行 (Industrial and Commercial Bank of China Limited)、日本三菱東京日聯金融集團 (Mitsubishi UFJ FG)、美國富國銀行集團 (Wells Fargo)、中國農業銀行 (Agricultural Bank of China)、中國銀行 (Bank of China)、紐約梅隆銀行 (Bank of New York Mellon)、中國建設銀行 (China Construction Bank)、法國 BPCE 銀行 (Groupe BPCE)、法國農業信貸銀行 (Groupe Crédit Agricole)、荷蘭 ING 集團 (ING Bank)、日本瑞穗金融集團 (Mizuho FG)、美國摩根史坦利公司 (Morgan Stanley)、瑞典北歐聯合銀行 (Nordea)、蘇格蘭皇家銀行 (Royal Bank of Scotland)、英國桑坦德銀行 (Santander)、法國興業銀行 (Société Générale)、英國渣打集團 (Standard Chartered)、美國道富集團 (State Street)、日本三井住友集團 (Sumitomo Mitsui FG)、瑞士銀行 (UBS)、義大利裕信銀行 (Unicredit Group)。

Proceeds)，不可讓資金回流至美國國內使用。另外，非機構客戶的存款或借款最低金額為十萬美元。

◎ 境外金融單位

所謂**境外金融中心** (Offshore Banking Center) 是指具備諸多以下特色，能吸引他國銀行或企業到該國設立**境外金融單位** (Offshore Banking Unit, OBU) 的中心：

一、安定的政治及經濟環境。

455

二、資金在該地可以自由進出，不受外匯管制條例的束縛。

三、免營利事業所得稅；銀行收受存款不需提列準備金。

四、銀行大量金融活動的交易對手都是非居民，且英語是通用語言。

五、除了接獲法院裁定，否則不會對第三者提供任何資料，善盡保密的功能。

目前全球有相當多的境外金融中心積極吸引全球資金，包括加勒比海地區的開曼群島 (Cayman Islands)、巴哈馬群島 (Bahamas)、百慕達 (Bermuda)、巴林、荷屬安地列斯群島 (Netherlands Antilles)、英屬維京群島 (British Virgin Islands, BVI) 及巴拿馬等地，以及位於亞洲的香港及新加坡。

在境外金融中心註冊登記的銀行分支機構，稱之為境外金融單位。各國銀行或企業，在境外金融中心成立的境外金融單位，其實都是紙上公司 (Paper Company)，因為幾乎所有的業務，都是在母銀行或母公司的所在地進行。美國銀行特別喜愛到加勒比海的境外金融中心設立 OBU (他們稱作「貝殼分行」)，因為成立資本額很低 (母銀行的資本額也可充當分行的資本額)，而且該地區又與紐約為同一時區。

在我國，境外金融單位亦被稱作**國際金融業務分行**。截至 2017 年 3 月 31 日止，共有 62 家我國及外國銀行在台設立 OBU 業務分行 (國際金融業務分行)，其中我國銀行有 38 家，而外國銀行有 24 家。

第二節　國際貨幣市場

重要名詞

歐洲通貨市場　　　　　Eurocurrency Market
倫敦銀行同業拆放利率　　　　London Interbank Offered Rate, LIBOR

　　本質上，國際貨幣市場就是指歐洲通貨市場；此市場在早期稱作歐洲美元市場，乃因當時的存款與放款皆是以歐洲美元 (Eurodollars) 為主；後來其他重要貨幣，例如瑞士法郎、日圓等也漸漸成為此市場的存、放款計價貨幣，因此歐洲美元市場就逐漸被大家正名為歐洲通貨市場 (Eurocurrency Market)。本節探討歐洲通貨市場的誕生與成長背景，市場涵蓋的重要金融中心，所發行的各類型金融工具以及歐洲通貨的創造過程。

歐洲通貨市場的源起

　　本書在第三章曾提到，美國在 1960 年代採取一連串防止資本外流的政策，無心插柳地促成了歐洲美元市場的快速成長。在此之前的幾年 (大約是 1957 年左右)，歐洲美元市場已經應當時的情勢而正式形成；其誕生的緣由可以從兩方面來看。首先，二次世界大戰之後蘇聯及東歐的一些共產國家，為了從事國際貿

易必須持有美元,但因與美國在政治上的對立且本身又有擴張共產政權的野心,因此擔心存放在美國境內銀行的美元,有可能會遭到美國的報復而被凍結。這些國家對於將美元存放在其他國家的銀行遂有強烈的需求。

另一方面,1956 年的蘇伊士運河事件 (The Suez Crisis) 引發英鎊大幅貶值的危機,於是英國中央銀行 (英格蘭銀行) 從次年開始,禁止本國銀行將英鎊貸給外國企業,理由是英鎊在外國人手裡容易引起英鎊匯率的大幅波動。由於傳統以來英國的商賈銀行就是靠貸放英鎊給外國企業為其主要生計,在法律的禁令之下只好尋求變通之計,於是開始接受美元的存款並從事美元放款。為了要吸引美元流入倫敦,這些英國銀行提供較優厚的利率條件,英格蘭銀行 (英國中央銀行) 基本上也採取不干預、不管制的態度。歐洲美元市場就從此時起飛,而且「**不管制**」的特色也一直存留下來。時至今日,歐洲美元市場已發展為歐洲通貨市場,成為國際化企業在短期融資或投資方面倚仗甚深的市場。

不管制與利差比較

1960 年代英、美兩國對於歐洲美元市場的發展與成長都各有其貢獻。英國政府的貢獻在於主管當局對境內美元存款的不管制態度,其連帶影響是存款利率得以盡量調高以吸引資金由境外流入。美國的貢獻則是來自其一連串資本管制政策所創造的效應,例如外信限制方案及利息平等稅等,這些措施讓國際型企業在美國不易取得資金或是取得資金的成本提高,於是轉而投向借貸條件較優厚的歐洲美元市場。另外,美國聯準會的 Q 管制條款

(Federal Reserve Regulation Q) 直接對國內存款利率設定上限[1]，也造成資金為了賺取較高的存款利率而奔向歐洲美元市場。

由於歐洲美元是存放在美國境外的存款，而聯準會的 **D 管制條款** (Federal Reserve Regulation D) 所述明的法定準備要求 (Legal Reserve Requirement) 並未延伸至境外，因此接受歐洲美元存款的銀行不必將存款的若干百分比提列為法定準備，存款金額可以全部貸放出去賺取利息。另外，銀行也不必因收受歐洲美元存款而向美國**聯邦存款保險公司** (Federal Deposit and Insurance Corporation, FDIC) 購買保險，因此可以省下一筆保險費。沒有法定準備或 FDIC 保險的要求，歐洲美元市場的存、放款利率於是更加具有吸引力。

綜而言之，英國的「境內不管制」與美國的「境內管制」共同拉拔了歐洲美元市場的成長茁壯，同時也讓歐洲美元市場的**利差** (Interest Rate Spread) 比美國國內貨幣市場相對應的利差為小，此點在圖 12-1 中有很清楚的標示。

歐元銀行與歐洲通貨存款

歐元銀行 (Eurobank) 是指主掌歐洲通貨市場，同時接受歐洲通貨存款 (Eurocurrency Deposit)，並提供歐洲通貨貸款 (Eurobank Loan) 的銀行。歐洲通貨存款是指存放在該通貨國家境外，以該通貨計價之定期存款；譬如，存放在美國境外的美元定期存款稱之為歐洲美元存款 (Eurodollar Deposit)、存放在日本境外的日圓定期存款稱之為歐洲日圓存款 (Euroyen Deposit)、存

---

[1] Regulation Q 目前已不存在。

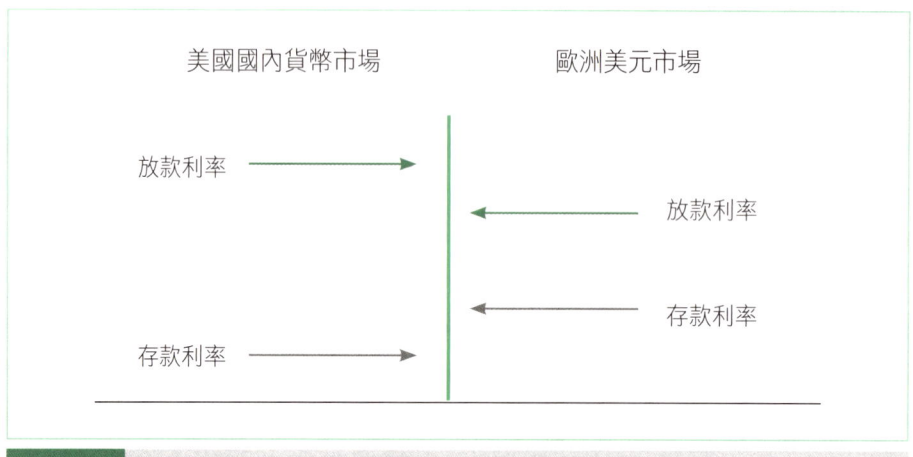

PART 5 ▶ 國際金融市場與海外融資

圖 12-1　歐洲美元市場與美國國內貨幣市場利差比較

放在英國境外的英鎊定期存款稱之為歐洲英鎊存款 (Eurosterling Deposit)。自 1999 年 1 月 1 日歐元 (EURO) 成為歐盟國家的共同貨幣後，為避免混淆，市場已開始建立新的慣例，將歐洲通貨改稱為國際通貨 (International Currency)，而將歐元銀行改稱作首位銀行 (Prime Bank)。

歐洲通貨市場在運作上是屬於銀行同業或批發市場的層級，每筆交易金額至少是 100 萬美元或其等值。由於大多數交易皆是銀行同業 (Interbank) 之間的交易，因此銀行對外放款的利率稱之為銀行同業拆放利率 (Interbank Offered Rate, IBOR)，而銀行接受存款的利率則稱之為銀行同業拆借利率 (Interbank Bid Rate, IBID)。

◎ 歐洲通貨金融中心

歐洲通貨市場涵蓋許多重要的金融中心，分別座落於歐洲、

第⑫章　國際銀行業務與海外負債融資

亞洲及加勒比海地區。歐洲方面當然是以倫敦為首要重地，亞洲則是新加坡居領航地位，至於加勒比海地區則是以開曼群島、巴哈馬、荷屬安地列斯群島、英屬維京群島等地為主。前面描述之美國境內的國際銀行業務體系 (International Banking Facility, IBF)，也是歐洲通貨市場的一部分。茲將各重要金融中心介紹如下：

歐洲

歐洲美元市場是從英國的倫敦起飛，直到今日，倫敦仍是歐洲地區 (也是全世界) 最重要的歐洲通貨金融中心；而倫敦銀行同業拆放利率 (London Interbank Offered Rate, LIBOR) 也是全球最重要、最為大家耳熟能詳的貸款指標或參考利率。此利率是指在倫敦地區的首位銀行將歐洲通貨貸放給另一家首位銀行的利率。每一種通貨都有一個 LIBOR，每日由英國銀行協會 (British Bankers Association, BBA) 根據各大銀行公布的銀行同業放款利率平均值進行調整。當某國國內的金融市場狀況改變時，其相對應的 LIBOR 就會有所反映；譬如美國國內的利率水準普遍上升，美元 LIBOR 的水準就會跟著反映此一現象。LIBOR 除了隨幣別之不同而有差異，不同幣別的 LIBOR 也有其各自的利率期限結構 (Term Structure of Interest Rates)[2]。

自歐元誕生之後，歐元區 (Euro Zone) 的所有銀行同業拆

---

[2] 利率期限結構是指在某特定時點，某幣別之長短期利率水準與到期期限之間的關係。有關利率期限結構的完整介紹，請參考薛立言、劉亞秋合著之《債券市場》四版第四章。

放利率,包括(德國)法蘭克福銀行同業拆放利率 (Frankfurt Interbank Offered Rate, FIBOR)、(法國)巴黎銀行同業拆放利率 (Paris Interbank Offered Rate, PIBOR)、(比利時)布魯塞爾銀行同業拆放利率 (Brussels Interbank Offered Rate, BRIBOR)、盧森堡銀行同業拆放利率 (Luxembourg Interbank Offered Rate, LUXIBOR)、(愛爾蘭)都柏林銀行同業拆放利率 (Dublin Interbank Offered Rate, DIBOR)、(西班牙)馬德里銀行同業拆放利率 (Madrid Interbank Offered Rate, MIBOR) 等等,全部都由「歐元銀行同業拆放利率」(EURIBOR) 所取代。

亞洲

歐洲通貨市場在亞洲的主要據點為新加坡,有些人也稱此世界一隅為亞洲美元市場 (Asian Dollar Market)。最早取得新加坡政府許可而開始承辦歐洲通貨業務的是美國銀行 (Bank of America) 的新加坡分行,時間是 1968 年;凡在此市場以歐洲通貨進行存款或放款的客戶必須為「非新加坡居民」,放款參考利率為新加坡銀行同業拆放利率 (Singapore Interbank Offered Rate, SIBOR)。歐洲通貨市場在亞洲的另一個重要中心是日本的東京,其成立是在 1986 年。

加勒比海

前述曾提及,亞洲的新加坡、香港等地,以及加勒比海地區的諸多國家,都是 IMF 所指稱的「境外金融中心」。1960 年代晚期,聯準會授權美國的銀行到地處加勒比海的中美洲地區成立

第 12 章　國際銀行業務與海外負債融資

貝殼分行 (Shell Branch)，於是貝殼分行便如雨後春筍般地冒出。目前該地區比較知名的避稅聖地，包括開曼群島、巴哈馬群島、維京群島等。美國的銀行喜歡到開曼群島設立分行，主要是因為該國提供營業利潤免稅的待遇，而且資本額的要求甚低，英語為通用語言，現代通訊設備發達，又與美國紐約為同一時區。目前開曼群島的居民大約為六萬人，並有超過兩百家的國際大銀行在此設立分行。

　　國際銀行在中美洲地區設立的「貝殼分行」，其實就是「紙上公司」的意思。這些分行實質上是一個掛名的空殼，雖然法律上在此地區完成登記，但主要業務還是在自己國家的母銀行經辦，分行設立的目的只是為取得營業利潤免稅及歐洲通貨存款、放款不受管制的好處。貝殼分行並非僅是銀行的專利，一般國際化企業也常在加勒比海地區成立子公司，每年只需繳交給當地政府少許的年費，並在自己國內的國際銀行開立一個 OBU 帳戶，並委託一家國內的代理公司辦理相關手續，就可以成立如此的財務子公司 (Finance Subsidiary)，達到節稅或資金管理的目的。

　　台灣企業到中國大陸投資在調度資金方面都會經由「第三國」，1997 年香港回歸中國大陸之前，企業大多是以香港為第三國；1997 年之後，眾多台灣企業改以在英屬維京群島成立 OBU。透過 OBU，企業可以合法辦理兩岸的金融業務，在調度資金方面也可以直接由母公司操作，除了更易掌握資金流動的狀況，也省了一筆經由第三國操作的費用。當然，即使不到中國大陸投資，台灣企業在英屬維京群島設立境外公司的情形也所在多有。維京群島位於中美洲的北大西洋與加勒比海之間，島上官方

語言是英語,貨幣為美元,當地登記的公司在英屬維京群島境外的投資所得全部免稅,而且資金進出完全不管制,每年公司只需向政府繳交少許的年度規費即可。因此島上居民雖僅有 31,135 人左右,卻有超過一百萬家的境外公司在此登記[3]。

歐洲通貨市場的重要金融工具介紹

首位銀行的存、放款業務

歐洲通貨存款

首位銀行收受歐洲通貨存款並提供貸款;存款中占最重要地位的是定期存款 (Time Deposit),大約占全部存款金額的 95%,其次是可轉讓定期存單 (Negotiable Certificate of Deposit, NCD);另外,還有極小部分的存款是屬於浮動利率定期存單 (Floating-Rate Certificate of Deposit, FRCD) 及不定期存款 (Call Money)。存款戶若持有的是定期存款,在急需資金的情況下將本金於到期之前取回,會遭到損失部分利息的懲罰;但若持有的是可轉讓定期存單,因 NCD 有次級市場,因此可以隨時將存單在次級市場售出而取回資金。浮動利率定期存單在利率波動大時頗受歡迎,因其利率釘住某指標利率,並定期隨著指標利率的變動而進行調整,故存款戶不必擔心因非預期的利率變動而承受損失。至於不定期存款,有些類似活期存款,但存款戶要提款時,可能還是需

---

[3] 此為 2017 年 5 月的資料。

要預先通知銀行。

歐洲通貨貸款

首位銀行提供的貸款分為兩種型態:一類是貸款給銀行同業;一類是貸款給一般的客戶包括企業、政府與國際機構。兩種型態的貸款大致各占貸款總額的一半;貸款的計價貨幣主要是美元、歐元及日圓。前述曾提及,銀行同業之間的貸款,其利率稱之為銀行同業拆放利率 (IBOR),其與銀行同業拆借利率 (IBID) 的差距,對主要計價貨幣而言大約是 1% 的 $\frac{1}{8}$,也就是 0.125%。

首位銀行提供給非銀行同業的貸款,稱之為歐洲通貨信用貸款 (Eurocredit Loans 或 Eurocredits);由於一般客戶的信用風險要比銀行同業為高,因此歐洲通貨信用貸款的利率為銀行同業拆放利率 (IBOR),再加上一個反映借款者信用風險的若干百分點 ($X\%$) 溢酬;譬如在倫敦,典型的歐洲通貨信用貸款利率為 LIBOR + $X\%$。另外,歐洲通貨信用貸款的到期期限雖然長達數年,但因採續作評價 (Rollover Pricing) 方式,因此實質上是等於一連串的短期貸款的組合。若貸款是每三個月續作一次,則在每期 (三個月) 結束之時,貸款利率就會根據指標利率的新水準重新算出,借款者即可根據此新計算的貸款利率來付下一期的利息。

PART 5 ▶ 國際金融市場與海外融資

> **>> 例 12-1**
>
> 　　華風集團取得五年到期之歐洲美元信用貸款，金額為 US$1,000,000，每三個月續作一次，貸款利率為 3-month LIBOR＋1%。假設第一期（第一個三個月期間）的 3-month LIBOR 鎖定在 3.5% 的水準，第一期結束（第二期開始）之前，3-month LIBOR 的新水準為 3.75%，前兩期華風集團應付出的利息共計多少？
>
> $1,000,000×(3.5%＋1%)/4＋$1,000,000×(3.75%＋1%)/4
> ＝$11,250＋$11,875
> ＝$23,125

直接融資市場

　　歐洲通貨市場上可作為直接融資的工具，主要包括歐洲通貨短期債券 (Euronote)、歐洲通貨中期債券 (Euro Medium-Term Note, EMTN) 及歐洲通貨商業本票 (Euro-Commercial Paper, ECP) 三種。歐洲通貨短期債券是以**包銷體系** (Underwritten Facilities) 的方式進行銷售與分配，而歐洲通貨中期債券及歐洲通貨商業本票則是以**非包銷體系** (Non-Underwritten Facilities) 的方式進行銷售及分配。

歐洲通貨短期債券

　　歐洲通貨短期債券特別值得一提的是其「包銷體系」的發

行方式,雖然這種包銷體系又分為三種形式:(一) 循環包銷體系 (Revolving Underwriting Facility, RUF);(二) 短期債券發行體系 (Note Issuance Facility, NIF);(三) 隨時備用短期債券發行體系 (Standby Note Issuance Facility, SNIF),但本質上大同而小異。包銷體系的發行方式可以看作是一種金融創新 (Financial Innovation),讓企業得以利用低成本的短期融資工具來確保中、長期資金的取得。以循環包銷體系為例,這是由一群商業及投資銀行組成的保證銀行團與借款者之間的一項長期合約;此合約言明借款者 (即債券發行機構) 可以在一段期間 (通常是十年) 及一定額度之內,接續發行到期期限為 3 至 6 個月的歐洲通貨短期債券,銀行團承諾若發行機構無法將債券完全賣出,則所餘債券全由銀行團買下或由銀行團提供等值的信用。每一期次短期債券到期之後,借款者又可再繼續發行下一期次的短期債券,直到整個長期合約到期或銀行團承諾之金額用完為止。

歐洲通貨短期債券的「包銷體系」發行方式,使其成為一種具有長期負債結構,卻享有短期負債優勢的融資工具,因此融資成本較使用歐洲通貨信用貸款為低。另外,因為是證券化的融資工具,可以在次級市場直接進行轉讓銷售,因此流動性高的特質也讓投資人樂於接受較低的報酬率,而借款者也得以用較低的融資成本取得資金。此項融資工具大多是以折價或零息的方式發行。

歐洲通貨商業本票

歐洲通貨商業本票就如同各國國內發行的商業本票一樣,

都是由企業或銀行所發行的未擔保短期本票；到期期限大致為一年以內。由於是證券化的融資工具，因此也有次級市場，且次級市場相當活絡。此項融資工具目前多採折價 (Discount) 或有息 (Interest Bearing)，以及非包銷體系的方式發行。

歐洲通貨中期債券

歐洲通貨中期債券的到期期限可以長達三十年，甚至更長，但一般都是少於五年。此類債券大多是以非包銷體系的方式發行，其基本規格與一般長期債券相似，訂有本金金額、到期期限、票面利率等等；不過，歐洲通貨中期債券另有其優於一般長期債券的特性。首先，長期債券是一次發行完畢，而歐洲通貨中期債券則可以在一個連續的基礎上發行，也就是在指定的期限內分次發行。其次，發行金額比長期債券的金額小很多，每次只有數百萬美元之譜。基此，歐洲通貨中期債券自 1986 年首次發行後，就頗受發行機構的喜愛，且常以各種不同的形式發行，譬如有擔保品、浮動利率、本息攤提等形式。

遠期利率合約

遠期利率合約 (Forward Rate Agreement, FRA) 是指以預先約定的利率在未來進行利息結算的合約；其主要功能在於保護市場參與者免於受到非預期利率變化所帶來的衝擊。當金融機構有存、放款**到期期限不配合** (Maturity Mismatching) 的問題時，可以買、賣遠期利率合約來規避利率風險。舉例來說，若是金融機構

的存款到期期限長於放款到期期限,則利率下跌會使金融機構在將放款利率往下調整之際,卻無法同時將尚未到期的存款利率也往下調整;反之,若是金融機構的存款到期期限短於放款到期期限,則利率上揚會使金融機構在將存款利率往上調整之際,卻無法同時將尚未到期的放款利率也往上調整。這些情況當然就造成金融機構的利差 (Interest Rate Spread) 非預期的縮減。解決之道是金融機構在第一種情況賣出遠期利率合約,而在第二種情況買進遠期利率合約。

企業也可以買、賣遠期利率合約來規避利率風險。當企業在未來有融資需求卻擔心利率上漲而導致融資成本增加時,可以買進遠期利率合約來鎖定借款利率;反過來說,若企業在未來有過剩資金可暫存銀行,卻擔心利率下跌會導致將來的存款利息減低時,也可賣出遠期利率合約來將存款利率鎖住。至於投機客也可買、賣遠期利率合約來尋求利潤,其作法是針對自己對未來利率變動所作的預期來買進或賣出遠期合約。

遠期利率合約中的借款者通常稱之為買方,而貸款者則稱為賣方。在實務上,遠期利率合約雖然訂有一個借款金額,但此金額只是一個名目本金 (Notional Principal),是用來作為計算利息的基礎。當市場利率走高且高於 FRA 的約定利率時,賣方必須將市場利率高於約定利率的部分付給買方;而當市場利率走低且低於 FRA 的約定利率時,買方則必須把市場利率低於約定利率的部分支付給賣方。由於國際大銀行經常須藉 FRA 來解決到期期限不配合所引起的利率風險問題,使得 FRA 市場的規模相當龐大,至 2016 年底,其在 OTC 市場的流通在外名目本金金額

已達 60.7 兆美元。

　　舉例來說，A 公司與 B 銀行簽訂遠期利率合約，議定由 A 公司在六個月後向 B 銀行融資 5,000,000 美元，為期 3 個月，約定利率為 3.50%。在此合約中，A 公司為買方，而 B 銀行為賣方，雙方鎖定六個月後的 3 個月期貸款利率為 3.50%。六個月後不論市場利率落在什麼水準，此合約保障買方向賣方收取市場利率高於 3.50% 的部分，也保障賣方向買方收取市場利率低於 3.50% 的部分。若在六個月後，市場利率水準上升至 3.85%，其與約定利率之差 (3.85% － 3.50% ＝ 35 bps；1 bp ＝ 0.01%) 乘以名目本金，就是賣方應付給買方的金額；反之，若六個月後的市場利率是落在 3.25% 的水準，則買方應付給賣方的金額為名目本金乘以 25 bps (＝ 3.50% － 3.25%)。

　　遠期利率合約共有三個重要的日期，即交易日 (Trading Day)、交割日 (Settlement Day) 及到期日 (Maturity Day)。此三個重要日期的相互關係可以用時間線 (Time Line) 表示如圖 12-2 所示。

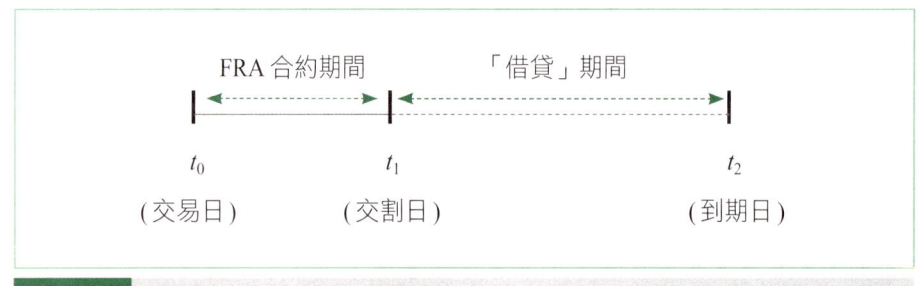

圖 12-2　遠期利率合約的重要日期

　　市場人士通常會以 $t_1 \times t_2$ 的 FRA 來描述一個遠期利率合

約，譬如一個 3×9 的 FRA 代表合約期間 (交易日至交割日) 為 3 個月，而名目上的借貸期間 (交割日至到期日) 則是 6 個月，或說借貸將在 3 個月後開始，並在 9 個月後終止。又如一個 2×5 的 FRA，代表合約期間為 2 個月，而名目上的借貸期間則是 3 個月 (借貸將在 2 個月後開始，並在 5 個月後終止)。依市場慣例，FRA 的合約期間通常是在一年之內，而借貸期間也不超過一年。借貸期間是以三、六、九、十二個月為較常見。通常在遠期利率合約的交割日 (或稱結算日)，交易雙方會就結算金額進行收付，而結算金額 (π) 可利用以下的公式求得：

$$\pi = \frac{名目本金[結算利率-約定利率](T/B)}{1+[結算利率(T/B)]} \quad (12\text{-}1)$$

其中約定利率是在交易日即鎖定的利率，而結算利率則是在交割日的市場利率。此兩利率所反映的到期期限皆與借貸期間相同；此即是說，若借貸期間為三個月，則約定利率是在交易日即鎖定的 90 天期利率，而結算利率則是在交割日的 90 天期利率。另外，T 代表借貸期間的天數，而 B 則為一年的總天數[4]；T/B 代表借貸期間占一年的百分比。

依照 (12-1) 式，若在結算日時市場 (結算) 利率大於約定利率，則結算金額將會大於零；在此情況下賣方須將該金額支付給

---

[4] 在實務上，T 與 B 是依照市場計日慣例 (Day Count Convention) 來決定，例如，若採用 Actual/360，則 T 為借貸期間的實際天數，而 B 則等於 360 天。有關各市場計息方式的更詳細介紹，可參考薛立言、劉亞秋合著之《債券市場》四版第一章或《債券市場概論》三版第二章。

買方;反之,若結算利率小於約定利率,則結算金額將會是一負值,此時買方應將結算金額付給賣方。

>> 例 12-2

市場上有某銀行對客戶作了一筆3個月到期的歐洲美元貸款,金額為 US$5,000,000;另外,也接受了一筆金額相同的歐洲美元存款,不過存款期限為 6 個月。為規避到期期限不同而引起的利率風險,銀行決定賣出一只名目金額為 US$5,000,000 的 3×6 FRA。假設此 FRA 之約定利率為 5%,借貸期間的天數為 91 天,一年以 360 天計;另假設在交割日時 3 個月期的市場利率(即結算利率)為 4.25%,則該銀行從 FRA 所收到的結算金額為何?若銀行未採避險措施,則利率下跌使其在歐洲美元貸款上的利息損失為何?

銀行從 FRA 所收到的結算金額為:

$$\pi = \frac{US\$5,000,000(5\% - 4.25\%)(91/360)}{1 + [4.25\%(91/360)]}$$

$$= US\$9,378.41$$

若銀行未採避險措施,則其在歐洲美元貸款上的利息損失為:

$$US\$5,000,000 \times (5\% - 4.25\%) \times 91/360$$
$$= US\$9,479.17$$

例 12-2 中,銀行從 FRA 所收到的結算金額 US$9,378.41 與銀行在歐洲美元貸款上的利息損失 (US$9,479.17) 有差異,此乃因前者是以現值的方式呈現。回頭來分析遠期利率合約的結算金額公式,其分子的部分其實就是該合約的結算金額,而分母的作用只是在將結算金額從到期日 (t_2) 折現至交割日 (t_1)。之所以有此折現的必要,乃因市場中的遠期利率交易一般都是在借貸期間的開始,亦即在交割日 (t_1) 時,便將結算金額交付給對方,因此透過 (12-1) 式中的折現過程所算出的結算金額才是真正的付款金額[5]。

遠期利率合約可以看作是一個單期 (Single-Period) 的利率交換 (IRS) 合約,因為買方在未來 (交割日) 會以固定利率 (FRA 的約定利率) 與賣方交換浮動利率 (交割日之市場利率)。FRA 與 IRS 均是採淨額交割,兩者的差異在於 IRS 的期限較長,而且現金流量的交換是多次而非單次。

第三節　國際債券市場

重要名詞

外國債券　　　Foreign Bond
歐洲債券　　　Eurobond

---

[5] 遠期合約通常在交付結算金額後便正式終止,因此合約中所訂定之「到期日」只是用以描述借貸期間的長短,並非遠期合約實際的到期日。

世界債券市場可以區隔為國內債券市場 (Domestic Bond Market) 與國際債券市場 (International Bond Market) 兩部分。以債券的流通在外總金額而論，各國國內債券市場加總的規模自是比國際債券市場大得多；不過，近年來，後者的成長速度有加快的趨勢。根據國際清算銀行 (BIS) 的統計資料，在 1996 年底，所有國內債券市場的流通在外金額是國際債券市場的 8 倍，至 2016 年第三季，則僅是國際債券市場的 3.83 倍 (83.8 兆美元 vs. 21.9 兆美元)。

國際債券市場發展至今，所發行債券種類若依幣別及地點的限制來區分，有外國債券 (Foreign Bond)、歐洲債券 (Eurobond) 與全球債券 (Global Bond) 三類。而依照流通在外的債券基本規格來區分，則主要有固定利率債券 (Straight Fixed-Rate Bond)、浮動利率債券 (Floating-Rate Note)、可轉換公司債 (Convertible Bond) 及附認股權公司債 (Bond with Equity Warrants) 四種；另外，也有零息債券 (Zero-Coupon Bond) 及雙軌貨幣債券 (Dual-Currency Bond)，不過所占比重較小。為了對國際債券市場有進一步的瞭解，本節就來分析該市場的結構與發行金融工具。

國際債券的類別

外國債券

外國債券是外國機構到單一國家的資本市場所發行的債券，並以「發行地幣別」作為計價貨幣。譬如，日本企業到紐約發行

第 12 章　國際銀行業務與海外負債融資

「美元」計價的債券,或德國企業到瑞士發行「瑞士法郎」計價的債券,這些皆歸類為外國債券。外國債券在發行地必須受到地主國主管機關的監管,與國內債券 (即當地企業所發行的債券) 所受的待遇無異。這是因為外國債券在地主國與其國內債券在發行幣別與慣例 (例如付息頻率、有無記名等) 方面幾乎沒什麼兩樣,唯一的不同就是前者的發行機構為外國人。外國債券因為吸收發行地幣別的資金,對當地市場的資金流向、匯率狀況與金融秩序都會產生影響,因此發行地的主管機關對於外國債券,自然會給予和國內債券同等級的監督,此乃是可以理解的。

過去瑞士是世界最大的外國債券市場,而瑞士法郎是最重要的外國債券計價貨幣,但自從瑞士央行實施負利率政策之後,以瑞郎為計價貨幣的外國債券發行量已大減。一些其他國家的外國債券市場也頗具規模,包括紐約、東京、倫敦、法蘭克福及阿姆斯特丹。外國債券有許多具發行地代表性的別稱 (Nickname)。例如,在美國所發行的外國債券,一般稱之為洋基債券 (Yankee Bond);在日本為武士債券 (Samurai Bond);在澳洲為瑪蒂達債券 (Matilda Bond) 或袋鼠債券 (Kangaroo Bond);在英國為牛頭犬債券 (Bulldog Bond);在西班牙則被取名為鬥牛士債券 (Matador Bond);在荷蘭發行則稱之為潤布蘭特債券 (Rembrandt Bond)[6]。

我國債券市場中,外國債券到目前為止均是由一些國際金融組織所發行;這些機構包括亞洲開發銀行 (ADB)、歐洲復興開發

---

[6] 潤布蘭特 (Rembrandt H. Van Rijn) 被認為是荷蘭最偉大的藝術家。

銀行 (EBRD)、美洲開發銀行 (IADB)、歐洲投資銀行 (EIB)、北歐投資銀行 (NIB)、歐洲理事會開發銀行 (CEDB)、中美洲開發銀行 (CABEI) 等；市場人士將這些機構所發行之債券統稱之為國際金融組織債券 (Supra-National Bond)。

歐洲債券

歐洲債券與外國債券一樣，都是由外國機構發行；兩者主要的不同，在於外國債券是以「發行地幣別」作為計價貨幣，而歐洲債券則是以「非發行地幣別」作為計價貨幣，因此歐洲債券的發行地必須是在發行幣別國以外的地區。例如，以美元計價的歐洲債券，稱之為歐洲美元債券 (Euro-Dollar Bond)，只能在美國以外的地區發行；以歐元計價的歐洲債券，稱之為歐洲歐元債券 (Euro-EURO Bond)，只能在歐元區以外的地方發行。雖然歐洲債券常有各種不同的發行幣別；不過，美元、歐元仍是兩大最重要的計價貨幣。

另外，歐洲債券並非限定為在歐洲地區所發行之債券。譬如日本的公司赴澳洲發行以日圓計價的債券，則此等債券屬於歐洲日圓債券 (Euro-Yen Bond)。亞洲開發銀行曾經在我國先後發行以日圓及美元計價的債券，當時稱之為小龍債券 (Dragon Bond)，同樣也可歸類為歐洲債券。

歐洲債券市場遠比外國債券市場為大，有幾個原因可以說明兩市場發展規模之不同。前述提及，外國債券在發行地必須受到地主國主管機關的監管。以在美國發行的外國債券為例，這些洋基債券在發行之前要向美國證券交易委員會 (the Securities and

Exchange Commission, SEC) 辦理註冊登記，同時要備妥公開說明書 (Prospectus) 詳細揭露發行機構的所有財務資料[7]。由於申請過程曠日費時 (通常至少需等待一個月)，而且還要繳納不低的登記費用；另外，將自身的財務資訊詳細對外揭露也非前來發行的外國機構所樂意，於是大部分企業都寧願發行歐洲債券。

歐洲債券基本上是不受單一國家管制的，因為並不以發行地的通貨作為計價貨幣；雖然發行地政府對於歐洲債券在本地銷售還是會有一些程序上的基本規範，但整體申辦手續遠比發行本國債券或外國債券簡易得多，因此歐洲債券是三種債券中能夠最有效率在市場上完成銷售的。不過，歐洲債券也因為缺少主管機關嚴格的監控，投資人在購買這類型債券時只會選擇聲譽好的發行機構；換句話說，也只有聲譽好的發行機構才能在歐洲債券市場上募集到資金。

發行機構偏好歐洲債券勝於外國債券尚有另一個理由，就是歐洲債券多採無記名形式 (Bearer Form)，亦即債券發行人對於孰為債券的持有人並未保存任何紀錄，債券憑證落在誰的手上誰就被認為是債券的所有權人。基於此點，歐洲債券的投資人所收到的債券利息本質上是免稅的。反之，大多數國家 (譬如美國、加拿大、日本等國家) 的內部市場 (包括本國債券及外國債券)，債券都是沿襲「記名」的傳統，因此國稅局必然知道投資人有哪幾筆利息收入。由此可知，投資人樂於購買歐洲債券並願意接受

---

[7] 美國 1933 年的證券法 (U.S. Securities Act of 1933) 要求所有證券發行皆須完全揭露相關資料，而 1934 年的證券交易法 (U.S. Securities Exchange Act of 1934) 則規定由證券交易委員會 (SEC) 來管理 1933 年的證券法。

較低的利率，有可能是為了節稅的目的，也可能是為了財產隱私保護的目的。而發行機構既能以較低的利率發債，當然會特別喜愛發行歐洲債券。不過，經過幾次金融風暴的洗禮，有些特別謹慎的投資人已把「違約風險」的考量放在「節稅」與「隱私權保護」之前，因此寧可在美國境內投資記名形式 (Registered Form) 的美國政府公債，而不願投資「無記名形式」的歐洲美元（公司）債券[8]。

根據前面的描述，歐洲債券與外國債券比較起來，除了基本的發行幣別規範不同、記名與無記名的差異、管制的鬆緊有別之外，還有就是發行規模不同，付息頻率也不一樣。歐洲債券的發行金額一般都遠比外國債券大得多，因此外國債券可以由一家投資銀行擔任承銷商，而歐洲債券則多半由眾多銀行組成的**銀行團 (Syndicate)** 負責發行，一方面分散風險，另一方面由銀行團各成員共同分攤債券的配售也比較容易達成目標。至於在付息的頻率方面，歐洲債券採「無記名形式」主要是沿襲歐洲地區的傳統；另外，因為投資人大多散居世界各地，因此盡量以一年一次為原則也減省麻煩及開銷。外國債券則是依照發行地的慣例，像美國、日本等國家皆有半年付息一次的慣例。我們可以將此兩類型債券的基本不同點對照如表 12-3 所示。

---

[8] 此發展當然也與美國在 1984 年撤銷對非居民投資人課徵的預扣稅 (Withholding Tax) 有關。1984 年之前，非居民投資人購買美國的債券，不論是政府公債或公司債，其利息所得都會被預扣 30% 的稅。預扣稅被撤銷之後，若干喜愛持有美國政府公債的投資人就更加願意在美國境內投資。

表 12-3　歐洲債券與外國債券比較

歐洲債券 (Eurobond)	外國債券 (Foreign Bond)
1. 以非發行地幣別作為計價貨幣	1. 以發行地幣別作為計價貨幣
2. 無記名形式	2. 大多數為記名形式
3. 基本上不受任何管制且發行速度快	3. 受發行地主管機關的管制且發行速度慢
4. 發行規模大，常由銀行團負責發行	4. 發行規模小，由一家銀行主導即可
5. 付息頻率為一年一次	5. 付息頻率大多為半年一次
	6. 常有別稱

全球債券

自 1989 年以來，國際債券市場上又多了一種形式的債券，稱之為全球債券 (Global Bond)。這是一些大型機構為了順利取得融資，而在全球不同市場，以不同的幣別，同步發行的債券。全球債券的特色為發行金額龐大 (至少要十億美元)，並且是在全球各主要金融市場發行，交易沒有地域及時間的限制，因此具有極高的流通性。購買全球債券的投資人主要是機構投資人，他們因這些債券有較高的流動性而願意接受較低的殖利率。全球債券的發行機構包括公司及政府。南韓政府與韓國開發銀行分別在 1998 年及 2003 年發行了全球債券，金額都是十億美元。到目前為止，最大一宗全球 (公司) 債券的發行，是德國 Telekom 公司在 2000 年的 146 億美元金額；而最大一宗全球 (政府) 債券的發行，則是印尼政府在 2008 年發行的 20 億美元金額。

國際債券市場的各類型金融工具

國際債券市場比國內債券市場的創新能力更強,近幾年來已有頗多翻新的金融工具不斷推出,在未來當然還會看到承銷銀行更多挖空心思的設計。此處先來探討目前在該市場上主要類型的金融工具。

固定利率債券

到目前為止,固定利率債券還是國際債券市場上居翹楚地位的金融工具。此種傳統型態的債券,有固定的到期期限,固定的票面利率,一年定期付息一次。雖然在 1986 年以後因歐洲通貨中期債券 (EMTN) 的引進市場而被搶去一些風采,不過以發行量或流通在外金額而論,還是穩居國際債券市場上所有型態金融工具中的第一位。

浮動利率債券

第一個在全球市場上出現的浮動利率債券是在 1970 年。由於美元一向是國際債市最重要的計價貨幣,而美國在 1970 年代的通貨膨脹率不斷上升,導致名目利率的波動加大。浮動利率債券的適時引入市場,吸引到害怕承擔利率風險的投資人。目前,浮動利率債券在國際債券市場上的重要性僅次於固定利率債券。

典型的浮動利率債券設計,是讓票面利率釘住某指標利率,如下所示:

$$\text{票面利率} = INDEX + X\% \tag{12-2}$$

上式中的 INDEX，即是指標利率或稱標竿利率 (Reference Rate or Benchmark Rate)；一般是以三個月期 (3-month) 或六個月期 (6-month) 的美元 LIBOR 為最常見。$X\%$ 代表發行機構需額外負擔的若干百分比的風險溢酬，其大小反映出債券發行機構的信用等級。由於歐元銀行的信用等級多半是 AA 級，因此信用評等最高的發行者 (AAA 等級) 所付的票面利率，有可能小於指標利率，也就是風險溢酬可能出現負值。

可轉換公司債與附認股權公司債

可轉換公司債和**附認股權公司債**是兩種讓投資人參與發行公司股價成長的債券，這種特性使投資人願意接受較同等級固定利率債券為低的票面利率；特別是在股市呈現榮景之時，票面利率可以壓得相當低。一般尚未取得國際信用評等的企業，若要在歐洲債券市場融資，因不得發行固定利率債券，故只得發行可轉債或附認股權公司債。美國公司一般喜好可轉債甚過附認股權公司債，而日本企業則剛好相反。

可轉換公司債一般的設計是定期支付利息，到期償還本金，但投資人可以在到期之前將債券按一定比率轉換為發行公司的股票。附認股權公司債的設計也是定期支付利息，到期償還本金，但債券附贈的認股權讓投資人握有一個買權，可以在指定期間內按履約價格執行該認股權來購買發行公司的股票。可轉換公司債與附認股權公司債的不同之處，在於前者轉換為股票後，債券隨即消滅；而後者的認股權執行後，債券在到期之前仍是存在。

零息債券

零息債券顧名思義即是票面利率為零的不付息債券。投資人購買零息債券所獲得的報酬,等於債券面值 (Face Value) 減去購買價格。過去許多國家將投資人從零息債券所獲得的報酬視為資本利得 (Capital Gain),而資本利得在若干國家 (例如我國) 是不課稅的,在其他一些國家 (例如美國) 則是稅率低於利息所得稅。近年來,大部分國家都已在稅法上作了修改,將零息債券所孳生的報酬視為利息所得,導致此等債券對投資人的吸引力不若以往。

雙軌貨幣債券

雙軌貨幣債券的設計,是讓發行價格與定期支付的利息以一種貨幣計價,而債券到期時本金的償還則以另一種貨幣計價。此種債券的票面利率通常比同等級固定利率債券的票面利率為高,而債券到期時本金的償還金額則是一開始即訂妥。日本算是比較喜歡發行雙軌貨幣債券的國家;該國企業所發行的此類債券,是將發行價格與定期支付的利息以日圓計價,而本金的償還則以美元計價。一般認為,日本企業到美國建立子公司,而在歐洲債券市場融資,將發行債券所收到的日圓轉換為美元供子公司建廠所用,債券利息由母公司以日圓支付,但子公司開始營業所賺得的美元,則須用來償還債券到期時的本金。

◎ 美國國內債券市場的法規變化與國際債券市場的榮枯消長

國際債券市場成長速度的加快或減緩，與美國國內資本市場法規的變化有頗大的關係。早期歐洲美元市場的起飛與蓬勃發展，其中一個主因是美國在 1960 年代採取一連串的資本管制政策。當時的歐洲債券市場，在短短五年 (1963 年至 1968 年) 規模成長了 20 倍。

美國在 1982 年之前，內部債市 (即本國債券及洋基債券的發行市場) 還是有很多阻擋外國企業前來發債的法令限制，譬如申請登記的時間太長及資訊揭露的要求太嚴格等。1982年開始，SEC 頒布施行 **415 條款** (Rule 415)，允許企業在申請發行債券之時採用**總括申報制** (Shelf Registration)。

總括申報制讓企業可以預先辦理發行證券的申請登記事宜，讓該完成的手續先完成，而證券的銷售則可以擱置到需要資金時再隨時辦理。415 條款解決了在美國境內發債等待時間太長的問題，但並未解決資訊揭露要求太嚴格的問題。1990 年 4 月，SEC 又頒布施行 **144A 條款** (Rule 144A)，准許公司在以私募 (Private Placement) 方式發行證券給**合格機構投資人** (Qualified Institutional Investors) 時，可以不必向 SEC 登記註冊，因此不必符合嚴格的資訊揭露要求。所謂合格機構投資人，是指在其管理下的證券資產至少達一億美元 (或其等值) 的法人投資者；合格機構投資人若為銀行或儲貸機構，則除了一億美元的資產規模要求之外，還須另符合最低淨值 25,000,000 美元的要求。

另外，美國又在 1984 年撤銷了預扣稅 (Withholding Tax)；過去非美國居民購買美國的政府公債或公司債，其投資利息所得會被預扣 30% 的所得稅。預扣稅讓企業不願在美國境內發行債券，因為必須支付更高的殖利率才能吸引到投資人。415 條款及 144A 條款的頒布施行，以及預扣稅的撤銷，大大增加了國外發行機構到美國市場發行洋基債券的吸引力。美國境內資本市場管制的趨嚴或鬆綁，確實會影響具「不管制」特色的歐洲債券市場的競爭優勢。

本章摘要

- 國際銀行在海外設立的分支機構，可歸納為通信銀行、代表人辦事處、分行、子銀行或附屬銀行四類。
- 承辦國際銀行業務的公司並非一定要座落於海外，譬如美國的艾奇法案公司及國際銀行業務體系；或即使是在海外註冊登記，其相關業務仍是由境內的母銀行或分行辦理，譬如境外金融單位。
- 本質上，國際貨幣市場就是指歐洲通貨市場，此市場在早期稱作歐洲美元市場，乃因當時的存款與放款皆是以歐洲美元為主。
- 歐元銀行是指主掌歐洲通貨市場，同時接受歐洲通貨存款，並提供歐洲通貨貸款的銀行。
- 歐洲通貨存款是指存放在該通貨國家境外，以該通貨計價之定期存款；譬如，存放在美國境外的美元定期存款稱之為歐洲美元存款。
- 自 1999 年 1 月 1 日歐元成為歐盟國家的共同貨幣後，為避免混淆，市場已開始建立新的慣例，將歐洲通貨改稱為「國際通貨」，而將歐元銀行改稱作「首位銀行」。
- 倫敦銀行同業拆放利率 (LIBOR) 是指在倫敦地區的首位銀行將歐洲通貨貸放給另一家首位銀行的利率。每一種通貨都有一個 LIBOR，每日由英國銀行協會根據各大銀行公布的銀行同業放款利率平均值進行調整。
- 國際銀行在中美洲地區設立的分行一般稱之為貝殼分行，乃因這些分行實質上是一個掛名的空殼，雖然法律上在此地區完成登記，但主要業務還是在自己國家的母銀行經辦，分行設立的目的只是為取得營業利潤免稅及歐洲通貨存款、放款不受管制的好處。
- 首位銀行收受歐洲通貨存款並提供貸款；存款中占最重要地位的是定期存款，其次是可轉讓定期存單；另外，還有極小部分的存款是屬於浮動利率定期存單及不定期存款。
- 首位銀行提供給非銀行同業的貸款，稱之為歐洲通貨信用貸款。歐洲通貨信用貸款的到期期限雖然長達數年，但因採「續作評價」方式，因此實質上是等於一連串的短期貸款的組合。
- 歐洲通貨市場上可作為直接融資的工具，主要包括歐洲通貨短期債券、

歐洲通貨中期債券及歐洲通貨商業本票三種。歐洲通貨短期債券是以包銷體系的方式進行銷售與分配，而歐洲通貨中期債券及歐洲通貨商業本票則是以非包銷體系的方式進行銷售及分配。

- 遠期利率合約是指以預先約定的利率在未來進行利息結算的合約，其主要功能在於保護市場參與者免於受到非預期利率變化所帶來的衝擊。
- 遠期利率合約 (FRA) 中的借款者通常稱為買方，而貸款者則稱為賣方。當市場利率走高且高於 FRA 的約定利率時，賣方必須將市場利率高於約定利率的部分付給買方；而當市場利率走低且低於 FRA 的約定利率時，買方則必須把市場利率低於約定利率的部分支付給賣方。
- 國際債券市場的債券種類若依幣別及地點的限制來區分，有外國債券、歐洲債券與全球債券三種。若依流通在外的債券基本規格來區分，則主要有固定利率債券、浮動利率債券、可轉換公司債及附認股權公司債四種；另外，也有零息債券和雙軌貨幣債券，不過所占比重較小。

本章習題

一、選擇題

1. 在歐洲通貨市場，每筆交易金額至少是：
   a. 十萬美元或其等值
   b. 五十萬美元或其等值
   c. 一百萬美元或其等值
   d. 二百萬美元或其等值

2. 歐洲債券 (Eurobond) 具有下列何種特質？
   a. 以發行地幣別作為計價貨幣
   b. 以記名方式 (Registered Form) 發行
   c. 發行規模大，常由銀行團負責發行
   d. 常有別稱 (Nickname)

3. 外國債券 (Foreign bond) 具有下列何種特質？
   a. 以發行地幣別作為計價貨幣
   b. 以記名方式 (Registered Form) 發行
   c. 常有別稱 (Nickname)
   d. 以上皆是

4. 下列何者是外國債券？
   a. 德國企業到瑞士發行「瑞士法郎」計價的債券
   b. 日本企業到紐約發行「美元」計價的債券
   c. 美國企業到倫敦發行「美元」計價的債券
   d. a and b

5. 下列何者是在澳洲發行的外國債券？
   a. 潤布蘭特債券
   b. 瑪蒂達債券
   c. 洋基債券
   d. 武士債券

6. 下列有關全球債券 (Global Bond) 的描述何者不正確？

a. 其發行始自 1989 年

b. 在全球不同市場，以相同幣別，同步發行

c. 發行金額至少是十億美元

d. 發行機構包括公司及政府

7. 過去外國企業在美國境內發行債券完成申請登記的過程費時太久，因此美國證券交易委員會 (SEC) 在 _____ 年頒布施行 _____ 條款，允許企業在發行債券時採取 _____。

a. 1982；144A；總括申報制

b. 1982；415；總括申報制

c. 1990；144A；「無記名」方式發行

d. 1982；415；「無記名」方式發行

8. 下列敘述何者正確？

a. 歐洲債券多採「無記名」形式發行

b. 外國債券在發行地必須受到地主國主管機關的監管

c. 洋基債券 (Yankee Bond) 是指在美國發行的外國債券

d. 以上皆正確

9. 下列有關美國的國際銀行業務體系 (IBF) 何者正確？

a. 依法可以發行「可轉讓定期存單」

b. 與母銀行在法律上是不同實體

c. 對非美國居民 (個人及機構客戶) 提供存、放款業務的服務

d. 以上皆正確

10. 遠期利率合約 (FRA) 與利率交換 (IRS) 相比較，兩者的差異在於：

a. FRA 的到期期限較長，而 IRS 的現金流量交換只有一次

b. IRS 的到期期限較長，而 FRA 的現金流量交換只有一次

c. FRA 的到期期限較長，而 FRA 的現金流量交換不只一次

d. IRS 的到期期限較長，而 IRS 的現金流量交換只有一次

11. 若企業在未來有過剩資金可暫存銀行，卻擔心利率逐漸走跌造成將來的存款利率減低，可 _____ 遠期利率合約來規避利率下跌的風險；若金融機構的存款到期期限長於放款到期期限，可 _____ 遠期利率合約來規避利率下跌的風險。

a. 買進；買進

b. 買進；賣出

c. 賣出；買進

d. 賣出；賣出

12. 若市場利率高於遠期利率合約 (FRA) 的約定利率，則合約 ＿＿＿＿ 必須將市場利率高於約定利率的部分付給 ＿＿＿＿。

a. 買方；賣方

b. 賣方；買方

二、問答題

1. 國際銀行在全球市場上設立營運據點的主觀與客觀誘因有哪些？
2. 國際銀行在海外設立的分支機構，一般有哪幾種型態？
3. 請問國際銀行在海外設立分行或子銀行，各有什麼利弊？
4. 何謂「艾奇法案公司」？
5. 請問境外金融中心為何能吸引到國際銀行或企業前來設立分行或子銀行 (子公司)？
6. 1960 年代英、美兩國的政府政策，對於歐洲美元市場的發展與成長各有些什麼貢獻？
7. 歐洲通貨市場上可作為直接融資的工具主要包括哪些？
8. 遠期利率合約有哪些功能？
9. 何謂「外國債券」？為何發行地的主管機關對於外國債券會給予和國內債券同等級的監督？
10. 歐洲債券與外國債券市場的發展規模不同，試推究其原因。
11. 國際債券市場上有哪些類型的金融工具？
12. 雅典製造公司從倫敦某銀行融得一筆借款，金額為 US$2,000,000。借款利率為 6-month LIBOR＋2%，每半年續作評價一次。假設第一期 (第一個 6 個月) 的 6-month LIBOR 為 6%，而第二期 (第二個 6 個月) 的 6-month LIBOR 為 5.5%；雅典製造公司在借款第一年共應付出多少利息？

Chapter 13
海外權益融資

1980 年代的投資人，已經開始領會國際投資組合 (International Portfolio) 要比出自單一國家 (或市場) 的投資組合，更能達到風險分散的效果。不過，當時跨國界的權益投資主要仍侷限於已開發國家的股票，而投資人開始大量購買開發中國家的股票，則是 1990 年代的事。過去十多年間，眾多亞洲與拉丁美洲的國家所展現的穩定經濟成長力道及當時無庸置疑的發展潛能，確實吸引了龐大資金流向這些市場，而**新興市場** (Emerging Markets) 這樣的名稱所象徵的意義，在墨西哥金融危機和亞洲金融危機發生之前，多少含有一點成長與發展的肯定及期待。

1990 年代中期以後的兩大金融危機，讓許多開發中國家的新興市場瞬間失去資金的活水，而風暴引起的傷害也在其中一些市場餘波蕩漾了若干年。然而，物換星移、潮起潮落並沒有讓整

PART 5 ▶ 國際金融市場與海外融資

體國際投資的趨勢逆轉,特別是各國政府多年來普遍朝向金融自由化與管制鬆綁的方向邁進,以致於資金穿梭於國際之間的速度愈來愈快。雖說海外股票投資的氣勢遠比國際債券投資遜色,但國際資本市場的任何風吹草動,最後都會波及各國股市,可見全球權益市場不可能置身於國際投資的熱潮之外。

2007 年重創美國的次級房貸風暴引發流動性危機愈演愈烈,並在 2008 年形成全球性的金融海嘯,讓各國投資人經歷了數十年來最灰暗的 10 月。每經歷過一次風暴,金融改革的腳步就會向前邁進,也讓主管機關及市場參與人士有機會重新檢驗各國金融市場的機制是否健全。身為地球村的一員,想在下一次風暴來襲前盡量作好準備而將衝擊降至最低,自當瞭解全球金融市場的發展和走向,特別是不能忽視海外權益市場整體象徵的意義與價值。

本章第一節介紹世界重要股票市場的現況及特質;第二節探討股票的跨國掛牌交易;第三節說明投資人角度的國際股市分析。

第一節　世界重要股票市場現況綜覽

重要名詞

流動性　　　　Liquidity
市場資本額　　Market Capitalization

第⓭章 海外權益融資

◎ 流動性、市場資本額、外國公司掛牌數目

企業到海外發行證券，其中一個重要的原因是國內證券交易之次級市場的**流動性** (Liquidity) 不高。在流動性不高的市場，股價極有可能無法反映其應有之價值，因此許多開發中國家的優良企業，會盡量尋求將股票在外國股市掛牌交易，以期能增加股票的流通性而提高股價。不過，流動性雖然重要，但並非是企業到外國股市掛牌交易的唯一原因。表 13-1 列出世界重要股票市場的一些特質 (2016 年底的資料)，可以看出外國公司在歐美各個交易所掛牌的數目，與市場週轉率 (反映該市場流通性) 有較為密切的關係，但此關係在亞洲國家較不顯著。表中的市場流通性，是以各市場全年的**股票交易值** (Share Trading Value) 作指標；交易值愈高，顯示流動性愈好。

在西方世界，週轉率排名前三名的是美國紐約洲際交易所集團 (NYSE: ICE)、那斯達克－美國交易所 (NASDAQ-US) 及英國倫敦證券交易所集團 (LSE Group)，最少都有 388 家以上的外國公司在這些市場掛牌交易。比較特殊的是盧森堡股票交易所，週轉率在歐洲股市中幾乎墊底，但卻有 152 家外國公司的股票在此掛牌。亞太地區週轉率名列前三的是深圳證券交易所、上海證券交易所及日本證券交易所集團；不過，外國公司在此地區掛牌交易的前三名卻是新加坡交易所、澳洲證券交易所與香港交易所。

另外，由表 13-1 也可以看出，市場週轉率與**市場資本額** (Market Capitalization) 的大小一般具正向關係，譬如北美洲地區

表 13-1　世界重要股票市場特質比較 (2016 年底資料)

交易所 (國家)	市場 資本額[a] (十億美元)	股價指數	國內公司 掛牌數目	外國公司 掛牌數目	市場 週轉率[b] (十億美元)
北美洲：					
NASDAQ–US (那斯達克–美國交易所)	7,779	Composit	2,509	388	11,071
NYSE: ICE (紐約洲際交易所集團)	19,573	Composit	1,822	485	17,318
TMX Group (多倫多 TMX 集團)	2,041.5	S&P/TSXC	3,368	51	1,176
Mexican Stock Exchange (墨西哥)	333.5	IPC CompMx	137	7	123
中南美洲：					
BM&F Bovespa (巴西聖保羅)	774	Ibovespa	338	11	535
Santiago SE (智利聖地牙哥)	212.5	IGPA	214	84	23.7
Buenos Aires SE (阿根廷布宜諾斯艾利斯)	63.9	Composit	93	6	4.62
Lima SE (秘魯利瑪)	80	IGBVL	217	115	2.68
歐洲–非洲–中東：					
Abu Dhabi Securities Exchange (阿布達比)	121	ADI	65	3	13
Athens SE (ATHEX) (希臘雅典)	37.6	General Price	213	5	14
BME Spanish Exchanges (西班牙)	711	BCN Global-100 Index	3,480	26	684
Deutsche Borse AG (德國)	1,732	CDAX Price	531	61	1,306
Euronext (泛歐交易所)	3,492.6	AAX, GeneralPrice, BVL General, SBF 250	936	115	1,766
Irish SE (愛爾蘭)	121	ISEQ Overall	40	11	26
Johannesburg Stock Exchange (約翰尼斯堡)	959	Actuaries Index	303	73	378
LSE Group (英國)	3,496	FTSE 100	2,111	479	2,285.5
Luxembourg SE (盧森堡)	61.5	Lux General Price	28	152	0.08
Moscow Exchange (莫斯科)	636	RTS Index	242	3	129

第 ⓭ 章　海外權益融資

交易所 (國家)	市場 資本額[a] (十億美元)	股價指數	國內公司 掛牌數目	外國公司 掛牌數目	市場 週轉率[b] (十億美元)
NASDAQ Nordic Exchanges (那斯達克－北歐交易所)	1,260	OMX Nordic Eur PI	900	38	710
Oslo Bors (挪威奧斯陸)	234	OSEBXPR	171	43	108
SIX Swiss Exchange (瑞士)	1,415	SMI	227	37	862.7
亞太：					
Australian SE (澳大利亞)	1,317	All Ordinary Price	1,969	126	822.6
Bombay Stock Exchange (印度孟買)	1.561	S&P BSE 500	5,820	1	107.8
Bursa Malaysia (馬來西亞)	363	FBM Emas Index	893	10	107
Hochiminh SE (越南胡志明)	67.1	VN Index	320	0	22.68
Hong Kong Exchanges and Clearing (香港)	3,193	S&P/HKEX Large Cap Index	1,872	101	1,350
Indonesia SE (印尼)	434	JSX/Composit Index	537	0	92
Japan Exchange Group Inc. (日本)	5,061.5	Topix	3,535	6	5,618
Korea Exchange (南韓)	1,282	KOSPI	2,039	20	1,673
National SE of India Limited (印度)	1,534	S&P CNX 500	1,839	1	691
Philippine SE (菲律賓)	240	PSE Index	262	3	37
Shanghai SE (中國大陸上海)	4,104	SSE Composit Index	1,182	NA	7,492
Shenzhen SE (中國大陸深圳)	3,217	SZSE Composit Index	1,870	NA	11,606
Singapore Exchange (新加坡)	649.5	Straits Times Index	479	278	197
Taiwan SE (台灣)	862	TAIEX	833	78	513
The SE of Thailand (泰國)	437	SET Index	656	NA	330

資料來源：World Federation of Exchanges: Statistics, http://www.world-exchanges.org/.
a. 市場資本額的計算只包含國內廠商。
b. 市場週轉率是各市場全年的 Total Value of Share Trading。

PART 5 ▶ 國際金融市場與海外融資

開啟國際視窗 | 全球主要交易所吹併購風

紐約洲際交易所集團

2000 年 9 月 22 日，(荷蘭) 阿姆斯特丹股票交易所、(比利時) 布魯塞爾股票交易所、(法國) 巴黎股票交易所、(葡萄牙) 里斯本股票交易所四家合併為泛歐交易所 (Euronext)，此為歐洲第一個跨國交易所的合併案。

2006 年 3 月 7 日，紐約證券交易所 (NYSE) 併購了位處芝加哥的 Archipelago，成為紐約證交所集團 (NYSE Group)。2007 年 4 月 4 日，紐約證交所集團又併購了泛歐交易所，而成為紐約泛歐交易所集團 (NYSE Euronext Group)，此為第一家全球化的交易所集團。

2013 年 11 月，洲際交易所 (Intercontinental Exchange)，完成併購紐約泛歐交易所集團，而更名為洲際交易所集團 (NYSE: ICE)，但在 2014 年 6 月，泛歐交易所又完成首次公開發行，使其再度成為一家獨立的公司，而洲際交易所集團也不再擁有泛歐交易所。目前洲際交易所集團旗下有包括美國紐約股票交易所在內的 23 家交易所。

那斯達克 OMX 集團

美國那斯達克股票交易所在 1971 年成立，是全球第一個電子交易的股票市場，也是科技股及成長股的家園，如今透過併購，已成為全方位的跨國股票交易所。那斯達克股

的市場都是資本額愈大，週轉率愈高。中南美洲及歐洲地區普遍也是資本額愈大，週轉率愈高。亞洲地區則比較不規則，資本額最大的前五名依次是日本、上海、深圳、香港、孟買，但週轉率最高的前五名依次是深圳、上海、日本、南韓、香港。目前全球

票交易所在 2006 年至 2007 年進行其第一個併購計畫,目標是倫敦股票交易所 (London Stock Exchange, LSE),但並沒有成功。那斯達克著手併購的第二個目標是包含數個北歐股票交易所 (Nordic Exchanges) 的 OMX 集團。此期間杜拜國際金融交易所(Dubai's International Financial Exchange, DIFX)也想併購那斯達克,而其手上又握有大量的 OMX 集團股票。2008 年 2 月 27 日,美國那斯達克股票交易所完成併購 OMX 集團,並更名為那斯達克 OMX 集團 (NASDAQ OMX Group)。此交易讓那斯達克 OMX 集團握有杜拜國際金融交易所 33.3% 的股權,而杜拜國際金融交易所則握有那斯達克 OMX 集團 19.9% 的股權。目前集團旗下有:那斯達克-美國交易所 (Nasdaq-US) 及那斯達克北歐交易所 (Nasdaq Nordic Exchanges)。

日本交易所集團

2011 年 11 月 22 日,日本東京股票交易所 (TSE) 與大阪證券交易所 (OSE) 決定要合而為一,而在 2012 年 7 月 5 日由日本公平交易委員會 (Fair Trade Commission) 核准了此併購案,更名為日本交易所集團 (Japan Exchange Group Inc.),目前是全球第三大、亞洲第一大資本額的股票交易所。

資本額排名前三大的交易所依序是:美國紐約洲際交易所集團、那斯達克-美國交易所、日本交易所集團;亞洲資本額排名前三大的交易所依序則是:日本交易所集團 (Japan Exchange Group Inc.)、上海股票交易所 (Shanghai Stock Exchange)、深圳股票交

易所 (Shenzhen Stock Exchange)。整體而言，美國紐約洲際交易所集團是全球規模最大 (資本額最大)、最具流動性 (週轉率最高)，以及外國公司掛牌數目最多的市場。

◎ 世界重要股市股價指數及 MSCI 指數

一國國內未來經濟情勢的看好或看壞，可以從其股票市場整體的表現察覺；而為衡量股票市場的整體表現，各國均建構有各類型的**股價指數** (Stock Market Index)。股價指數走勢的分析，對於總體經濟各項變數 (譬如匯率、通貨膨脹率、失業率等) 的預測頗為重要。

由於全球股市日趨整合，當個人或企業針對一國或多國的經濟情勢作分析及預測時，若只將單一國家或市場的股價指數變動納入考量是不夠的；地區型或世界型的股價指數 (Regional or World Index) 在許多預測模型裡也常證實有顯著的解釋力量。目前市場上提供各種類型股價指數最著名的公司是**摩根史坦利資本國際公司** (Morgan Stanley Capital International Inc., MSCI)，所建構的指數包羅萬象，有**世界指數** (The World Index)；**歐、澳、遠東指數** [Europe, Australia, Fast East (EAFE) Index]；**新興市場指數** (Emerging Markets Index)；**歐洲指數** (Europe Index) 以及**金磚四國指數** (BRIC Index) 等不一而足。

MSCI 最新資料 (2016 年 9 月) 指出，世界指數納入全球 23 個已開發經濟體股票市場的大型股票。歐、澳、遠東指數 (EAFE 指數) 包括歐、澳、遠東地區 21 個已開發國家、近千檔

股票，是排除美國、加拿大的全球型股價指標。歐洲指數包括歐洲地區 15 個已開發國家的股票。金磚四國指數衡量巴西、俄國、印度、中國四個新興經濟體股票市場的表現。

樂學新知：MSCI 各重要指數所包含的經濟體

截至 2016 年 9 月，MSCI 各重要指數所包含的經濟體如下：

MSCI 世界指數 (World Index) 包括 23 個已開發市場經濟體──分屬美洲地區 (加拿大、美國)、亞太地區 (澳大利亞、香港、日本、紐西蘭、新加坡)，以及歐洲、中東地區 (奧地利、比利時、丹麥、芬蘭、法國、德國、愛爾蘭、以色列、義大利、荷蘭、挪威、葡萄牙、西班牙、瑞典、瑞士、英國)。

MSCI 新興市場指數 (Emerging Markets Index) 包括 23 個新興市場經濟體──分屬美洲地區 (巴西、智利、哥倫比亞、墨西哥、秘魯)、亞洲地區 (中國、印度、印尼、南韓、馬來西亞、菲律賓、台灣、泰國)，以及歐洲、中東、非洲地區 (捷克、埃及、希臘、匈牙利、波蘭、卡達、俄羅斯、南非、土耳其、阿拉伯聯合大公國)。另外，新興市場指的是政治、經濟及外匯風險相對於已開發國家普遍較高的經濟體。

MSCI 全部國家世界指數 (All Country World Index, ACWI) 包括 23 個已開發市場經濟體及 23 個新興市場經濟體，其中已開發國家權重共為 89.1%，美國即占了 52.7%；新興市場經濟體權重共為 10.9%，中國占 3%。

MSCI 歐、澳、遠東指數 (EAFE Index) 包括該地區 21 個已開發市場經濟體──分屬亞太地區 (澳大利亞、香港、日本、紐西蘭、新加坡) 及歐洲地區 (奧地利、比利時、丹麥、芬蘭、法國、德國、愛爾蘭、以色列、義大利、荷蘭、挪威、葡萄牙、西班牙、瑞典、瑞士、英國)。此指數是將 MSCI 世界指數中的加拿大及美國排除在外而得。

MSCI 歐洲指數 (Europe Index) 包括歐洲地區 15 個已開發市場經濟體──奧地利、比利時、丹麥、芬蘭、法國、德國、愛爾蘭、義大利、荷蘭、挪威、葡萄牙、西班牙、瑞典、瑞士、英國。

MSCI 歐洲經濟暨貨幣聯盟指數 (EMU Index) 包括歐元區 10 個已開發市場經濟體──奧地利、比利時、芬蘭、法國、德國、愛爾蘭、義大利、荷蘭、葡萄牙、西班牙。

第二節　股票的跨國掛牌交易

重要名詞

跨國掛牌交易	Cross-Listing
存託憑證	Depository Receipt, DR
全球記名股票	Global Registered Share, GRS

第⓭章　海外權益融資

外國股市掛牌交易及發行的好處

前往先進國家的股票市場掛牌交易，一直是開發中國家優質企業努力的方向之一。本章第一節曾提到，開發中國家新興市場的資本額較小，流通性也較差，因此股價的成長空間會受到限制。企業在這類型的本國市場進行權益融資，為了要改善自家股票的流動性，只得努力尋求**跨國掛牌交易** (Cross-Listing)。

跨國掛牌交易的好處並不僅限於改善流通性及提高股價，諸多其他潛在的利益也是讓企業躍躍欲試的原因；譬如，可以增加企業在國外的能見度及帶來相關利得。企業通常在異國股市掛牌之前，已經在該國作了相當程度的生產性投資；藉著在地主國的股市掛牌，公司的名聲、形象、產品及商標都會有更多見諸媒體的機會，而得到加分的效果。

跨國掛牌交易的另一個好處是，可以在地主國建立自家股票的次級市場；如此一來，公司若有機會在當地市場進行併購，則得以有便利的管道出脫部分股票籌措資金。建立股票的國外次級市場還可以幫助收攏海外子公司員工的人心，並因此招募到優秀的人才。由於企業會對員工配股或給予股票選擇權，公司股票若在地主國有次級市場，海外員工即可在當地市場將配股售出以換取現金。股票若不能在海外次級市場掛牌交易，則子公司員工欲出售持股還須回到母公司所在地的市場，不但交易成本高，還有匯率風險的問題。

企業在國外交易所掛牌交易的股票，可以是已在國內市場發行過的舊股，也可以是即將發行的新股。發行新股提升股價的效

果要比掛牌舊股為強,因為新股發行除了將股東的基底擴大,承銷商在新股出爐之前為順利銷售而竭盡的各項努力,也會幫助股票為市場所熟悉,進而挹注提升股價的力道。

外國股市掛牌交易的方式

企業到國外股市掛牌交易,一般有兩種主要的方式;一是以存託憑證 (Depository Receipt, DR) 的方式掛牌;另一則是以全球記名股票 (Global Registered Share, GRS) 的方式掛牌,茲分別說明如下。

以 DR 方式掛牌

存託憑證 (DR) 是銀行所發行之可轉讓的受益憑證,以發行地幣別計價,其價值直接連結到已交付信託,且是以另一幣別計價、在另一市場發行之標的股票的價值。銀行若是受標的股票之公司主動請託,而辦理存託憑證的發行事宜,則此等憑證稱之為主動參與型存託憑證 (Sponsored Depository Receipt);反之,標的股票之公司並沒有意願要在異國市場發行存託憑證,但銀行本身有興趣或是另有第三者想要發行,則此等憑證稱之為非主動參與型存託憑證 (Unsponsored Depository Receipt)。

每股存託憑證未必剛好等於一股的外國股票股權。這是因為標的股票與存託憑證是以不同的幣別計價,而股票市場一般都有「適當價格區」;若標的股票的價格經由匯率轉算後,使得存託憑證的價格遠離「適當價格區」,則發行者就會調整每股存託憑

證所代表的外國股票股數。舉例來說，我國台積電 (TSM) 的股票在美國紐約股票交易所 (NYSE) 以存託憑證方式掛牌，每一股的 TSM 存託憑證，代表五股的台積電股票股權[1]。

購買存託憑證和購買標的股票本質上是無異的，因為存託憑證可與標的股票互換。也因為如此，套利的行為會使兩者的 (每股股票) 價格，在考慮轉換成本後，趨於相等。譬如，在台灣股市台積電的股票每股上漲 NT$2，套利的行為大致會使在 NYSE 市場交易的 TSM 存託憑證每股上漲 US$0.29 (假設匯率為 US$1＝NT$34)。

以 GRS 方式掛牌

全球記名股票 (GRS) 是同時在全球 (兩個以上股市) 掛牌交易的股票。此種掛牌方式與存託憑證 (DR) 不同之處，在於 DR 只限於發行地的市場交易，且只以一種幣別計價；GRS 是在本國及外國多個股市以同一「股票」形式、不同幣別掛牌，而其交易本質上是追著太陽走。譬如，德國的西門子公司在美國 NYSE 市場以 GRS 方式掛牌，則西門子的股票可在德國股市的營業時間內交易，計價貨幣為歐元；也可在 NYSE 市場的營業時間內交易，計價貨幣為美元。

GRS 是透過電子交易系統進行交易，因此必定是記名 (Registered)，而不可能為無記名 (Bearer) 的股票。歐洲國家傳統上喜歡以「無記名」方式發行證券，但若想在外國股市發行 GRS，則只好改採以「記名」方式發行。

---

[1] 美國股市的股票適當價格，一般認為是 20 美元到 50 美元之間。

PART 5 ▶ 國際金融市場與海外融資

　　第一個全球記名股票是在 1998 年 11 月在 NYSE 市場掛牌，但是幾年來市場觀察發現，以 GRS 方式在外國股市掛牌交易，反而不若以 DR 方式更能創造流動性。因此，存託憑證仍是目前企業到外國股市掛牌交易最常用的方式。

◎ 美國存託憑證的發行方式介紹

　　在美國股市發行之存託憑證，稱之為**美國存託憑證** (American Depository Receipt, ADR)；同樣道理，在台灣股市發行之存託憑證，稱之為**台灣存託憑證** (Taiwan Depository Receipt, TDR)。本章第一節介紹過美國的股市是最優良、公正且管制最嚴謹的，而外國企業能在美國股市掛牌交易也認為是一種殊榮。事實上，不僅是開發中國家的企業期望到美國股市掛牌交易，這些國家的主管機關為求股市制度面的改進，也都是以美國的股市為學習對象；此處就來詳細介紹美國存託憑證的發行方式。

　　外國企業若想在美國股市發行存託憑證，依照自己所願意接受的 SEC 會計及揭露標準尺度，有下列四種類型可以考慮：

- 第一級美國存託憑證 (Level I ADR)
- 第二級美國存託憑證 (Level II ADR)
- 第三級美國存託憑證 (Level III ADR)
- 144A 美國存託憑證 (144A ADR)

第一級美國存託憑證

　　企業若在美國市場發行第一級美國存託憑證，可以依據自己

國家的會計標準來提供財務報表及相關資料送審,同時只需填寫 SEC 的六號表格 (Form-6) 來申請登記,而不必符合一般完整又嚴格的註冊登記程序;發行成本也只是數萬美元之譜。

此種存託憑證只能在 OTC 的市場交易,因為所有 OTC 報價都是列在粉紅色單子 (Pink Sheets) 上,因此也可說是只能在「粉紅色單子市場」交易。Level I ADR 所代表的是標的股票公司已發行舊股的股權,因此標的股票公司無法藉由此種發行方式在美國股市募集新的資金。另外,由於不得在交易所掛牌,因而對於股票流通性的改善頗為有限。

第二級美國存託憑證

第二級美國存託憑證的發行,適用於想要將股票掛牌於 NYSE、NASDAQ 等股市的外國企業。為發行此種存託憑證,外國企業必須遵照 SEC 嚴格的註冊登記程序及揭露要求。在準備財務資料、報表及季報告、年度報告方面,也必須符合美國一般公認的會計原則 (Generally Accepted Accounting Principles, GAAP) 而非企業本國的會計標準。此類存託憑證因是在全世界矚目的交易所掛牌,故在提高企業名聲及股票流通性方面,確能有顯著正面的效果。

不過,第二級美國存託憑證所代表的,仍是標的股票公司已發行舊股的股權,因此外國企業藉由此種發行方式仍是無法在美國股市募集新的資金。

第三級美國存託憑證

第三級美國存託憑證在申請登記程序與揭露要求方面,與第二級大致相仿;不過,此類存託憑證所代表之標的股票,是新股而非已發行之舊股,因此標的股票公司還須準備發行新股所需之公開說明書 (Prospectus) 等資料。這是發行條件最嚴苛、成本與時間最耗費的美國存託憑證類型,但是對標的企業而言,相對上的利益也較多。不但因在 NYSE、NASDAQ 等股市掛牌而享有國際聲譽,還因投資人基底擴大而改善了股票的市場流通性;更重要的是,得以發行新股而在美國股市取得新的權益資金。

144A 美國存託憑證

第十二章第三節曾提及,美國 SEC 在 1990 年 4 月頒布 144A 條款,准許公司在以私募 (Private Placement) 方式發行證券售予合格機構投資人 (Qualified Institutional Investor, QII) 時,可不必向 SEC 登記註冊,因此不必符合嚴格之資訊揭露要求。此條款當然也適用於以私募方式發行之美國存託憑證;這類型的憑證稱之為 **144A 美國存託憑證**;其發行及交易市場皆為 PORTAL (Private Offerings, Resale and Trading through Automated Linkages) 自動交易系統。以私募方式在美國股市銷售新股固然可以省卻向 SEC 註冊登記之麻煩,但因新股發行後仍只限於在合格機構投資人之間交易,而 QII 通常又傾向於採用「買入持有」(Buy and Hold) 的投資策略,因此這類型 ADR 的市場流動性自是不高。表 13-2 列出上述四種類型 ADR 之發行條件及交易市場,如下所示。

表 13-2　各類型美國存託憑證 (ADR) 的發行條件及交易市場

類型	Level I	Level II	Level III	144A
財報編制之會計標準	母國標準	U.S. GAAP	U.S. GAAP	母國標準
向 SEC 註冊登記	不必	必要	必要	不必
公開說明書	不必	不必	必要	不必
憑證代表之股票	舊股	舊股	新股	新股
交易市場	OTC 市場	NYSE、NASDAQ	同 Level II	PORTAL

第三節　投資人角度的國際股市分析

重要名詞

資本市場線　　　　Capital Market Line, CML

國際投資組合的建構方式

最近一、二十年來，東、西方社會都經歷過股市大起大落的衝擊與洗禮，有些人在已開發國家的股市受挫，接著又到新興市場上跌跤。一個明顯的趨勢是全球各股市已日趨整合，因此投資組合理論 (Portfolio Theory) 上所言之國際投資的風險分散效果似乎正在減弱。全球股市日趨整合反映的一種現象，是愈來愈多的投資人讓資金穿梭於國際股市之間，也就是以持有國際投資組合

PART 5 ▶ 國際金融市場與海外融資

來取代純國內投資組合。為什麼會如此？兩個原因可以說明此現象；其一，自 1970 年代晚期開始，已開發及開發中國家的政府都努力逐步放寬對外匯及資本流動的管制；其二，電腦及電信技術的日新月異，讓資金的移轉及訊息的傳達無遠弗屆。

理論上，建構含有本國及外國股票的投資組合可以達成下列兩個目標：

一、在控制風險的情況下，參與外國股市的成長榮景而提高報酬率。

二、在既定的報酬率目標下，降低報酬率波動的風險。

此兩個目標的達成，其實也隱涵投資組合理論所討論的資本市場線 (Capital Market Line, CML)，在國際投資的情況下，會優於僅在國內市場投資所得到的 CML，如圖 13-1 所示。

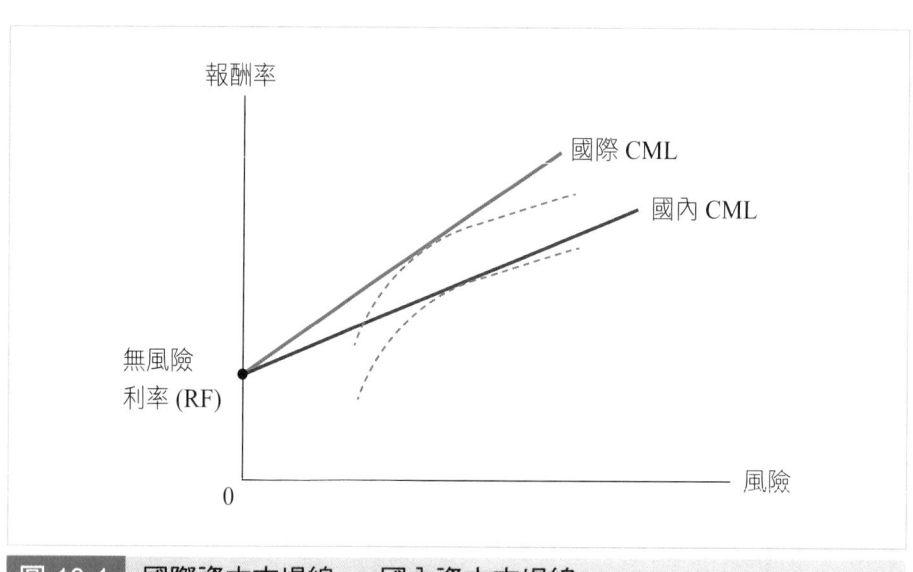

圖 13-1　國際資本市場線 vs. 國內資本市場線

一般投資人欲建構國際投資組合，普遍的作法有下列三種：(一) 直接在外國股市挑選個股購買；(二) 在自己國家的股票市場購買存託憑證 (DR)；(三) 購買國際共同基金 (International Mutual Fund)。此三種投資方法各有利弊。以下就來討論之。

直接在外國股市購買個股

網路科技的進步，使得愈來愈多的投資人 (包括機構及散戶) 到國外開立帳戶，並以網路下單的方式，直接購買外國股市的個股。程序上，在下單購買之前，投資人須先將足夠的外幣金額匯入國外帳戶，也就是說先將本國貨幣轉換為外幣，再將外幣匯出。所購得之股票就由經紀商監管。股票賣出後之所得，再匯回國內，並進一步轉換為本國貨幣使用。

直接在外國股市購買個股的好處是有較多的選擇，可以挑選自己中意的股市及股票；缺點則是交易成本高，不但需支付外國股市的證券交易相關稅負，還須負擔外匯交易的買賣價差，同時還要承擔匯率變動的風險，另外還須支付銀行電匯款項的手續費。

在本國股市購買存託憑證

對美國及歐洲的投資人而言，在本國市場購買存託憑證是比較安全可行的國際投資方式，因為這些地區的重量級股市最能吸引外國公司前來掛牌交易，因此可供挑選 (代表不同標的股票) 的存託憑證相當多。但是在新興市場，譬如亞洲及拉丁美洲的眾多股票市場，掛牌交易的存託憑證寥寥可數，因此即使購買存託

憑證確有優於直接投資外國股市個股之處,但對新興市場的投資人而言,其實並不可行。

購買存託憑證相較於直接投資外國股市的個股有些什麼好處?基本上,因存託憑證是以本國貨幣計價,因此投資人不必承擔匯率風險,也不必負擔外匯交易的買賣價差及電匯款項至國外帳戶的手續費。另外,若面臨憑證所有權必須移轉的問題 (譬如遺產繼承),也只是經由本國的法律程序,而不必經過外國的法院系統。

購買國際共同基金

小型投資人因為缺乏資訊及專業知識的判斷能力,若想涉足於外國股市,一個比較穩健的作法是購買國際共同基金。目前各大銀行及證券商所提供的共同基金種類可謂琳瑯滿目、應有盡有。一般從名稱上即可看出各該基金所包含的證券種類 (股票或債券)、國別屬 (多國或單一國家)、產業別屬 (是否集中於同一產業)、成長性屬 (高成長小型公司或低成長大型公司) 等。舉例來說,若基金名為「全球股票基金」,則必是將全球不同地區、不同國家的股票都納入的基金。若名為「美國股票成長基金」,則是僅包含美國股市小型成長股的單一國家型基金;若名為「歐洲股票基金」,則知既非全球型基金 (Global Fund),也非「單一國家型基金」(Single-Country Fund),而是地區型基金 (Regional Fund) 的股票基金;若名為「亞洲科技基金」,則可推斷是集中於電子科技產業的地區型股票基金。

選擇納入外國股票的共同基金較直接在外國股市挑選個股,

對投資人 (特別是散戶投資人) 而言最大的好處,是可以倚仗基金經理人的專業知識及能力。事實上,基金經理人不但在資訊的取得方面可以發揮規模經濟,在交易成本、匯率風險的管理,以及對外國股市法規與制度的掌握上也遠比散戶投資人熟練得多。因此,在時間、精力,甚至資金方面受限制的投資人,考慮共同基金是比較明智的國際投資作法。

投資外國股票的實現報酬率計算

以上所討論的三種國際投資組合建構方法中,最讓投資人費心思的是直接挑選外國股市的個股。不論投資標的為何,投資人所關心的終究是「以本國貨幣」衡量的實現報酬率,而投資外國股票的實現報酬率不僅決定於股票本身價值的變動,也受到匯率變動的影響。茲舉一例來說明投資人在購買外國股票時,應如何評估其投資報酬率及風險。

假設國內某投資人於 6 月 1 日在美國股市購得美光的股票 10 張 (每張 100 股,因此共 1,000 股);買進價格每股為 US$30,當時轉換匯率為 US$1＝NT$34.20;該投資人共付出 NT$1,026,000。又假設投資人於 8 月 31 日將所有美光的持股賣出,賣價每股為 US$28,再轉換回新台幣的匯率為 US$1＝NT$34.00;投資人共拿回 NT$952,000。投資人的新台幣實現報酬率為 －7.2%,計算如下 (為簡化起見,此處不考慮匯率的買賣價差及匯款手續費):

(NT$952,000－NT$1,026,000)/NT$1,026,000＝－7.2%

上述以新台幣衡量之實現報酬率,其實是由兩項因素共同決定的:一是以美元計價之股票報酬率;二是匯率變動率。因此,我們也可套用下列的公式來計算實現報酬率:

$$R_{NT\$} = (1 + R_{US\$})(1 + R_{EX}) - 1 \qquad (13\text{-}1)$$

上式中,$R_{NT\$}$ 為以新台幣衡量之實現報酬率;$R_{US\$}$ 為以美元計價之股票報酬率;R_{EX} 為匯率變動率。由於此例中 $R_{US\$} = (28 - 30)/30 = -0.067$,而 $R_{EX} = (34.0 - 34.2)/34.2 = -0.0058$,套用 (13-1) 式所算出的實現報酬率如下:

$$\begin{aligned} R_{NT\$} &= (1 - 0.067)(1 - 0.0058) - 1 \\ &= -0.072 \\ &= -7.2\% \end{aligned}$$

根據 (13-1) 式,我們也可推導出實現報酬率的變異數 (用來衡量風險),是與股票報酬率的變異數、匯率變動率的變異數,以及股票報酬率和匯率變動率的共變數有關,此關係式如下所示:

$$\mathrm{Var}(R_{NT\$}) = \mathrm{Var}(R_{US\$}) + \mathrm{Var}(R_{EX}) + 2\mathrm{Cov}(R_{US\$}, R_{EX}) \qquad (13\text{-}2)$$

其中,$\mathrm{Var}(R_{NT\$})$ 代表實現報酬率的變異數;$\mathrm{Var}(R_{US\$})$ 代表股票報酬率的變異數;$\mathrm{Var}(R_{EX})$ 代表匯率變動率的變異數;$\mathrm{Cov}(R_{US\$}, R_{EX})$ 則是代表股票報酬率與匯率變動率的共變數。

本章摘要

- 在流動性不高的市場，股價極有可能無法反映其應有之價值，因此許多開發中國家的優良企業，會盡量尋求讓股票在外國股市掛牌交易，以期能增加股票的流通性而提高股價。
- 目前全球資本額排名前三大的交易所依序是：美國紐約洲際交易所集團 (NYSE: ICE)、那斯達克－美國交易所 (NASDAQ-US)、日本交易所集團 (Japan Exchange Group Inc.)。
- 整體而言，美國紐約洲際交易所集團 (NYSE: ICE) 是全球規模最大 (資本額最大)、最具流動性 (週轉率最高) 的市場，也是外國公司掛牌數目最多的市場。
- 目前市場上提供各類型股價指數最著名的公司是摩根史坦利資本國際公司 (MSCI)，所建構的指數包羅萬象；有世界指數；歐、澳、遠東指數新興市場指數；歐洲指數及金磚四國指數 (BRIC Index) 等不一而足。
- 企業在國外交易所掛牌交易的股票，可以是已在國內市場發行過的舊股，也可以是即將發行的新股。
- 企業到國外股市掛牌交易，一般有兩種主要的方式：一是以存託憑證 (DR) 的方式掛牌；另一則是以全球記名股票 (GRS) 的方式掛牌。
- 外國企業若想在美國股市發行存託憑證，依照自己所願意接受的 SEC 會計及揭露標準尺度，有下列四種類型可以考慮：(1) 第一級美國存託憑證；(2) 第二級美國存託憑證；(3) 第三級美國存託憑證；(4) 144A 美國存託憑證。
- 理論上，建構含有本國及外國股票的投資組合可以達成下列兩個目標：(一) 在控制風險的情況下，參與外國股市的成長榮景而提高報酬率；(二) 在既定的報酬率目標下，降低報酬率波動的風險。
- 投資人欲建構國際投資組合，普遍的作法有三：(一) 直接在外國股市挑選個股購買；(二) 在自己國家的股票市場購買存託憑證；(三) 購買國際共同基金。

本章習題

一、選擇題

1. 目前全球資本額最大、週轉率最高、外國公司掛牌家數最多的股票市場是：
   a. 那斯達克－美國交易所 (NASDAQ-US)
   b. 美國紐約洲際交易所集團 (NYSE: ICE)
   c. 英國倫敦證券交易所集團 (LSE Group)
   d. 加拿大多倫多證券交易所集團 (TMX Group)

2. 根據 MSCI 世界指數，下列何者不屬於已開發市場 (Developed Market)？
   a. 希臘
   b. 日本
   c. 香港
   d. 葡萄牙

3. 下列有關全球股市的描述何者正確？
   a. 市場週轉率愈高，外國公司愈不願到該市場掛牌
   b. 一般而言，資本額及週轉率愈高的市場愈易於吸引外國公司前來掛牌
   c. 一般而言，股市的資本額愈大，則週轉率愈低，但偶有例外
   d. 以上皆正確

4. 下列有關存託憑證 (DR) 的描述何者不正確？
   a. 存託憑證是以發行地幣別為計價貨幣
   b. 由於存託憑證的價值是直接連結到已交付信託之標的股票的價值，故一股存託憑證剛好等於一股標的股票股權
   c. 在美國股市發行之存託憑證，稱之為 ADR
   d. 在台灣股市發行之存託憑證，稱之為 TDR

5. 下列有關全球記名股票 (GRS) 的描述何者正確？
   a. 全球記名股票是透過電子交易系統進行交易，因此必定是「記名」股票
   b. 全球記名股票是以同一種幣別在全球股市掛牌交易的股票
   c. 目前企業到外國股市掛牌交易最常用的方式是發行全球記名股票

d. 第一個全球記名股票是在美國那斯達克市場 (NASDAQ) 掛牌

6. 下列哪一類型的美國存託憑證之發行條件最為嚴苛？

    a. 第一級美國存託憑證 (Level I ADR)

    b. 第二級美國存託憑證 (Level II ADR)

    c. 第三級美國存託憑證 (Level III ADR)

    d. 144A 美國存託憑證 (144A ADR)

7. 申請發行下列哪一類型的美國存託憑證必須備有「公開說明書」？

    a. 第一級美國存託憑證 (Level I ADR)

    b. 第二級美國存託憑證 (Level II ADR)

    c. 第三級美國存託憑證 (Level III ADR)

    d. 144A 美國存託憑證 (144A ADR)

8. 申請發行下列何種類型的美國存託憑證不必向美國 SEC 註冊登記，也不必備妥「公開說明書」？

    a. 第一級美國存託憑證和第二級美國存託憑證

    b. 第一級美國存託憑證和第三級美國存託憑證

    c. 第二級美國存託憑證和第三級美國存託憑證

    d. 第一級美國存託憑證和 144A 美國存託憑證

9. 假設 2008 年 x 月 x 日在台灣證券交易所交易的台積電 (TSM) 股票收盤價為 NT$61 / 股，當天匯率落在 NT30.5/US$。假設沒有交易成本，請問台積電在美國 NYSE 交易的存託憑證一股應為多少美元才不會產生套利機會？(註：1 股 TSM 存託憑證等於 5 股台積電股票股權。)

    a. US$10

    b. US$11

    c. US$12

    d. US$13

10. 延續上題，若台積電股價每股上漲 NT$8，在匯率不變的前提下，則套利行為會使 TSM 存託憑證每股上漲多少？

    a. US$1.0

    b. US$1.1

    c. US$1.21

    d. US$1.31

11. 假設國內某投資人於 2008 年 3 月 x 日在美國股市購得雅虎的股票 10 張，買進價格每股為 US$28，當時轉換匯率為 US$1＝NT$30。假設該投資人於 2008 年 5 月 x 日將所有雅虎的持股賣出，賣價每股為 US$31，再轉換為新台幣的匯率為 US$1＝NT$30.2。請問該投資人以新台幣衡量之實現報酬率是多少？(此處不考慮任何交易成本。)

　　a. 10%

　　b. 11.45%

　　c. 11.5%

　　d. 12.6%

12. 延續上題，假設出脫持股時的新台幣匯率為 US$1＝NT$29.0，則該投資人以新台幣衡量之實現報酬率是多少？

　　a. 7.02%

　　b. 8.15%

　　c. 9.5%

　　d. 10%

二、問答題

1. 作為一個國際投資人，對於是否將資金投注在新興市場的股票上，你會先考慮哪些因素？
2. 跨國掛牌交易 (Cross-Listing) 對企業而言有哪些好處？
3. 請就「DR」與「GRS」定義之。
4. 假設在 2004 年某月某日，在台灣證券交易所交易的台積電 (TSM) 股票價格每股為 NT$43。假設當天匯率為 NT$32/US$，請問台積電在美國 NYSE 交易的存託憑證一股應為多少美元才不會產生套利的機會？(假設沒有交易成本。)
5. 根據第 4 題，假設當日台積電在美國 NYSE 交易的存託憑證實際交易價格為 US$7，請問你將如何做以賺取套利利潤？
6. 請列表說明四種類型 ADR 之發行條件及交易市場。
7. 購買存託憑證相較於直接投資外國股市的個股有些什麼好處？
8. 假設國內某投資人於某年 9 月 8 日在美國股市購得微軟的股票 20 張 (每張 100 股，因此共 2,000 股)；買進價格每股為 US$26，當時轉換匯率為

US$1＝NT$34.10。又假設投資人於同年 10 月 8 日將所有微軟的持股賣出，賣價每股為 US$28，再轉換回新台幣的匯率為 US$1＝NT$33.80。請問投資人以新台幣衡量之實現報酬率是多少？(此處不考慮匯率的買賣價差及匯款手續費。)

PART 6
國際化營運管理

企業在營運方面有兩個最重要的任務：一為短期現金管理；二為長期資本預算。對於國際化企業而言，此兩個工作項目都較純國內企業複雜得多。跨國界的現金管理牽涉到外匯交易的金額及成本的考量，還有潛在的資金受困問題需要防範，因此有必要進行中心化的現金管理及各種策略運用。跨國資本預算也需將匯率及政治風險的考量納入分析之中，因此除了從方案本身的角度，還須從母公司的角度評估計畫的可行性。本篇包括第十四、十五章，第十四章探討國際化現金管理；第十五章詳論跨國資本預算。

PART 6 國際化營運管理

Chapter 14
國際化現金管理

　　現金管理的積極目的是要使企業經營更有效率，獲利更豐厚；消極目的則是避免讓企業陷於週轉不靈、跳票等財務危機的窘境。對國際化的企業而言，現金管理的複雜度更甚於純國內企業，此乃因各國的公司稅率不同，對於跨國界的資金移轉也有不同的管制與稅法上的處理措施，而匯率的波動及外匯交易的成本更是讓資金在國際間移動的時點、規模有全盤考量與預先規劃的必要。

　　國際化現金管理 (Internationalized Cash Management) 至少應達到如下幾個目標：(一) 確保現金收付的效率性；(二) 降低資金匯送的金額及外匯交易成本，並縮減安全現金餘額至最低水準；(三) 極小化稅負總額；以及 (四) 保留運送受困資金 (Blocked Funds) 的彈性與能力。欲使效率化現金管理的目標易於達成，跨國企業可以在內部建立一套中心化的現金管理系統；此系統的植

入,讓企業得以成功運作多項策略,包括付款淨額化 (Payments Netting) 及移轉訂價 (Transfer Pricing) 等的策略。

本章第一節介紹中心化的現金管理系統及如何確保現金收取的效率性;第二節描述如何運用付款淨額化策略來降低外匯交易的筆數及金額,並縮減企業整體須保有之安全現金餘額;第三節探討用來節稅及運送受困資金的移轉訂價策略。

第一節　中心化的現金管理系統

重要名詞

現金預算表　　　　Cash Budget Report
中心現金蓄池　　　Central Cash Pool 或 Central Cash Depository

跨國企業因為有子公司散居世界各地,營運管理本為不易;在現金管理方面若能建立中心化的機制,就可享有節省成本、提高報酬等諸多營運上的利益。中心化的現金管理系統或有不同的結構,基本要件是**現金預算表** (Cash Budget Report) 的編製,是由指定的**淨額中心** (Netting Center) 或**清算中心** (Clearing Center) 彙整各單位的現金部位而作成;淨額中心並根據現金預算表來指揮資金的流向。另外,也有必要建立**中心現金蓄池** (Central Cash Pool 或 Central Cash Depository),讓企業不必為預防目的而保留過多的現金餘額,且在處置過剩現金時能取得最優的報酬率,或在

第 14 章　國際化現金管理

融得資金方面獲得最有利的借款條件。

◎ 企業內、外部的資金往來概況

欲瞭解中心化的現金管理系統如何運作，我們應先知曉國際化企業在內部母、子公司之間，以及與外部各單位之間，有哪些項目的資金往來？圖 14-1 說明企業內部的資金往來概況。

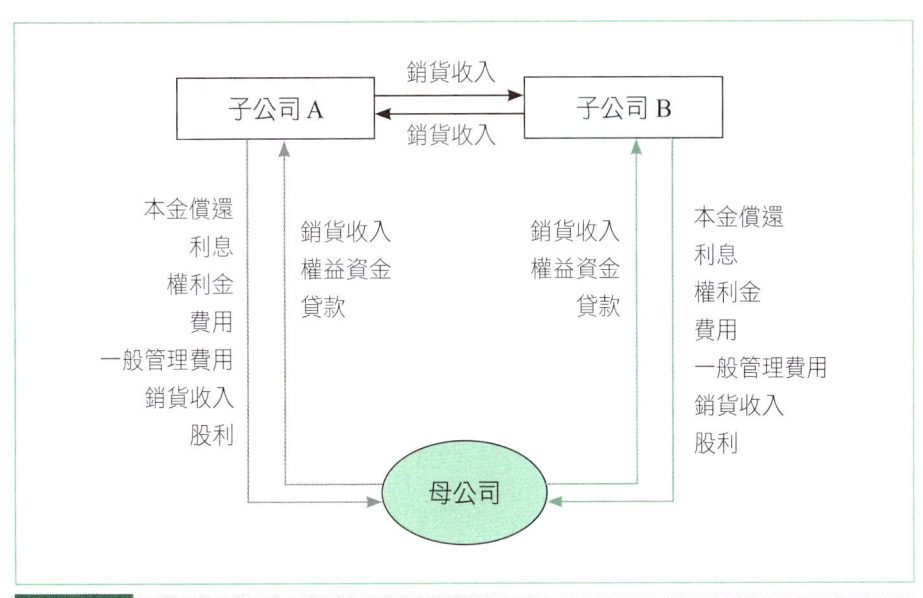

```
                    銷貨收入
     子公司 A  ←―――――――――→  子公司 B
              ←―――――――――
                    銷貨收入

  本金償還      銷貨收入    銷貨收入     本金償還
  利息          權益資金    權益資金     利息
  權利金        貸款        貸款         權利金
  費用                                   費用
  一般管理費用                           一般管理費用
  銷貨收入                               銷貨收入
  股利                                   股利

                      母公司
```

圖 14-1　國際化企業內部的資金往來概況

圖 14-1 顯示，母公司與任一子公司之間都有一些固定的資金往來項目；譬如，母公司因提供權益資金給子公司，而會定期收到子公司所付的股利；母公司也會提供貸款給子公司，而子公司則須定期支付利息給母公司，並於到期時償還本金。另外，母公司通常會准許子公司使用其專利及商標，而子公司則被要求付

523

給母公司**權利金** (Royalty)；母公司也經常會派員到子公司所在地提供管理及技術上的服務，而子公司的回報是付給母公司**費用** (Fee)。此外，所有的子公司都需共同負擔母公司的**一般管理費用** (Overhead Charges)。母、子公司之間彼此會有經常性的購買與銷售行為；譬如，母公司將原料銷售給製造子公司，而製造子公司則將製成品販售回母公司；這些內部的銷售行為會使母、子公司都能從對方得到銷貨收入。

國際化企業的外部資金往來概況，如圖 14-2 所示。此圖顯示，母公司或子公司因向外界進行負債融資，因此會有貸款利息與本金需要償還；另外，與非相關企業之間的買賣交易，有可能是以現金支付或採賒購及賒銷形式。譬如購買原料及零件會創造現金支出，或是應付帳款及隨後而來的現金支出；售出成品及半成品則會創造現金收入，或應收帳款及隨後而來的現金收入。此

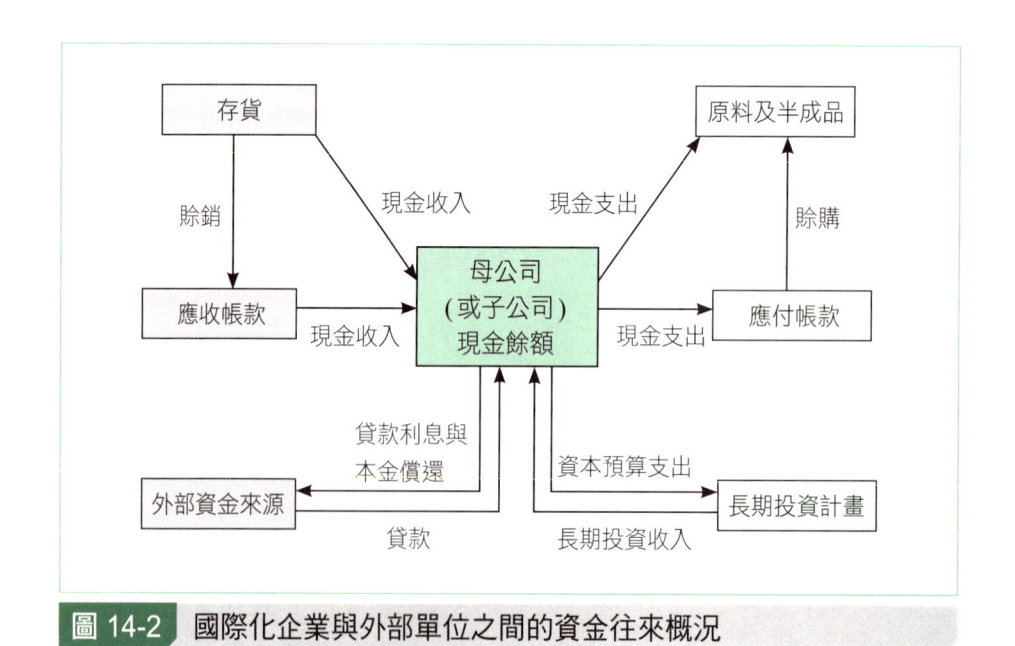

圖 14-2 國際化企業與外部單位之間的資金往來概況

外,針對長期投資計畫會有資本預算支出,但投資計畫在未來會定期創造現金收入。

中心化的現金管理系統

國際化企業內部及外部的資金往來情形,若透過中心化的現金管理系統,可以使企業的經營更有效率。前述提及現金預算表的編製是中心化現金管理的基本要件;此處就舉一例來說明現金預算表可以發揮的功用。

假設勤洋企業是一母公司設於美國的國際投資顧問公司,有三家子公司分別位於法國、新加坡及澳洲。勤洋企業對於所編列的現金預算表會隨時更新資料,以反映未來一週 (五個工作天) 的預期現金收入及支出狀況。雖然各子公司的現金收入及支出是以不同的貨幣計價,但現金預算表是以美元編列。表 14-1 是勤洋企業最新的現金預算表。

表 14-1 所列,為勤洋企業對未來五天現金收付的預測情形。表中資料顯示,美國母公司預期會從法國子公司收到 US$40,000 等值的歐元,也會從新加坡子公司收到 US$60,000 等值的新加坡幣,以及從澳洲子公司收到 US$50,000 等值的澳幣。另外,美國母公司預期會有從外部單位 (非相關企業的購買者) 而來的現金收入共 US$140,000。因此,未來五天美國母公司的預期現金收入總額為 US$290,000。同理,也可推知法國、新加坡、澳洲各子公司未來五天的預期現金收入總額分別為 US$280,000、US$325,000、US$245,000。

PART 6 ▶ 國際化營運管理

表 14-1　勤洋企業彙總現金預算表
　　　　（包括所有內、外部交易之預期現金收付情形）

單位：千美元

收入單位	支出單位					總收入
	美國	法國	新加坡	澳洲	外部單位	
美國	—	40	60	50	140	290
法國	30	—	50	55	145	280
新加坡	35	25	—	65	200	325
澳洲	65	20	40	—	120	245
外部單位	160	90	130	180	—	560
總支出	290	175	280	350	605	1,700[a]

註：a. 此數字僅是平衡用。

　　在現金支出方面，表 14-1 顯示美國母公司預期會付出 US$30,000 等值的歐元給法國子公司，也會付出 US$35,000 等值的新加坡幣給新加坡子公司，以及付出 US$65,000 等值的澳幣給澳洲子公司。另外，預期付給外部單位（非相關企業的原料及零件供應商）的現金總額為 US$160,000。因此，未來五天美國母公司的預期現金支出總額為 US$290,000。同理，也可推知法國、新加坡、澳洲各子公司未來五天的預期現金支出總額分別為 US$175,000、US$280,000、US$350,000。

　　上述現金預算表的編列，必須在中心化的現金管理制度之下才得完成。因為在中心化的制度之下，企業或以母公司或另指定其他單位為淨額中心，負責掌控公司整體的現金收付狀況。各子公司必須隨時將更新的現金收付預測情形向淨額中心呈報，而淨額中心則隨時掌控彙整新的資訊並更新現金預算表。

第⑭章 國際化現金管理

　　國際化企業內部單位彼此之間的現金收付狀況，並不會替公司帶來額外的現金收入或負擔，但是與外部單位之間的現金收付情形，則會造成公司現金總額的淨增加或減少。此現象可由表 14-2 及表 14-3 觀察得知。表 14-2 顯示整體企業由內部單位之間的交易往來所獲得的現金淨變化為零；表 14-3 則顯示勤洋企業與外部單位之間的交易使公司有淨現金收入 US$45,000。

表 14-2　勤洋企業內部交易的現金預算表

單位：千美元

收入單位	支出單位					淨收入/淨支出[a]
	美國	法國	新加坡	澳洲	總收入	
美國	—	40	60	50	150	20
法國	30	—	50	55	135	50
新加坡	35	25	—	65	125	(25)
澳洲	65	20	40	—	125	(45)
總支出	130	85	150	170	535	0

註：a. 淨收入/淨支出代表各單位由內部交易所產生的現金收入與現金支出之差異；以美國為例，其總收入 (150) 減去總支出 (130) 導致淨收入為 20。

表 14-3　勤洋企業外部交易的現金預算表

單位：千美元

單位	現金收入	現金支出	淨收入/淨支出
美國	140	160	(20)
法國	145	90	55
新加坡	200	130	70
澳洲	120	180	(60)
			45

勤洋企業到底有多少短期資金可供投資，或是母公司需向市場借入多少資金？答案可輕易從表 14-3 得知。該表顯示勤洋在未來五日將會因外部交易而獲得 US$45,000 的淨現金收入，表示有過剩現金的產生。為發揮短期資金管理的效率性，淨額中心可以將扣除安全餘額後的剩餘資金，用來購買貨幣市場工具，例如國庫券、商業本票、銀行承兌匯票等，或在債券市場進行附買回交易。所謂安全現金餘額，是指企業為預防動機而保留的一筆現金餘額；以勤洋企業為例，其扣除安全餘額後的實際可投資短期資金必定比 US$45,000 為少。至於安全現金餘額應如何計算？本章在第二節另有詳細說明。

跨國界現金收付的效率性與安全性

企業對於跨國界的資金移轉與匯送，可以採用各種不同的方式，但是為了講求效率、節省成本和避免出錯，甚至為了資金安全性考量，其所選擇的往來銀行大多是環球銀行金融電信協會 (The Society for Worldwide Interbank Financial Telecommunications, SWIFT) 的用戶，以及銀行同業清算支付系統 (The Clearing House Interbank Payments System, CHIPS) 或持續聯結清算銀行 (Continuous Linked Settlement Bank, CLS 銀行) 系統的用戶。

SWIFT 是一個非官方經營、非營利的國際金融訊息傳遞中心；其總部在比利時首都布魯塞爾的郊區 La Hulpe。大多數國際銀行同業發送的訊息都是透過 SWIFT 傳遞；截至 2015 年，SWIFT 總共連結了 200 多個國家超過 11,000 個金融機構，每

日交換超過 1,500 萬則電文 (Messages)；它有標準化的訊息傳遞格式，提供各類金融訊息的傳遞服務。

CHIPS 是美國的一個非官方機構，專門提供國際銀行之間的 (大金額) 美元支付服務，每日以雙邊及多邊淨額化方式，將各大銀行之間的外匯買賣、美元收付進行快速清算；85% 的清算工作在中午十二點之前即可完成。所有利用 CHIPS 進行國際支付的銀行都必須在美國紐約市設有分行或代辦機構；小銀行利用 CHIPS 在成本上並不划算。截至 2015 年，CHIPS 每日處理約 250,000 筆、金額超過 1.5 兆美元的跨國界及美國境內的銀行同業交易，是全球最大的國際美元支付系統。

當企業有跨境大金額外匯交易的需求時，就須特別注意赫斯特風險 (Herstatt Risk)，最好是選擇已參與 CLS 銀行系統的款對款同步收付 (Payment versus Payment, PvP) 機制的銀行；以下有更詳細的說明。

第二節　付款淨額化策略

重要名詞

雙邊淨額化	Bilateral Netting
多邊淨額化	Multilateral Netting

PART 6 ▶ 國際化營運管理

開啟國際視窗　赫斯特風險與 CLS 銀行

赫斯特風險是某種形式的清算風險 (Settlement Risk)，或是專指外匯交易的清算風險。1974 年 6 月 26 日那天下午，德國赫斯特銀行被德國主管當局吊銷執照，導致與赫斯特銀行有外匯交易的一些往來銀行，在當天付完馬克給赫斯特銀行之後，卻無法從對方收到美元，致使外匯交割無法完成。如今，「赫斯特風險」一詞，就代表在外匯交易過程中因非預期或偶發因素而造成無法交割的風險。

傳統的清算機制可能會有不能同步付款的問題，這是因為不同幣別是各依當地支付系統辦理，而且還有時差的問題，因此清算風險確實存在，且被認為是外匯市場中最重要的系統性風險 (Systemic Risk)[1]。由於外匯市場是全球每日成交金額最大的金融市場，參與者包括央行等重量級客戶，因

在中心化的現金管理制度之下，企業得以運用**付款淨額化** (Payments Netting) 策略來降低資金匯送的金額及交易成本。跨國資金移轉的成本，包括匯率的買賣價差、電匯費用，以及資金在運送途中損失的利息。付款淨額化策略對於企業內部的資金移轉特別有功效，可以使所需移轉的資金金額減至最低；其過程是須

---

[1] 系統性風險 (Systemic Risk) 是指金融系統中因機構間互相關聯，倘若發生外力衝擊，可能會有牽一髮而動全身的風險，與投資組合理論中之不可分散的系統風險 (Systematic Risk) 不同。

530

第 14 章　國際化現金管理

此清算風險必然受到各國央行的重視。

為消除外匯清算風險，由全球數十家主要外匯交易銀行共同集資，並獲得各國中央銀行支持與配合而在美國紐約成立的持續聯結清算銀行，在 2002 年 9 月 9 日正式獲准營業，是一家艾奇法案公司。使用 CLS 系統的款對款同步收付機制來結算外匯交易，可以讓交易雙方同步收付款項，因此消除了交割風險。

CLS 清算機制已成為國際主要的外匯清算方式；截至 2017 年 3 月，全球 50% 的外匯交易，都是經由 CLS 銀行清算完成。而截至 2015 年 11 月，CLS 銀行所交割的貨幣共 18 種，有 74 家銀行為其股東，旗下有 64 個清算會員銀行，以及超過 9,000 個積極參與客戶。

先做到**雙邊淨額化** (Bilateral Netting)，然後再推展到**多邊淨額化** (Multilateral Netting)。

◎ 內部資金移轉的淨額化

為瞭解付款淨額化策略對企業內部資金移轉所產生的功效，我們可以比較未採淨額化與採用淨額化兩者的差異。以本章第一節中表 14-2 所列的勤洋各子公司現金收支狀況為例，其未採淨額化的內部資金移轉情形如圖 14-3 所示。

531

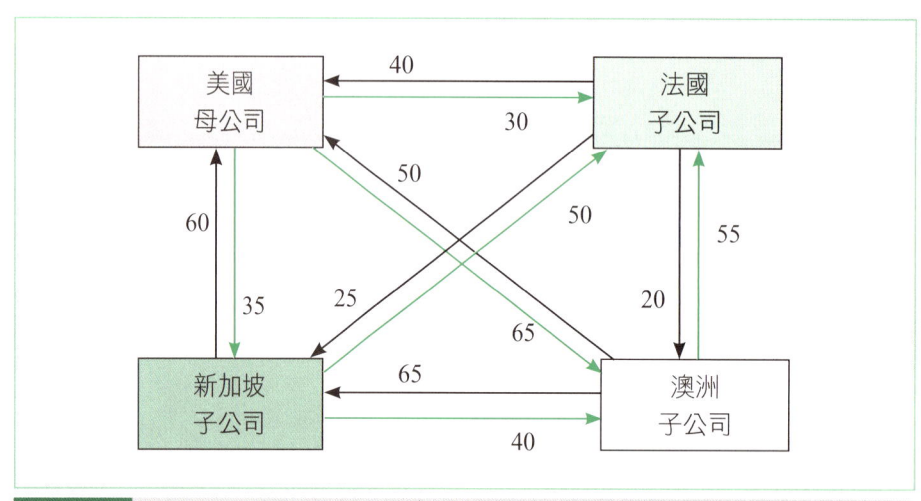

圖 14-3 勤洋企業未採淨額化策略的內部資金移轉情形

　　圖 14-3 顯示，勤洋企業若未採淨額化策略，則共需 12 筆交易來完成資金移轉。若採雙邊淨額化策略，則可將交易筆數降至 6 筆，大大減少了交易成本。雙邊淨額化之下的資金移轉情形，如圖 14-4 所示。

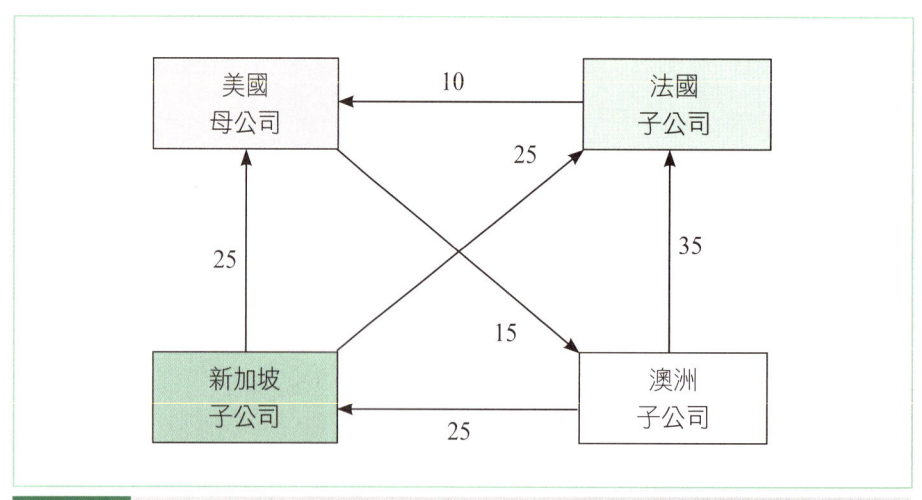

圖 14-4 勤洋企業在雙邊淨額化之下的內部資金移轉情形

圖 14-4 顯示，雙邊淨額化讓勤洋企業內部各單位之間的匯送金額大幅降低。譬如美國母公司與法國子公司之間，原本前者應匯送 US$30,000 給後者，而後者也應匯送 US$40,000 給前者；雙向匯送金額共為 US$70,000。採用雙邊淨額法之後，則只需由法國子公司匯送 US$10,000 給美國母公司。比較圖 14-3 及圖 14-4，可知若未採淨額化策略，勤洋企業因內部交易而需匯送的總金額為 US$535,000；在雙邊淨額化之後，匯送的總金額降為 US$135,000。

較雙邊淨額化更有效率並節省成本的資金移轉方法是多邊淨額化策略。根據圖 14-4 中的資料，我們可以算出在多邊淨額化策略之下，勤洋企業內部各單位之間相互的收支狀況如下：

美國母公司

US$10,000 ＋ US$25,000 ＋ (－US$15,000) ＝ US$20,000
 （收入）　　（收入）　　　（支出）　　　（淨收入）

法國子公司

US$35,000 ＋ US$25,000 ＋ (－US$10,000) ＝ US$50,000
 （收入）　　（收入）　　　（支出）　　　（淨收入）

新加坡子公司

US$25,000 ＋ (－US$25,000) ＋ (－US$25,000) ＝－US$25,000
 （收入）　　　（支出）　　　　（支出）　　　　（淨支出）

PART 6 ▶ 國際化營運管理

澳洲子公司

US$15,000＋(－US$25,000)＋(－US$35,000)＝－US$45,000
　(收入)　　　　(支出)　　　　　(支出)　　　　　(淨支出)

　　淨額中心根據多邊淨額化所產生的收支狀況，會決定資金該如何由淨支出單位匯送給淨收入單位。譬如圖 14-5 及圖 14-6 皆是可能的匯送方式。

　　淨額中心一旦決定資金如何匯送，就會通知各淨支出單位，告知該付給哪一方。付款單位收到通知後，需負責通知收款單位，並負責購買外匯。由於淨額中心在計算各單位該匯送或收取的金額時，是按照某一特定日期的匯率，將不同貨幣計價的現金收入及支出全部換算成美元；若付款單位實際購買外幣的匯率與淨額中心所指定的匯率不同，則其中差異由付款單位承擔。

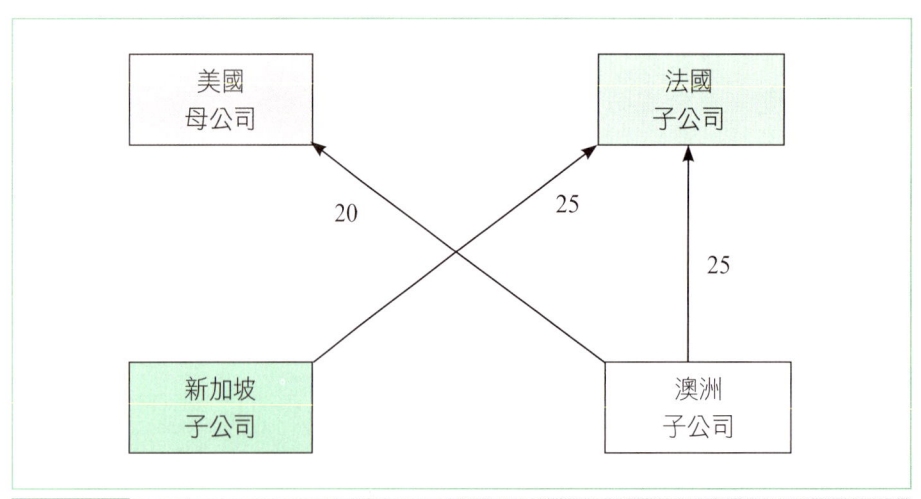

圖 14-5 勤洋企業在多邊淨額化之下的內部資金匯送情形之一

第 14 章　國際化現金管理

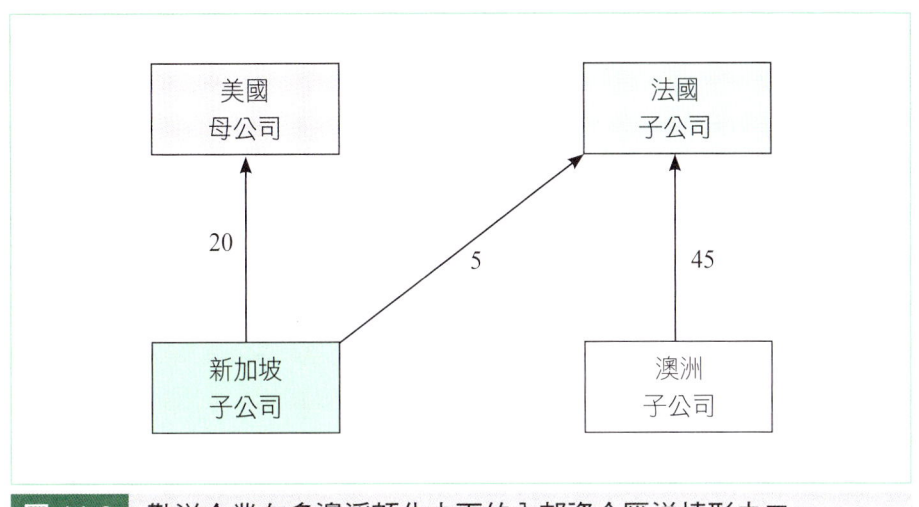

```
   美國                     法國
   母公司                   子公司
     ↑                       ↑
     |                      ↗ |
    20                    5   45
     |                  ↗     |
   新加坡                    澳洲
   子公司                    子公司
```

圖 14-6　勤洋企業在多邊淨額化之下的內部資金匯送情形之二

○ 中心現金蓄池

在中心化的現金管理系統之下，企業多半會成立中心蓄池，來加強管理資金在內、外部各單位之間匯送的效率性。上述圖 14-5 或圖 14-6 的資金匯送情形，若須透過中心蓄池，則如圖 14-7 所示。

圖 14-7 顯示，所有付款單位的淨支出，都是先匯送給中心蓄池，再由中心蓄池匯送給收款單位。或許有人會質疑，多一次的匯送豈不是增加交易成本？事實上，當企業與外部單位之間有資金往來的問題時，中心蓄池的建立就會發揮其功用。根據前述表 14-3 所揭示的勤洋企業與外部單位之間的資金往來資料，若有中心蓄池的建立，則過剩或不足資金的處置應採圖 14-8 的模式。

535

PART 6 ▶ 國際化營運管理

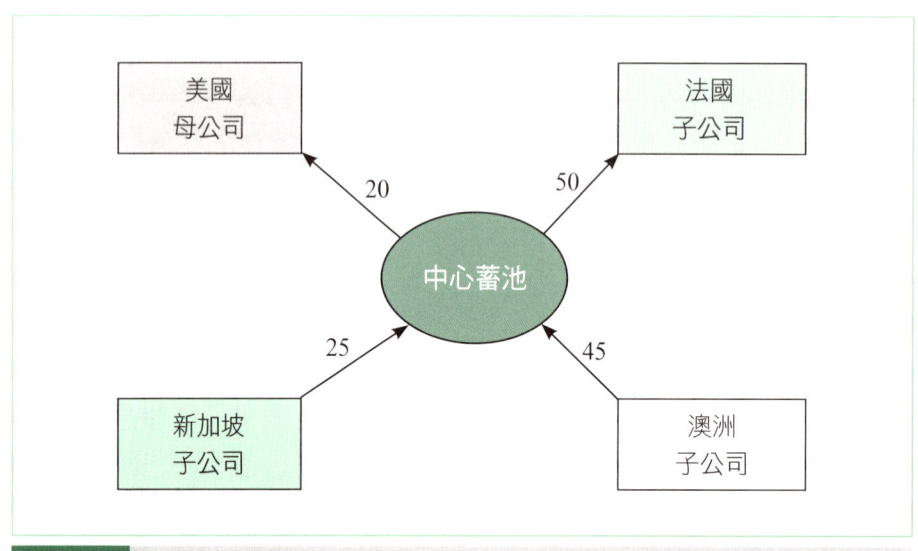

圖 14-7 勤洋企業透過中心蓄池來完成內部各單位之間的資金匯送

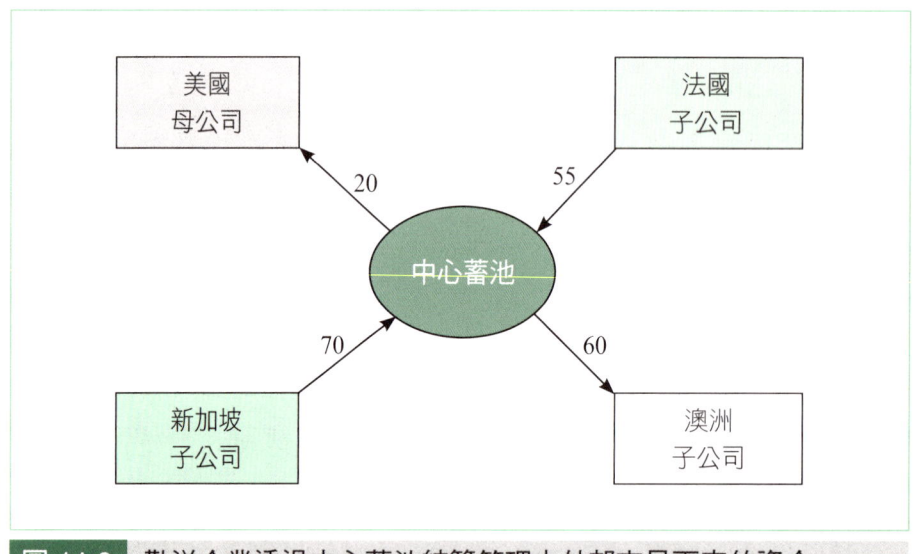

圖 14-8 勤洋企業透過中心蓄池統籌管理由外部交易而來的資金

對照表 14-3 及圖 14-8 可知，法國子公司及新加坡子公司因有由外部交易而產生的過剩現金，故應將此筆過剩資金匯送給

中心蓄池統籌管理；美國母公司及澳洲子公司因有由外部交易而產生的現金不足情形，故須由中心蓄池負責支援其所需資金。中心蓄池的存在，可以使美國母公司及澳洲子公司不必自行向外界融資，而法國子公司及新加坡子公司也不必自行處理過剩現金的投資問題。資金由中心蓄池統籌管理不但可以讓自家企業保留賺取市場借貸利差的機會，也因集中管理及全盤性的考量而得以發揮規模經濟，達到整體投資報酬提高與融資成本降低的成效。

上述的分析說明中心蓄池的建立可以有效管理跨國企業由外部交易而產生的資金問題；除此之外，中心蓄池也可以將內部交易與外部交易的現金收付情形加以整合，而得到進一步減少外匯交易筆數及降低成本的利益。關於此點，我們可以利用表 14-2 及表 14-3 的資料作分析。首先將兩表中最右邊一行的資料（淨收入或淨支出）分別取出，另外編成表 14-4，如下所示。

表 14-4　勤洋企業內部與外部交易的資金流向 (淨收入 / 淨支出) 整合

單位：千美元

單位	內部交易淨值[a]	外部交易淨值[b]	整合後淨值[c]
美國母公司	20	(20)	40
法國子公司	50	55	(5)
新加坡子公司	(25)	70	(95)
澳洲子公司	(45)	(60)	15

註：a. 內部交易淨值是由表 14-2 得來；正值 (負值) 代表淨收入 (淨支出)。
　　b. 外部交易淨值是由表 14-3 得來；正值 (負值) 代表淨收入 (淨支出)。
　　c. 整合後淨值＝內部交易淨值－外部交易淨值；正值代表資金由中心蓄池流向各單位，負值代表資金由各單位流向中心蓄池。

表 14-4 顯示，將勤洋企業內部及外部交易所產生的資金流

向整合之後，美國母公司會收到中心蓄池匯來的 US$40,000；法國子公司則是應該付給中心蓄池 US$5,000；新加坡子公司須付給中心蓄池 US$95,000；澳洲子公司則會收到中心蓄池匯來的 US$15,000。進一步來分析這些整合後的淨現金收付情形；以新加坡子公司為例，由於該公司因內部交易而須付出的淨額為 US$25,000，故應將 US$25,000 匯送給中心蓄池；另外，新加坡子公司因外部交易而產生過剩資金 US$70,000，故應將此筆過剩現金繳回中心蓄池；總共新加坡子公司應匯送給中心蓄池的金額為 US$95,000。依此類推，我們即可瞭解其他單位的整合後淨值所代表的意義。

表 14-4 的內容，若以圖 14-9 表示之，更容易看出各單位與中心蓄池之間的資金流向情形。可以看出，透過中心蓄池將內、外部交易所得資金加以整合的結果，勤洋企業實際需要經

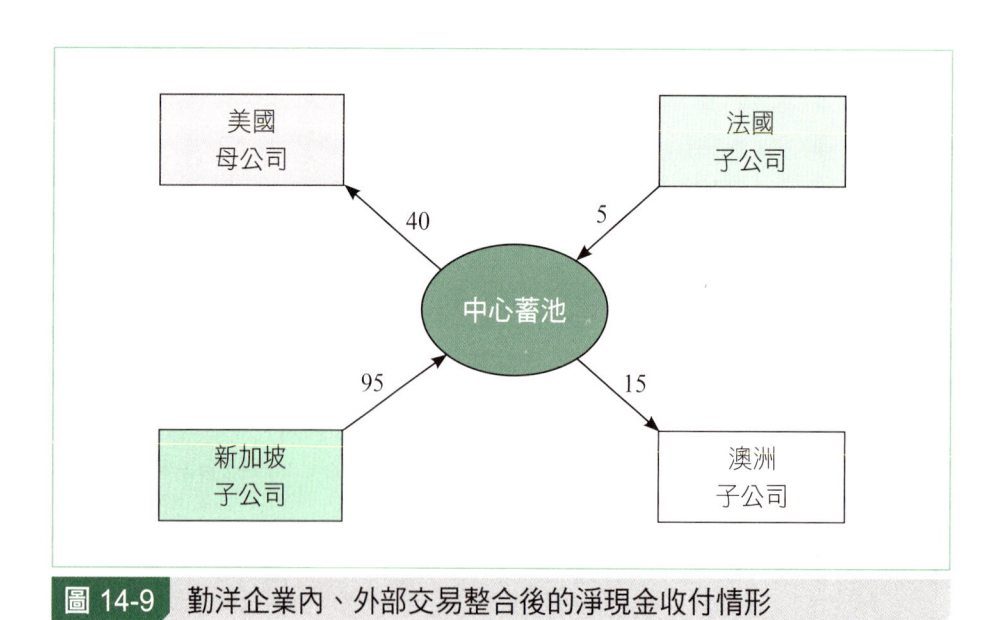

圖 14-9 勤洋企業內、外部交易整合後的淨現金收付情形

第 14 章　國際化現金管理

由匯率轉換而交付的金額共為 US$155,000（＝40,000＋5,000＋95,000＋15,000）；反之，未整合之前，全部應匯送之金額為 US$275,000 [＝70,000（源於內部交易）＋205,000（源於外部交易）][2]。

◎ 安全現金餘額之計算

　　企業在中心化的現金管理制度之下，由於資金調度容易，所設定的安全現金餘額必定比在非中心化的管理制度下低得多。一般企業對於安全現金餘額的設定，是先估計出各個單位的預期現金需求及標準差，並假設各個單位的預期現金需求是呈常態分配，且不同單位的現金需求是互相獨立的。基於預期現金需求是常態分配的假設，只要企業實際保留的現金餘額，等於預期現金支出加上 3 個標準差，就有 99.87% 的機會不會有現金短缺的現象。因此，安全現金餘額就等於預期現金支出加上 3 個標準差。為進一步說明中心化與非中心化現金管理制度下所保留之安全現金餘額的差異，我們再以勤洋企業為例，並假設各單位之預期現金支出及標準差如表 14-5 所示[3]。

　　在非中心化的現金管理制度之下，勤洋企業每一營運單位皆需保留自己的安全現金餘額，因此合計的餘額為 US$752,000。而在中心化的現金管理制度之下，由於已假設不同單位的現金需

---

[2] 源於內部交易的 US$70,000 可參考圖 14-5 或圖 14-6；源於外部交易的 US$205,000 可參考表 14-3。

[3] 此處假設勤洋企業各子公司的預期現金支出，與其各子公司外部交易的現金支出相同，這也是一種比較保守的假設。

表 14-5　勤洋企業各單位的預期現金支出及標準差

單位：千美元

單位	預期現金支出 (A)	標準差 (B)	安全餘額 (A＋3B)
美國母公司	US$160	US$16	US$208
法國子公司	90	10	120
新加坡子公司	130	20	190
澳洲子公司	180	18	234
合計	US$560		US$752

求是相互獨立的，因此中心現金蓄池計算安全餘額所依據之標準差如下：

$$\sqrt{(16,000)^2 + (10,000)^2 + (20,000)^2 + (18,000)^2} = 32,863$$

由以上計算得知，在中心化的現金管理制度之下，安全現金餘額等於 US$658,589（＝US$560,000＋US$32,863×3），比未中心化的情況減省了 US$93,411（＝US$752,000－US$658,589）。

第三節　移轉訂價策略

重要名詞

移轉訂價政策　　　Transfer Pricing Policy
常規交易原則　　　Arm's Length Principle

第⑭章　國際化現金管理

本章前兩節介紹過中心化現金管理制度的運作方式，以及在此制度下如何透過付款淨額化策略來達成降低資金匯送金額、節省外匯交易成本，及縮減安全現金餘額的目的。國際化現金管理的另外兩個重要目標是極小化稅負總額與保留運送受困資金的彈性；此處探討的移轉訂價策略可以發揮這樣的功用。事實上，跨國企業極有可能經常將移轉訂價策略靈活運用，而達到節稅及資金配置的功效。

移轉訂價策略

在探討移轉訂價策略如何運作之前，有必要先瞭解移轉價格 (Transfer Prices) 的定義。所謂移轉價格，是指公司在與子公司或關係企業進行商品、勞務、有形與無形資產的交易時所索取的價格。許多國家因知道企業慣於運用移轉訂價政策 (Transfer Pricing Policy) 來規避稅負或進行內部的資金布署，因此早已立法要求企業在訂定移轉價格時須符合常規交易原則 (Arm's Length Principle)，否則稅務機關有權按照營業常規進行合理調整，而提出反證的責任 (Burden of Proof) 則是落在企業身上。依據一般國家的稅法，適當的移轉價格必須是常規交易價格，也就是兩個非關聯或獨立的企業 (Two Parties Dealing at Arm's Length) 在正常交易狀態下所達成的市場價格 (Market Price)。

我國現行所得稅法第四十三條之一規定：具有從屬關係或直接間接為另一事業所有或控制之二個或多個營利事業，其相互間有關收益、成本、費用與損益攤計，若有不合營業常規之安排，

而導致規避或減少納稅義務之結果，則稅徵機關為調整該企業之應納稅額，應先報經財政部核准，始得據以調整。由此可知，我國的所得稅法對於企業運用移轉訂價政策的管制並不積極嚴格。不過，財政部在 2004 年 12 月 28 日已公布實施「營利事業所得稅不合常規移轉訂價查核準則」，由此可知政府對移轉訂價政策的管制已跟隨大多數國家的腳步，而正式與國際接軌。

移轉訂價策略雖然受到各國稅法的監督與規範，但企業仍然可以將之當作國際化現金管理的工具之一。此乃因產品或勞務的價格本來就很難統一加以規範；產品的製造過程與投入要素不盡相同，成本自然不會完全一樣，而勞務的訂價就更難一致，因為內容與品質的比較頗難量化。事實上，產品的製程與勞務的包裝，其中或多或少含有一些企業的技術機密；基於這些理由，企業因而得以擁有一些移轉訂價方面的操縱空間。

移轉訂價策略運用的結果有可能會讓各子公司的利潤狀況受到扭曲，而產生績效評估的擾亂效果 (Disruption Effect)。不過，在中心化的現金管理制度之下，企業應早已訂有一套有效評估各子公司績效表現的準繩，因此較之非中心化的系統更適合移轉訂價策略的運用。

移轉訂價策略的運用基本上可以達到兩項功用：(一) 降低公司稅負總額；(二) 移轉受困資金，茲分述如下。

降低公司稅負總額

假設某跨國公司正在思考是否運用移轉訂價策略來進行節稅。其製造子公司位於台灣，固定需將產品售予位於菲律賓的銷

售子公司，然後由銷售子公司負責將產品在歐洲地區售出，因此製造子公司的銷貨收入即等於銷售子公司的銷貨成本。由於兩地主國之公司所得稅率不同 (台灣為 17%，菲律賓為 30%)，透過調整移轉價格 (即製造子公司的銷貨收入或銷售子公司的銷貨成本) 可以達到節稅的效果。

表 14-6 列示兩種移轉價格策略造成的稅負差異；假設此

表 14-6　移轉訂價策略的降低稅負總額效果 (未考慮關稅)

單位：新台幣百萬元

	製造子公司 (台灣)	銷售子公司 (菲律賓)	從公司整體角度 考量的金額
低加價策略：			
銷貨收入	NT$200	NT$300	NT$300
減：銷貨成本	(100)	(200)	(100)
銷貨毛利	NT$100	NT$100	NT$200
減：營業費用	(10)	(10)	(20)
應稅所得	NT$90	NT$90	NT$180
減：所得稅 (17% / 30%)	(15.3)	(27)	(42.3)
淨利	NT$74.7	NT$63	NT$137.7
高加價策略：			
銷貨收入	NT$250	NT$300	NT$300
減：銷貨成本	(100)	(250)	(100)
銷貨毛利	NT$150	NT$50	NT$200
減：營業費用	(10)	(10)	(20)
應稅所得	NT$140	NT$40	NT$180
減：所得稅 (17% / 30%)	(23.8)	(12)	(35.8)
淨利	NT$116.2	NT$28	NT$144.2

表是以新台幣編製，單位為百萬元。由於製造子公司的公司所得稅率較低，因此應盡量將資金移轉給製造子公司，以求降低全面稅負及增加全面淨利。低加價 (Low Markup) 策略與高加價 (High Markup) 策略比較的結果，可知移轉訂價策略的運用 (採高加價策略) 使得公司的全面稅負節省了 NT$6,500,000 (＝NT$42,300,000－NT$35,800,000)，或全面淨利增加了 NT$6,500,000 (＝NT$144,200,000－NT$137,700,000)。全面稅負減少的金額 (或全面淨利增加的金額) 即是節稅利益。

上例在說明移轉訂價策略的節稅功用時，未考慮關稅 (進口稅) 課徵的效果。若銷售子公司的地主國對該類進口品課徵關稅，則提高移轉價格 (高加價策略) 會招致較多的進口稅，因而抵銷了一部分的節稅利益。表 14-7 顯示，由低加價策略移向高加價策略時，公司的節稅利益為 NT$5,100,000，此數字等於公司全面稅負降低的金額 [NT$5,100,000＝NT$39,900,000 (所得稅)＋NT$8,000,000 (進口稅)－NT$32,800,000 (所得稅)－NT$10,000,000 (進口稅)] 或全面淨利增加的金額 (NT$5,100,000＝NT$137,200,000－NT$132,100,000)。與表 14-6 的結果相比，可知進口稅的課徵讓節稅利益減少了 NT$1,400,000 (＝NT$6,500,000－NT$5,100,000)。

移轉受困資金

受困資金 (Blocked Funds) 的問題，常是在沒有預警的情況下發生。譬如一國突然爆發金融危機而導致通貨劇貶及資本嚴重外流的情形，當地政府為穩住匯率及防止資本外流持續惡化，有

第❹章　國際化現金管理

表 14-7　移轉訂價策略的降低稅負總額效果 (考慮關稅)

單位：新台幣百萬元

	製造子公司 (台灣)	銷售子公司 (菲律賓)	從公司整體角度 考量的金額
低加價策略：			
銷貨收入	NT$200	NT$300	NT$300
減：銷貨成本	(100)	(200)	(100)
減：進口稅 (4%)	—	(8)	(8)
銷貨毛利	NT$100	NT$92	NT$192
減：營業費用	(10)	(10)	(20)
應稅所得	NT$90	NT$82	NT$172
減：所得稅 (17% / 30%)	(15.3)	(24.6)	(39.9)
淨利	NT$74.7	NT$57.4	NT$132.1
高加價策略：			
銷貨收入	NT$250	NT$300	NT$300
減：銷貨成本	(100)	(250)	(100)
減：進口稅 (4%)	—	(10)	(10)
銷貨毛利	NT$150	NT$40	NT$190
減：營業費用	(10)	(10)	(20)
應稅所得	NT$140	NT$30	NT$170
減：所得稅 (17% / 30%)	(23.8)	(9)	(32.8)
淨利	NT$116.2	NT$21	NT$137.2

可能會在一夕之間宣告施行外匯及資本管制。如此一來，跨國企業在當地的子公司若有剩餘資金需要匯出，就變成了受困資金。

企業在地主國從事長期投資計畫之前，自然應先將資金受困的風險納入考量，此點在第十五章討論跨國資本預算時會有詳細

PART 6 ▶ 國際化營運管理

💡 樂學新知：稅基侵蝕與利潤移轉

稅基侵蝕與利潤移轉 (Base Erosion and Profit Shifting, BEPS) 係指跨國企業利用各國在稅率上的差異，以及在國際稅收方面仍欠缺縝密規範，而以人為方式將利潤移轉至低稅或免稅地區，其目的自然是極小化企業之全球稅負成本。由於 BEPS 對政府課稅的稅基與稅收造成侵蝕，而且影響跨國課稅之公平性，因此引發了全球政府的高度關注。

經濟合作暨發展組織 (OECD) 為補全國際稅收規則之漏洞，在 2013 年 2 月發布 BEPS 報告，又在同年 7 月發布 15 項 BEPS 行動計畫 (其中第 8、9、10、13 項直接攸關移轉訂價策略)，此為近年來國際稅務體系最重大之變革。另外，OECD 也於 2015 年 10 月將 15 項行動計畫全數定稿，並獲得 G20 國家與歐盟的背書，而各國稅務機關目前已陸續參照 OECD 建議之 BEPS 行動計畫，積極推動反避稅措施與研擬修訂其國內現行稅法，OECD 也會監督各國在 BEPS 15 項行動計畫上之執行程度。

說明。若投資計畫已在進行之中而發生非預期的資金受困，則企業只得思考各式策略來尋求將受困資金匯出。在中心化的現金管理制度之下，企業得以有較多的彈性與空間來處理資金受困的問題，譬如可以在相關企業之間運用提前或延後支付策略、移轉訂價策略等方法來運送受困資金。以移轉訂價策略而言，若前述例子中的製造子公司有受困資金問題，則盡量降低移轉價格可使製造子公司不必保留過多資金；反之，若銷售子公司有受困資金問題，則盡量提高移轉價格也可使銷售子公司不必保留過多資金。

本章摘要

- 國際化現金管理至少應達到如下幾個目標：(1) 確保現金收付的效率性；(2) 降低資金匯送的金額及外匯交易成本，並縮減安全現金餘額至最低水準；(3) 極小化稅負總額；以及 (4) 保留運送受困資金的彈性與能力。
- 中心化現金管理系統的基本要件是現金預算表的編製，是由指定的淨額中心或清算中心彙整各單位的現金部位而作成。
- 在中心化的現金管理制度之下，中心現金蓄池的建立也有其必要；如此可讓企業不必為預防目的而保留過多的現金餘額，而且在處置過剩現金時能取得最優的報酬率，或在融得資金方面獲得最有利的借款條件。
- 在中心化的現金管理制度之下，企業得以運用付款淨額化策略來降低資金匯送的金額、節省外匯交易成本，以及縮減安全現金的餘額；其過程是須先做到雙邊淨額化，然後再推展到多邊淨額化。
- 所謂移轉價格，是指公司在與子公司或關係企業進行商品、勞務、有形和無形資產的交易時所索取的價格。
- 大多數國家要求企業在訂定移轉價格時，須符合常規交易原則。依據許多工業國家的稅法，適當的移轉價格乃是兩個非關聯或保持獨立的單位彼此同意的交易價格，此價格稱之為常規交易價格。
- 若某企業兩部門之間的一項交易所產生的移轉價格受到管理當局（國稅局）的質疑，亦即管理當局認為此移轉價格並非常規交易價格，則管理當局有可能會逕行調整企業的應稅所得及稅負，而提出反證的責任則是落在企業身上。
- 移轉訂價策略雖然受到各國稅法的監督與規範，但企業仍然可以將之當作國際化現金管理的工具之一。主要原因是產品的製程和勞務的包裝不盡相同，而且其中或多或少含有一些企業的技術機密，因此價格很難統一加以規範。

本章習題

一、選擇題

1. 下列何者不是國際化現金管理的目標？
   a. 確保現金收付的效率性
   b. 降低資金匯送的金額及外匯交易成本
   c. 讓交易風險完全消除
   d. 保留運送受困資金的彈性及能力

2. 企業建立中心化現金管理系統的最根本要件是：
   a. 採用付款淨額化策略
   b. 運作移轉訂價策略
   c. 選擇 SWIFT 及 CHIPS 的用戶銀行為企業的往來銀行
   d. 現金預算表的編製

3. 執行付款淨額化策略的正確過程為：
   a. 現金預算表的編製 → 多邊淨額化 → 雙邊淨額化
   b. 現金預算表的編製 → 雙邊淨額化 → 多邊淨額化
   c. 雙邊淨額化 → 多邊淨額化 → 現金預算表的編製
   d. 多邊淨額化 → 雙邊淨額化 → 現金預算表的編製

4. 在中心化的現金管理系統之下，若企業成立中心現金蓄池，則中心現金蓄池的最大功用是：
   a. 可以執行多邊淨額化策略
   b. 可以執行移轉訂價策略
   c. 可以將內部交易與外部交易的現金收付情形予以整合，而獲得進一步減少外匯交易筆數及降低成本的利益
   d. 可以降低安全現金餘額

5. 某美國母公司有兩個海外子公司，其中之一是製造子公司，位於匈牙利，產品製造完成即出售給加拿大的子公司負責進行銷售。匈牙利的公司所得稅率遠比加拿大的公司所得稅率為低。美國母公司若想要利用移轉訂價策略來降低公司全面稅負，則會盡量：

a. 提高匈牙利製造子公司的銷貨收入及淨利

   b. 提高加拿大銷售子公司的銷貨收入及淨利

   c. 降低匈牙利製造子公司的銷貨收入及淨利

   d. 把銷售子公司由加拿大移往匈牙利

6. 延續上題，若匈牙利製造子公司有資金受困的問題，則 _____ 移轉價格可將資金從匈牙利匯出。

   a. 提高

   b. 降低

7. 下列何者是中心化的現金管理系統可以達到的功效？

   a. 可以執行多邊淨額化策略

   b. 可以降低安全現金餘額

   c. 可以降低整體企業的融資成本

   d. 以上皆是

8. 下表是太平洋企業彙總未來一週現金收付情形而編製的現金預算表 (包括所有內、外部交易)：

收入單位	支出單位					
	美國	中國	新加坡	台灣	外部單位	總收入
美國	—	30	50	40	100	220
中國	60	—	45	70	210	385
新加坡	50	25	—	65	150	290
台灣	55	60	40	—	120	275
外部單位	130	35	65	55	—	285
總支出	295	150	200	230	580	1,455[a]

註：a. 此數字僅是平衡用。

請問在雙邊淨額化策略之下，太平洋企業因內部交易而需匯送的總金額為：

a. US$50

b. US$65

c. US$100

d. US$590

9. 延續上題，請問在多邊淨額化策略之下，太平洋企業因內部交易而需匯送的總金額為：
   a. US$50
   b. US$65
   c. US$100
   d. US$590

10. 延續前兩題，若太平洋企業已建立中心現金蓄池，而且內、外部單位的資金匯送都要經過中心現金蓄池，則在多邊淨額化策略之下，企業因內、外部交易而需匯送的總金額為：
    a. US$295
    b. US$355
    c. US$420
    d. US$590

11. 何謂「赫斯特風險」(Herstatt Risk)？
    a. 外匯交易的清算風險
    b. 股票交易的清算風險
    c. 債券交易的清算風險
    d. 期貨交易的清算風險

12. 若預期現金支出呈現常態分配，而企業實際保留的現金餘額等於預期現金支出加上 _____ 個標準差，則企業現金短缺的機率會少於 1%。
    a. 1
    b. 2
    c. 3
    d. 4

二、問答題

1. 國際化現金管理至少應達到哪幾項目標？
2. 在中心化的現金管理制度之下，付款淨額化策略及移轉訂價策略各有些什麼功用？
3. 假設某企業的製造子公司在台灣 (公司所得稅率為 17%)，但銷售子公司在匈牙利 (公司所得稅率為 9%)；製造子公司會定期將產品出售給銷售子公

司。請問在降低全面稅負(或增加全面淨利)的考量下，移轉價格應盡量提高或降低？

4. 根據第 3 題所述，並利用表 14-7 中的數據，亦假設匈牙利對進口品課徵 4% 的關稅，請問低加價策略可使公司節稅多少？亦即全面淨利會增加多少？

5. 某企業在海外的子公司專營製造，並將製成品銷售給母公司以供應本國市場。假設子公司的地主國突然宣布外匯及資本管制，請問母公司應採高加價抑或是低加價策略來將子公司的受困資金匯出？

6. 新港企業的母公司位於新加坡，並在香港、美國及法國有子公司。假設新港企業的現金預算表是以新加坡幣編列，如下所示：

新港企業內部交易的現金預算表　　　　　　　　　　　　　　　　　(單位：千元新幣)

收入單位	支出單位				總收入	淨收入/淨支出*
	新加坡	香港	美國	法國		
新加坡	—	40	60	55	155	45
香港	10	—	20	30	60	(25)
美國	35	25	—	65	125	5
法國	65	20	40	—	125	(25)
總支出	110	85	120	150	465	0

*淨收入/淨支出代表各單位由內部交易所產生的現金收入與現金支出之差異。

(a) 根據現金預算表，請繪圖說明新港企業如何運用雙邊淨額化策略來降低外匯交易筆數及金額。

(b) 進一步繪圖說明新港企業如何運用多邊淨額化策略來降低外匯交易筆數及金額。

Chapter 15
跨國資本預算

資本預算是指企業遵循一般接受的原則及評量方法,來檢測長期投資(生產性資產的投資)方案的可行性。純國內企業所有的投資方案皆是在本國進行,而國際化企業卻有諸多投資計畫是在海外付諸實施,譬如在地主國建立製造子公司,以及併購國外企業等。由於評量國內投資方案與海外計畫有諸多不一樣的地方,因此為區別起見,前者可稱為**國內資本預算** (Domestic Capital Budgeting),而後者則謂為**跨國資本預算** (Multinational Capital Budgeting)。

跨國資本預算與國內資本預算在財務理論模型及分析架構的擇用上並無差異,評價所依據的基本原理原則也相同;不過,由於國外的政治經濟環境與國內迥異,再加上跨國投資須承擔匯率變動及地主國政策轉變的風險,使得跨國資本預算的複雜度明顯地比國內資本預算高出許多。

PART 6 ▶ 國際化營運管理

　　跨國資本預算決策的成功與否,攸關國際化企業長期的成長與發展力道,甚至可以改變企業的命運,因此其重要性不言可喻。本章第一節描述跨國資本預算各種評量方法的優缺點,以及跨國資本預算的考量重點;第二節舉例實地說明國外投資計畫的基本評估步驟;第三節探討考慮匯率變動及資金受困風險的國外投資計畫評估;第四節敘述跨國資本預算應特別注意的國家風險項目。

第一節　跨國資本預算的評量方法及考量重點

重要名詞

安全邊際	Safety Margin
國外已繳稅金抵扣額	Foreign Tax Credit, FTC
超額國外已繳稅金抵扣額	Excess Foreign Tax Credit, EFTC

　　一般財務管理的教科書都會提到,長期投資方案可採用的評量方法共有五種:

1. 淨現值 (Net Present Value, NPV) 法。
2. 內部報酬率 (Internal Rate of Return, IRR) 法。
3. 還本期間 (Payback Period, PB) 法。

4. 獲利指數 (Profitability Index, PI) 法。
5. 修正的內部報酬率 (Modified Internal Rate of Return, MIRR) 法。

其中 NPV 與 MIRR 是一般公認較為優良、也較常為企業所採用的方法；尤其是 NPV 法，因為其決策結果與公司「股東財富極大化」的經營目標符合，故最為財務理論所推薦。

實務上，企業未必總是採用 NPV 法來判定長期投資方案的可行性，因為各種評量方法都有其優缺點，選用不同的評量方法可以迎合不同的經營方針。對跨國企業而言，因經常面對不同的地主國文化及政治背景，故未必會以「股東財富極大化」為經營的終極目標，亦即未必會認為 NPV 法就是最佳的資本預算評量方法。以下就來介紹各種資本預算評量方法的優缺點。

◎ 各種資本預算評量方法的優缺點

淨現值法

一個計畫的淨現值 (NPV) 等於該計畫未來所有現金流入 (Cash Inflows, CIF_t) 的現值加總，減去計畫的期初資本支出 (Cash Outflows, COF_0)；可以數學式表示如下：

$$\text{NPV} = \sum_{t=1}^{n} \frac{CIF_t}{(1+k)^t} - COF_0 \tag{15-1}$$

上式中的 k 是用來計算現值所採用的折現率 (Discount Rate)，也

就是適用於該計畫的資金成本 (Cost of Capital)。對於一個獨立的 (Independent) 計畫方案，只要 NPV 大於零，該計畫就可被接受。對於兩個互斥的 (Mutually Exclusive) 計畫方案，亦即兩案僅能接受一案的情況，則除了 NPV 大於零的前提需成立外，兩案中具有較高 NPV 的一案應被接受。

淨現值法有兩個主要的優點：(1) 與「股東財富極大化」的經營目標符合；(2) 對計畫所創造的淨現金流之再投資報酬率，提供了合理的假設[1]。淨現值法還有一個次要的優點，就是各個計畫方案的淨現值可以相加，因此很容易算出多重方案 (譬如分階段投資的方案) 為公司增加的總價值。淨現值法也有一個缺點，就是未能提供安全邊際 (Safety Margin) 的訊息。有關安全邊際的意義，隨後在 IRR 處討論。

內部報酬率法

一個計畫之內部報酬率 (IRR) 的求解，是讓 (15-1) 式中等號左邊的 NPV 等於零，然後令 k 等於 IRR，如 (15-2) 式所示，再求解出 IRR：

$$0 = \sum_{t=1}^{n} \frac{CIF_t}{(1+\text{IRR})^t} - COF_0 \qquad (15\text{-}2)$$

對於一個獨立的計畫方案，只要 IRR 大於該計畫的資金成本

---

[1] 淨現值法在計算計畫未來現金流量的現值時，所採用的折現率，亦即 (15-1) 式中的 k，是適用於公司一般計畫的資金成本。此點隱含的假設是：計畫每期所創造出的現金流，可以在公司的資金成本進行再投資。

第 ⑮ 章　跨國資本預算

(k)，計畫就可以被接受。對於兩個互斥的計畫方案，則除了 IRR 大於 k 的前提需成立外，兩案中具有較高 IRR 的一案應被接受。

內部報酬率法有兩個優點：(1) 可提供安全邊際的訊息；(2) 可直接與其他投資機會的報酬率作比較 (包括無風險的公債利率等)。內部報酬率法也有三個缺點：(1) 對計畫所創造的淨現金流之再投資報酬率，提供不合理的假設[2]；(2) 現金流呈現「非常態」(Non-Normal) 狀況的計畫可能會有不只一個內部報酬率[3]，而增加作決策的困難；(3) 在評量互斥方案時，決策結果有可能與股東財富極大化的目標不符合。

有關安全邊際的意義，我們可以從比較計畫的 NPV 值與 IRR 值而略知一二。舉例來說，X 計畫在期初的資本支出為 $10,000；一年之後的預期淨現金流為 $17,600。另外，Y 計畫在期初的資本支出為 $100,000；一年之後的預期淨現金流為 $116,600。假設資金成本為 10%，則 X 計畫與 Y 計畫的 NPV 皆是 $6,000，而 X 計畫的 IRR 為 76%，Y 計畫的 IRR 為 16.6%。根據淨現值法，此兩計畫的接受度排序 (Ranking) 是一樣的；但是根據 IRR 法，X 計畫明顯地優於 Y 計畫。IRR 法提供了安全邊際的資訊，但淨現值法則無此功能。因為根據所算出的 IRR，X 計畫的實現 (Realized) 淨現金流即使是比預期

---

[2] IRR 法隱含的假設是：計畫所創造出的現金流，可以繼續在該計畫的 IRR 進行再投資。

[3] 有「非常態」淨現金流的計畫，是指計畫不僅是在零期 (期初) 有資本支出，在零期之後的各期也會有資本支出。

(Expected) 的低了 37%，仍可將全部的資本支出 ($10,000) 回收，但 Y 計畫的實現淨現金流卻只能比預期的低 5%，以求能將資本支出 ($100,000) 完全回收[4]。由此可知，IRR 愈高的方案愈安全，也就是實現淨現金流可以被容許與預期淨現金流產生較大的落差，而仍可將本金完全回收。IRR 法提供此等安全邊際的訊息，但淨現值法卻無法透露此項訊息。

還本期間法

還本期間 (PB) 的定義是：「可將期初資本支出回收的預期年限」。還本期間評量準則的吸引人之處，是簡單而易於瞭解，而其最主要的優點則是所計算的還本期間傳達了計畫方案的風險高低及資金流動性訊息。還本期間愈短的計畫，其風險愈低，而資金流動性愈高。譬如 A 計畫的還本期間為 3 年，B 計畫的還本期間為 5 年，則 B 計畫因還本期間較 A 計畫為長，代表其投資風險較高，而資金也較缺乏流動性。

還本期間法最大的缺點是忽略了在還本期間之後所創造的現金流；另一個缺點則是對計畫還本期間之前的所有現金收入都一視同仁，而不理會愈遠期現金流的價值愈低這一事實。不過，第二個缺點可透過計算「折現還本期間」(Discounted Payback

---

[4] X 計畫的實現淨現金流至少必須是 $11,088 (此金額比預期的 $17,600 低了 37%)，才能將投資本金 ($10,000) 回收，因為 $\frac{\$11,088}{(1+10\%)^1} = \$10,080 > \$10,000$。

Y 計畫的實現淨現金流至少必須是 $110,770 (此金額比預期的 $116,600 低了 5%)，才能將投資本金 ($100,000) 回收，因為 $\frac{\$110,770}{(1+10\%)^1} = \$100,700 > \$100,000$。

Period) 而消弭掉。此外，還本期間法也不似其他的評量方法有客觀的決策準則，譬如淨現值法的接受準則是 NPV＞0；內部報酬率法是 IRR＞k；而獲利指數法是 PI＞1；還本期間法的「可接受年限」則有賴經理人自行判斷，難免失之偏頗。

獲利指數法

一個計畫的獲利指數 (PI)，等於該計畫未來所有現金流入 (CIF_t) 的現值加總，除以計畫的期初資本支出 (COF_0)，如 (15-3) 式所示：

$$PI = \frac{\sum_{t=1}^{n}\frac{CIF_t}{(1+k)^t}}{COF_0} \tag{15-3}$$

對於一個獨立的計畫方案，只要 PI 大於 1，該計畫就可被接受。對於兩個互斥的計畫方案，則除了 PI 大於 1 的前提需成立外，兩案中具有較高 PI 的一案應被接受。

當公司對資本預算訂出上限時，獲利指數法可以作為 NPV 法的輔助評量準則。這是因為有些計畫的 NPV 值雖然排序高，卻可能因為期初資本支出超過預算限制而無法被採用。此時，根據獲利指數挑選方案特別有意義，因為獲利指數愈高的計畫代表其每一元投資帶給企業的淨收入愈多，因此在資金不夠分配的情況下應優先被採用。獲利指數法另一個優點與 IRR 法相同，就是可以傳達出計畫的風險性高低。獲利指數愈高者，其風險愈低，譬如 A 計畫的獲利指數為 1.2，B 計畫的獲利指數為 2.0，則 B 計畫比 A 計畫安全一些，因為 B 計畫有較多的空間

容許現金流入下降而仍能保持獲利的狀態。

獲利指數法的主要缺點是,當評量兩互斥方案時,決策結果有可能與股東財富極大化的目標不符合;此情況是發生在兩互斥方案的規模有顯著不同時。

修正的內部報酬率法

修正的內部報酬率 (MIRR) 法,顧名思義就是將前述的 IRR 法作了一些修正,此修正主要是針對 IRR 法的兩個缺點。明確地說,MIRR 法對再投資報酬率的假設與淨現值法相同,亦即是說計畫所創造的現金流可以在公司的全面資金成本進行再投資。另外,MIRR 的定義使得每一個專案計畫只會產生單一的 MIRR。MIRR 法的求解數學式如下:

$$COF_0 = \frac{\sum_{t=1}^{n} CIF_t(1+k)^{n-t}}{(1+MIRR)^n} \tag{15-4}$$

解 (15-4) 式找出 MIRR 的值,就可據以判定該計畫是否應被接受。MIRR 法解決了傳統 IRR 法的兩個問題 (缺點),因此優於傳統的 IRR 法。

綜評上述所言的五種資本預算評量方法,其中只有 NPV 法符合公司的「股東財富極大化」的經營目標;因此對於以「股東財富極大化」為目標的企業而言 (譬如安格魯美系國家的企業),NPV 法應會比較受到重視。另外,五種方法中也只有 NPV 法有不能提供安全邊際訊息的缺點。由於各種評量方法都各有其優缺點,而其各自的計算也並不複雜,因此企業在進行投資計

第15章 跨國資本預算

畫評估時,一般都會根據多種資本預算評量方法的結果作綜合考量。本章後述為方便起見,僅示範 NPV 及 IRR 法的計算結果。

跨國資本預算的考量重點

國外投資計畫的評估要比國內計畫複雜得多,主要原因是異國投資創造了諸多如匯率、稅賦、可匯送資金及母子公司的內部交易等問題的考量。此處針對跨國資本預算有別於國內資本預算的部分 (亦即跨國資本預算特殊的考量重點) 加以說明:

1. 國內資本預算完全從計畫本身的角度來評估方案的可行性。跨國資本預算不但須從計畫本身的角度 (即子公司的角度),也須從母公司的角度來評估方案。從計畫本身的角度作評估是為了便於將計畫的報酬率與國外其他的投資機會 (例如購買外國政府之公債) 直接作比較;從母公司的角度進行評量則是因為計畫是由母公司主導,因此計畫是否對母公司的現金流及獲利有貢獻才是首要考量。

2. 國內資本預算在評量計畫時可以不必考慮融資方式對現金流造成的影響,但跨國資本預算則有此等考量之必要。跨國資本預算因為必須從母公司的角度作評量,而不同的融資方式 (譬如期初資本支出若干是由母公司提供;若干是向外界融資) 會影響到母公司所負擔的現金流,因此會影響到評量結果。

3. 跨國資本預算須注意機會成本的考量。企業對海外某子公司的投資雖可增加該子公司的現金流,但有可能同時犧牲掉母

公司 (或另一子公司) 的部分現金流；因此，在評估方案對整體公司 (母公司) 的好處時，必須將機會成本納入考量。譬如某企業一向將產品輸出到 A 國的市場銷售，當某企業對於是否在 A 國成立製造子公司以便直接在當地市場銷售的方案進行評估時，必須將此方案的執行所導致的「輸出現金流的消逝」也納入分析之中。

4. 跨國資本預算必須將計畫所創造的現金流與實際可匯送回母公司的現金流作一區分。由於地主國可能對子公司以股利方式將盈餘匯送回母公司有法令上的限制 (譬如只准匯送稅後淨利的 75%)，同時也可能對匯送金額課徵預扣稅 (Withholding Tax)，因此跨國資本預算必須將法令限制與稅賦對現金流造成的影響納入考量。

5. 跨國資本預算必須注意母、子公司內部交易所創造的現金流之處理問題。譬如母公司將原料賣給子公司，從母公司的角度，此項交易創造收入 (利潤)，而從子公司的角度，此項交易創造銷貨成本。因此，從子公司角度評估方案的可行性時，必須將銷貨成本的現金流納入，而從母公司角度評估方案時，也要將內部交易所創造的利潤納入應稅所得之中。

6. 跨國資本預算必須將預期實質匯率變動 (包括名目匯率及通貨膨脹率的變動) 對未來各期現金流量造成的影響納入考慮。實質匯率變動除了會影響產品的價格、銷售量，也會影響原料及零件的成本。因此，正確的匯率預測乃是跨國資本預算極為重要的一環。

7. 由於各國稅率的不同，一般國家為達到稅賦的公平性，多半

在稅法上規定，本國公司在國外的子公司已就「國外所得」對地主國繳了所得稅後，母公司在計算自身的應付稅額時，可將在國外已繳的稅納入 國外已繳稅金抵扣額 (Foreign Tax Credit, FTC) 項目中扣除。可納入「國外已繳稅金抵扣額」項目中的稅，包括繳給外國政府的所得稅及預扣稅。

以下舉兩個簡單的例子，來說明母公司對於國外來源所得的應付稅額計算方式。

例 15-1

美國 NW 公司在愛爾蘭的子公司有稅前淨利 US$1,000,000；愛爾蘭的公司所得稅率為 12.5%，子公司付完稅後將全部稅後淨利以股利方式匯回給 NW 公司。愛爾蘭與美國訂有稅賦協約，述明子公司若將資金以「股利」方式匯出，須先繳交 5% 的預扣稅。NW 公司從子公司收到的股利應繳多少的稅給美國國稅局 (Internal Revenue Service, IRS)？

子公司稅前淨利	US$1,000,000
－地主國所得稅 (12.5%)	(125,000)
＝子公司稅後淨利	US$ 875,000
－地主國預扣稅 (5%)	(43,750)
＝匯送回母公司的股利	US$ 831,250

＋國外已付稅額加總 (Gross-Up)[5]	168,750
＝母公司應稅所得	US$1,000,000
×母國公司所得稅率	35%
＝母公司暫時稅負	US$ 350,000
－國外已繳稅金抵扣額 (FTC)	(168,750)
＝母公司應付稅額	US$ 181,250

例 15-2

美國 PC 公司在澳洲的子公司有稅前淨利 US$1,000,000；澳洲的公司所得稅率為 30%，子公司付完稅後將全部稅後淨利以股利方式匯回給 PC 公司。澳洲與美國訂有稅賦協約，述明子公司若將資金以「股利」方式匯出，須先繳交 15% 的預扣稅。PC 公司針對從子公司收到的股利，應繳多少的稅給美國國稅局？

子公司稅前淨利	US$1,000,000
－地主國所得稅 (30%)	(300,000)
＝子公司稅後淨利	US$ 700,000
－地主國預扣稅 (15%)	(105,000)
＝匯送回母公司的股利	US$ 595,000

---

5 國外已付稅額加總 (Gross-Up)＝US$125,000 (所得稅)＋US$43,750 (預扣稅)＝US$168,750。

＋國外已付稅額加總 (Gross-Up)[6]	405,000
＝母公司應稅所得	US$1,000,000
×母國公司所得稅率	35%
＝母公司暫時稅負	US$ 350,000
－國外已繳稅金抵扣額 (FTC)	(405,000)
＝母公司應付稅額	US$ 0
超額國外已繳稅金抵扣額 (EFTC)	US$ 55,000

由上述兩例可知，若子公司在國外已繳的稅負總額，低於同額所得在母國應繳的稅負，則母公司仍須繳交差額給母國的國稅局；反之，若子公司在國外已繳的稅負總額，高於同額所得在母國應繳的稅負，則母公司不必再繳交任何所得稅給母國的國稅局，反而有超額國外已繳稅金抵扣額 (Excess Foreign Tax Credit, EFTC) 可供運用。母公司可以在當年度用 EFTC 來抵減其他的國外來源所得應繳的母國稅負；若 EFTC 在當年度無法利用到，則仍是可抵減過去或未來年度的所得稅。

另外，從上述兩例也可看出，國外的子公司同樣是賺 US$1,000,000，但因兩子公司稅率的不同，導致兩母公司的國外淨利益也不一樣。NW 公司的母公司國外淨利益為 US$650,000，而 PC 公司的母公司國外淨利益則為 US$595,000[7]。各國公司所得稅率的不同，可參考　　　　。由

---

[6] 國外已付稅額加總 (Gross-Up)＝US$300,000 (所得稅)＋US$105,000 (預扣稅)＝US$405,000。

[7] 此處母公司的國外淨利益＝母公司所收股利－母公司應付稅額。

表 15-1　各國的公司所得稅率略表 (%) (2007～2017)*

國名/地名	2007	2008	2009	2010	2011	2012	2013	2014	2015	2016	2017
澳大利亞	30	30	30	30	30	30	30	30	30	30	30
加拿大	36.1	33.5	33	31	28	26	26	26.5	26.5	26.5	26.5
中國	33	25	25	25	25	25	25	25	25	25	25
法國	33.33	33.33	33.33	33.33	33.33	33.33	33.33	33.33	33.33	33.33	33.33
德國	38.36	29.51	29.44	29.41	29.37	29.48	29.55	29.58	29.72	29.72	29.79
香港	17.5	16.5	16.5	16.5	16.5	16.5	16.5	16.5	16.5	16.5	16.5
匈牙利	16	16	16	19	19	19	19	19	19	19	9
印度	33.99	33.99	33.99	33.99	32.44	32.45	33.99	33.99	34.61	34.61	30
印尼	30	30	28	25	25	25	25	25	25	25	25
義大利	37.25	31.4	31.4	31.4	31.4	31.4	31.4	31.4	31.4	31.4	24
日本	40.69	40.69	40.69	40.69	40.69	38.01	38.01	35.64	33.86	30.86	30.86
南韓	27.5	27.5	24.2	24.2	22	24.2	24.2	24.2	24.2	24.2	22
紐西蘭	33	30	30	30	28	28	28	28	28	28	28
菲律賓	35	35	30	30	30	30	30	30	30	30	30
波蘭	19	19	19	19	19	19	19	19	19	19	19
新加坡	20	18	18	17	17	17	17	17	17	17	17
台灣	25	25	25	17	17	17	17	17	17	17	17
英國	30	30	28	28	26	24	23	21	20	20	19
美國**	35	35	35	35	35	35	35	35	35	35	35
越南	28	28	25	25	25	25	25	22	22	22	20
亞洲平均值	28.46	27.99	25.73	23.96	23.1	22.89	22.05	21.91	22.59	21.92	NA
歐洲平均值	22.99	21.95	21.64	21.46	20.81	20.42	20.6	19.68	20.12	20.48	NA
北美洲平均值	38.05	36.75	36.5	35.5	34	33	33	33.25	33.25	33.25	NA
歐盟平均值	23.97	23.17	23.11	22.93	22.7	22.51	22.75	21.34	22.25	22.09	NA
全球平均值	26.95	26.1	25.38	24.69	24.5	24.4	23.71	23.64	23.87	23.62	NA

附註：＊更詳細之各國公司所得稅率請參考東華書局網站。
　　　＊＊此處美國的公司所得稅率是聯邦公司所得稅率 (35%)。
資料來源：整理自 KPMG's Corporate Tax Rates, 2017 與 Deloitte's Corporate Tax Rates, 2017.

第 15 章　跨國資本預算

開啟國際視窗：歐盟成為其會員國的稅收警察？

　　各國政府為爭取跨國企業前來投資而給予稅賦優惠一向是順理成章的事，但對歐盟各會員國而言卻非如此。為維持各會員國之間的利益平衡，歐盟禁止其會員國給予特定企業特殊待遇，也就是認定跨國企業若得到某個政府的稅賦扶持就是進行不公平的競爭，因此歐盟的 28 個會員國似乎喪失了給予企業稅賦優惠的權利。

　　舉世聞名的蘋果公司 (Apple, Inc.) 在 2016 年被歐盟執委會的競爭部會裁定，須補稅 13 億歐元並加上利息，理由是蘋果與愛爾蘭簽訂的稅賦協約，讓蘋果在 2003 年至 2014 年之間幾乎沒有就其獲利繳過稅。除了蘋果 CEO 提姆・庫克 (Tim Cook) 認為歐盟此項裁決是極度瘋狂不合理以外，由全美大型企業 CEO 所組成的企業圓桌協會 (Business Round Table) 也向歐盟各會員國領袖發函，指出蘋果公司與愛爾蘭政府簽訂的合法契約，卻被歐盟執委會單方否決，歐盟此舉讓所有在歐盟地區營業的美國大型企業感覺遵守當地政府的法令是不夠的，有可能會面臨事後被追繳稅負的威脅，因此呼籲歐盟執委會必須停止此一魯莽及戲劇性之權力過度延伸，其實也是一種新的、危險形式的保護主義延伸。

　　除了美國各行各業大公司都聲援蘋果外，歐巴馬政府也表態支持蘋果等美國跨國公司，美國財政部亦罕見地發表白皮書，指控歐盟正在成為世界稅收警察。但歐盟執委會競爭部會也有話說，聲稱其裁決是有法律依據的，法律禁止歐盟會員國給予特定企業特殊待遇。

　　所以到底是歐盟執委會的權力過度延伸？還是成為歐盟會員國就必須放棄若干政府自主權？孰是孰非，恐怕要等到美國與歐盟之間的最終較勁結果出爐才會有答案吧！

表 15-1 得知,全球公司所得稅率平均值從 2015 年的 23.87% 降至 2016 年的 23.62%。

第二節　國外投資計畫的基本評估步驟

重要名詞

預扣稅　　Withholding Tax

假設在 t 年年初,美國海明威製麵機械公司正在考慮到中國成立一製造子公司 (海華公司);預計一年後 ($t+1$ 年 1 月) 即可開始營業。海明威過去五年每年輸出 20 萬台製麵機到東方,稅後淨利平均每台製麵機為 US$4。若能直接在中國生產製造以取代由母公司輸出的方式,不但可以降低生產成本、提高利潤,還可以就近拓展在亞洲的版圖,估計子公司的成立可使未來五年每年製麵機的銷售量達到 40 萬台。以下是海明威財務部門對「海華公司計畫案」所作的現金流量評估。

一、期初資本支出與每年折舊費用

期初資本支出共計 CNY82,700,000 (＝US$10,000,000),全是用在購置廠房設備,而這些廠房設備的折舊費用是根據直線法 (Straight-Line Method) 計算,十年分攤完畢;因此,每年的折舊費用為 CNY8,270,000。每年所提列之折舊費用,可以在子

公司內部作必要的週轉運用，但不得當作盈餘匯送回母公司。

二、融資計畫

此項投資所需資金的 60%，是由母公司提供的權益資金支付，另 40% 則是採負債融資的方式。負債融資是由某國際銀行提供，以美元為計價貨幣，到期期限為五年，年利率為 10%，每年付息一次，本金於第五年年底一次償清。負債融資的利息預計由海華公司每年的營業現金流來支付。

三、預估每年現金流

海明威估計子公司成立後，每台製麵機是以 CNY413.5 的價格出售 (在目前的匯率之下，等於 US$50)，而每年在亞洲的銷售量將增至 40 萬台。每台製麵機的製造成本為 CNY206.75 (＝US$25，按目前匯率)；其中生產要素的 80% 是在地主國當地取得 (以人民幣計價)，另 20% 是由母公司供應 (以美元計價)；而母公司從供應生產要素所獲得的稅前淨利是 US$2 (以每台製麵機計算)。預估子公司管銷費用及其他雜項開支每年為 CNY41,350,000 (＝US$5,000,000，按目前匯率)。雖然廠房設備可使用十年，但海明威只打算經營子公司滿五年即將其出售；海明威估計在第五年底出售子公司的收入應有 CNY41,350,000。

四、匯率

目前匯率是 US$1＝CNY8.27；海明威估計未來五年匯率保持不變。

五、折現率

海明威的加權平均資金成本 (Weighted Average Cost of Capital, WACC) 為 18%；因為覺得在中國投資比在本國投資有較高的國家風險，故為保守起見而以 20% 為此投資方案的折現率。

六、稅率

中國在 t 年的公司所得稅率為 33%；美國為 35%。美國與中國官方簽訂的稅賦協約中規定，彼此的子公司若將資金以股利、利息的方式匯送回母國，須被課徵 10% 的預扣稅 (Withholding Tax)。

從計畫本身 (子公司) 的角度評估方案的可行性

負債資金的處理

在評量國外投資計畫的 NPV 與 IRR 時，有一點值得特別注意，就是有關期初資本支出的金額。一般計畫在期初購置廠房設備的開銷 (期初資本支出) 常是由權益資金及負債資金共同承擔，國外投資計畫也不例外。不過，國外投資計畫的權益資金大多由母公司提供，但負債資金的利息與本金則由子公司 (計畫) 所創造的現金流償還。在計算 NPV 與 IRR 時，有兩種方式可以將負債資金納入計畫的評估過程中；作法一是讓期初資本支出的計算包含負債資金，而未來各年淨現金流入的估計就不必再將利

息與本金償還的金額予以扣除以避免重複計算,因為負債資金在第 0 期的金額,即等於未來須償還之利息與本金現值的加總。作法二是讓期初資本支出不納入負債資金 (只包含權益資金的部分),但未來各年淨現金流入的計算則須將利息與本金償還的金額予以扣除。

對於國外投資計畫而言,從子公司角度評量計畫時,有關負債資金的處理,前述所提之兩種作法皆可;然而,從母公司角度評量計畫時,若負債資金非由母公司負責償還,則期初資本支出應只包含權益資金,但母公司從子公司收到的各期現金流,應是已將各期應償還之利息與本金金額予以扣除的現金流。

NPV 及 IRR 的計算

由表 15-2 可知,從子公司角度衡量之 NPV 值為 CNY38,089,630 (>0),而 IRR 為 50.62% (>20%);故從計畫本身角度,此計畫應可被接受。

從母公司的角度來評估方案的可行性

NPV 及 IRR 的計算

由表 15-3 可知,從母公司角度衡量之 NPV 值為 US$562,539 (>0),而 IRR 為 23.97% (>20%);故從母公司角度,此計畫仍應被接受。不過,從此例也可得知,同一方案從子公司 (計畫本身) 角度及從母公司角度評估,結果頗為不同。

表 15-2　從計畫本身 (子公司) 的角度評估方案

期初資本支出：

	CNY	US$
購置廠房設備權益資金	49,620,000	6,000,000

每年淨現金流入：

	CNY	US$
銷貨收入 (CNY413.5×40 萬台)	165,400,000	20,000,000
減：銷貨成本		
中國當地供應要素成本 (CNY165.4×40 萬台)	(66,160,000)	(8,000,000)
母公司供應要素成本 (US$5×40 萬台)	(16,540,000)	(2,000,000)
＝毛利	82,700,000	10,000,000
減：折舊費用	(8,270,000)	(1,000,000)
減：管銷費用及其他	(41,350,000)	(5,000,000)
＝息前稅前盈餘	33,080,000	4,000,000
減：利息費用	(3,308,000)	(400,000)
＝稅前盈餘	29,772,000	3,600,000
減：所得稅 (33%)	(9,825,000)	(1,188,000)
＝稅後淨利	19,947,000	2,412,000
＋折舊費用	8,270,000	1,000,000
＝每年淨現金流入	28,217,000	3,412,000

第 5 年年底額外淨現金流入：

	CNY	US$
第 5 年年底出售子公司收入	41,350,000	5,000,000
減：第 5 年年底負債本金償還	(33,080,000)	(4,000,000)
＝第 5 年年底額外淨現金流入	8,270,000	1,000,000

子公司角度之 NPV (折現率＝20%)

$$= -49,620,000 + \sum_{t=1}^{5} \frac{28,217,000}{(1+20\%)^t} + \frac{8,270,000}{(1+20\%)^5} = CNY38,089,630 > 0$$

IRR＝50.62%＞20%

表 15-3　從母公司的角度來評估方案

期初資本支出：

	US$
母公司所出權益資金	6,000,000

每年淨現金流入：

銷貨收入（CNY413.5×40萬台）	20,000,000
減：銷貨成本	
中國當地供應要素成本（CNY165.4×40萬台）	(8,000,000)
母公司供應要素成本（US$5×40萬台）	(2,000,000)
＝毛利	10,000,000
減：折舊費用	(1,000,000)
減：管銷費用及其他	(5,000,000)
＝息前稅前盈餘	4,000,000
減：利息費用	(400,000)
＝稅前盈餘	3,600,000
減：所得稅 (33%)	(1,188,000)
＝稅後淨利	2,412,000
×100%	
＝可匯回股利	2,412,000
減：預扣稅 (10%)	(241,200)
＝母公司收到之股利	2,170,800
加：與所收股利有關之國外已付稅額加總 (Gross-Up)[8]	1,429,200
加：供應子公司生產要素利潤 (US$2×40萬台)	800,000

---

[8] 與所收股利有關之國外已付稅額加總 (Gross-Up)＝US$1,188,000（所得稅）×100%＋US$241,200（預扣稅）＝US$1,429,200。

＝母公司應稅所得	4,400,000
×母國公司所得稅率 (35%)	
＝母公司暫時稅負	1,540,000
減：國外已繳稅金抵扣額 (FTC)	(1,429,200)
＝母公司應付稅額	110,800
母公司每年國外淨利益[9]	2,860,000
減：因執行本計畫而損失之外銷淨利 (US$4×20 萬台)	800,000
＝計畫創造之每年淨現金流入	2,060,000

第 5 年年底額外淨現金流入：

第 5 年年底出售子公司收入	5,000,000
減：第 5 年年底負債本金償還	(4,000,000)
＝第 5 年年底額外淨現金流入	1,000,000

母公司角度之 NPV (折現率＝20%)

$$=-6,000,000+\sum_{t=1}^{5}\frac{2,060,000}{(1+20\%)^t}+\frac{1,000,000}{(1+20\%)^5}=US\$562,539>0$$

IRR＝23.97%＞20%

第三節　考慮匯率變動及資金受困風險的國外投資計畫評估

重要名詞

資金受困　　　Funds Blockage

---

[9] 母公司每年國外淨利益＝母公司收到之股利＋供應子公司生產要素利潤－母公司應付稅額＝2,170,800＋800,000－110,800＝US$2,860,000

第❶❺章 跨國資本預算

　　本章第二節所述海明威的例子,係假設子公司的稅後淨利可以全部當作股利匯回給母公司,不過匯回之前須先繳交預扣稅;此情況意味著地主國並沒有對稅後淨利的離境作任何限制。事實上,有些國家因施行外匯及資本管制,導致前來投資之外國企業的資金有受困於地主國的情形。另外,前述的例子假設在計畫執行期間匯率未產生任何變動,此點也與事實不相符合。為了能更真切地反映現實世界的情況,本節將匯率變動及資金受困 (Funds Blockage) 的風險納入方案的評估過程之中,並重新計算 NPV 及 IRR 值,如表 15-4 與表 15-5 所示。

　　為作進一步的分析,此處延續上節海明威的例子,並附加如下兩項假設:(1) 假設地主國只准許外國企業的子公司將稅後淨利的 80% 匯回給母公司,故造成原可匯回資金有部分受困於地主國;(2) 假設海明威認為目前人民幣的幣值過低,即使美國與中國的相對通貨膨脹率在未來不會改變,人民幣也應該要升值;因此,海明威對未來五年的匯率狀況作如下的預測:

n 年底	CNY/US$
0	8.27
1	8.27
2	8.27
3	8.20
4	8.20
5	8.20

從子公司的角度評估方案的可行性

由表 15-4 所示的 NPV 及 IRR 可知，海明威將資金受困與匯率變動的風險納入考量之後，從子公司角度該計畫仍是可接受的。

表 15-4　從子公司的角度評估方案 (考慮資金受困及匯率變動的風險)

單位：千元

期初資本支出 (第 0 年)：

	CNY	US$
購置廠房設備權益資金	49,620	6,000

每年淨現金流入：

	第 1、2 年		第 3、4、5 年	
	CNY	US$	CNY	US$
銷貨收入				
(CNY413.5×40 萬台)	165,400	20,000	165,400	20,171
減：銷貨成本				
中國當地供應要素成本				
(CNY165.4×40 萬台)	(66,160)	(8,000)	(66,160)	(8,068)
母公司供應要素成本				
(US$5×40 萬台)	(16,540)	(2,000)	(16,400)	(2,000)
＝毛利	82,700	10,000	82,840	10,103
減：折舊費用	(8,270)	(1,000)	(8,270)	(1,009)
減：管銷費用及其他	(41,350)	(5,000)	(41,350)	(5,043)
＝息前稅前盈餘	33,080	4,000	33,220	4,051
減：利息費用	(3,308)	(400)	(3,280)	(400)
＝稅前盈餘	29,772	3,600	29,940	3,651
減：所得稅 (33%)	(9,825)	(1,188)	(9,880)	(1,205)

＝稅後淨利	19,947	2,412	20,060	2,446
＋折舊費用	8,270	1,000	8,270	1,009
＝每年淨現金流入	28,217	3,412	28,330	3,455

第 5 年年底額外淨現金流入：

第 5 年年底出售子公司收入		41,350	5,043
減：第 5 年年底負債本金償還		(32,800)	(4,000)
＝第 5 年年底額外淨現金流入		8,550	1,043

子公司角度之 NPV (折現率＝20%)

$$= -49,620,000 + \sum_{t=1}^{2}\frac{28,217,000}{(1+20\%)^t} + \sum_{t=3}^{5}\frac{28,330,000}{(1+20\%)^t} + \frac{8,550,000}{(1+20\%)^5} = \text{CNY}38,367,456 > 0$$

IRR＝50.75％＞20％

從母公司的角度來評估方案的可行性

由表 15-5 所示的 NPV 及 IRR 可知，海明威將資金受困與匯率變動的風險納入考量之後，從母公司的角度此計畫已變成不可接受。對照表 15-4 及表 15-5 的結果，雖然從子公司 (計畫本身) 角度此計畫仍可被接受，但計畫之是否執行係由母公司決定，因而從母公司角度所估計之 NPV 及 IRR 結果才是作決策的主要依據。

PART 6 ▶ 國際化營運管理

表 15-5　從母公司的角度來評估方案 (考慮資金受困及匯率變動的風險)

單位：千元

期初資本支出 (第 0 年)：

	US$
母公司所出權益資金	6,000

每年淨現金流入：

	第 1、2 年 CNY	第 1、2 年 US$	第 3、4、5 年 CNY	第 3、4、5 年 US$
銷貨收入				
(CNY413.5×40 萬台)	165,400	20,000	165,400	20,171
減：銷貨成本				
中國當地供應要素成本				
(CNY165.4×40 萬台)	(66,160)	(8,000)	(66,160)	(8,068)
母公司供應要素成本				
(US$5×40 萬台)	(16,540)	(2,000)	(16,400)	(2,000)
＝毛利	82,700	10,000	82,840	10,103
減：折舊費用	(8,270)	(1,000)	(8,270)	(1,009)
減：管銷費用及其他	(41,350)	(5,000)	(41,350)	(5,043)
＝息前稅前盈餘	33,080	4,000	33,220	4,051
減：利息費用	(3,308)	(400)	(3,280)	(400)
＝稅前盈餘	29,772	3,600	29,940	3,651
減：所得稅 (33%)	(9,825)	(1,188)	(9,880)	(1,205)
＝稅後淨利	19,947	2,412	20,060	2,446
×80%				
＝可匯回股利	15,958	1,930	16,048	1,957
減：預扣稅 (10%)	(1,596)	(193)	(1,605)	(196)
＝母公司收到之股利	14,362	1,737	14,443	1,761

第 15 章　跨國資本預算

加：與所收股利有關之國外已付稅額加總[10]	9,456	1,143	9,509	1,160
加：供應子公司生產要素利潤		800		800
＝母公司應稅所得		3,680		3,721
×母國公司所得稅率 (35%)				
＝母公司暫時稅負		1,288		1,302
減：國外已繳稅金抵扣額 (FTC)		(1,143)		(1,160)
＝母公司應付稅額		145		142
母公司每年國外淨利益[11]		2,392		2,419
減：因執行本計畫而損失之外銷淨利		(800)		(800)
＝計畫創造之每年淨現金流入		1,592		1,619

第 5 年年底額外淨現金流入：

第 5 年年底出售子公司收入		41,350		5,043
減：第 5 年年底負債本金償還		(32,800)		(4,000)
＝第 5 年年底額外淨現金流入		8,550		1,043

母公司角度之 NPV (折現率＝20%)

$$= -6,000,000 + \sum_{t=1}^{2} \frac{1,592,000}{(1+20\%)^t} + \sum_{t=3}^{5} \frac{1,619,000}{(1+20\%)^t} + \frac{1,043,000}{(1+20\%)^5} = -\text{US\$}780,291 < 0$$

IRR＝14.36%＜20%

---

10 與所收股利有關之國外已付稅額加總 (Gross-Up)＝子公司所得稅×80%＋預扣稅。

11 母公司每年國外淨利益＝母公司收到之股利＋供應子公司生產要素利潤－母公司應付稅額。

第四節　跨國資本預算應注意的國家風險

重要名詞

國家風險	Country Risk
政治風險	Political Risk
所有權接管	Expropriation

　　國際化企業在海外的投資方案，其獲利狀況有可能因地主國一些主動或非主動的不當行徑而受到負面的影響；我們可以將跨國企業所承擔的這類型風險稱之為**國家風險** (Country Risk) 或**政治風險** (Political Risk)。嚴格說來，國家風險較政治風險代表更廣泛的風險衡量。政治風險是指地主國政治面的一些作法，讓跨國企業對子公司的所有權受到威脅或正常營運及資金配置受到干擾的一種風險，例如**所有權接管** (Expropriation) 的風險、資金受困的風險等。國家風險則除了納入政治風險外，還包括地主國既有文化水準與社會現象所導致的一些非直接侵略但造成傷害的風險，例如應付腐化貪污政權的風險及缺乏智慧財產權保障的風險等。本節探討跨國企業在評估國外投資方案時應注意的各種國家風險項目。

所有權接管的風險

　　所有權接管的風險，是國際化企業最為擔心的一種政治風險。通常在政局不穩的地區或一些共產國家，企業所有權被接管的機率較高，因此跨國企業若決定到這些地區投資就必須事先作好心理準備。所有權接管的本質因情況各異，可能為「有償」，也可能為「無償」；前者是指公司資產被強迫易主，但被掠奪者還可以得到一些賠償；後者則是更糟的情況，基本上可以說是血本無歸。

　　所有權接管的事件，在二次大戰結束後的二、三十年常有所聞，譬如東歐、古巴、智利、秘魯、利比亞、伊朗等地區皆有案例。近二十多年來，所有權接管的風險雖仍令跨國企業擔心，但因舉世已少有所聞，故大多數企業並不會因為慮及此等風險而輕易放慢國際化的腳步。

資金受困的風險

　　資金受困的情況若發生，會使跨國企業在資金的調度上亂了陣腳，因而有可能干擾到企業的正常營運而影響獲利。歷史上不論是已開發或開發中國家，都有因資本外流情況嚴重而施行外匯及資本管制的例子，導致企業在母子公司之間的資金移轉發生困難，平白增加了經營成本。企業在評估國外投資方案時，應根據各種總體經濟指標來瞭解地主國發生金融危機或資本短缺的可能性，避免日後資金受困的情況發生，而影響到正常營運應有的獲利狀況。

◎ 應付腐化貪污政權的風險

國際化企業到海外投資，若未事先瞭解所應對政權的腐化貪污程度，有可能陷入官僚體系的布陣而進退兩難。目前全球已有機構專門提供這方面的資訊，譬如德國的 TI 公司 (Transparency International)；此為一非營利、非官方的機構，定期出版全球各國的腐化指標 (Corruption Index) 供參。該指標是以阿拉伯數字 0 到 100 代表一國政權的貪污、腐化、賄賂、司法不彰的程度[12]；數字愈大、愈接近 100 的國家愈清廉，也愈可以讓企業依照公開透明的管道從事公平的競爭；數字愈小、愈接近 0 的國家則可能讓跨國企業疲於應付各種不合理的待遇，譬如地主國政府官員的需索無度，或是一般機構及人民的頻用詐術，最後有可能弄得企業兵疲馬困、鎩羽而歸。表 15-6 所示為 TI 最新公布之 2016 年全球各國的「腐化指標」，政權被公認為最清廉的三個國家是丹麥、紐西蘭、芬蘭。在亞太地區，清廉度由高至低排列依次為新加坡、澳大利亞、香港、日本、台灣、南韓、馬來西亞、中國、印度、印尼、菲律賓、泰國、越南。

◎ 缺乏智慧財產權保障的風險

一國經濟社會發展的成熟度，可以從一般機構與人民對智慧財產權的尊重態度以及法令對智財權的保障措施方面得知。國際化企業靠著不斷投注資金於研究發展上而取得競爭優勢，但地主國若缺乏相關法令遏阻盜用商業機密或他人智慧財產的行徑，則

---

12 TI 腐化指標過去是以 1 到 10 代表腐化程度，從 2012 年開始改成 0 到 100。

表 15-6　TI 腐化指標略表 (2016 年)*

排名	國家 / 地區	分數	排名	國家 / 地區	分數
1	丹麥 (Denmark)	90	24	智利 (Chili)	66
2	紐西蘭 (New Zealand)	90	24	阿拉伯聯合大公國 (United Arab Emirates)	66
3	芬蘭 (Finland)	89			
4	瑞典 (Sweden)	88	27	不丹 (Bhutan)	65
5	瑞士 (Switzerland)	86	28	以色列 (Israel)	64
6	挪威 (Norway)	85	29	波蘭 (Poland)	62
7	新加坡 (Singapore)	84	29	葡萄牙 (Portugal)	62
8	荷蘭 (Netherlands)	83	31	巴貝多 (Barbados)	61
9	加拿大 (Canada)	82	31	卡達 (Qatar)	61
10	德國 (Germany)	81	31	斯洛維尼亞 (Slovenia)	61
10	英國 (United Kingdom)	81	31	台灣 (Taiwan)	61
10	盧森堡 (Luxembourg)	81	52	南韓 (South Korea)	53
13	澳大利亞 (Australia)	79	55	馬來西亞 (Malaysia)	49
14	冰島 (Iceland)	78	60	義大利 (Italy)	47
15	比利時 (Belgium)	77	79	中國 (China)	40
15	香港 (Hong Kong)	77	79	印度 (India)	40
17	奧地利 (Austria)	75	90	印尼 (Indonesia)	37
18	美國 (USA)	74	101	菲律賓 (Philippines)	35
19	愛爾蘭 (Ireland)	73	101	泰國 (Thailand)	35
20	日本 (Japan)	72	113	越南 (Vietnam)	33
23	法國 (France)	69	123	墨西哥 (Mexico)	30
24	巴哈馬 (Bahamas)	66	131	俄羅斯 (Russia)	29

* 更詳細之 2016 年 TI 腐化指標請參考東華書局網站。
資料來源：http://www.transparency.org /news/feature/corruption_perceptions_index_2016.

努力的成果很可能在與當地企業合作的過程中被輕易掠奪，值得跨國企業特別留意。

PART 6 ▶ 國際化營運管理

觀微知著：亞太地區最廉潔與貪污最嚴重的經濟體

總部設在香港的「政治及經濟風險顧問公司」(Political and Economic Risk Consultancy, PERC) 最近每年都會公布對亞太地區及美國共 16 個國家／地區的清廉 (或貪污) 情況調查報告。這份報告是在 1 月與 2 月透過 e-mail 及面談訪問將近兩千位外國商人對這些國家／地區的經驗觀感所得。本年度 (2016) 調查報告顯示，在 16 個國家／地區中，新加坡、澳洲、日本是最廉潔的前三名，而印度、印尼、越南則是貪污最嚴重的前三名。PERC 所使用的評分系統，是以 0 分代表最清廉，10 分代表貪污最嚴重。2010 年至 2016 年的各國得分如下：

國家／地區	2010	2011	2012	2013	2014	2015	2016
澳洲	1.47	1.39	1.28	2.35	2.55	2.61	2.67
柬埔寨	8.30	9.27	6.83	7.84	8.00	7.75	7.75
中國	6.70	7.93	7.00	7.79	7.10	6.98	7.50
香港	1.75	1.10	2.64	3.77	2.95	3.17	3.40
印度	8.23	8.67	8.75	8.95	9.15	8.01	8.13
印尼	9.07	9.25	8.50	8.83	8.85	8.09	8.00
日本	2.63	1.90	1.90	2.35	2.08	1.55	3.00
澳門	5.71	4.68	2.85	4.23	3.65	4.58	6.15
馬來西亞	6.05	5.70	5.59	5.38	5.25	4.96	6.95
菲律賓	8.25	8.90	9.35	8.28	7.85	7.43	7.05
新加坡	0.99	0.37	0.67	0.74	1.60	1.33	1.67
南韓	4.88	5.90	6.90	6.98	7.05	6.28	6.17
台灣	5.62	5.65	5.45	5.36	5.31	5.00	6.08
泰國	7.33	7.55	6.57	6.83	8.25	6.88	7.67
美國	1.89	1.39	2.59	3.82	3.50	4.59	4.61
越南	7.13	8.30	7.75	8.13	8.73	8.24	7.92

a. 分數從 0 到 10，0 是最好，10 是最差。
b. 綠色字標出在各該年度最清廉與貪污最嚴重的國家。
資料來源：PERC, 2016.

本章摘要

- 一般財務管理的教科書都會提到,長期投資方案可採用的評量方法共有五種:(1) 淨現值法;(2) 內部報酬率法;(3) 還本期間法;(4) 獲利指數法;(5) 修正的內部報酬率法。
- 淨現值法與修正的內部報酬率法是一般公認較為優良,也較常為企業所採用的方法;尤其是淨現值法,因為其決策結果與公司「股東財富極大化」的經營目標符合,故最為財務理論所推薦。
- 實務上,企業未必總是採用 NPV 法來判定長期投資方案的可行性,因為各種評量方法都有其優缺點,選用不同的評量方法可以迎合不同的經營方針。
- 若子公司在國外已繳的稅負總額,低於同額所得在母國應繳的稅負,則母公司仍須繳交差額給母國的國稅局。反之,若子公司在國外已繳的稅負總額,高於同額所得在母國應繳的稅負,則母公司不必再繳交任何所得稅給母國的國稅局,反而有「超額國外已繳稅金抵扣額」(EFTC) 可供運用。
- 母公司可以在當年度用 EFTC 來抵減其他的國外來源所得應繳的母國稅負;若 EFTC 在當年度無法利用到,則仍是可抵減過去或未來年度的所得稅。
- 嚴格說來,國家風險較政治風險代表更廣泛的風險衡量。政治風險是指地主國政治面的一些作法,讓跨國企業對子公司的所有權受到威脅或正常營運及資金配置受到干擾的一種風險。國家風險則除了納入政治風險外,還包括地主國既有文化水準與社會現象所導致的一些非直接侵略但造成傷害的風險。
- 所有權接管的風險,是國際化企業最為擔心的一種政治風險。通常在政局不穩的地區或一些共產國家,企業所有權被接管的機率較高。
- 國際化企業到海外投資,若未事先瞭解所應對政權的腐化貪污程度,有可能陷入官僚體系的布陣而進退兩難。

本章習題

一、選擇題

1. 美國藍牙公司目前正在考慮一個兩年期的投資計畫，投資地點是在菲律賓。此計畫目前的資本支出是 PHP126,000,000，按目前匯率換算之美元金額為 US$3,000,000。公司預期該投資計畫在第一年會創造稅後盈餘 PHP100,000,000，第二年會創造稅後盈餘 PHP80,000,000。公司算出適用該計畫的資金成本為 15%，並預測未來兩年的匯率分別為 US$0.023/PHP 及 US$0.022/PHP。假設菲律賓對於當地外國公司匯送盈餘回母公司沒有任何限制也不課徵預扣稅。又假設菲律賓和美國的公司稅率同為 35%。此計畫從母公司角度計算的淨現值 (NPV) 為：
   a. US$315,000
   b. US$330,813
   c. US$500,000
   d. US$710,500

2. 若子公司在國外已繳的稅負總額，低於同額所得在母國應繳的稅，則：
   a. 母公司仍須繳交差額給母國的國稅局
   b. 母公司不必繳交差額給母國的國稅局
   c. 母公司不必繳交任何所得稅給母國的國稅局
   d. 母公司在當年度有「超額國外已繳稅金抵扣額」

3. 某美商跨國企業在 20×× 年計算當年度的「母公司暫時稅負」為 US$380,000，另算出「國外已繳稅金抵扣額」(FTC) 為 US$520,000，則母公司當年度的應付稅額為：
   a. US$140,000
   b. US$0
   c. US$520,000
   d. US$380,000

4. 下面所列為美國 CK 公司今年度從泰國子公司收到之股利金額計算過程：

子公司稅前淨利	US$1,000,000
－地主國所得稅 (20%)	(200,000)
＝子公司稅後淨利	US$ 800,000
－地主國預扣稅 (10%)	80,000
＝匯送回母公司的股利	US$ 720,000

請問國外已付稅額加總 (Gross-Up) 是多少？

a. US$350,000

b. US$0

c. US$280,000

d. US$20,000

5. 延續上題，母公司的暫時稅負是多少？(假設母公司適用的公司所得稅率為 35%。)

a. US$350,000

b. US$0

c. US$370,000

d. US$20,000

6. 延續第 4 題，母公司的應付稅額是多少？

a. US$350,000

b. US$70,000

c. US$370,000

d. US$20,000

7. 延續第 4 題，母公司的國外淨利益是多少？

a. US$350,000

b. US$370,000

c. US$650,000

d. US$1,000,000

8. 根據下列哪一種資本預算評量方法作投資決策總是符合公司「股東財富極大化」的經營目標？

a. 獲利指數法

b. 淨現值法

c. 還本期間法

d. 內部報酬率法

9. 「國家風險」包含下列何者？

a. 所有權接管及資金受困的風險

b. 應付腐化貪污政權的風險

c. 缺乏智慧財產權保障的風險

d. 以上皆是

10. 評估跨國企業的海外投資方案，若從計畫本身角度評估方案，NPV 大於零，但從母公司角度評估方案，NPV 小於零，則該計畫：

a. 應被接受

b. 應被拒絕

c. 應暫時擱置

d. 應重新計算 NPV

11. 不論是根據 TI 腐化指標或是 PERC 的評分系統，2016 年亞太地區最清廉的經濟體都是：

a. 日本

b. 新加坡

c. 香港

d. 台灣

12. 不論是根據 TI 腐化指標或是 PERC 的評分系統，2016 年亞太地區貪污最嚴重的前三名國家都包括：

a. 泰國

b. 越南

c. 菲律賓

d. 印度

二、問答題

1. 跨國資本預算有哪些特殊的考量重點與國內資本預算不同？

2. 試說明淨現值 (NPV) 法及內部報酬率 (IRR) 法這兩種資本預算評量方法各有什麼優缺點？

3. 根據本章第二節所述海明威的例子，假設其他情況不變，而第 5 年年底出

售子公司的收入為 CNY33,080,000，請問從子公司與母公司角度，此計畫的 NPV 及 IRR 結果為何？

4. 根據本章第二節所述海明威的例子，假設其他情況不變，而母公司決定以 22% 為此投資方案的折現率，請問從子公司與母公司角度，此計畫的 NPV 及 IRR 結果為何？

5. 根據本章第二節所述海明威的例子，假設其他情況不變，而地主國只准子公司將稅後淨利的 50% 匯回給母公司，請問從母公司角度，此計畫的 NPV 結果為何？

附表一　累積常態分配

本表所列的數據，為 $d \geq 0$ 時之 $N(d)$ 的值；例如當 $d = 0.3$ 時，$N(0.3) = 0.6179$
另外，若 $d = 0.8263$，如何找出 $N(0.8263)$ 的值？
$N(0.8263) = N(0.82) + 0.63[N(0.83) - N(0.82)]$
$\qquad\qquad = 0.7939 + 0.63[0.7967 - 0.7939]$
$\qquad\qquad = 0.7939 + 0.0018$
$\qquad\qquad = 0.7957$

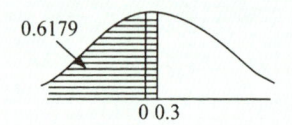

d	0.00	0.01	0.02	0.03	0.04	0.05	0.06	0.07	0.08	0.09
0.0	0.5000	0.5040	0.5080	0.5120	0.5160	0.5199	0.5239	0.5279	0.5319	0.5359
0.1	0.5398	0.5438	0.5478	0.5517	0.5557	0.5596	0.5636	0.5675	0.5714	0.5753
0.2	0.5793	0.5832	0.5871	0.5910	0.5948	0.5987	0.6026	0.6064	0.6103	0.6141
0.3	0.6179	0.6217	0.6255	0.6293	0.6331	0.6368	0.6406	0.6443	0.6480	0.6517
0.4	06554	0.6591	0.6628	0.6664	0.6700	0.6736	0.6772	0.6808	0.6844	0.6879
0.5	0.6915	0.6950	0.6985	0.7019	0.7054	0.7088	0.7123	0.7157	0.7190	0.7224
0.6	0.7257	0.7291	0.7324	0.7357	0.7389	0.7422	0.7454	0.7486	0.7517	0.7549
0.7	0.7580	0.7611	0.7642	0.7673	0.7704	0.7734	0.7764	0.7794	0.7823	0.7852
0.8	0.7881	0.7910	0.7939	0.7967	0.7995	0.8023	0.8051	0.8078	0.8106	0.8133
0.9	0.8159	0.8186	0.8212	0.8238	0.8264	0.8289	0.8315	0.8340	0.8365	0.8389
1.0	0.8413	0.8438	0.8461	0.8485	0.8508	0.8531	0.8554	0.8577	0.8599	0.8621
1.1	0.8643	0.8665	0.8686	0.8708	0.8729	0.8749	0.8770	0.8790	0.8810	0.8830
1,2	0.8849	0.8869	0.8888	0.8907	0.8925	0.8944	0.8962	0.8980	0.8997	0.9015
1.3	0.9032	0.9049	0.9066	0.9082	0.9099	0.9115	0.9131	0.9147	0.9162	0.9177
1.4	0.9192	0.9207	0.9222	0.9236	0.9251	0.9265	0.9279	0.9292	0.9306	0.9319
1.5	0.9332	0.9345	0.9357	0.9370	0.9382	0.9394	0.9406	0.9418	0.9429	0.9441
1.6	0.9452	0.9463	0.9474	0.9484	0.9495	0.9505	0.9515	0.9525	0.9535	0.9545
1.7	0.9554	0.9564	0.9573	0.9582	0.9591	0.9599	0.9608	0.9616	0.9625	0.9633
1.8	0.9641	0.9649	0.9656	0.9664	0.9671	0.9678	0.9686	0.9693	0.9699	0.9706
1.9	0.9713	0.9719	0.9726	0.9732	0.9738	0.9744	0.9750	0.9756	0.9761	0.9767
2.0	0.9772	0.9778	0.9783	0.9788	0.9793	0.9798	0.9803	0.9808	0.9812	0.9817
2.1	0.9821	0.9826	0.9830	03834	0.9838	0.9842	0.9846	0.9850	0.9854	0.9857
2.2	0.9861	0.9864	0.9868	0.9871	0.9875	0.9878	0.9881	0.9884	0.9887	0.9890
2.3	0.9893	0.9896	0.9898	0.9901	0.9904	0.9906	0.9909	0.9911	0.9913	0.9916
2.4	0.9918	0.9920	0.9922	0.9925	0.9927	0.9929	0.9931	0.9932	0.9934	0.9936
2.5	0.9938	0.9940	0.9941	0.9943	0.9945	0.9946	0.9948	0.9949	0.9951	0.9952
2.6	0.9953	0.9955	0.9956	0.9957	0.9959	0.9960	0.9961	0.9962	0.9963	0.9964
2.7	0.9965	0.9966	0.9967	0.9968	0.9969	0.9970	0.9971	0.9972	0.9973	0.9974
2.8	0.9974	0.9975	0.9976	0.9977	0.9977	0.9978	0.9979	0.9979	0.9980	0.9981
2.9	0.9981	0.9982	0.9982	0.9983	0.9984	0.9984	0.9985	0.9985	0.9986	0.9986
3.0	0.9986	0.9987	0.9987	0.9988	0.9988	0.9989	0.9989	0.9989	0.9990	0.9990
3.1	0.9990	0.9991	0.9991	0.9991	0.9992	0.9992	0.9992	0.9992	0.9993	0.9993
3.2	0.9993	0.9993	0.9994	0.9994	0.9994	0.9994	0.9994	0.9995	0.9995	0.9995
3.3	0.9995	0.9995	0.9995	0.9996	0.9996	0.9996	0.9996	0.9996	0.9996	0.9997
3.4	0.9997	0.9997	0.9997	0.9997	0.9997	0.9997	0.9997	0.9997	0.9997	0.9998
3.5	0.9998	0.9998	0.9998	0.9998	0.9998	0.9998	0.9998	0.9998	0.9998	0.9998
3.6	0.9998	0.9998	0.9999	0.9999	0.9999	0.9999	0.9999	0.9999	0.9999	0.9999
3.7	0.9999	0.9999	0.9999	0.9999	0.9999	0.9999	0.9999	0.9999	0.9999	0.9999
3.8	0.9999	0.9999	0.9999	0.9999	0.9999	0.9999	0.9999	0.9999	0.9999	0.9999
3.9	1.0000	1.0000	1.0000	1.0000	1.0000	1.0000	1.0000	1.0000	1.0000	1.0000
4.0	1.0000	1.0000	1.0000	1.0000	1.0000	1.0000	1.0000	1.0000	1.0000	1.0000

中文索引

144A 條款　Rule 144A　483
415 條款　Rule 415　483
D 管制條款　Federal Reserve Regulation D　459
ECU 中心匯率　ECU Central Rate　108
K 管制條款　Federal Reserve Regulation K　448
Kappa　κ　325
Q 管制條款　Federal Reserve Regulation Q　458
TI 公司　Transparency International　582
Vega　ν　325

● 一劃

一般化費雪效應條件　Generalized Fisher Effect, GFE　181
一般管理費用　Overhead Charges　524

● 二劃

七大工業國　Group of Seven, G7　104
十大工業國　G10　105

● 三劃

三角套利　Triangular Arbitrage　159
三難困局　Trilemma　68
凡爾賽合約　The Treaty of Versailles　89
小龍債券　Dragon Bond　476

● 四劃

不可兌換貨幣　Nonconvertible Currency　139
不含匯率風險之利率套利　Covered Interest Arbitrage, CIA　184
不完全市場理論　Imperfect Markets Theory　13
不定期存款　Call Money　464
不偏估計值　Unbiased Predictor　187
不潔浮動　Dirty Float　103
中心現金蓄池　Central Cash Pool 或 Central Cash Depository　522
五大工業國　Group of Five, G5　104
內含價值　Intrinsic Value　292

公司治理　Corporate Governance　24
公司財富極大化　Corporate Wealth Maximization　23
公開市場操作　Open Market Operation　87
公開喊價　Open Outcry　224
公開說明書　Prospectus　506
反證的責任　Burden of Proof　541
巴西金融危機　The Brazillian Crisis，1999 年 1 月　62
巴塞爾協定　The Basel Accord　102
比較成本利益　Comparative Cost Advantage　251
比較利益　Comparative Advantage　14
比較利益理論　Theory of Comparative Advantage　12
牙買加協定　Jamaica Agreement　103
牛市價差策略　Bull Spread Strategy　301

● 五劃

世界指數　The World Index　498
世界貿易組織　World Trade Organization, WTO　56
世界銀行　the World Bank　99
世界銀行集團　The World Bank Group, WBG　101
主要所得　Primary Income　40
主要所得淨額　Balance on Primary Income　40
主要通貨國家　the Key Currency Country　98
主動參與型存託憑證　Sponsored Depository Receipt　502
付固定交換選擇權　Payer Swaption　274
付款淨額化　Payments Netting　530
代表人辦事處　Representative Office　447
代理成本　Agency Cost　26
代理商　Licensee　10
充分瞭解客戶　Know Your Customer, KYC　304
充分瞭解商品　Know Your Product, KYP　304

591

功能性貨幣　Functional Currency　408
加盟商　Franchisee　10
包銷體系　Underwritten Facilities　466
半強式效率市場假說　Semi-Strong Form Efficient Market Hypothesis　189
古典的金本位制度　Classical Gold Standard　86
可兌換貨幣　Convertible Currency　139
可轉讓定期存單　Negotiable Certificate of Deposit, NCD　464
台灣存託憑證　Taiwan Depository Receipt, TDR　504
外信限制方案　Foreign Credit Restraint Program, FCRP　94
外國債券　Foreign Bond　474
外債　External Debt 或 Foreign Debt　70
外匯交換　Currency Swap, CS　254, 249
外匯利得與損失　Foreign Exchange Gain or Loss　407
外匯利率(雙率)交換　Currency/Interest Rate Swap 或 Cross Currency Swap, CCS　249, 275
外溢　Spillover　63
市場不完全性　Market Imperfection　18
市場資本額　Market Capitalization　493
布萊克　Fischer Black　313
布雷頓伍茲協約　Bretton Woods Treaty　92
平行貸款　Parallel Loan　250
平價匯率　Parity Rate　108
生產子公司　Production Subsidiary　11
目標可贖回遠期契約　Target Redemption Forward, TRF　304

● 六劃

交易風險　Transaction Risk　344
交易對手　Counterparties　251
交易曝險程度　Transaction Exposure　343
交易曝險程度表　Transaction Exposure Report　364
交割日　Settlement Date 或 Spot Date　138
交換買權　Call Swaption　274
交換銀行　Swap Bank　265

交換賣權　Put Swaption　274
全球金融中心指數　Global Financial Centres Index, GFCI　446
全球型基金　Global Fund　510
全球記名股票　Global Registered Share, GRS　502
全球債券　Global Bond　474, 479
全球競爭力指標　Global Competitiveness Index, GCI　69
再發貨單中心　Reinvoicing Center　362
合格機構投資人　Qualified Institutional Investor, QII　483, 506
名目本金　Notional Principal　264, 469
名目有效匯率　Nominal Effective Exchange Rate, NEER　179
名目匯率　Nominal Exchange Rate　172
地主國　Host Country　20
多邊淨額化　Multilateral Netting　531
存託憑證　Depository Receipt, DR　502
安全邊際　Safety Margin　556
托賓稅　Tobin Tax　68
收固定交換選擇權　Receiver Swaption　274
有效年利率　Effective Annual Rate, EAR　261
有效訊號指標　Valid Signal　19
有消毒的干預　Sterilized Intervention　136
次要所得　Secondary Income　40
自然避險　Natural Hedge　398
自變數　Independent Variables 或 Explanatory Variables　194
艾奇法案公司　Edge Act Corporation, EAC　452

● 七劃

低加價　Low Markup　544
冷戰　The Cold War　106
別稱　Nickname　475
利害關係人　Stakeholder　21, 25
利差　Interest Rate Spread　459
利息平等稅法　Interest Equalization Tax, IET　94
利率平價條件　Interest Rate Parity, IRP　184

中文索引

利率交換　Interest Rate Swap, IRS　249
利率期限結構　Term Structure of Interest Rates　461
即期交易　Spot Transaction　137
即期利率　Spot Interest Rate　260
即期利率曲線　Spot Rate Curve　281
即期匯率　Spot Rate　138
含有匯率風險之利率套利　Uncovered Interest Arbitrage, UIA　182
完全不轉嫁　No Pass-Through　383
完全報價　Outright Quote　151
完全遠期交易　Outright Forward Transaction　138
完全擁有型子公司　Wholly-Owned Subsidiary　11
完全轉嫁　Complete Pass-Through　383
批發市場　Wholesale Market　132
投機　Speculation　225
每日結算或評價　Daily Settlement or Marking to Market　220
貝殼分行　Shell Branch　463
延後　Lagging　360

● 八劃

亞洲金融危機　The Asian Crisis，1997 年 7 月　62
亞洲美元市場　Asian Dollar Market　462
併購　Merger & Acquistion, M&A　11
到期日　Expiration Date　218
到期月　Expiration Month　218
受困資金　Blocked Funds　544
固定利率支付者　Fixed-Rate Payer　264
官方準備帳戶　Official Reserves Account　44
或有曝險程度　Contingent Exposure　353
所有權接管　Expropriation　580
服務淨額　Balance on Services　40
波動性　Volatility　116
物價與黃金流量自動調整機能　Price-Specie-Flow Mechanism　85
直接交叉匯率　Direct Cross Rate　159

直接報價　Direct Quote　149
股東財富極大化　Shareholder Wealth Maximization　21
股票交易值　Share Trading Value　493
股票價格極大化　Stock Price Maximization　21
芝加哥商業交易所　Chicago Mercantile Exchange, CME　213
金匯本位制　Gold Exchange Standard　88
金塊本位制　Gold Bullion Standard　87
金幣本位制　Gold Coin Standard, 1880～1914　86
金磚四國指數　BRIC Index　498
金融式平衡　Monetary Balance　427
金融衍生商品　Financial Derivatives　211
金融帳　Financial Account　41
金融穩定委員會　Financial Stability Board　454
非主動參與型存託憑證　Unsponsored Depository Receipt　502
非包銷體系　Non-Underwritten Facilities　466
政府負債　Government Debt 或 Public Debt　71
政治風險　Political Risk　30, 580

● 九劃

俄羅斯金融危機　The Russian Crisis，1998 年 8 月　62
保證金要求　Margin Requirement　219
信用品質利差　Credit Quality Spread　264
品質利差差異　Quality Spread Differential, QSD　265
持續聯結清算銀行　Continuous Linked Settlement Bank, CLS 銀行　528
指標利率　Reference Rate　481
流動性　Liquidity　493
美式報價　American Quote　148
美式選擇權　American Style Option　293
美國存託憑證　American Depository Receipt, ADR　504
背對背貸款　Back-to-Back Loan　25
英國銀行協會　British Bankers Association, BBA　461

計日慣例　Day Count Convention　182
風險分攤法　Risk Sharing　358
風險淨額法　Exposure Netting　361
風險移嫁法　Risk Shifting　357
首位銀行　Prime Bank　460

● 十劃

修茲　Myron Scholes　313
倫敦銀行同業拆放利率　London Interbank Offered Rate, LIBOR　266, 237, 461
哥爾門　Mark Garman　313
差別保證金　Variation Margin　219
差額支付　Difference Check　264
弱式效率市場假說　Weak-Form Efficient Market Hypothesis　189
效率市場假說　Efficient Market Hypothesis　188
時間價值　Time Value　292
格拉斯－司迪構法案　Glass-Steagall Act　452
浮動利率支付者　Floating-Rate Payer　264
浮動利率定期存單　Floating-Rate Certificate of Deposit, FRCD　464
特別提款權　Special Drawing Right, SDR　100
特葵拉效應假說　Tequila Effect Hypothesis　63
粉紅色單子　Pink Sheets　505
純浮動匯率制度　Freely Floating Exchange Rate System　103
純國內廠商　Purely Domestic Firms, PDFs　5
訊號發送　Signaling　19
記名形式　Registered Form　478
記帳單位　Unit of Account　100
財務會計準則委員會　Financial Accounting Standards Board, FASB　408
追繳通知　Margin Call　219
馬斯垂克協約　Treaty of Maastricht　110
馬歇爾計畫　Marshall Plan　93
高加價　High Markup　544
高度通貨膨脹　Hyperinflation　408

● 十一劃

勒式策略　Strangle Strategy　301
勒式買進　Long Strangle　310
勒式賣出　Short Strangle　310
商品貿易淨額　Balance of Trade or Balance on Goods　39
國內債券市場　Domestic Bond Market　474
國內資本預算　Domestic Capital Budgeting　553
國外已繳稅金抵扣額　Foreign Tax Credit, FTC　563
國外直接投資　Foreign Direct Investment, FDI　10
國家風險　Country Risk　580
國際平價條件　International Parity Conditions　169
國際收支　Balance of Payments　38
國際金本位制度　International Gold Standard, 1880～1914)　79
國際金融組織債券　Supra-National Bond　476
國際重建與發展銀行　International Bank for Reconstruction and Development, IBRD　99
國際清算銀行　Bank for International Settlements, BIS　102
國際貨幣市場　International Monetary Market, IMM　213
國際貨幣基金組織　International Monetary Fund, IMF　38, 99
國際通貨　International Currency　460
國際費雪效應條件　International Fisher Effect, IFE　182
國際債券市場　International Bond Market　474
國際銀行法　International Banking Act of 1978, IBA　448
國際銀行業務體系　International Banking Facility, IBF　453, 461
國際融資　International Financing　13
基本餘額　Basic Balance　43
基點　1 basis point 或 1 bp＝0.01％　237
基點交換或稱基差交換　Basis Swap　274
寇黑根　Steven Kohlhagen　313
專業分工　Specialization　15
常規交易原則　Arm's Length Principle　541

中文索引

強式效率市場假說　Strong Form Efficient Market Hypothesis　189
授權代理　Licensing　10
授權加盟　Franchising　10
淨額中心　Netting Center　522
淨額交割　Netting　264
淨曝險　Net Exposure or Net Exposed Assets　423
清算中心　Clearing Center　522
現行即期匯率　Current Spot Rate　298
現金流風險　Cash Flow Risk　344
現金結算　Cash Settlement　237
現金預算表　Cash Budget Report　522
現貨買權　Call on Spot　328
現貨賣權　Put on Spot　329
現貨選擇權　Option on Spot 或 Spot Option　294
產品生命週期理論　Product Cycle Theory　12
移轉訂價政策　Transfer Pricing Policy　541
移轉價格　Transfer Prices　541
累計換算調整　Cumulative Translation Adjustment, CTA　407
規模經濟　Economies of Scale　395
貨幣市場避險　Money Market Hedge　348
貨幣數量學說　Quantity Theory of Money　200
通信銀行　Correspondent Bank　445
通貨對通貨交易　Currency against Currency Trade　158
部分轉嫁　Partial Pass-Through　383

● 十二劃

剩餘現金流　Residual Cash Flow　22
單一價格法則　the Law of One Price　170
單方移轉　Unilateral Transfers　40
提前　Leading　360
提前或延後收付法　Leading or Lagging　360
換匯交易　Foreign Exchange Swap Transaction　137, 140
換匯點數　Swap Point　142, 157
換算方法　Translation Method　405
換算風險　Translation Risk　403

換算曝險程度　Translation Exposure　404
換算曝險程度表　Translation Exposure Report　420
斯密森協定　Smithsonian Agreement　97
最後交易日　Last Trading Day　218
期初保證金　Initial Margin　219
期貨買權　Call on Futures　332
期貨賣權　Put on Futures　333
期貨選擇權　Futures Option or Option on Futures　294
款對款同步收付　Payment versus Payment, PvP　529
無本金交割遠期合約　Nondeliverable Forward, NDF　139
無消毒的干預　Unsterilized Intervention　136
無記名形式　Bearer Form　477
無條件投降　Unconditional Surrender　89
等值匯率　Equivalent-Value Spot Rate, EV Rate　351
結算會員　Clearing Members　222
結算機構或結算所　Clearinghouse　222
絕對利益　Absolute Advantage　14
買入部位　Long Position　297
買價　Bid Price　134, 150
買賣價差　Bid-Ask Spread　150
買權　Call Option　291
費雪效應　Fisher Effect　180
費雪假說　Fisher Hypothesis　180
貿易條件　Terms of Trade　15
超國籍企業　Transnational Enterprise　21
超額國外已繳稅金抵扣額　Excess Foreign Tax Credit, EFTC　565
間接報價　Indirect Quote　149
陽春型利率交換　Plain Vanilla IRS　264
黃金-美元準備制　Gold-Dollar Standard, 1945～1973　92
黃金券　Gold Certificates　87
黃金輸入點　Gold Import Point　84
黃金輸出點　Gold Export Point　84

595

● 十三劃

傳統經紀商　Traditional Broker　134
匯率風險　Exchange Rate Risk 或 Currency Risk　30, 343
匯率機制　Exchange Rate Mechanism, ERM　108
匯率曝險程度　Foreign Exchange Exposure 或 Currency Exposure　343
損益兩平點　Break-Even Point　299
損益圖　Profit and Loss (P&L) Diagram　297
新加坡國際貨幣交易所　Singapore International Monetary Exchange, SIMEX　236
新興市場　Emerging Markets　491
新興市場指數　Emerging Markets Index　498
會計風險　Accounting Risk　403
會計曝險程度　Accounting Exposure　344
準備貨幣　Reserve Currency　92
當地貨幣　Local Currency　409
經濟合作暨發展組織　Organization for Economic Cooperation and Development, OECD　94
經濟風險　Economic Risk　344
葛藍姆－利奇－布力雷法案　Gramm-Leach-Bliley Act　453
董事會　Board of Directors　447
解除權條款　Rights of Set-Off Provision　254
資本市場線　Capital Market Line, CML　508
資本帳　Capital Account　40
資金用途　Use of Proceeds　454
資金受困　Funds Blockage　575
資訊不對稱　Information Asymmetry　18
資產負債表避險　Balance Sheet Hedge　427
跨式策略　Straddle Strategy　301
跨式買進部位　Straddle Purchase　306
跨式賣出部位　Straddle Sale　306
跨國掛牌交易　Cross-Listing　501
跨國資本預算　Multinational Capital Budgeting　553
零和遊戲　Zero-Sum Game　55
零售市場　Retail Market　132

電子交易系統　Electronic Trading System　134, 224
預扣稅　Withholding Tax　484, 562, 570

● 十四劃

境外金融單位　Offshore Banking Unit, OBU　455
實物交割　Physical Delivery　219
實質升值　Real Appreciation　381
實質有效匯率　Real Effective Exchange Rate, REER　179
實質貶值　Real Depreciation　381
實質匯率　Real Exchange Rate　172, 179, 379
實質匯率變動　Real Exchange Rate Change　380
實質營運曝險程度　Real Operating Exposure　379
對手違約風險　Counterparty Risk　220
對沖或平倉　Offsetting　219
熊市價差策略　Bear Spread Strategy　301
管理浮動　Managed Float　103
維持保證金　Maintenance Margin　219
腐化指標　Corruption Index　582
誤差與遺漏淨額　Net Errors and Omissions　43
赫斯特風險　Herstatt Risk　529
遠期交易　Forward Transaction　137
遠期合約避險　Forward Contract Hedge　347
遠期利率　Forward Rate　281
遠期利率合約　Forward Rate Agreement, FRA　468
遠期匯率　Forward Rate　139
遠期溢酬或貼水　Forward Premium or Discount　153
銀行同業市場　Interbank Market　132
銀行同業拆放利率　Interbank Offered Rate, IBOR　460
銀行同業拆借利率　Interbank Bid Rate, IBID　460
銀行同業清算支付系統　The Clearing House Interbank Payments System, CHIPS　528
銀行資本適足率　Bank Capital Adequacy　102

中文索引

銀行團　Syndicate　478

● 十五劃

價內買權　In-the-Money Call　292
價內賣權　ITM Put　292
價外買權　Out-of-the-Money Call　292
價外賣權　OTM Put　292
價平買權　At-the-Money Call　292
墨西哥金融危機　The Mexican Crisis，1994 年 12 月　62
履約價格　Exercise Price 或 Strike Price　291
廣場協定　Plaza Accord　104
摩根史坦利資本國際公司　Morgan Stanley Capital International Inc., MSCI　498
標竿利率　Benchmark Rate　481
歐、澳、遠東指數　Europe, Australia, Fast East (EAFE) Index　498
歐元　EURO　110
歐元區　the Euro-Zone　111
歐元銀行　Eurobank　459
歐式報價　European Quote　148
歐式選擇權　European Style Option　292
歐洲中央銀行　European Central Bank, ECB　110
歐洲中央銀行系統　European System of Central Banks, ESCB　113
歐洲共同市場　European Common Market, ECM　107
歐洲同盟　European Community, EC　107
歐洲指數　Europe Index　498
歐洲美元　Eurodollars　457
歐洲美元市場　Eurodollar Market　95
歐洲貨幣制度　European Monetary System, EMS　108
歐洲通貨市場　Eurocurrency Market　457
歐洲通貨信用貸款　Eurocredit Loans 或 Eurocredits　465
歐洲通貨單位　European Currency Unit, ECU　108
歐洲債券　Eurobond　474

歐洲經濟合作組織　Organization for European Economic Cooperation, OEEC　94
歐洲經濟同盟　European Economic Community, EEC　107
歐洲經濟暨貨幣聯盟　European Economic and Monetary Union, EMU　110
歐洲聯盟　European Union, EU　111
潔淨浮動　Clean Float　103
熱錢　Hot Money　56
賣出部位　Short Position　297
賣價　Ask Price　134
賣權　Put Option　291
賣權-買權平價條件　Put-Call Parity　316
賣權-買權-遠期平價條件　Put-Call-Forward Parity　316
銷售子公司　Sales Subsidiary　7

● 十六劃

操作式策略　Operational Strategies　357
隧道中的蛇　the Snake in the Tunnel　107
隨機漫步假說　Random Walk Hypothesis　192

● 十七劃

營運風險　Operating Risk　344
營運現金流　Operating Cash Flows　377
營運曝險利得或損失　Operating Exposure Gain or Loss　387
營運曝險係數　Operating Exposure Coefficient　385
營運曝險程度　Operating Exposure　344, 377
環球銀行金融電信協會　The Society for Worldwide Interbank Financial Telecommunications, SWIFT　528
總括申報制　Shelf Registration　483
總國際收支餘額　Overall Balance of Payments　43
聯邦存款保險公司　Federal Deposit and Insurance Corporation, FDIC　459
購買力平價條件相對式　Relative Version of PPP　174

597

購買力平價條件絕對式　Absolute Version of PPP　172
購買力平價理論　Purchasing Power Parity (PPP) Theory　200
避險　Hedging　225
隱含交叉匯率　Implied Cross Rate　159
點數報價　Points Quote　153

● 十八劃

擴散性　Contagion　116
擾亂效果　Disruption Effect　542
雙因子模型　A Two-Factor Model　386
雙邊淨額化　Bilateral Netting　531

● 十九劃

曝險負債　Exposed Liabilities　423

曝險資產　Exposed Assets　423
曝險幣別　Exposure Currency　423
羅浮協定　Louvre Accord　104
邊際投資報酬率　Marginal Rate of Return, MRR　28
邊際資金成本　Marginal Cost of Capital, MCC　28
關稅暨貿易總協定　General Agreement on Tariffs and Trade, GATT　55

● 二十劃以上

蘇伊士運河事件　The Suez Crisis　458
續作評價　Rollover Pricing　465
權利金　Premium　291
權利金　Royalty　524